Sheree Conrad
Michael Milburn

SQ
Sexuelle Intelligenz

Sheree Conrad
Michael Milburn

SQ

Sexuelle Intelligenz

Aus dem Amerikanischen von Angela Meermann

ECON

Die Originalausgabe erschien 2001 unter dem Titel
Sexual Intelligence.
The Groundbreaking Study That Shows You How to
Boost Your »Sex IQ« and Gain Greater Sexual Satisfaction
bei *Crown Publishing Group*, New York

Der Econ Verlag ist ein Unternehmen der
Econ Ullstein List Verlag GmbH & Co. KG, München

1. Auflage 2002

ISBN 3-430-119162

Für tdn in Liebe und mit Dank
und
für die Teilnehmer an unserem Forschungsprojekt,
weil sie uns von ihren Geschichten erzählt haben,
von denen wir viel lernen konnten.
SHEREE DUKES CONRAD

Für meine drei Töchter,
Allison, Johanna und Abby, in Liebe
MICHAEL MILBURN

INHALT

Prolog
Ungeahnter Reichtum

»Seit ein paar Jahren habe ich einen wiederkehrenden Traum. Ich träume, ich wohne in einem Apartment, das klein, düster und eng ist. Es hat eine schmale Diele, die zu beiden Seiten in ein einziges Zimmer führt. Die Räume sind winzig: Das Schlafzimmer hat die Größe einer Schuhschachtel, in die gerade mal ein Bett hineinpasst. Es hat nur zwei Fenster, überwuchert vom dichten Blätterwerk der Bäume, die draußen viel zu nahe am Haus stehen. Seltsamerweise ist keine Küche vorhanden.

Ich muss mir dringend eine bessere Unterkunft suchen; ich klappere die ganze Stadt ab, gehe von einer Wohnungsvermittlung zur anderen, jede unseriöser und verlogener als die vorherige. Der geräumige Luxusloft, so stellt sich heraus, liegt in einer abgewrackten Gegend; im Penthouse mit Whirlpool wimmelt es von Schaben; das einmalige Studio mit Aussicht entpuppt sich als Dachbodenzimmer, so klein wie mein Apartment, und das Panorama der Stadt lässt sich durch einen lächerlich kleinen Spalt zwischen den Häuserschluchten in der Ferne nur erahnen. Immer wieder werde ich von diesen gerissenen Makler-Typen zu Wohnungen geschickt, die ebenso beengt und freudlos sind wie meine eigene.

Eines Abends komme ich vollkommen erledigt und niedergeschlagen nach Hause. Mir wird klar, dass ich für den Rest meines Lebens in diesem schrecklichen Loch gefangen bin. Ich betrete das Schlafzimmer, schleudere meinen Mantel aufs Bett. In diesem Augenblick sehe ich sie: die Tür an der Stirnseite des Schlafzimmers, die mir davor noch nie aufgefallen war; sie ist aus Holz, mit Staub und Schmutz überzogen, als wäre sie schon

9

jahrelang unbenutzt. Ich habe bestimmt schon viele tausend Mal direkt zu ihr hingesehen, ohne die Tür wirklich zu bemerken. Ich gehe davon aus, dass sie nirgendwo hinführt oder von der Rückseite verschlossen oder mit Brettern vernagelt ist. Was hätte es überhaupt für einen Sinn, am Griff zu drehen? Aber wenn sich hinter der Tür ein Horrorszenario auftut: ein Kabinett voller Spinnen, vielleicht mit einer halb verwesten Leiche?

Schließlich besiegt die Neugierde meine Angst; ich drehe am Griff, öffne die Tür, die in rostigen Scharnieren hängt – und betrete einen großen, lichtdurchfluteten Raum. Er ist als Wohnzimmer eingerichtet und wunderschön, mit weiß-golden überzogenen Louis-quatorze-Stühlen, auf dem Fußboden liegt ein Teppich in blassem Goldton. Am anderen Ende des Zimmers befindet sich eine Tür, die in einen weiteren Raum führt und in noch einen und noch einen. Jedes Gemach ist reich und kostbar eingerichtet, angefüllt mit den verschiedensten erlesenen Gegenständen: In einem Raum hängen üppige Wandteppiche, in einem anderen sind Juwelen im Überfluss trapiert, smaragdbesetzte Colliers, Diamantenohrringe, goldene Armbänder. Ich gehe von Raum zu Raum – die Zimmerflucht scheint ins Unendliche zu führen –, erstaunt und entzückt beim Anblick der Schätze, die mich umgeben, und fassungslos bei dem Gedanken, dass sie bereits die ganze Zeit vorhanden waren.«

Diesen Traum hat uns Lorraine, eine 32-jährige Frau, erzählt, die seit acht Jahren verheiratet ist und nun mit dem Gedanken spielt, sich scheiden zu lassen. Ihr Sexualleben ist unbefriedigend – der sexuelle Akt ist ein wöchentliches Ritual ohne jegliche Leidenschaft oder Erregung. Lorraine äußerte Folgendes: »Ich liebe meinen Mann, aber die Vorstellung, die nächsten vierzig Jahre meines Leben auf diese Art und Weise zu verbringen, mein Leben zu beenden, ohne jemals wieder die prickelnde Vorfreude und das brennende Verlangen zu spüren, finde ich sehr deprimierend.«

Im Rahmen unseres Projekts über sexuelle Intelligenz haben wir diesen Traum von zahlreichen Männern und Frauen in vielen Varianten gehört. Das zentrale Motiv war stets eine geräumige, prächtige Umgebung, die immer schon vorhanden gewesen war, gleich hinter einer unentdeckten Tür, inmitten einer engen und trübseligen Behausung. Dieses Bild scheint ein Problem zu fassen, das viele Menschen quält: Laut den Ergebnissen von Meinungsumfragen und psychologischen Forschungen hält die Mehrheit der Befragten ein befriedigendes Sexualleben für eine unverzichtbare Lebenserfahrung; doch erstaunlich wenige konnten behaupten, sie hätten eine erfüllte sexuelle Beziehung. Überdies waren die Befragten nicht nur unzufrieden mit ihrem Sexualleben, eine überraschend hohe Zahl litt auch an sexuellen Dysfunktionen wie Impotenz, vorzeitigem Samenerguss und Orgasmusstörungen, die sie daran hinderten, überhaupt sexuell aktiv zu werden. Nicht nur Menschen mittleren Alters oder langjährig verheiratete Ehepaare hatten mit diesen Problemen zu kämpfen. Gerade bei jungen Menschen war der Prozentsatz sexueller Störungen ganz besonders hoch.

Was ihr Sexualleben betrifft, vegetieren unzählige Menschen in einem beengten, deprimierenden Raum, in dem sie keine Nahrung finden – nicht von ungefähr hat das Apartment in Lorraines Traum keine Küche. Wenn diese Menschen schließlich den Entschluss fassen, sich nach etwas anderem umzusehen, suchen sie unweigerlich an den falschen Orten, wo sie sich mitunter großen Gefahren aussetzen, stets getrieben von den falschen Erwartungen eines vollkommen Sex, den es immer nur außerhalb ihrer Reichweite zu geben scheint. Sie können es sich nicht vorstellen, aber in Wahrheit liegt die Chance eines reichen, abwechslungsreichen und erfüllten Sexuallebens greifbar nah. Es liegt nur an uns, die Tür zu öffnen.

TEIL I

Ein

neuer

Zugang

zur

Sexualität

KAPITEL 1

Müssen Leidenschaften uns Leiden schaffen?

Der 29-jährigen Natalie fehlten nur noch ein paar Monate bis zu ihrem Doktortitel in Politikwissenschaft. Sieben Jahre hatte sie beharrlich auf dieses Ziel hingearbeitet. Sie stand bereits für eine Dozentenstelle an einer renommierten Universität in der engeren Wahl. Außerdem hatten sie und ihr Verlobter den Kaufvertrag für ein Eigenheim so gut wie in der Tasche. Und auch ihre Hochzeit war für eine Woche nach der Promotionsfeier geplant. Nach langen Jahren harter, fleißiger Arbeit war sie beinahe am Ziel ihrer Wünsche. Doch nun setzte sie alles aufs Spiel, weil sie mit dem Gedanken spielte, mit einem 18-jährigen Studenten aus einem ihrer Einführungskurse in Politikwissenschaft ins Bett zu gehen.[1]

Gleich zu Semesterbeginn war nicht zu übersehen, dass Mark für sie schwärmte. Anfangs nahm Natalie das einfach nur amüsiert hin und war wohl auch ein wenig geschmeichelt. Mark war groß, sah gut aus und spielte mit seinen achtzehn Jahren bereits vorzüglich Trompete in einer lokalen Jazz-Band. Im Lauf des Semesters hatte Natalie ihre distanzierte Haltung ihm gegenüber vollkommen aufgegeben. Sie musste ständig an Mark denken, sie träumte sogar nachts von ihm. Er hatte es sich zur Gewohnheit gemacht, sie fast jeden Nachmittag in ihrem Dozentenzimmer auf einen Schwatz zu besuchen. Wenn er einmal nicht auftauchte, fühlte sie sich deprimiert. In letzter Zeit hatte er einige Male einen Club erwähnt, in dem er abends spielte, und ihr vorgeschlagen, bei Gelegenheit vorbeizuschauen. Und wenn sie tatsächlich dort aufkreuzte? Wie würde der Abend enden? Natalie war sich darüber im Klaren, dass sie es riskierte, ihren Arbeitsplatz, ihre akademische Karriere und ihren Verlobten, den sie liebte, zu verlieren. »An manchen Tagen sagte ich mir, das ist doch alles Wahnsinn, lass die Finger davon«, erzählte sie uns. »Dann gab es wieder Momente, wo ich dachte, ich drehe durch, wenn ich Mark nicht berühren kann, wenigstens ein einziges Mal. Warum ist das mit dem Sex bloß so *kompliziert*?«

Natalie ist nicht die Einzige, die gegenüber ihren sexuellen Gefühlen verzweifelt, die sie scheinbar nicht kontrollieren kann, obwohl diese leidenschaftlichen Emotionen ihren Wünschen und Plänen auf gefährliche Weise zuwiderlaufen. Die Politologin ist eine kluge und gebildete Frau; wären ihre ausschweifenden Gedanken nur eine Frage des Verstandes, hätte Natalie keine Probleme. Aber es gibt viele intelligente Menschen, die auch nicht besser mit ihren Gefühlen umgehen können. Sie unterdrücken entweder ihre Leidenschaften, um sich nicht ins Unglück zu stürzen, oder aber sie führen ein eintöniges und frustrierendes Sexualleben und verzichten schlimmstenfalls ganz auf Liebe und Erotik. Vielen scheint es nicht zu gelingen, ihren Bedürfnissen entsprechend ausreichend Sex mit dem richtigen Menschen und zum richtigen Zeitpunkt zu bekommen.

Wenn Sie sich in einer ähnlichen Situation befinden, ist Sex alles andere als einfach. Die meisten von uns, unabhängig davon, wie aufgeklärt und liberal wir im Allgemeinen sexuellen Aktionen gegenüberstehen, könnten mindestens von einem ernsten Sexproblem berichten, das uns unter den Nägeln brennt. Beispielsweise fühlen sich nicht wenige von uns von einem Kollegen am Arbeitsplatz stark angezogen und kämpfen dagegen an; Sie wissen genau, dass die Situation es nicht erlaubt, Ihren Gefühlen nachzugeben. Oder es steht Ihnen wieder einmal ein einsamer Samstagabend bevor, an dem Sie sich ernsthaft fragen, ob Sie jemals wieder Sex haben werden. Oder angenommen, Sie führen eine gute Ehe, der Sex ist jedoch nur noch Routine. Sie fürchten, der Preis für eheliche Harmonie ist der Verzicht auf Leidenschaft. Doch gerade sie gibt Ihnen das Gefühl, lebendig zu sein. Was immer Ihr Problem sein mag, das Ihnen zurzeit zu schaffen macht: Man kann annehmen, dass es nur einige Menschen gibt, mit denen Sie offen darüber reden können. Vielleicht haben Sie bisher auch noch niemanden gefunden, dem Sie sich anvertrauen konnten.

Trotz des »liberalen« und lockeren Umgangs mit diesem Thema in der Öffentlichkeit sehen wir unsere eigene Sexualität als etwas Beunruhigendes, ja Bedrohliches an, mit dem wir lieber nicht allzu offen umgehen wollen. Wir nehmen uns zwar ausgiebig Zeit, um uns über gescheiterte Beziehungen *anderer* auszulassen. Aber wenn es um unsere eigenen drängenden und manchmal schwierigen Gefühle geht, ziehen wir es vor zu schweigen.

Bei dem Thema Sexualität zeigt unsere Gesellschaft zwei Gesichter. Einerseits scheinen wir sexbesessen zu sein. Wo immer wir hinsehen – angefangen von Männer- und Frauenillustrierten bis hin zu den Talkshows im Fernsehen –, werden wir mit sexuell aufgeladenen Bildern und lautem, billigem Geschwätz rund um den Sex überschüttet. Sex scheint allgegenwärtig zu sein.

Doch andererseits wird unsere Gesellschaft noch immer in erheblichem Maß von tradierten Normvorstellungen beherrscht, die Stillschweigen, Schamgefühl und die Unterdrückung sexueller Gefühle von uns verlangen. Einerseits öffnen wir mit der einen Hand die Tür zur Sexualität und schlagen sie mit der anderen wieder zu. Aus diesem Grund wissen viele nicht, wie sie mit ihren sexuellen Bedürfnissen umgehen sollen; sie schämen sich ihrer Verhaltensweisen, sie fühlen sich allein gelassen mit ihren Schwierigkeiten und hilflos gegenüber ihren eigenen sexuellen Gefühlen und denen ihres Partners.

In der amerikanischen Gesellschaft – wie aber auch in allen anderen Industrienationen – häufen sich zahlreiche Anzeichen, dass sich Unsicherheit und Verwirrung hinsichtlich der Sexualität verschärfen. Denken Sie nur an folgende Beispiele:

Ein populärer Präsident, ebenso ein brillanter Kopf und ehemaliger Rhodes-Stipendiat – Bill Clinton –, riskierte für oralen Sex im Oval Office mit einer Frau, die halb so alt war wie er, sein Amt und seine Bedeutung in der Geschichte.
Letztes Jahr wurden im Norden des Staates New York dreizehn Mädchen – einige darunter erst vierzehn Jahre alt – von ein und demselben Mann mit HIV infiziert. In der örtlichen

Schule findet einmal im Jahr Sexualkunde-Unterricht statt, in dem allerdings weder Anal- und Oralsex noch Kondome zur Sprache kommen.[2]

Laut einer umfassenden Studie des Soziologen Edward Laumann und seiner Kollegen von der University of Chicago leiden 40 Prozent der Frauen und annähernd 33 Prozent der Männer in den USA an sexuellen Störungen, wie Lustlosigkeit, Erektionsschwäche oder Orgasmusstörungen. Entgegen der allgemeinen Annahme stellte Laumann einige der höchsten Raten sexueller Dysfunktion gerade unter jungen Erwachsenen fest.[3]

David ist einer von ihnen. Mit seinen knapp zwanzig Jahren bereitet es ihm Schwierigkeiten, seine Erektion zu halten und zum Höhepunkt zu kommen:

> **Mit meiner** Freundin klappt es manchmal, alles läuft wunderbar, aber dann kann ich die Sache nicht zu Ende bringen – das ist niederschmetternd und furchtbar für mich. Mein Freund und ich reißen immer Witze über Männer, die keinen hochkriegen. Auch im Fernsehen wird ständig darüber geredet. Ich möchte einfach nicht zu diesen Typen gehören.

Die Ergebnisse unserer langfristig angelegten Untersuchung über sexuelle Intelligenz zeigen, dass ein erfülltes Sexualleben mit einem radikalen Umdenken über Sexualität einhergeht, das uns in die Lage versetzt, Hemmungen und Zwänge im sexuellen Bereich zu überwinden.

Mit diesem Ziel vor Augen haben wir das überzeugende Konzept »sexuelle Intelligenz« entwickelt, das uns zu einem neuen, erfolgreichen Umgang mit Sexualität verhelfen soll. Sexuell intelligent zu sein bedeutet nicht, Wissen über die biologischen Fakten unserer Sexualität anzuhäufen – etwa über Neuronen, die das Gehirn anfeuern, oder über Hormone, die durch unseren Blutkreislauf fließen. Der Schlüssel zur sexuellen Intelligenz liegt im Wissen über uns selbst. Entscheidend ist nach unserer Ansicht die Fähigkeit, gesellschaftlich verankerte Vorstellungen, die unsere Sexualität nachteilig beeinflussen und sie deformieren, zu erkennen und uns den Weg zu unseren echten sexuellen Bedürfnissen freizumachen. Sexuelle Intelligenz erfordert die Entwicklung emotionaler und sozialer Fähigkeiten, die uns ermöglichen, unserem Partner unser wahres sexuelles Ich zu offenbaren und mit dieser neu gewonnenen Offenheit unsere Chancen auf ein erfülltes Sexualleben zu steigern.

Vor allem sind wir davon überzeugt, dass jeder von uns erst dann Erfüllung finden und sein Sexualleben intelligent gestalten kann, wenn wir mit unseren wahren sexuellen Gefühlen – die wir das verborgene sexuelle Ich nennen – vertraut genug sind und offen mit anderen darüber sprechen können. Wir mögen zwar auf intellektueller Ebene eine tolerante Einstellung zur Sexualität haben. Doch wenn es um unsere eigenen intimen Beziehungen geht und die unserer Partner, bleibt häufig vieles im Verborgenen: Wunschfantasien, die wir nicht wahrhaben wollen und über die wir vorziehen zu schweigen; Momente der Anziehung oder des Verlangens, die wir verdrängen; vage Gefühle der Unzufriedenheit und Enttäuschung, die uns in Ratlosigkeit stürzen; Befangenheit oder gar Scheu vor unserem eigenen Körper, die zu Hemmungen führen.

Wir zerstören unser Sexualleben, wenn wir, statt nach innen zu schauen, es zulassen, dass viele Dinge unsere sexuellen Gefühle blockieren: zum Beispiel die Ängste darüber, was andere über uns denken; Minderwertigkeitsgefühle unserem Körper gegenüber; Unbehagen, unserem Partner mitzuteilen, was uns erregt; Schuldgefühle darüber, überhaupt eigene sexuelle Wünsche zu haben. Wenn wir uns sexuell intelligent verhalten, treiben wir diese inneren Dämonen und Gespenster aus.

Die bewusste Wahrnehmung unseres Selbst verlangt die gründliche Erforschung unseres ureigensten Musters aus sexuellen Bedürfnissen und persönlichen Lebensumständen, die unserem verborgenen sexuellen Ich seine Gestalt gegeben haben. Unser sexuelles Fühlen, Denken, Verhalten und Handeln wird entscheidend durch die soziale und individuelle Prägung bestimmt. Dabei haben nicht nur unsere natürlichen gesunden Impulse und Wünsche, sondern auch gesellschaftlich vermittelte Bedürfnisse, Ängste, Denkweisen und Erwartungen ebenso wie negative Erfahrungen ihre Spuren in unserem verborgenen sexuellen Ich hinterlassen. Aus diesen Bedürfnissen, Wünschen, Ängsten und Erwartungen ist im Lauf unserer Entwicklung unsere sexuelle Identität entstanden. Sie ist der Ausgangspunkt zu den sinnlichen Ekstasen, zu denen wir fähig sind; sie enthält das Geheimnis der unerklärlichen Anziehungskraft, mit der uns manche Menschen in ihren Bann ziehen, und zeigt uns schließlich auch die Ursachen für unsere schönen oder falschen sexuellen Entscheidungen.

Wir haben uns mit diesem Buch das Ziel gesetzt, die Leser zu einer Entdeckungsreise ihrer eigenen sexuellen Bedürfnisse zu ermutigen. Wir wollen Ihnen zeigen, wie Sie Ihre sexuelle Identität mit all ihren Facetten verstehen lernen, sich damit vertraut machen und ihr neu erworbenes Wissen anwenden, um ein erfüllteres Sexualleben zu bekommen.

Allen, die den Mut aufbringen, die Tür zu ihrem verborgenen sexuellen Ich zu öffnen, wird sich eine vielversprechende Welt unverfälschter Bedürfnisse und echter Gefühle erschließen. Dabei werden auch Ängste, Zweifel, Schamgefühle und Verstörungen eine Rolle spielen, sie zeigen uns aber letztlich den Weg zu einem erfüllten Sexualleben. Wir sind überzeugt, dass sexuelle Intelligenz, die Fähigkeit also, unsere Sexualität ohne Vorurteile genau zu erforschen, den Menschen ungeheure Kräfte verleiht, ihr Leben zu ändern. Sexuelle Intelligenz vermittelt Kenntnisse über uns selbst, die uns dabei helfen, unser Leben mit wirklicher Leidenschaft zu erfüllen und Entscheidungen für unser Sexualleben zu treffen, die unsere wahren Bedürfnisse befriedigen und uns das Gefühl geben, uns selbst zu gehören.

Das Projekt: Sexuelle Intelligenz

Wir haben das Projekt »Sexuelle Intelligenz« 1998 gestartet, um der Frage nachzugehen, welche Ursachen einem reichen, erfüllten und konfliktfreien oder aber einem enttäuschenden, vielleicht sogar destruktiven Sexualleben zugrunde liegen. Was tun Menschen, die eine glückliche sexuelle Beziehung haben? Durch welche Einstellungen und Verhaltensweisen unterscheiden sie sich von jenen, die frustriert sind und immer wieder enttäuscht werden? Mit anderen Worten: Was bedeutet es, sexuell intelligent zu handeln?

Zuerst haben wir Fragebögen an etwa 500 zwischen 18 und 64 Jahre alte Männer und Frauen verteilt. Darunter befanden sich Homo-, Hetero- und Bisexuelle; Verheiratete und Singles; Menschen ohne sexuelle Erfahrung und solche, die über 150 Sexualpartner hatten. In diesen Fragebögen gaben unsere Teilnehmer Auskunft über alle Bereiche ihres Sexuallebens, von ihrem Umgang mit Pornographie und Cybersex, bis zu ihren ersten sexuellen Erfahrungen und deren Auswirkungen auf ihre weitere Entwicklung, ihrer sexuellen Orientierung, der elterlichen Aufklärung über Sex, der Frage, ob sie ihrem Partner schon einmal untreu gewesen waren, und ihren erotischen Fantasien. Der Fragebogen schloss demographische Fragen sowie eine Reihe von psychologischen Standardtests ein. Auf dieser Grundlage konnten wir die Ergebnisse unserer Studie über den Zusammenhang zwischen persönlichen Einstellungen, Vorlieben und Verhaltensweisen zur Sexualität und einer Reihe von Faktoren, etwa Geschlecht, Erziehung und Persönlichkeitsmerkmale, wissenschaftlich belegen.

Außerdem führten wir längere Gespräche mit einigen Personen, die wir gesondert aus dem breit gestreuten Spektrum der Teilnehmer an unserer Umfrage ausgesucht hatten. Dabei stellte sich heraus, wie detailliert und komplex ihre bewusste Auseinandersetzung mit Sexualität ist.

Die meisten Teilnehmer unserer Befragungsaktion gehörten der Altersgruppe zwischen 20 und 30 Jahren an. Wir interviewten aber auch Personen, die weitaus älter waren. Alle Befragten hatten eine höhere Schulbildung; die Eltern der meisten Teilnehmer waren ebenfalls auf einem College gewesen. Keine der Testpersonen war auf der Suche nach professionellem Rat; die meisten betrachteten ihr Sexualleben als durchaus normal. Entsprechend dieser Voraussetzung stellten wir die Vermutung auf, dass unsere Teilnehmer zu jenen sexuell befreiten, aufgeklärten und aufgeschlossenen Personen mit den besten Voraussetzungen gehören, ein von Problemen unbelastetes, aufregendes Sexualleben zu führen.

Unsere Annahme war völlig unzutreffend.

Unsere Ergebnisse

Unsere Untersuchungen über sexuelle Intelligenz haben gezeigt, dass seinerzeit das Versprechen der sexuellen Revolution in den sechziger Jahren, eine neue Offenheit und einen befreiten Umgang mit der Sexualität anstelle alter repressiver Denkweisen herbeizuführen, nicht eingelöst worden ist. Die Menschen sind nach wie vor unzufrieden und unglücklich mit ihrem Sexualleben und ebenso wenig wie damals bereit, über ihre sexuellen Probleme zu sprechen. Angesichts der allgemeinen Weigerung, sich mit Sexualität direkt auseinander zu setzen, könnte man geradezu den Eindruck gewinnen, die sexuelle Revolution hätte gar nicht stattgefunden. Nicht wirkliche Offenheit erscheint uns von der damaligen Aufbruchstimmung übrig geblieben zu sein, sondern eher eine vorgetäuschte, gespielte Freizügigkeit. Sie stellt sich in Form von Sexbesessenheit in den Medien und in der populären Kultur dar. Wirkliche Freiheit und Offenheit liegen heute genauso in weiter Ferne wie einst.

Schmerzhafte Erfahrungen in sexuellen Dingen sind weit verbreitet. Zahlreiche Befragte berichteten uns über ihre Schwierigkeiten, eine glückliche und sexuell erfüllte Beziehung zu finden. Sie fühlen sich einsam und ohne Hoffnung und gehen davon aus, dass alle anderen ein besseres Sexualleben hätten als sie.

Hier nur einige unserer überraschenden Ergebnisse:

75 Prozent unserer Teilnehmer gaben zu verstehen, Sex sei sehr wichtig oder spiele eine erhebliche Rolle in ihrem Leben. Doch nur 25 Prozent behaupteten, eine befriedigende sexuelle Beziehung zu haben. Annähernd die Hälfte der Befragten erklärte, sich für einige ihrer sexuellen Wünsche und Verhaltensweisen zu schämen.

Ein erstaunlich hoher Anteil der Befragten litt an sexuellen Dysfunktionen; sie stellen ein entscheidendes Hindernis dar, überhaupt eine sexuelle Beziehung einzugehen.

42 Prozent klagten über mangelnde Erregbarkeit.

Etwa ein Drittel hatte keinen Spaß am Sex.

Für die Hälfte der jungen Frauen zwischen 18 und 29 Jahren war Sex schmerzhaft.

33 Prozent der Männer, die Ende zwanzig waren, hatten Probleme, eine Erektion zu bekommen oder zu halten.

53 Prozent aller Männer litten unter einem vorzeitigem Samenerguss.

Insgesamt erklärte knapp die Hälfte der Befragten, ihre sexuelle Beziehung sei alles andere als befriedigend.

Alle, die sich bei unserer Befragung in einer zufrieden stellenden Beziehung befanden, war es meistens nicht leicht gefallen, den richtigen Partner zu finden; viele berichteten, sie hätten erst einen langen Prozess leidvoller Erfahrungen durchmachen müssen, und nahezu alle erwähnten einen speziellen Bereich in ihrem Sexualleben, der ihnen gegenwärtig immer noch Schwierigkeiten bereitet.

Besonders aufschlussreich war für uns zu erfahren, wie groß die Sehnsucht der Menschen ist, mit jemandem offen über ihre Probleme zu sprechen. Die Befragten zeigten sich uns gegenüber ungewöhnlich direkt und mitteilsam bei der Darstellung ihrer Schwierigkeiten. Viele erklärten, das Gespräch sei für sie eine äußerst hilfreiche Erfahrung gewesen. Die Menschen sind grundsätzlich bereit, über ihre sexuellen Erfahrungen zu sprechen, sie wissen nur nicht, wie sie es anfangen sollen – oder es fehlt ihnen der richtige Gesprächspartner.

Nehmen wir beispielsweise das Interview mit einem 51-jährigen Mann. Er hatte vorher, trotz langjähriger Therapie, noch nie über sein Sexualleben und einige seiner schmerzhaften Erfahrungen gesprochen. Er erzählte uns, dass er gerne Geschichten mit erotischen Erfolgen zum Besten gegeben hätte, mit so richtig tollem Sex. Aber leider sei es für ihn im Leben nicht so gelaufen.

Zu unseren wichtigsten Ergebnissen zählt, dass, obwohl die meisten Personen behaupten, ein befriedigendes Sexualleben hätte eine entscheidende Bedeutung für sie, viele unserer Teilnehmer – nämlich genau die Hälfte – erklärte, Sexualität spiele für ihr Selbstverständnis eine untergeordnete Rolle. Es ist eine traurige Tatsache, dass sich die Menschen zwar nach einem besseren Sexualleben sehnen, jedoch nicht erkennen, dass sie erst dann sexuelle Erfüllung finden, wenn sie ihr verborgenes sexuelles Ich aufdecken, es annehmen und von ihm lernen.

Die drei Hauptelemente sexueller Intelligenz

Wir haben anhand unserer Forschungsergebnisse herausgefunden, dass die Antwort auf eine Reihe von Problemen einen neuen Zugang zur Sexualität verschafft. Diese Antwort lautet nicht, sexuelle Bedürfnisse zu unterdrücken oder uns in sexueller Hinsicht »befreit« zu geben. Und sie liegt ebenso wenig im Erlernen neuer Techniken. Es geht auch sicherlich nicht darum, wie wir unsere Reize besser ausspielen und Menschen manipulieren können. Die Antwort, die sich aus unserer Studie ergab, lautet, sexuell intelligenter zu werden.

Ein befriedigendes Sexualleben ist kein unerreichbares Ideal. Doch die Vorstellung, man könne sexuelle Erfüllung ohne notwendige Anstrengung oder Einsicht erreichen, ist in der Tat eine Illusion. Einer der ersten Schritte zur sexuellen Intelligenz ist die Erkenntnis, dass Sex weder etwas Magisches noch Müheloses oder nur für junge Menschen Geeignetes ist. Jeder von uns kann in den Genuss eines reichen und erfüllten Sexuallebens kommen, wenn wir entschlossen daran arbeiten, uns die erforderlichen Informationen über Sex im Allgemeinen anzueignen. Das gibt uns die Fähigkeit, die Sexualität anderer, insbesondere die unseres Partners, zu verstehen. Vor allem sollten wir uns über unsere eigene Sexualität ein genaues Bild verschaffen.

Als einen Teil unserer Forschungsarbeiten entwickelten wir einen Test, der die sexuelle Intelligenz einer Person feststellt. Nach unserer Erfahrung lässt sich anhand der erzielten Punktzahl bei unserem Test genau bestimmen, wie befriedigend das Sexualleben der jeweiligen Person ist und ob sie an sexuellen Funktionsstörungen leidet.[4] Wir werden den Test im Verlauf dieses Kapitels noch ausführlicher erklären.

Sexuelle Intelligenz setzt sich aus drei Hauptelementen zusammen, wobei jedes einzelne Element eine Reihe besonderer Fähigkeiten einschließt. Sexuell intelligente Menschen handeln anders, darin liegt der entscheidende Unterschied zwischen jenen, die eine bereichernde sexuelle Beziehung entwickeln, und denjenigen, die in ihrem Sexualleben immer wieder Enttäuschungen erleben müssen und seelische Verletzungen erleiden. Sexuell intelligent zu sein und ein befriedigendes Sexualleben zu führen, ist keine Frage des Glücks, der Schönheit oder des Sexappeals. Vielmehr hängt es von Fähigkeiten ab, die sich jeder von uns mit der Zeit aneignen kann.

Die Hauptelemente sexueller Intelligenz sind erstens, Sachkenntnisse auf dem Gebiet menschlicher Sexualität, zweitens Wahrnehmung des verborgenen sexuellen Ichs und drittens kommunikative Kompetenz.

Kenntnisse auf dem Gebiet menschlicher Sexualität

Eine der Besonderheiten, die wir gefunden haben, besteht darin, dass sexuell intelligente Menschen Kenntnisse auf dem Gebiet menschlicher Sexualität besitzen und dieses Wissen bei ihren Entscheidungen und in ihrem Sexualverhalten als Orientierungshilfe einsetzen. Folglich besteht der erste Schritt, unser Sexualleben intelligenter zu gestalten, darin, sich genaue Kenntnisse anzueignen, die als Grundlage zur Einübung neuer Verhaltensweisen dienen.

Es ist kein einfaches Unterfangen, sich auf dem Gebiet menschlicher Sexualität kundig zu machen und die erworbenen Kenntnisse in die Praxis umzusetzen. An erster Stelle sollten wir die Fähigkeit entwickeln, die gesellschaftlich verankerten Mythen über Sexualität zu erkennen und zu entzaubern. Ein erheblicher Teil dessen, was wir von der populären Kultur, von den Medien, in der Familie und von religiösen Autoritäten über Sexualität erfahren, aber auch, was wir in der Disco oder beim Sport im Umkleideraum aufschnappen, beruht auf falschen Informationen und Vorurteilen, die allesamt mehr Schaden als Nutzen anrichten. Erst wenn wir die Mythen über Sexualität enträtseln, haben wir die Voraussetzung geschaffen, uns exakte Kenntnisse auf dem Gebiet der menschlichen Sexualität anzueignen und sie effektiv einzusetzen.

Ein Beispiel ist der Mythos von der spontanen sexuellen Anziehung, der Liebe auf den ersten Blick, die angeblich nicht nur sexuelle Erfüllung, sondern das große Glück verspricht. Viele deuten die spontane Anziehung zu einem Menschen als sicheres Zeichen, die Liebe ihres Lebens gefunden zu haben. Sexuelle

Anziehung ist jedoch keine Garantie, dass man lebenslang miteinander glücklich sein wird. Diesen Mythos, der in unserer Tradition verwurzelt ist, sachlich und nüchtern zu betrachten, den romantischen Glauben an die Liebe auf den ersten Blick kritisch unter die Lupe zu nehmen, hilft uns bereits weiter, größere sexuelle Intelligenz zu entwickeln.

Einer der Vorzüge, uns von den Mythen über Sexualität zu befreien, liegt darin, alternativ eine Welt des Wissens zu betreten. Dadurch entwickeltn wir uns tatsächlich weiter und wir tragen konkret dazu bei, unser Sexualleben zu verbessern. Sobald wir uns diese Kenntnisse angeeignet haben, wachsen unser Selbstbewusstsein und unser Selbstwertgefühl. Zusätzlich bringt uns das noch den Vorteil, dass wir den Schleier der Illusion, den wir über unser Leben gebreitet haben, herunterreißen und uns klarer sehen können. Wenn wir unsere Sexualität unvoreingenommen wahrnehmen, werden wir weniger empfänglich für die Botschaften, die uns Medien, Elternhaus und Gesellschaft vermitteln; statt dessen fühlen wir uns frei und stark genug, unser Sexualleben selbstständig zu bestimmen.

Das verborgene sexuelle Ich bewusst wahrnehmen

Nach der Überwindung dieser Mythen, mit denen wir leben, besteht der zweite Schritt zu einem verbesserten Sexualleben darin, unsere eigene Sexualität zu erforschen und zu entdecken, was uns erregt, was uns Schwierigkeiten bereitet, welche Dinge uns anziehen und welche Neigungen wir haben. Sexuell intelligente Menschen kennen ihre Vorlieben und Fähigkeiten, Stärken und Schwächen. Sie haben Einblick in ihr verborgenes sexuelles Ich gewonnen, dem Muster aus Begierden, Wünschen, Neigungen, Erwartungen und Komplexen, die ihr Sexualverhalten steuern. Sie besitzen die Fähigkeit, zu erkennen, wenn beispielsweise ihr sexuelles Verlangen als Ersatz für die Befriedigung von Emotionen dient, die nicht dem sexuellen Bereich zugehörig sind, etwa der Wunsch nach Anerkennung, Geborgenheit oder Macht. Es ist ihnen bewusst, wenn sie Sex nur aus dem Grund haben, weil sie sich einsam fühlen.

Unser verborgenes sexuelles Ich ist ein kostbarer Teil unserer Persönlichkeit. Es verkörpert die innere Landkarte unserer uneingestandenen Begierden, unerforschten emotionalen Konflikte sowie der unbewussten Vorstellungen, die wir von uns selbst und unserem Körper haben. Vor allem bedeutet sexuelle Intelligenz, zu verstehen, was uns das verborgene sexuelle Ich über unsere natürlichen Bedürfnisse zu sagen hat und auf welche Art und Weise medial vermittelte Bilder einne negative Körperwahrnehmung suggerieren. Auch begreifen wir, wie anerzogene Hemmungen unsere Wünsche verformt haben.

Sexuelle Anziehung beruht häufig auf einer Kette von komplexen vergangenen Erfahrungen und auf durch soziales Lernen ausgelösten Assoziationen. Frühere Lebenserfahrungen und unerfüllte emotionale Bedürfnisse können in das sexuelle Begehren mit einfließen und es in eine Richtung lenken, die in schwierige und problematische sexuelle Beziehungen führt. Erst wenn wir uns unserer eigenen Sexualität zuwenden, überwinden wir die Schwierigkeiten, die einer sexuellen Erfüllung im Weg sehen und finden den Zugang zu unseren wirklichen Wünschen und Neigungen.

Die bewusste Wahrnehmung des verborgenen sexuellen Ichs zählt zu den entscheidenden Elementen sexueller Intelligenz: Ohne Kenntnis unserer selbst misslingt uns häufig die praktische Umsetzung unseres Wissen auf dem Gebiet der menschlichen Sexualität. So wird beispielsweise jemand, der Sex auch als Mittel einsetzt, um die Anerkennung des anderen zu gewinnen, außerstande sein, Nein zu ungeschütztem Sex zu sagen – trotz der bestehenden Gefahr, sich mit HIV zu infizieren. Das verborgene sexuelle Ich vermittelt uns aber nicht nur Erkenntnis über uns selbst; es ist auch der Schlüssel zur kommunikativen Kompetenz, die uns befähig, uns mit anderen Menschen gezielt auseinander zu setzen.

Kommunikative Kompetenz

Ein Sexualleben, das uns bereichert, ist immer davon abhängig, wie wir uns mit unserem Partner verständigen. Aus diesem

Grund benötigt der sexuell intelligente Mensch weiteres Rüstzeug, das aus sozialen Fertigkeiten – oder kommunikativer Kompetenz – besteht. Das schließt auch die Fähigkeit ein, mit unserem Partner über das gemeinsame Sexualleben offen zu reden und sein sexuelles Ich zu verstehen. Vielen bereitet es ein erhebliches Problem, den Mut aufzubringen, um mit dem Partner über Sexualität zu sprechen – doch ist mithin das gemeinsame Gespräch entscheidend. Den meisten Menschen wird schon von klein auf in der Familie beigebracht, über Sexualität zu schweigen. Die Annahme, unsere sexuellen Gefühle seien nicht in Worte zu fassen, ist ein Mythos, der uns davon abhält, an eben diese Gefühle heranzukommen und sie offen zu äußern. Wenn es uns einmal gelungen ist, diesen Schweigekodex zu überwinden, hilft das Gespräch entscheidend dabei, sexuelle Vorstellungen aufzulösen; es ermöglicht uns, tiefer in unser wahrhaftiges Begehren einzudringen sowie intime Nähe zu einem anderen Menschen herzustellen.

Sobald Sie mit Ihrem eigenen sexuellen Ich vertrauter geworden sind, wird für Sie nichts so befreiend sein und Ihnen ein Gefühl der Sicherheit geben, wie Ihren Partner daran teilhaben zu lassen. Ob Sie nun vorhaben, Sex in eine romantische Beziehung einzubringen, oder verstehen wollen, was in einer vergangenen Beziehung sexuell falsch gelaufen ist, aber auch nur einem Freund bei seinen sexuellen Problemen mit Ihrem Rat beistehen wollen, oder Ihren Kindern den richtigen Umgang mit ihrer erwachenden Sexualität beibringen möchten: Immer ist ein offenes Gespräch Grundvoraussetzung, um kluge Entscheidungen zu treffen, Entscheidungen, die unseren Bedürfnissen gerecht werden, gleichzeitig aber auch die der anderen respektieren. Unsere Studie hat gezeigt, wie Menschen sich positiv wandeln, wenn sie frei über ihre Sexualität sprechen, insbesondere mit ihrem Sexualpartner, und welche heilsame Wirkung von solchen Gesprächen ausgeht. Andererseits mussten wir feststellen, dass sich die Menschen unendliche Schwierigkeiten und seelischen Kummer bereiten, wenn sie ihrem Partner gegenüber ihre sexuellen Bedürfnisse verschweigen. So wie wir mit einem geliebten Menschen über unsere emotionalen Bedürfnisse und Konflikte sprechen, so sollten wir auch lernen, dies in Hinsicht unserer sexuellen Gefühle zu tun. Jeder von uns verfügt über ein sexuelles Ich, das entdeckt werden und sich ausdrücken will. Diesen Teil vor unserem Partner versteckt zu halten, verursacht ähnliche Folgen, wie wenn wir uns vor den eigenen Gefühlen verschließen. Die Unterdrückung führt zu einem Zustand der inneren Starre und wir fühlen uns sehr allein gelassen.

Menschen mit sexueller Intelligenz besitzen nicht nur die Fähigkeit, ihrem Partner die eigenen sexuellen Wünsche mitzuteilen; mit großem Einfühlungsvermögen können sie auch nachempfinden, wie sich ihr Sexualverhalten auf den Partner auswirkt. Ihre kommunikative Kompetenz befähigt sie, die sexuellen Bedürfnisse, Unsicherheiten und Probleme ihres Partners zu ergründen und ihm sexuelles Einfühlungsvermögen entgegenzubringen.

Wie Sie Ihre sexuelle Intelligenz messen können

Ein wesentlicher Bestandteil unserer Studie ist der Sexuelle Intelligenz-Test. Mit diesem Test können wir sowohl unsere sexuelle Intelligenz im Allgemeinen als auch die drei Hauptelemente sexueller Intelligenz quantifizieren. Wenn Sie unsere Testfragen beantworten, werden Sie feststellen, wie weit Sie bereits über die Fähigkeiten und Verhaltensweisen sexuell intelligenter Menschen verfügen oder was Sie noch unternehmen sollten, um an Ihr Ziel zu gelangen. Sie haben auch die Möglichkeit, anhand der Summe Ihrer Punktzahl, die Sie bei den Fragen in den einzelnen Bereichen sexueller Intelligenz erzielen, Ihre Stärken und Schwächen festzustellen und herauszufinden, welche Kenntnisse Sie sich aneignen sollten, um Ihre sexuelle Intelligenz zu steigern. In den folgenden Kapiteln des Buches können Sie Ihre Antworten zu den einzelnen Bereichen im Sexuellen Intelligenz-Test mit denen unserer Testpersonen vergleichen.

Der Sexuelle Intelligenz-Test besteht aus 52 Fragen, die nach dem Multiplechoice- und dem Richtig-Falsch-Verfahren erstellt worden sind. Sie beziehen sich auf sämtliche Aspekte des Sexuallebens, angefangen von der Frage, wie oft Sie mit Ihren Partnern über Ihr gemeinsames Sexualleben sprechen, bis hin zu Fragen, wie Sie mit Konflikten innerhalb Ihrer sexuellen Beziehung umgehen, welche Einstellung Sie zu Ihren sexuellen Fantasien haben, wie Sie auf den Wunsch Ihres Partners, etwas Neues im Bett auszuprobieren, reagieren. Die Fragen in unserem Test sind das Ergebnis einer sorgfältigen Auswahl aus hunderten von Fragen, die wir auf der Grundlage der uns bekannten Fachliteratur über Sexualverhalten sowie anhand unserer eigenen Hypothese über die Ursachen und Voraussetzungen sexuell intelligenten Handelns zusammengetragen haben. Es gibt zwar keine definitiv richtigen oder falschen Antworten auf die einzelnen Fragen, aber einige Antworten weisen auf eine höhere sexuelle Intelligenz hin als andere. Zu jeder Frage gibt es eine Auswahl von möglichen Antworten mit jeweils unterschiedlicher Punktzahl. Sie zeigt, wie sexuell intelligent – oder nicht – Ihre Antwort ist. Dazu ein Beispiel:

Die erste Frage des Sexuellen Intelligenz-Tests lautet:

Wie häufig sprechen (sprachen) Sie in Ihrer gegenwärtigen (letzten festen) Beziehung mit Ihrem Partner über Ihr gemeinsames Sexualleben?

Die möglichen Antworten, aus denen Sie wählen können, sind unten mit der entsprechenden Punktzahl in Klammern aufgelistet.

a) Einmal pro Woche (+3)
b) Einmal pro Monat (+2)
c) Einmal in sechs Monaten (+1)
d) Nie (-3)

Wie wir noch sehen werden, wird in der gesamten Forschungsliteratur das Gespräch mit dem Partner als der entscheidende Beitrag für eine bessere Beziehung und besseren Sex hervorgehoben. Wenn Sie überhaupt mit Ihrem Partner über Sex sprechen – und sei es so selten wie einmal in sechs Monaten –, ist dies bereits ein erster Schritt in Richtung sexueller Intelligenz. Beantworten Sie die oben gestellte Frage mit c), erhalten Sie einen Punkt. Wenn Sie »einmal pro Monat« ankreuzen, bekommen Sie zwei Punkte und drei Punkte, wenn Ihre Antwort »einmal pro Woche« lautet. Wenn Sie nie mit Ihrem Partner über ihr Sexleben sprechen, erhalten Sie drei Minuspunkte. Generell gilt, je sexuell intelligenter Ihre Antwort auf eine Frage ausfällt, umso mehr Punkte erzielen Sie. Um den allgemeinen sexuellen Intelligenzgrad der Testpersonen zu berechnen, haben wir die Punktzahl, die sie bei den einzelnen Fragen erzielt haben, zusammengezählt und die Gesamtsumme durch die Anzahl der Fragen geteilt. Am Schluss dieser Darstellung finden Sie den Sexuellen Intelligenz-Test, einschließlich einer Erläuterung, wie Sie Ihr Ergebnis in eine Skala von »Sehr gut« bis »Ungenügend« umwandeln können. Weiterhin erklären wir Ihnen, wie Sie die Höhe Ihres Sex-IQs in den drei Bereichen der sexuellen Intelligenz einzeln ausrechnen können.

In den folgenden Kapiteln dieses Buches erhalten Sie weitere Informationen über die verschiedenen Testfragen. Sie erfahren beispielsweise, welche Vorteile es mit sich bringt, wenn Sie mit Ihrem Sexualpartner über Ihr gemeinsames Sexualleben sprechen. Sie werden anhand der persönlichen Schilderungen von Menschen wie Natalie begreifen, wie Sie die Erkenntnisse und Fähigkeiten sexuell intelligenter Menschen für Ihr Leben praktisch umsetzen können. Während Ihrer Lektüre können Sie sich immer wieder den Test ansehen, um Ihre ursprünglichen Antworten im Licht Ihrer neuen Erkenntnisse zu vergleichen.

Wie Sie Ihre sexuelle Intelligenz steigern können

Sexuelle Intelligenz setzt sich also aus diversen Fähigkeiten zusammen. So kann sie sexuelle Mythen bereinigen und an deren Stelle Grundkenntnisse auf dem Gebiet der menschlichen Sexualität setzen. Mit der bewussten Wahrnehmung unseres verborgenen sexuellen Ichs und unserer kommunikativen Kompetenz gelingt es, ein Umdenken überkommener Einstellungen zur Sexualität zu erreichen und neue Verhaltensweisen einzuüben.

Natalie, die Jungakademikerin, der wir am Anfang des Kapitels begegnet sind, war beinahe der Versuchung erlegen, mit einem ihrer Studenten zu schlafen. Sie stellt ein hervorragendes Beispiel für jemanden dar, der in einem entscheidenden Moment seines Lebens die drei Elemente sexueller Intelligenz erfolgreich angewandt hat. Dies hatte zur Folge, dass sie jetzt nicht nur ein befriedigenderes Sexualleben führt, sondern auch zu einer tieferen und zärtlicheren Verbundenheit mit ihrem Partner gefunden hat. Doch bis dahin gab es noch viel Beunruhigendes zu bewältigen.

Nachdem Natalie monatelang mit Mark geflirtet hatte, spitzte sich der innere Konflikt zu, als sie, wider besseres Wissen, schließlich einer wiederholten Einladung in einen Jazz-Club folgte. Dabei passierte Folgendes:

> **Eines Abends** spielte Marks Band wieder in dem Club gleich ein paar Straßen weiter von mir. Ich beschloss, dieses Mal vorbeizuschauen. Nur um ihn spielen zu hören, sagte ich mir zur Beruhigung. Was mich aber nicht davon abhielt, einen kurzen Rock anzuziehen und ein raffiniertes Make-up aufzulegen. Ich glaube, irgendwie in meinem Hinterkopf rechnete ich mit der Möglichkeit, am Ende des Abends mit ihm gemeinsam nach Hause zu gehen.
>
> Ich kam ins Lokal und fand einen Platz an einem abseits gelegenen Tisch. Die Musiker waren fast am Ende des ersten Sets. Mark war gut, viel besser, als ich mir vorgestellt hatte. Seine Art zu spielen, wie er die Hände um die Trompete legte, wie sich sein ganzer Körper nach hinten bog, wenn die Töne in die Höhe kletterten, alles war so hip, strömte so viel Selbstsicherheit aus. Er war einfach unwiderstehlich. Als das erste Set zu Ende war, bestürmten ihn die Frauen – er ist auf den Weg zu meinem Tisch mindestens fünf- oder sechsmal aufgehalten worden. Er schien sich riesig zu freuen, mich zu sehen. Er schloss mich lange in die Arme, dann schleppte er mich zu seinen Freunden, die vorne an einem Tisch saßen. Er stellte mich allen vor. Zum Schluss führte er mir ein sehr hübsches Mädchen vor, sie war etwa neunzehn Jahre alt: »Das ist meine Freundin Alix.«

Natalie war total am Boden zerstört. Am nächsten Morgen traf sie erneut auf Mark, war aber kaum in der Lage, ihn anzusehen, geschweige denn, nach der Unterrichtsstunde seine Fragen zu beantworten. Sie fühlte sich durch Marks Flirten, seine kleinen verführerischen Gesten, die Art, wie er ihren Arm berührte, um einem Argument Nachdruck zu verleihen, wie er jeden Nachmittag kurz in ihrem Büro vorbeischaute, sie sogar eingeladen hatte, ihn spielen zu hören, an der Nase herumgeführt. Natalie war wütend, zutiefst verletzt und kam sich vor wie eine Idiotin. Als Mark beim nächsten Mal in ihrem Büro auf den üblichen Plausch vorbeikam, ging ihr seine Freundin ständig durch den Kopf. Natalie gab sich kurz angebunden und kühl. Doch als sie seinen Gesichtsausdruck sah, war es wie ein Schock für sie: Er sah verstört aus und wirkte rührend jung. Natalie sagte uns:

> **In diesem** Augenblick fiel bei mir der Groschen. *Das ist mein Student.* Ich war in Gedanken viele Male durchgegangen, was ich mir alles hätte einhandeln können: den Job verlieren, wegen sexueller Belästigung angeklagt zu werden, ganz abgesehen von dem Skandal und der Schande. Doch an eines hatte ich nie gedacht: wie sich die Sache auf Mark auswirken könnte, dass er womöglich irritiert sein würde.

Letztlich war es der Gedanke, einem ihrer Studenten eine Kränkung zugefügt zu haben, der Natalie dazu bewog, ihre Gefühle zu beherrschen. Sie kam zu der Überzeugung, dass es in ihrer Position unangemessen wäre, mit ihm ins Bett zu gehen. Nachdem sie diese Entscheidung getroffen hatte, glaubte sie, ihre innere Aufregung würde sich legen; stattdessen erlebte sie eine Phase intensiven Schmerzes, eine Reaktion, die der eigentlichen Situation scheinbar völlig unangemessen schien.

> **Ich begann** mich zu fragen, weshalb mich Mark so stark in seinen Bann gezogen hatte. Ich war auch schon früher von Männern fasziniert gewesen, auch nach meiner Verlobung, aber nie mit dieser ungemeinen Intensität.
> Eine Zeit lang ging es mir miserabel. Dann begann ich mich zu erinnern, was ich einst in der High-School erlebt hatte. Es war während der Sommerferien, ich jobbte in einer Pizzeria, und der Manager dort kam mir so cool vor – er war etwas älter, viele Mädchen liefen ihm nach, und alle hatten sie Sex mit ihm. Außerdem fuhr er einen tollen Schlitten. Er schien etwas Besonderes zu sein.
> Ich hatte mich schrecklich in ihn verliebt. Er ging in unserem Laden mit jeder Serviererin, nur nicht mit mir. Ich war zweifellos die

Außenseiterin. Ich hatte nicht die richtige Frisur, trug nicht die richtigen Klamotten, interessierte mich nicht für die richtigen Dinge. Aber schließlich und endlich kam ich doch an die Reihe. Er lud mich ins Kino ein, wir trafen uns ein paarmal. Und nach zwei Wochen gab er mir den Laufpass. Ich war völlig zerstört.

Im Herbst ging ich in einer anderen Stadt aufs College. Im Frühjahr, es war zu Ostern, kam ich nach Hause, um dort Ferien zu machen, und traf zufällig im Supermarkt meinen Ex-Lover. Irgendwie fühlte ich mich jetzt wie eine Frau von Welt. Ich beschloss, ich würde es ihm heimzahlen. Ich wollte mit ihm schlafen, aber ohne Gefühle meinerseits.

Entgegen Natalies Erwartungen wollte der Frauenheld mit dem Superschlitten kein zweites Mal mit ihr schlafen. Sie hörte nie wieder etwas von ihm. Er hatte ihr die Chance genommen, *ihm* einen Korb zu geben. Sie fühlte sich erneut abgewiesen. Beide, der Manager der Pizzeria und Mark, hatten etwas Gemeinsames, von dem sich Natalie angezogen fühlte: Sie waren »cool«. Sie strahlten etwas aus, das sie unwiderstehlich machte, einen Reiz, den Natalie nicht besaß. Sie hatte bei beiden das Gefühl, sie könnten ihr etwas geben, was ihr fehlte. Wenn Männer dieser Art sie begehrten, wäre sie nicht mehr die »Außenseiterin«; vielleicht würde sie sich sogar in die Person verwandeln, die sie insgeheim immer schon sein wollte:

Als ich den Zusammenhang erkannte – wie ich indirekt versuchte, jemand anderer zu sein, indem ich mich mit einem Mann einließ, der über Eigenschaften verfügte, die ich gerne hätte, traf es mich wie ein Blitz: Warum sollte ich nicht selber ein wenig cool sein? Was hielt mich davon ab, Jazz zu hören, in Clubs zu gehen, mich anders zu kleiden? Mit anderen Worten, was hinderte mich daran, so zu werden, wie ich gerne sein wollte?

Die Faszination, die manche Menschen auf uns ausüben, in deren Bann wir geraten, obwohl sie für uns als Partner unerreichbar oder ungeeignet sind, wird von starken, unbewussten Kräften ausgelöst, die weit in unsere Kindheit zurückreichen, wie etwa unbefriedigte Wünsche und Sehnsüchte. Bei Natalie vermischten sich im Lauf der Zeit emotionale Bedürfnisse, die bei ihr aus der von Selbstzweifel geprägten Pubertätsphase stammten, mit ihren sexuellen Wünschen, die ihre obsessive Leidenschaft für Mark schürten.

So schmerzlich Natalies Prozess der Selbstprüfung auch gewesen war, nachdem sie den Entschluss gefasst hatte, nicht mit Mark zu schlafen, stellte sich bei ihr mit der Zeit ein Gefühlswandel ein. Als wir sechs Monate nach unserem ersten Interview erneut mit ihr sprachen, war sie nicht mehr so sehr davon überzeugt, in Mark den Mann ihres Lebens gefunden zu haben. Sie arbeitete wieder an ihrer Doktorarbeit und war dabei, ihre Hochzeit zu planen. Ihr Äußeres aber hatte sich vollkommen verändert. Bei unserem ersten Interview trug sie einen Faltenrock und einen schlichten Wollpullover, die Haare waren streng nach hinten gekämmt und unter einer Baskenmütze versteckt gewesen. Nun fielen sie offen herab; auch war sie beim Friseur gewesen und hatte sich blonde Strähnchen machen lassen. Sie trug eine schwarze Lederjacke, Jeans und einen lässigen Rollkragenpulli, dazu Stiefel. Im Vergleich zu ihrem früheren hausbackenen Aussehen wirkte sie jung und hip.

Es ist eigenartig – ich bin an einen Punkt gekommen, wo ich nicht mehr von Mark besessen bin. Das Gefühl, dass ich ihn unbedingt haben muss, ist nicht mehr so drängend. Ich finde ihn immer noch attraktiv – nicht, dass Sie mich missverstehen – und würde immer noch gerne mit ihm schlafen, wenn ich ihm zu einem anderen Zeitpunkt und unter anderen Umständen begegnet wäre. Oder wenn ich es tun könnte, ohne dass es mir Schwierigkeiten bereitete. Doch heute sehe ich es nicht mehr als so tragisch an, wenn ich es nicht tue.
In gewisser Weise hat mir die ganze Sache viel gebracht. Ich habe dabei eine Menge über mich gelernt, über meine eigenen Unsicherheiten und Bedürfnisse.

Im Vergleich zu unseren anderen Interviewpartnern weist Natalie einen relativ hohen Grad an sexueller Intelligenz auf. Deswegen ist es ihr nicht erspart geblieben, eine Phase durchzumachen, in der sie wegen Mark sehr gelitten hatte und aufgewühlt gewesen war. Doch durch die Art und Weise, wie sie einen Ausweg aus ihrem Dilemma fand, unterschied sie sich erheblich vom überwiegenden Teil der Befragten. Zum einen hatte Natalie ihrer sexuellen Anziehung zu Mark nicht spontan nachgegeben. Nicht ehe sie herausgefunden hatte, was sie tatsächlich wollte und was das Beste für sie wäre, hatte sie ihr Verlangen nach ihm zurückgestellt. Zweitens besaß sie das Einfühlungsvermögen, sich in die Lage von Mark und seiner Verlobten Alix zu versetzen und sich vorstellen zu können, welche Auswirkungen es für die beiden haben würde, wenn sie mit Mark schliefe. Drittens hatte Natalie den Mut besessen, nach innen zu schauen und bei ihrer Sexualität nach dem Zusammenhang zwischen ihren unerfüllten Wünschen und ihren sexuellen Bedürfnissen zu fragen. Für die inneren Kämpfe, die sie wegen Mark ausgestanden hatte, wurde sie, statt mit einer Liebesnacht, deren Folgen nicht abzusehen gewesen wären, mit Selbsterkenntnis, Selbstsicherheit und einem ruhigen Gewissen entschädigt. Und zudem wurde sie mit einem verbesserten und erfüllteren Sexualleben belohnt.

Vor dieser Sache mit Mark war der Sex mit meinem Verlobten eher so lala. Wir kannten uns vier Jahre und alles lief, wie wohl bei den meisten Paaren, die länger zusammen sind, ein wenig routinemäßig ab. In meiner Phase, als ich nur Mark im Sinn hatte, war Sex mit Greg nicht möglich. Ich konnte nicht mit einem Mann zu schlafen und dabei an einen anderen zu denken.
Der Sex zwischen uns ist entschieden besser geworden. Schon allein, weil Greg meinen neuen Look sexy findet. Es mag zwar ein wenig lächerlich klingen, aber mit der Veränderung meines Äußeren konnte sich etwas in mir entfalten, was immer schon Teil meiner Persönlichkeit gewesen ist – eine Art Abenteuerlust. Ich weiß nicht genau, wie ich es in Worte fassen soll, vielleicht ist es meine draufgängerische Seite. Aber das Entscheidende war, dass ich in all diesen Tagen und Nächten, in denen ich mich in erotischen Fantasien nach Mark verzehrte, zu der Erkenntnis gekommen bin, wie wichtig Sex für mich ist. Ich betrachte es jetzt nicht einfach als eine Selbstverständlichkeit oder als etwas, von dem du hie und da Gebrauch machst, wenn du nicht gerade zu müde bist oder die alltäglichen Ereignisse dich zu sehr in Anspruch nehmen.

Was an allen Berichten, die wir gehört haben, vorrangig auffällt, ist, dass im Vergleich zu unseren Teilnehmern, die im Sexuellen Intelligenz-Test einen hohen Sex-IQ erzielten, jene mit geringerer sexueller Intelligenz große emotionale Not und Verstörung durchmachen. Menschen, die sexuell intelligenter sind, kommen in ihrem Leben offenbar besser voran, während alle, die sexuell weniger intelligent sind, häufig den Eindruck erwecken, auf der Stelle zu treten und mit den Dingen nicht zurechtzukommen, entweder weil sie die Erinnerung an eine schmerzliche sexuelle Enttäuschung verfolgt oder sie denselben quälenden Konflikt immer und immer wieder durchleben.

Nehmen wir Frank als Beispiel. Im Gegensatz zu Natalie konnte er nach einer bitteren Enttäuschung keines der Elemente sexueller Intelligenz anwenden. Als Folge davon lebt er ein Dasein ohne große Leidenschaft, ohne menschlichen Kontakt und ohne Hoffnung.

Kaum hatten wir bei unserer ersten Begegnung mit ihm Platz genommen, verkündete Frank, noch ehe wir ihm eine Frage stellten: »Ich bin zur Zeit solo und möchte es bleiben.«

Frank ist 38 Jahre alt. Sein Vater ist Italiener, seine Mutter stammt aus Irland; beide Seiten haben ihn streng katholisch erzogen. Frank kommt aus einer Großfamilie. Er und seine vier Brüder und zwei Schwestern sind in Brooklyn aufgewachsen. Frank war der erste in seiner Familie, der eine höhere Schule besucht hat. Eigentlich war Frank ein charmanter Interviewpartner – humorvoll, selbstironisch, intelligent und liebenswürdig. Doch war nicht zu übersehen, dass er auch verbittert und vom Leben enttäuscht war. Als junger Mann hatte er Journalismus studiert, damals wollte er Schriftsteller werden. Bereits als Student erhielt er einen Preis für seine Kurzgeschichten, etliche konnte er veröffentlichen. Zu dieser Zeit schien ihm das Leben offen zu stehen. Doch dann begann er mit zwanzig eine Beziehung mit Patty:

Ich kannte Patty seit der Unterstufe. Ich hatte Mitleid mit ihr, weil ich um die Situation in ihrer Familie Bescheid wusste. Sie hatte ein furchtbares Zuhause – mit Alkoholismus und Drogenmissbrauch. Aber ich hielt sie für ein klasse Mädchen; ich vertraute ihr.

Patty war sieben Jahre lang mit einem brutalen Kerl zusammen gewesen, ehe sie mit mir ausging. Sie hatte ein Kind von ihm. Patty erzählte mir, er hätte sie vergewaltigt, geschlagen und ihr alle möglichen üblen Dinge angetan. Deswegen tauchte er angeblich auch nicht mehr auf. Außerdem zahlte er keinen Unterhalt für das Kind und kümmerte sich auch überhaupt nicht darum. Als ich Heather zum ersten Mal sah, war sie zwei Jahre alt. Sie nannte mich »Daddy« – im Grunde genommen war ich ihr Vater.

Ungefähr viermal erwischte ich doch diesen Typen, wie er allein mit Patty war – sie fand nichts dabei. Patty stritt einfach ab, dass noch irgend etwas zwischen ihnen lief. Verdammt, er hatte sie vergewaltigt, sie ausgenutzt – ich sagte ihr, sie sollte ihn rausschmeißen. Ich konnte es einfach nicht kapieren, warum sie sich so verhielt; angeblich war es wegen des Kindes, also sagte ich nichts mehr. Sonst wäre ich noch der Buhmann gewesen, wenn ich geäußert hätte, der Vater dürfe nicht mehr erscheinen. Ich war nicht der eifersüchtige Typ, also ließ ich Patty einfach machen, was sie wollte. Grundsätzlich vertraute ich ihr. Es dauerte eine Weile, bis ich dahinter kam, was eigentlich lief.

Während dieser Zeit verlor ich den Kontakt zu meiner Familie und zu meinen Freunden. Sie meinten, Patty bedeute Ärger, aber ich hörte nicht auf sie. Ich wollte ihr glauben – folglich schloss ich die anderen Menschen aus meinem Leben aus.

Dann wurde Patty schwanger. Okay, wir würden also ein Kind bekommen. Eines Tages, wir waren auf dem Nachhauseweg nach einer Untersuchung im Krankenhaus, eröffnete mir Patty, ihr Ex-Freund hätte ihr was angetan und sie glaube, das Kind sei von ihm. Ich aber vermutete, dass sie schon die ganze Zeit mit ihm geschlafen hatte. Ich begann ihr Fragen zu stellen: Hatte er ein Kondom benutzt? Nein, hatte er nicht. Und während dieser ganzen Zeit waren Patty und ich sexuell zusammen. Sie war dabei, mein Leben zugrunde zu richten, und es schien ihr egal zu sein. Das war's dann für mich. Ich hörte auf, mich mit ihr zu treffen.

Ich hätte alles für sie getan, für sie und Heather. Damals unterstützte ich beide finanziell. Mann, ich habe sogar Pattys Raten für's Auto gezahlt. Jetzt habe ich diese Karre am Hals, die absolut nichts taugt. Sie hat mich ganz schön reingelegt.

Ich vermisse Heather. Zwei Jahre lang war ich eigentlich ihr Vater. Es war nicht leicht, darauf zu verzichten.

Frank hat in der Tat Schreckliches erlebt. Doch das ganze Ausmaß seiner schlimmen Erfahrung wurde erst im Lauf des Interviews deutlich, als wir erfuhren, dass Patty die einzige Frau war, mit der er je eine sexuelle Beziehung hatte. Seitdem sie ihn vor sechzehn Jahren betrogen hatte, war er keine einzige Beziehung mehr eingegangen. Im Grunde genommen hat Frank aufgegeben – nicht nur was Frauen betrifft, sondern auch seine anderen Leidenschaften. Seit Pattys Untreue ist sein Leben in vieler Hinsicht ärmer geworden. Als er sie traf, ging er aufs College, studierte Journalismus, schrieb Kurzgeschichten, für die er einen Preis erhalten hatte, und wollte Schriftsteller werden. Doch nach dem Ende seiner Beziehung zu Patty beschloss Frank, sein Studium an den Nagel zu hängen. Er begann, in der Baufirma seines Vaters zu arbeiten, wo er noch immer Häuserwände hochzieht. Abends, nach Feierabend, geht er direkt nach Hause, lässt sich aufs Sofa mit einem Sechserpack Bier fallen und sieht sich einen Video-Film an. Ganz selten geht er mal auf ein Bier mit ein paar Arbeitskollegen, die meistens jünger sind als er. Er schreibt nicht mehr, liest kaum noch. Mittlerweile haben Franks Geschwister geheiratet, Kinder bekommen, Karriere gemacht, während er seit sechzehn Jahren immer im gleichen Trott lebt. Bei Familienfeiern ist er als der ledige Onkel nur mehr eine Randfigur. Am Ende des Interviews bemerkte Frank nachdenklich:

Ich habe mich immer nach einer Ehe gesehnt, nach jemandem, mit dem ich den Rest meines Lebens verbringen kann. Die Hoffnung ist noch nicht begraben, aber ich habe es überhaupt nicht mehr eilig damit, weil mir das emotionale Risiko zu groß ist.
Aber eines weiß ich: Wenn mir das noch mal passiert – so wie mit Patty –, würde mich das völlig zugrunde richten. Wenn jemand, den du liebst – und von dem du meinst, dass er dich auch liebt –, dir so etwas antut, dich so hintergeht, dann wird jeder Wunsch und jedes Vertrauen zerstört.
Im Grunde genommen ist Sex eine Waffe, sogar die verheerendste, was emotionale Bindungen betrifft. Patty hat Sex zweifellos als Waffe eingesetzt, und ich habe mich dabei verletzt – und zwar ganz furchtbar.

Die Untreue einer Frau hat Frank in seinen Grundfesten erschüttert und ihn zu der Überzeugung gebracht, Sex an sich brächte nur Unglück. Indem er freiwillig auf jede sexuelle Beziehung mit einer Frau verzichtete, glaubte er sich vor einer neuen schmerzlichen Erfahrung bewahren zu können; in Wahrheit hat er sich völlig isoliert und menschliche Wärme, Freundschaft und körperliche Lust aufgegeben. Und was noch schwerer ins Gewicht fallen mag: Mit seinem Verzicht auf Sexualität sind auch seine frühere Kreativität, seine Leidenschaften und Hoffnungen dahingeschwunden. Heute verläuft sein Leben in engen, überschaubaren Bahnen: arbeiten, abends auf der Couch liegen und trinken, gelegentlich ein Bier mit den Kumpels. Statt die Ursache dafür bei sich selbst zu suchen, dass er sich mit Patty eingelassen und ihre Beziehung einen so katastrophalen Verlauf genommen hatte, war er zu dem Schluss gekommen, Sex sei mit viel zu großen Risiken verbunden.

Franks Leben hätte nicht zwangsläufig in Trostlosigkeit enden müssen. Er hätte manches anders anpacken können – auf sexuell intelligente Weise –, dann wäre die schmerzliche Erfahrung, Patty zu verlieren, nicht so zerstörend gewesen.

Frank war verletzt und fühlte sich durch Pattys Doppelspiel verraten. Er hätte aber die Möglichkeit gehabt, sich mit seinen gekränkten Gefühlen offen und ehrlich auseinander zu setzen. Als Pattys Untreue offenkundig wurde, hätte er – auch wenn es ihm noch so schwer gefallen wäre –, nach den Gründen fragen sollen, warum er seiner inneren Stimme nicht gefolgt war und sich vorgemacht hatte, die Anwesenheit von Pattys Ex-Freund sei völlig harmlos. Er weigerte sich auch dann noch beharrlich, den Tatsachen ins Auge zu sehen, als seine Umgebung bereits anfing, ihm bohrende Fragen zu stellen. Er ging so weit, sämtliche Verbindungen zu seiner Familie und seinen Freunden abzubrechen. Frank hätte versuchen können, den unerfüllten Sehnsüchten in seinem Leben nachzugehen, die für seine Zuneigung zu Patty entscheidend waren. Offenbar hatte ihn ihre traurige Vergangenheit berührt und sein Mitleid erregt. Aber auch sein Verlangen, der edle Ritter für Patty und ihr Kind zu sein, war mit im Spiel, weshalb er sich zu ihr hingezogen fühlte. Gespräche mit anderen Menschen über seine Erfahrung, das Erforschen seiner eigenen Vergangenheit und der Verknüpfungen zwischen seinem Selbstverständnis als Mann und seinem Mitgefühl für Frauen hätten ihm zu der Erkenntnis verholfen, wie viel er einer Frau bieten konnte. Ein kritischer Blick auf Pattys Verhalten, aber auch der Austausch mit anderen über seine Beobachtungen und Erlebnisse, wären für Frank eine Chance gewesen, zu erkennen, dass er etwas Besseres verdiente und es in seiner Macht lag, eine befriedigende Beziehung zu finden. Sein Mitgefühl, seine Fähigkeit zu lieben und loyal zu sein, bedeutete nicht zwangsläufig, erneut von einer Frau mit unbewältigten Problemen zum Narren gehalten zu werden.

Diese Erkenntnis hätte ihm die nötige Selbstsicherheit gegeben, eine andere Frau kennen zu lernen, jemand, mit dem eine aufrichtige und erfüllte Beziehung möglich gewesen wäre. Wenn es Frank gelungen wäre, das romantische Ideal ritterlicher Tugenden zu durchschauen, und er bereit gewesen wäre, sich seiner Beweggründe für die Beziehung zu einer Frau wie Patty durch den Prozess der schmerzhaften Selbstprüfung klar zu werden, und wenn er schließlich den Kontakt zu seinen Freunden und seiner Familie nicht abgebrochen hätte, würde sein Leben heute anders aussehen.

Der Weg zur sexuellen Intelligenz

Das vorliegende Buch besteht aus mehreren Teilen; jeder Teil wird Sie dem Ziel, Ihre sexuelle Intelligenz effektiver einzusetzen und somit ein befriedigenderes Sexualleben zu führen, einen Schritt näher bringen. Teil I stellt Ihnen ein neues Verständnis über menschliche Sexualität vor und erörtert ausführlich die positiven Auswirkungen, die mit einem aktiven Sexualleben verbunden sind.

Teil II befasst sich mit den Hindernissen auf dem Weg zur Verbesserung unserer Sexualität: die Verhaltensweisen, die wir aufgrund unserer frühen Prägung durch Familie, Religion, aber auch durch die Botschaften der populären Kultur, insbesondere die der Medien, angenommen haben. Nachdem Sie Teil II gelesen haben, werden Sie in der Lage sein, einige falsche Vorstellungen über Sexualität, denen unsere Gesellschaft anhängt und die uns davon abhalten, ein genaues Wissen auf dem Gebiet der menschlichen Sexualität zu erwerben, zu durchschauen.

In Teil III gewinnen Sie Einblicke in das verborgene sexuelle Ich sowie in alle Dinge, die in diesem Zusammenhang von Bedeutung sind.

Teil IV schildert die praktische Umsetzung sexueller Intelligenz in unserem täglichen Leben. Wir zeigen, wie sexuelle Anziehung entsteht, wie Sie am besten mit Sex am Arbeitsplatz umgehen und in einer ernsthaften Beziehung treu bleiben.

Der Epilog stellt schließlich die Vision einer neuen, sexuell intelligenten Generation dar, und zeigt auf, was wir tun können, um unseren Kindern den Prozess des schmerzhaften Ausprobierens zu ersparen, den wir durchmachen mussten.

Was uns sexuelle Intelligenz verspricht

Die Ergebnisse unseres Projekts geben allen Mut, die mit sexuellen Problemen zu kämpfen haben oder mit ihrem Sexualleben unzufrieden sind. Mit dem Konzept »Sexuelle Intelligenz« haben Sie einen Schlüssel zu den Ursachen vieler sexueller Probleme. Darüber hinaus bietet es konkrete Lösungen für alle, die sich fragen, wie sie ihr Sexualleben neu und besser gestalten können. Menschen mit sexueller Intelligenz leiden sehr viel seltener an sexuellen Fehlfunktionen als jene, die nicht über eine sexuelle Intelligenz verfügen. Vor allem werden sie seltener über folgende Beschwerden klagen: mangelndes sexuelles Verlangen, eine zu trockene Scheide, Schmerzen beim Sex, Erektionsprobleme, ein vorzeitiger Samenerguss und Unfähigkeit, zum Orgasmus zu kommen.

Nach unserer Studie lassen sich für Männer und Frauen anhand ihres Sex-IQs die oben genannten sexuellen Störungen geradezu vorhersagen. Mangelnde sexuelle Intelligenz beeinträchtigt die sexuelle Funktionsfähigkeit wesentlich stärker, als wenn wir beispielsweise in sexueller Hinsicht Schuldgefühle hegen. Und wenn jemand sexuelle Intelligenz besitzt, lässt sich mit gro-

ßer Sicherheit vorhersagen, dass die entsprechende Person sexuell eher offen und unkompliziert ist – jedenfalls problemloser
als ein Partner, der sich einer therapeutischen Behandlung unter-
zogen hat.[5]

Sexuelle Intelligenz garantiert ebenfalls Zufriedenheit im Sexualleben. Nach unseren Ergebnissen bereitet beispielsweise
mangelnde sexuelle Intelligenz größere Schwierigkeiten bei der
Erfüllung sexueller Wünsche. Besonders problematisch wird es
in dem Fall, wenn jemand in der Kindheit sexuell missbraucht
worden ist.

Wenn wir von sexueller Intelligenz sprechen, so meinen wir
nicht das Wissen aller Fakten über Fortpflanzungsstrategien; es
geht auch nicht um raffinierte Techniken und Bettkünste; und
es handelt sich dabei gewiss nicht um eine angeborene Fähigkeit oder ein naturgegebenes Talent, das nur wenigen Glücklichen zugefallen ist. Es mag vage klingen und schwierig in die
Praxis umzusetzen sein, aber es gibt eine sexuelle Intelligenz,
die man erlernen und vervollkommnen kann. Wirklich neu an
unserer Arbeit ist, dass es uns möglich war, nicht nur genau
herauszuarbeiten, was sexuell intelligente Menschen tun und
was sie von den weniger sexuell Intelligenten unterscheidet.
Darüber hinaus ist es uns gelungen, zu quantifizieren, in welchem Grad ein Mensch sexuell intelligent ist und was er oder
sie unternehmen sollte, um sexuell intelligenter zu werden. Wir
sind der Überzeugung, dass Einsicht in die Welt des Begehrens
und der intelligente Umgang mit sexuellen Gefühlen unser Leben ungemein bereichert und uns zu einem ganzheitlichen
Menschen macht.

KAPITEL 2

Das verborgene
sexuelle Ich

Mit dreißig begegnete Julia einem wunderbaren Mann. Sam achtete sie, er war fürsorglich und liebte sie offenbar. Julia erwiderte seine Liebe. Der Sex war großartig. Doch dann geschah etwas Beunruhigendes, mitten im Geschlechtsakt:

> Manchmal fange ich beim Sex aus heiterem Himmel an zu weinen, ich schluchze einfach herzzerreißend drauflos. Meine Scheide wird trocken, Sex hört auf, schön zu sein, und es endet damit, dass wir mittendrin abbrechen. Was immer der Grund sein mag, es hat jedenfalls nichts mit Sam zu tun. Er bringt mir so viel Verständnis entgegen, trotzdem kränkt es ihn. Und die Sache bedrückt mich sehr. Ich verstehe einfach nicht, wie es dazu kommen kann. Es ist seit langem das erste Mal, dass ich so glücklich bin. Ich liebe Sam. Es ist mir einfach ein Rätsel, warum ich weinen muss. Dabei fühle ich mich so gut aufgehoben bei ihm.

Ähnlich wie Julia gehen auch wir meistens davon aus, dass wir in sexueller Hinsicht genau wissen, wer wir sind. Es scheint ja auch auf der Hand zu liegen: Wir sind entweder homosexuell, heterosexuell oder bisexuell; wir fühlen uns zu kontaktfreudigen oder eher zurückhaltenden Menschen hingezogen; wir ziehen Blondinen oder Brünette vor; wir wollen bestimmte Dinge im Bett tun, andere nicht. Mehr gibt es darüber nicht zu wissen – nehmen wir wenigstens an. Erst wenn irgendetwas aus einem unerklärlichen Grund schief läuft, wie etwa bei Julia, wird uns langsam bewusst, dass es mit unserer Sexualität mehr auf sich hat, als wir zu meinen glauben. Solche Warnzeichen sollten Anlass genug sein, unsere Sexualität doch gründlicher zu erforschen.

Der Schlüssel zur sexuellen Intelligenz ist die Erkenntnis und Annahme des eigenen, verborgenen sexuellen Ichs. Warum nennen wir es verborgen? Weil es ein Teil von uns ist, über den wir im Grunde genommen nur wenig wissen. Auch wenn die Öffentlichkeit in den letzten drei Jahrzehnten uns immer wieder einhämmert, Sex mache Spaß und wirke befreiend, kommt niemals der sehr private und persönliche Aspekt von Sexualität zur Sprache. Wegen unseres eigenen, aber auch des allgemein vorherrschenden, uneingestandenen Unbehagens gegenüber Sexualität haben wir nicht gelernt, auf unseren inneren Kompass zu achten. Er kann uns zeigen, welcher Natur unsere wirklichen sexuellen Bedürfnisse sind.

Unser verborgenes sexuelles Ich ist so unverwechselbar wie unser Fingerabdruck. Es besteht aus unseren natürlichen Impulsen und unseren ureigensten Neigungen, aber auch aus all jenen Dingen, die wir im Zusammenhang mit unserer Familie, den gesellschaftlichen Normvorstellungen und unseren persönlichen Erfahrungen gelernt haben. Viele dieser Botschaften über Sexualität, die den Menschen vermittelt werden, sind ungenau, verwirrend, häufig sogar destruktiv und formen das verborgene sexuelle Ich zu einem komplexen, vielschichtigen Gebilde von manchmal widersprüchlichen Gefühlen, Sehnsüchten, Wunschvorstellungen, Vorurteilen und Ängsten. Doch wenn wir all diese Signale klar erkennen und annehmen, offenbaren sie unsere wahre Sexualität.

Befassen wir uns mit einer Frau, die, ohne sich dessen bewusst zu sein, der herkömmlichen Vorstellung anhängt, der Mann müsse beim Sex die Initiative übernehmen. Darüber hinaus fühlt sie sich vielleicht verunsichert, was ihr Äußeres betrifft, wenn sie sich mit dem von den Medien propagierten weiblichen Schönheitsideal vergleicht. Diese beiden Dinge zusammengenommen werden sie möglicherweise davon abhalten, jemals die Initiative in Sachen Sex zu ergreifen. Das kann für sie in Frustration, Unzufriedenheit oder gar in einem Missverständnis mit ihrem Partner enden. Oder nehmen wir einmal an, jemand, der in seiner Kindheit nie Anerkennung, Wärme oder liebevolle Zuwendung bekommen hat, lässt sich als Erwachsener, aus dem Drang heraus, seine unbefriedigten emotionalen Bedürfnisse mit Sex zu kompensieren, auf eine Reihe von Sexualpartnern ein, ohne dabei seelische oder sexuelle Erfüllung zu finden.

Der Schlüssel zu all diesen Konflikten liegt in unserem verborgenen sexuellen Ich. Wenn wir Einblick in die komplexe Welt unserer Sexualität gewinnen, decken wir unsere wirklichen Bedürfnisse und Wünsche auf, wir befreien uns von falschen Vorstellungen, Erwartungen und Ängsten.

Die allgemeine gesellschaftliche Verunsicherung darüber, wie wir ein gesundes und erfülltes Sexualleben führen könnten, ist zum großen Teil auf unsere Sichtweise zurückzuführen, bei der wir häufig allein die körperliche Seite des sexuellen Akts in den Mittelpunkt unserer Aufmerksamkeit stellen und den begleitenden Gedanken, Gefühlen und Emotionen keine Beachtung schenken.

Der Spaß am lustvollem Sex kommt nicht dadurch zustande, was wir im Bett tun – wir alle können uns neue Techniken aneignen –, sondern was dabei in unseren Köpfen abläuft. Es ist uns nur selten wirklich bewusst, ob Sex bei uns positive, emotional angenehme Gedankengänge auslöst. Sobald Sex in uns negative oder unangenehme Gedanken und Gefühle erzeugt, wird er nicht mehr als eine Quelle der Lust erlebt, sondern als problematisch und unbefriedigend empfunden. Das geschieht, weil man uns beigebracht hat, sich unserer sexuellen Bedürfnisse zu schämen; oder weil eine frühere sexuelle Begegnung uns verletzt und gedemütigt hat; oder aber auch, weil wir die Bilder der Medien verinnerlicht haben, die Befangenheit oder gar Abscheu unserem Körper gegenüber hervorrufen.

Stellen Sie sich folgende Situation vor: Sie befinden sich im Bett mit einer äußerst attraktiven und sexuell sehr begehrenswer-ten Person und schlafen mit ihr. Wenn Ihr Kopf nicht mitspielt – weil Sie Schwierigkeiten am Arbeitsplatz haben, weil Sie sich Ihres Körpers schämen oder Sie irgendwelche anderen Probleme wälzen –, wird der Sex voraussichtlich nicht besonders großartig sein. Befriedigender Sex hängt von neurochemischen Reaktionen im Gehirn ab. Bei unserem Fall wird der Teil des Gehirns, der für die sexuelle Erregung zuständig ist, von zwei Bereichen besetzt: von der körperlichen Stimulierung des Körpers und gleichzeitig von dem Erinnerungsvermögen. Im Endresultat kann das Vergnügen an der physischen Stimulierung gegenüber dem vorherrschenden Einfluss der Erinnerungsverarbeitung untergehen.

Wir wollen Ihnen unbedingt empfehlen, mit der Erforschung Ihrer eigenen Sexualität zu beginnen. Viele Menschen scheuen sich vor diesem Schritt, sie ziehen es vor, ihre Sexualität zu ignorieren, oder versuchen, sie vollkommen zu unterdrücken, weil in ihrem geheimen sexuellen Ich auch beunruhigende Fantasien, Erinnerungen oder Ängste enthalten sind. Erst wenn wir die Scham über diese Aspekte unserer Sexualität abschütteln und den Mut aufbringen, unsere Wünsche und Gefühle direkt aufzugreifen, ohne bereits im Vorfeld ein Urteil über uns selbst zu fällen, sind wir frei genug, um unsere sexuellen Sehnsüchte auszuleben und unsere Sexualität unbelastet zu genießen.

Für die Entfaltung sexueller Intelligenz ist die bewusste Wahrnehmung unseres Selbst aus folgenden Gründen von ausschlaggebender Bedeutung: *Erfahrungen aus der Vergangenheit* beeinflussen auf eine für uns nicht durchschaubare Art und Weise unser Sexualverhalten; *unbefriedigte emotionale Bedürfnisse* verhindern, die gewünschte Erfüllung in unserem Sexualleben zu finden; *vorgefasste Meinungen* bestimmen unsere sexuellen Gefühle und Verhaltensweisen und können unsere wahren sexuellen Sehnsüchte überdecken.

Wie finden wir Zugang zu unserem verborgenen sexuellen Ich? Es liegt sehr nah bei uns, dennoch werden wir oft durch allgemeine Statistiken verunsichert. Einzelne Forschungsergebnisse werden hochgerechnet und zu allgemeinen Richtlinien für Verhaltensweisen des »Durchschnittsmenschen« ausgearbeitet. Aber auch populärwissenschaftliche Abhandlungen beanspruchen für sich, im Besitz aller Antworten für diesen ominösen »Durchschnittsmenschen« zu sein. Der Weg zu unserer wahren Sexualität macht es erforderlich, unseren Gefühlen und Reaktionen große Aufmerksamkeit zu schenken und auf jene leise, innere Stimme zu hören, die uns vor falschen Entscheidungen warnt und die wir viel zu selten beachten.

Sehen wir uns an, wie es einigen Teilnehmern unserer Studie gelungen ist, im Einklang mit ihrem verborgenen sexuellen Ich zu leben.

Geister austreiben: Schmerzliche Erfahrungen blockieren unser verborgenes sexuelles Ich

Julias Erfahrungen sind ein aufschlussreiches Beispiel dafür, wie schmerzliche Erfahrungen aus der Vergangenheit unsere echten sexuellen Bedürfnisse blockieren: Beim Sex mit einem Mann, den sie liebte und vertraute, brach sie scheinbar völlig unbegründet in Tränen aus und war dann nicht mehr in der Lage, weiter Sex zu haben. Julia sagte bezeichnenderweise, sie fühle sich bei Sam »sicher« und gab uns damit das Schlüsselwort zum Verständnis ihres verborgenen sexuellen Ichs. Es brachte uns auf die Frage, ob es für Julia in der Vergangenheit eine sexuelle Erfahrung gegeben hatte, die für sie mit einem Gefühl der Unsicherheit verbunden war. Tatsächlich stellte sich heraus, dass Julia Jahre zuvor vergewaltigt worden war. Jahrzehntelang hatte Julia nicht mehr an dieses Erlebnis gedacht; der Gedanke daran war so schmerzlich, dass sie diese Erfahrung völlig verdrängt hatte und es ihr niemals in den Sinn gekommen wäre, dieses Erlebnis in Zusammenhang mit ihrem gegenwärtigen Problem zu bringen. Damals war Folgendes geschehen:

Es war mein erstes Semester auf dem College. Der Typ war ein guter Freund meiner Zimmerkollegin im Studentenheim. Er war apostolischer Christ. Als ich ihn das erste Mal traf, fingen wie gleich an, miteinander zu quatschen, und er erzählte mir, sein Vater sei gestorben. Ich sagte ihm, dass ich bereit wäre, jederzeit mit ihm darüber zu sprechen, wenn ihm danach wäre.
Eines Abends rief er mich dann auch an. Er wollte dringend mit mir reden. Er war Leiter des Studentenwohnheims und musste sich deshalb abends in seinem Zimmer aufhalten. Also ging ich zu ihm. Wir saßen rum und redeten miteinander. Auf einmal, ich weiß eigentlich gar nicht, wie es dazu kam, jedenfalls fing er plötzlich an, sich die Hose auszuziehen. Ich werde seine Worte

nie vergessen: »Sag einfach Ja.« Und ich schrie los: »Nein, ich will nicht.« Na ja, er hat es dann trotzdem getan.

Die Sache war vollkommen absurd. Er war Leiter des Studentenwohnheims, er war ein Christ. Ich konnte es einfach nicht fassen, was da vor sich ging. Ich wartete einfach ab, bis alles vorüber war. Ich glaube, ich tat sogar so, als würde mir das Ganze Spaß machen. Ich weiß überhaupt nicht, warum ich das getan habe. Ich wollte mir wahrscheinlich vormachen, dass es für mich okay wäre und mir das alles nichts ausmachen würde. Ich hatte Angst vor ihm. Ich war siebzehn, er zweiundzwanzig. Er war viel größer und stärker als ich. Er war bei den Marines gewesen. Ich habe niemandem davon erzählt. Ich schämte mich so fürchterlich, dass ich mich nicht gegen ihn zur Wehr gesetzt hatte.

Die Vergewaltigung im College war der tiefere Grund für Julias mysteriöse Weinkrämpfe, die sie beim Verkehr mit Sam überkamen. Bei Sam fühlte sie sich geborgen, also löste sich ihre innere Abwehr gegen bestimmte Gefühle. Wenn sie ganz entspannt war und den wunderbaren Sex mit Sam genoss, trat dagegen die Brutalität ihres sexuellen Missbrauchs im College in scharfem Kontrast hervor. Die Trauer, die sie damals bei ihrer Vergewaltigung nicht zugelassen hatte, brach in diesen Augenblicken aus ihr heraus. Erst als Julia diesen Zusammenhang erkannte und ihr seltsames Verhalten vor dem Hintergrund ihrer vergangenen Erfahrung sah, konnte sie die beruhigende Gewissheit haben, dass in ihrer Beziehung zu Sam alles in Ordnung war. Ohne die Rückkehr in ihre Vergangenheit und die Analyse der Auswirkungen ihres Erlebnisses, hätte sich ihr Problem mit Sam gewiss zugespitzt, und sie wäre möglicherweise vor der Liebe und Wärme, die er ihr entgegenbrachte, weggelaufen. Dank ihrer Einsicht sowie Sams liebevoller Unterstützung konnte Julia endlich ihre Trauer über das traumatische Erlebnis im College zulassen. Das kam wiederum ihrem Sexualleben zugute: Sex mit Sam ist allmählich genau so beglückend wie früher – meistens sogar besser.

Julias Geschichte führt uns deutlich vor Augen, welchen Einfluss vergangene Erfahrungen haben können, die unsere echten sexuellen Wünsche überlagern und sich in Form –

scheinbar – rätselhafter Dysfunktionen auf unser Sexualverhalten auswirken. Das verborgene sexuelle Ich bietet jedoch sehr viel mehr als Antworten auf unerklärliche Fehlfunktionen. Vieles, was sich darin versteckt hält, äußert sich sehr positiv bei einer Aufdeckung. Die meisten Menschen sind sich jedoch nicht bewusst, mit welcher Fülle ihre Sexualität ausgestattet ist. Erst wenn es uns gelingt, richtig zu erkennen, auf welche Weise falsche Vorstellungen, unbefriedigte Bedürfnisse, aber auch negative Erfahrungen unser Sexualverhalten mitbestimmen, offenbaren sich uns unsere wahren sexuellen Wünsche und Neigungen, und wir werden – vielleicht sogar zum ersten Mal in unserem Leben – sexuelle Erfüllung erfahren. Bethany ist dafür ein perfektes Beispiel.

Das »falsche« Begehren

Bethany, eine 27-jährige Bankerin, fand ihren Weg zu sexuellen Erfüllung erst, nachdem sie allmählich ihre unbefriedigten emotionalen Bedürfnisse erkannt hatte, die sie in einer negativen Beziehung gefesselt hielten. Auf die Frage in unserem psychologischen Ermittlungsbogen nach dem Grad ihrer sexuellen Befriedigung erzielte Bethany fünf von maximal sieben möglichen Punkten. Derzeit lebt sie in einer Beziehung mit einem Mann, der ihr sehr viel bedeutet und mit dem – nach ihren Worten – »der Sex jedes Mal wunderbar ist«. Sie hätte sich zuvor nie vorstellen können, dass zwei Stunden so toll und lustvoll sein können. Ihre Wahrnehmung bezüglich Sex war nicht immer positiv. So beglückend Bethany heutzutage ihr Sexualleben empfindet, es hat sie viel Zeit und mühsames Lernen gekostet, um aus einer langjährigen, sehr unbefriedigenden, ja destruktiven Beziehung auszusteigen.

Als Bethany fünf Jahre alt war, starb ihre Mutter. So blieb ihr nur eine einzige Bezugsperson, ihr Vater, von dem sie emotional völlig abhängig war. In kürzester Zeit verlor sie in gewisser Weise auch ihn, und dieser Verlust hatte weit reichende Folgen für ihr Selbstwertgefühl. Denn sechs Monate nach dem Tod ihrer Mutter heiratete ihr Vater wieder.

Mein Vater hatte mir mit keinem einzigen Wort gesagt, dass er und diese Frau heiraten wollten. Eines Tages ging ich mit dieser Frau, Daddys »Bekannter«, ein neues Kleid für mich kaufen; es war ein besonders schönes Kleid, das ich natürlich toll fand. An ihrem Hochzeitstag weckten mein Vater und seine Bekannte mich um sieben Uhr morgens und sagten nur: »Zieh dieses Kleid an, du musst jetzt mit in die Kirche kommen.« Sie haben sich nicht einmal die Zeit genommen, sich zu mir zu setzen und mir zu erklären, dass sie beide heiraten würden. Ich war völlig perplex. Später beschloss mein Vater, es wäre wohl das Beste für mich, wenn ich bei meiner Großmutter leben würde. Er arbeitete die ganze Zeit, und meiner Stiefmutter passte es nicht in den Kram, sich um mich zu kümmern.

Nicht von ungefähr zog es Bethany in ihrem späteren Leben immer zu älteren Männern hin. Sie wollte von ihnen die Anerkennung und Aufmerksamkeit, die sie von ihrem Vater nie bekommen hatte.

Es fällt mir schwer, Grenzen zu ziehen. Wohl aus dem Grund, weil in meinem Leben keine männliche Bezugsperson vorgekommen sind. Für mich hat es nie diesen Punkt gegeben, wo ich mir hätte sagen müssen, dass ein Mann zu alt für mich sei, weil er mein Vater sein könnte.

Alex, mein erster Liebhaber, war zweiundvierzig und ich war damals neunzehn. Gleich von Anfang an gab es eine Menge Dinge, die mir gegen den Strich gingen. Weil ich aber so viel jünger war als er, glaubte ich, die gehören eben dazu, das wäre okay. Was wusste ich denn schon? Und ich versuchte mir vorzumachen, dass ich das alles richtig finden müsste.

Alex kaufte mir zum Beispiel Dessous: Strapse mit roten Spitzen. Ich habe mich darin nie wohl gefühlt, ich kam mir immer billig vor. Er schleppte auch Hardcore-Pornos an, die mich nie erregten. Ich dachte, es läge an mir, und glaubte, mit mir würde etwas nicht stimmen. Und Alex liebte Rollenspiele. Er wollte, dass ich das unschuldige Schulmädchen darstelle. Er wollte, dass ich ihn »Daddy« nenne. Er schlug mich viel.

Damals ging ich aufs College und wollte mich unbedingt frei und aufgeschlossen geben. Ich wollte es partout vermeiden, immer gleich alles zu bewerten. Ich hatte meine eigenen Fantasien, also versuchte ich auch seine zu respektieren. Aber nach unseren so genannten heißen Nächten war mir immer speiübel. Von ihnen konnte ich gewiss nicht meiner besten Freundin mit Stolz erzählen. Was unser Sexleben betraf, blieb ich sehr unkommunikativ. Im Grunde genommen fühlte ich mich häufig erniedrigt und gedemütigt.

Nach meiner langen Beziehung mit Alex war Sex für mich immer gleichbedeutend mit dem, was Alex mochte, was ihn anturnte. Nachdem unsere Beziehung zu Ende gegangen war, konnte ich mich lange Zeit nicht von der Vorstellung lösen, dass ich immer die Rolle der Erniedrigten spielen werde. Der Mann, mit dem ich jetzt zusammen bin, interessiert sich nicht für ausgefallenen Sex. Ich ziehe eine solche Beziehung vor. Wir machen keine Rollenspiele, wir brauchen kein Sexspielzeug; es geht nur um uns.

Durch meine Erfahrungen mit dieser Beziehung habe ich das richtige Gespür dafür entwickelt, wenn es in einer Partnerschaft stimmt. Ich habe gelernt, wie wichtig es ist, unabhängig zu sein und zu wissen, was meine Bedürfnisse in einer Beziehung sind, was ich im Bett mag.

Bethanys Beziehung mit Alex dauerte vier Jahre, obwohl sie seine sexuellen Vorlieben keineswegs teilte: Rote Spitzenstrapse erregten sie nicht, ebenso wenig wie die Rolle, das unartige Schulmädchen zu spielen, dass von Daddy geschlagen wird. Der Grund, dass sie an dieser Beziehung festhielt, lag teilweise in ihrer Sehnsucht, das nachzuholen, was ihr Vater ihr stets verweigert hatte. Ihr sehnlichster Wunsch, vom Vater anerkannt zu werden, war für sie nie in Erfüllung gegangen. Und weil sie jung war und keine Vergleichsmöglichkeiten hatte, ließ sie den Sex mit Alex über sich ergehen. Im Lauf der Zeit wurde sich Bethany immer deutlicher ihrer wahren Neigungen bewusst; sie erkannte, dass sie eine andere sexuelle Beziehung brauchte, eine Beziehung, in der sie sie selbst sein konnte. Der Sex mit Alex war genau das Gegenteil von dem, was sie sich wirklich wünschte.

Mit der schrittweisen Annäherung an ihr verborgenes sexuelles Ich entdeckte Bethany nicht nur ihre wirklichen sexuellen Sehnsüchte. Sie erkannte auch den unterschwelligen psychischen Mechanismus, durch den sich die Grenze zwischen echtem sexuellem Begehren und dem ungestillten Wunsch nach der Liebe des Vaters verwischt hatte; ihre sexuellen Gefühle waren durch das alles beherrschende Verlangen nach Zuneigung verschüttet worden. Bethany wurde sexuell intelligent, als sie begriff, dass ihr unbefriedigtes Bedürfnis nach Aufmerksamkeit, das von ihrer Kindheit herrührte, sie entscheidend daran hinderte, eine lustvolle und erfüllte Beziehung mit einem Mann einzugehen, der ihr wirklich etwas bedeutete.

Erfahrungen aus unserer Vergangenheit, die in uns eine Kette traumatischer Gefühls- und Gedankenassoziationen auslösen, unerfüllte emotionale Bedürfnisse sowie vorgeprägte Meinungen hindern uns an der Erkenntnis unserer wirklichen Vorlieben und versperren uns den Zugang zu unseren natürlichen sexuellen Bedürfnissen. Nur sind wir uns dessen oft nicht bewusst, dass besonders die gesellschaftlich vorgegebenen Denkweisen gewisse Erwartungen an den Einzelnen stellen, denen nicht jeder von uns in einem gleichem Maße gerecht werden kann.

Kulturelle Normen und unsere wahren Bedürfnisse

Eine weitere Voraussetzung, unsere eigene Sexualität zu erkennen, besteht darin, ein Gespür dafür zu entwickeln, ab welchem Punkt die von unserem kulturellen Umfeld als »normal« angesehenen Vorstellungen mit unseren eigenen sexuellen Werten aufeinander prallen. Nehmen wir Carlos als Beispiel. Er ist ein 22-jähriger Medizinstudent aus Kuba. Er hatte nur mit einer einzigen Frau, seiner Freundin, Sex. Mit ihr war er vier Jahre lang zusammen. Aus seiner Sicht entspricht sein Verhalten eigentlich nicht der Rollenvorstellung eines Mannes in seinem Kulturkreis. Mit seiner Einstellung zu Frauen unterscheidet er sich jedenfalls ganz erheblich von seinen männlichen Freunden. Carlos wurde hin- und hergerissen zwischen seiner Vorstellung von dem, was nach den Maßstäben seines kulturellen Umfelds als »normal« gilt, und seinem individuellen Verhalten:

53

Von uns kubanischen Männern wird erwartet, dass sie sexuell umtriebig sind. Es gilt allgemein als richtig und gut, wenn ein Mann seine Erfahrungen sammelt, bevor er heiratet. Wie heißt es so schön? Sich die Hörner abstoßen. Aber eigentlich ist das nicht fair, weil bei unseren Frauen gesellschaftlich andere Maßstäbe angesetzt werden. In meiner Heimat gehen die Frauen oft noch als Jungfrauen in die Ehe.

Es gab mal Zeiten, da war ich ein wenig neidisch auf meine Freunde, weil sie immer so viele Mädchen aufrissen. Ich überlegte mir, ob ich das auch tun sollte. Aber ich mochte meine Freundin sehr, also ließ ich es bleiben. Ich bin mit meinen Cousinen und meinen Tanten aufgewachsen, und ich habe gesehen, wie sie das Verhalten ihrer Männer verletzte; ähnliches wollte ich nicht dem Menschen antun, der mir sehr wichtig war. Ich muss zugeben, manchmal, wenn ich eine gut aussehende Frau sehe, denke ich an sie, aber das ist dann auch schon alles.

Es geht nicht darum, dass du viele Freundinnen hast, sondern es kommt darauf an, dass du mit einer ganz viele verschiedene Dinge tun kannst.

Das Rollenklischee, dass ein Mann nur dann ein richtiger Mann sei, wenn er Erfahrungen mit vielen verschiedenen Partnerinnen sammelt, auch wenn er eine feste Beziehung hat, trifft auf Carlos nicht zu. Es entspricht nicht seinem Wesen. Seine wahre Sehnsucht richtet sich nicht auf eine Vielzahl von Frauen, sondern auf ein abwechslungsreiches Sexualleben mit seiner jetzigen Partnerin. Mit dieser Entdeckung hat Carlos zumindest in einem Punkt, entgegen der gesellschaftlichen Rollenerwartung, mit der er groß geworden ist, zu seinen wahren sexuellen Neigungen gefunden.

Unser verborgenes sexuelles Ich und die damit verbundenen Probleme unerforscht zu lassen, kann sich für uns sehr negativ auswirken. Nehmen wir zum Beispiel Brad, ein erfolgreicher Steueranwalt in seinen späten Vierzigern. Bei unserer Befragung saß uns ein Mann von über eins achtzig gegenüber, mit der Statur eines Footballspielers, seine massige Gestalt in einen teuren Anzug gepresst und bis auf einen schütteren Haarkranz beinahe kahl. Brad beantwortete unsere Fragen freundlich und humorvoll, scheinbar ganz locker. Als er jedoch anfing, von seiner Frau zu sprechen, bildeten sich kleine Schweißperlen auf seiner Oberlippe, der Ausdruck in seinen Augen verriet deutlich seine innere Erregung. Hier saß uns ein Mann gegenüber, der viel von seelischem Kummer geplagt und äußerst verunsichert war. Er erzählte uns Folgendes:

Was das Sexuelle anbelangt, habe ich mit einer Lüge gelebt. Und das seit 25 Jahren. Nun hat sie mich eingeholt. Ich wünschte mir, Lisa und ich hätten mehr miteinander darüber geredet, was in unserer Ehe ablief.

Ich habe Lisa auf dem College kennen gelernt. Sie war die Frau, die ich wirklich liebte. Ich wollte nie eine andere. Als wir heirateten, war ich sehr unerfahren. Vor unserer Hochzeit gab sich Lisa unheimlich sexy und sinnlich. Obwohl wir vor unserer Hochzeitsnacht keinen Sex hatten, war mir nie in den Sinn gekommen, dass wir in dieser Hinsicht irgendwelche Probleme haben könnten. Doch sobald wir verheiratet waren, war Lisa, was den Sex betraf, wie gelähmt.

Sex war schon immer ein Problem zwischen uns. Ich wollte viel mehr Sex als sie – ich glaube, am liebsten hätte sie ganz darauf verzichtet. Schließlich kam ich mir wie der kleine Junge in dem Film »Oliver« vor, der sagte: »Bitte, darf ich etwas mehr haben?« Es war demütigend. Also machte ich dicht. Ich sagte mir, wenn sie keine Lust hat, geht das in Ordnung. Wir haben nie darüber gesprochen. Ich habe versucht, mir vorzumachen, dass Sex in einer Ehe schließlich nicht alles sei. Ich wollte krampfhaft, dass er nicht so wichtig für mich sein sollte.

Mit Brads Ehe ging es zusehends bergab, bis er und Lisa kaum ein Wort mehr miteinander sprachen. Schließlich kamen sie darüber ein, eine Eheberatung aufzusuchen. Zu diesem Zeitpunkt aber hatte Brad bereits eine Affäre:

Ich sitze mit meiner Frau in der Paarberatung, und wir reden darüber, weshalb es zwischen uns sexuell nicht klappt. Inzwischen habe ich ein Verhältnis mit einer anderen Frau, Jeanne. Wir waren eines Tages beide im Büro, um das Schlussplädoyer für einen Fall zu besprechen, der am nächsten Tag vor Gericht verhandelt werden sollte, und plötzlich überkam es mich und ich küsste sie.

Schon kurz danach besuchte ich sie regelmäßig dreimal in der Woche nach der Arbeit.

Rein vom sexuellen Standpunkt aus betrachtet, ist es unglaublich schön mit Jeanne. Ich habe nie geahnt, wie toll Sex sein kann. Aber ich habe deswegen starke Schuldgefühle und, mal physiologisch gesehen, einen großen Stress. Vor kurzem hatte ich einen Herzinfarkt und musste operiert werden.

Also, ich habe dreimal in der Woche Sex mit Jeanne – obwohl mich das beinahe umgebracht hat – und gleichzeitig sitze ich beim Therapeuten und sage zu Lisa: »Lass uns eine Lösung finden.« Ich möchte, dass es zwischen mir und Lisa klappt – ich liebe sie. Aber wie soll ich ihr bloß die Wahrheit sagen? In letzter Zeit, wenn ich morgens mit meinem Wagen in die Stadt fahre, überkommt mich manchmal der Wunsch, einfach immer weiter und weiter zu fahren, bis ich in Phoenix oder sonst wo gelandet bin.

Brads erster Fehler war, seine sexuellen Wünsche zu ignorieren und zu verdrängen. Wenn es ihm gelungen wäre, sich selbst gegenüber ehrlich zu sein und sich einzugestehen, wie viel ihm ein aktives Sexualleben bedeutet, hätte er auch in Erfahrung bringen können, dass Sex ein absolut gesunder Drang ist. Das hätte ihn gewiss darin bestärkt, auf seine Bedürfnisse zu achten und offen mit seiner Frau über ihre gemeinsamen Schwierigkeiten zu sprechen. Aber Brad war es nicht gelungen, seine sexuellen Bedürfnisse anzuerkennen und seiner Frau diesen Teil seiner Persönlichkeit zu offenbaren. Stattdessen ließ er sich auf eine außereheliche Affäre ein, die seine Ehe ernsthaft in Gefahr brachte – ganz abgesehen von dem hohen Tribut, den dieses Verhältnis von seiner Gesundheit forderte. Der sexuell intelligente Zugang zu seinem Problem wäre gewesen, sich die Unzufriedenheit mit seinem Sexualleben einzugestehen und sich zu einem viel früheren Zeitpunkt mit seiner Frau über sein Problem auseinander zu setzen, eventuell sogar mit Hilfe eines Therapeuten. Zweifellos hätte es Brad große Überwindung gekostet, sich zu diesem Schritt durchzuringen – wie er uns bereits sagte, empfand er die Rolle des Bittstellers in Sachen Sex als demütigend. Aber weil er das Problem unter den Teppich kehrte, brachte ihn das in eine weitaus schwierigere Situation. Brad war in eine Sackgasse geraten und wusste keinen anderen Ausweg, als sich von der Frau zu trennen, die er als Einzige in seinem Leben wirklich geliebt hat. In Brads Fall wäre der Konflikt zwischen ihm und seiner Frau über die Frage, wie oft sie miteinander Verkehr haben sollten, in einem offenen Gespräch über ihr gemeinsames Sexualleben zu lösen gewesen; aber Brad hatte seine sexuellen Bedürfnisse so lange unterdrückt, bis der Konflikt, der still vor sich hin schwelte, katastrophale Ausmaße angenommen hatte.

Der entscheidende Schritt zur sexuellen Intelligenz ist die Erkenntnis unserer wirklichen Vorlieben und Neigungen. Ohne diese Selbsterkenntnis vermögen uns weder das Wissen auf dem Gebiet der menschlichen Sexualität noch neue sexuelle Praktiken und auch nicht die besten sozialen Fähigkeiten zu einer erfüllten Sexualität verhelfen. Ohne Kenntnisse der außerordentlichen Einflüsse, die unser Sexualverhalten steuern, bleibt unser Wissen, das wir erworben haben, wirkungslos. Und ohne Kenntnisse unserer wirklichen sexuellen Vorlieben wird uns auch keine hervorragende kommunikative Kompetenz ans Ziel unserer sexuellen Wünsche bringen.

Sie können den Grad Ihrer Selbsterkenntnis feststellen, wenn Sie Ihre Antworten zur Wahrnehmung des verborgenen sexuellen Ichs im Sexuellen Intelligenz-Test kritisch prüfen. Zum Beispiel wenn Sie Frage 5 (»Hatten Sie schon über einen längeren Zeitraum hinweg ein sexuelles Geheimnis vor einem Partner?«) mit »Ja« beantwortet haben, dann hatten Sie wahrscheinlich, ähnlich wie Julia, eine schmerzliche Erfahrung in der Vergangenheit machen müssen, die Sie nun daran hindert, Sex zu genießen. Oder Sie führen, wie Brad, ein Doppelleben, was zerstörerische Folgen nach sich ziehen kann.

Wenn Ihre Antwort auf Frage 38 in unserem Test (»Schämen Sie sich, dass Sie bestimmte sexuellen Wünsche haben?) »Ja« lautet, sind Sie vielleicht, wie Bethany, in sexuelle Praktiken verwickelt, die Ihren wirklichen Neigungen und Bedürfnissen widersprechen.

Diese sowie alle weiteren Fragen im Sexuellen Intelligenz-Test, mit denen Sie sich Ihrer eigenen Sexualität bewusst werden können, sind ein geeigneter Ausgangspunkt für die Erforschung Ihrer echten sexuellen Gefühle. Dabei erfahren Sie außerdem gleichzeitig, ob Sie diese Gefühle auch achten.

Zusätzlich möchten wir Ihnen den Tipp geben, bevor Sie zu einem sexuellen Akt bereit sind oder ihn ablehnen, Ihr verborgenes sexuelles Ich genau zu prüfen und sich folgende Fragen zu stellen:

1. Stehe ich zu meinen wirklichen Bedürfnissen, Wünschen und Neigungen?
2. Bin ich mir selbst gegenüber ehrlich, was ich in dieser tatsächlichen Situation will?
3. Wird dieser Beischlaf mir Schaden zufügen, weil er meinen realen Bedürfnissen zuwiderläuft?
4. Wird dieser Akt die selbstzerstörerischen Muster verstärken, die meine Sexualität bereits auf negative Art und Weise geprägt haben?
5. Wird diese Erfahrung mir wirklich Freude bringen?
6. Wird dieser Geschlechtsakt meine natürlichen Impulse bestätigen und fördern?
7. Wird durch diesen Beischlaf das sexuelle Ich meines Partners geachtet?

Die Antworten auf diese Fragen geben uns Aufschluss darüber, wer wir und unsere Partner wirklich sind und was uns in sexueller Hinsicht glücklich macht. Wir sollten regelmäßig überdenken, ob wir unser sexuelles Ich gebührend beachten und weiterentwickeln. Wenn wir einmal anfangen, Dinge zu glauben, wie: »Mich will sowieso niemand, weil ich zu dick bin«, oder: »Ich kann es mir nicht vorstellen, meine wirklichen sexuellen Gefühle mit meiner Frau zu teilen, also versuche ich es gar nicht erst«; oder: »Ich bin zu alt, um noch sexy zu sein«, dann untergraben wir unsere Sexualität und verzichten auf einen wichtigen Bereich der Lebensfreude, des Selbstwertgefühls und der partnerschaftlichen Verbundenheit.

So schwer es uns auch fallen mag, die Wahrheit über unsere eigene Sexualität anzunehmen, es lohnt sich dennoch. Sie öffnet uns den Zugang zu unseren Wünschen und Neigungen und macht uns frei, ein erfülltes Sexualleben zu führen. Als ersten

Schritt, um Ihr verborgenes sexuelles Ich zu verstehen, können Sie folgende Übung machen:

Setzen Sie sich mit Ihren sexuellen Erfahrungen schriftlich auseinander. Schreiben Sie diese auf, wenn Sie ein oder zwei Stunden Zeit haben. Fangen Sie bei Ihrem ersten Erlebnis an, schildern Sie, was passierte, welche Gefühle es in Ihnen hervorrief, welche Gedanken Ihnen dabei durch den Kopf gegangen sind. Beschreiben Sie auf gleiche Weise Ihre sexuellen Begegnungen und Liebesbeziehungen, die Sie seitdem hatten und die eine wichtige Rolle in Ihrem Leben gespielt haben. Entscheidend ist, dass Sie alles schriftlich fixieren, statt nur darüber nachzudenken. Wenn Sie den – natürlich ehrlichen – Bericht Ihrer sexuellen Erfahrungen schwarz auf weiß vor sich haben, wird das Ihnen möglicherweise dazu verhelfen, bestimmte Verhaltensmuster zu erkennen, die Sie eigentlich ändern wollen – beispielsweise die Tatsache, dass Sie Sex mit jemandem haben, um der Person gefällig zu sein oder um eine Beziehung zu festigen. Außerdem hilft Ihnen das Aufgeschriebene dabei zu entdecken, welche Gefühlsabläufe Sexualität bei Ihnen auslöst und welche Einstellung Sie zur Sexualität haben. Die meisten Menschen sind überrascht, was sie auf diese Art und Weise alles über sich selbst herausbekommen. Wenn Sie Ihre sexuellen Erfahrungen zu Papier bringen, haben Sie bereits den Anfang gemacht, den Zugang zu Ihrem wahren sexuellen Ich zu finden.

KAPITEL 3

Warum Sex?

Vielleicht wundern Sie sich, weshalb wir diese Frage überhaupt stellen. Wie wir bereits festgestellt haben, erachten die meisten Menschen ein befriedigendes Sexualleben für eine unverzichtbare Lebenserfahrung. Doch wenn wir bedenken, welche Schwierigkeiten und Störungen sehr wahrscheinlich für die meisten von uns einmal bei unserem Sexualleben auftauchen, ist es durchaus verständlich, wenn wir, wie Frank, versuchen wollten, auf Sex ganz zu verzichten. Aber das wäre ein großer Fehler mit weit reichenden Folgen.

Wir sollten nie vergessen, dass unsere Sexualität ein wesentlicher Bestandteil unseres Selbst ist, so grundlegend wie unsere Emotionen, unser Intellekt oder unsere allgemeine Persönlichkeit. Wenn wir sie ausgrenzen, sind wir nur ein halber Mensch. Grundsätzlich gehört zur sexuellen Intelligenz die Tatsache, einfach zu akzeptieren, dass wir sexuelle Wesen sind und unsere Sexualität als einen für unsere Gesundheit notwendigen Teil schätzen und pflegen.

Zweifellos tut uns Sex gut. Susanne, eine unserer Befragten, hat das treffend formuliert:

> **Ich finde,** Sex baut auf, einfach mal körperlich gesehen. Ich habe oft sexuelle Gedanken; ich male mir in der Fantasie aus, wie ich an allen möglichen exotischen Orten Sex habe. Ich stelle mir Sex ganz einfach vor, weil es mir ein gutes Gefühl gibt und mir große Lust bereitet.

Susanne ist keine Sex-Expertin und sie weiß natürlich auch nichts über die neuesten Forschungsergebnisse auf diesem Gebiet. Aber sie hat instinktiv begriffen, was wissenschaftliche

Tatsachen belegen: Sex wirkt sich positiv auf unser Befinden aus, physisch wie emotional. Er verleiht uns Vitalität, macht uns glücklicher, und zudem vermag ein aktives Sexualleben unser körperliches Wohlbefinden und unsere geistige Beweglichkeit zu steigern, ja sogar unser Leben zu verlängern.

Unzählige Menschen wünschen sich mehr Zufriedenheit mit ihrem Sexualleben. Unserer Studie zufolge zeigen die meisten jedoch eine erstaunlich geringe Bereitschaft, sich tatsächlich auch dafür einzusetzen. Die Mehrheit wendet viel mehr Zeit und Kraft für Hausarbeiten und Hobbys auf, als sich damit zu beschäftigen, ein erfülltes Sexualleben zu führen und aufrechtzuerhalten. Sicherlich würden viele anders handeln, wenn ihnen bewusst wäre, dass es ebenso wichtig ist, Energie und Engagement in ihr Sexualleben zu investieren wie in Bewegung, gesunde Ernährung und Fitness im Allgemeinen.

Einer der Unterschiede zwischen den Menschen besteht darin, dass sexuell intelligente Personen die grundlegende Bedeutung einer aktiven Sexualität erkennen, die mit einer Vielfalt bemerkenswerter Vorteile für Körper und Geist einhergeht. Trotzdem gibt es immer noch Menschen, die Sex für schlecht halten und es als Fehler ansehen, sexuelle Intelligenz zu entwickeln, weil sie ihrer Meinung nach gefährlich sei. Durch eine negative oder angstbesetzte Einstellung zur Sexualität werden Menschen dazu verleitet, sexuelle Wünsche zu verleugnen, heimlich, schuldbeladen oder zwanghaft Sex zu haben – und somit auch keine Vorkehrungen gegen Krankheiten und ungewollte Schwangerschaften zu treffen – oder manchmal auch dem Sex völlig zu entsagen. Unsere Sexualität zu vernachlässigen oder sie gänzlich aus unserem Leben auszuschließen bedeutet, auf die vielen gesundheitlichen Vorteile zu verzichten, die sie uns bieten kann.

Hinsichtlich der zahlreichen positiven Einflüsse, die Sex uns bereitet, würde es Sinn machen, wenn die Menschen Energie und Engagement verwendeten, um erstens alles zu unternehmen, eine sexuelle Beziehung herzustellen, und zweitens ihre Beziehung durch regelmäßigen Sex lebendig zu erhalten. Das trifft aber auf viele Menschen nicht zu.

Wir wollten unter anderem von den Befragten erfahren, ob sie sich derzeit in einer Beziehung befänden oder nicht, wie oft sie Sex hätten, und wie stark sie sich dafür einsetzen würden, einen Partner zu finden. Die Mehrheit der Befragten war relativ jung – zwischen 18 und 39 Jahre. Vor allem bei dieser Altersgruppe würde man ein besonders aktives Sexualleben erwarten. Doch bei dem überwiegenden Teil der Befragten war die Häufigkeit des Sexualverkehrs weit geringer, als wir angenommen hatten: Fast ein Drittel hatte ein- oder zweimal im Monat Verkehr oder weniger; 14 Prozent gerade ein- bis zweimal im Jahr. Nur ein Drittel der Befragten haben ein- bis zweimal in der Woche Sex – eine Häufigkeit, die sich offenbar optimal auf das Immunsystem auswirkt.

Wie Sex glücklich macht

Regelmäßiger Sex in einer Partnerbeziehung – vorausgesetzt, es werden die richtigen Verhütungsmaßnahmen getroffen – bringt eine umfangreiche Palette vitalisierender Vorteile für Körper und Geist mit sich.

Zum einen wirkt Sex wie ein effektives Herz- und Kreislauftraining. Wenn Sie dreimal in der Woche Sex haben, verbrennen Sie bis zu 75 000 Kalorien im Jahr – das Äquivalent für etwa 130 Kilometer Joggen. Sex trägt auch zur Senkung des Cholesterinspiegels bei und verbessert das Verhältnis zwischen dem so genannten guten und schlechtem Cholesterin. Sex versorgt das Gewebe und die inneren Organe mit mehr Sauerstoff, er kurbelt die Bildung von Testosteron an – einem Hormon, das wiederum Knochen und Muskeln stärkt und Ihr sexuelles Verlangen steigert. Einfacher ausgedrückt: Regelmäßiger Sex verleiht uns neue Kräfte und steigert unsere Fähigkeit – und unsere Lust – auf noch mehr Sex. Seine positiven Einflüsse reichen von einem niedrigeren Cholesterinspiegel, zu weniger Problemen mit der Prostata, zu Stressabbau bis hin zu einer weitaus geringeren Wahrscheinlichkeit, einer Herzerkrankung zu erliegen.[6]

Bei Frauen hilft Sex, den Östrogenspiegel zu erhöhen, das Herz zu schützen, das Gewebe im Genitalbereich geschmeidig zu halten, unregelmäßige Monatsblutungen einzudämmen und den physiologischen Schmerz sowie den psychologischen Stress von PMS zu vermindern.[7]

Das so genannte Dehydroepiandrosteron oder DHEA, ein Hormon, das beim Orgasmus ausgeschüttet wird, hat ebenfalls ganz bestimmte positive gesundheitliche Auswirkungen. DHEA wird in der Nebennierenrinde aus Cholesterin produziert. Jüngste Forschungen haben ergeben, dass DHEA das Denkvermögen aktiviert, das Immunsystem unterstützt, das Wachstum von Tumoren hemmt, den Knochenaufbau fördert und sogar Wirkung als Antidepressivum zeigt.[8] DHEA ist der neueste Hit bei den Nahrungsergänzungsmitteln in den Vitaminshops der USA. Mit der Einnahme des kommerziell angebotenen Hormons sind allerdings einige potenzielle Gesundheitsrisiken verbunden, doch könnte sich eine Nahrungsergänzung dieser Art erübrigen. Entsprechend einer Studio von Theresa Crenshaw steigt nämlich der DHEA-Spiegel kurz vor dem Orgasmus um das Drei- bis Vierfache. Einschlägige Studien haben zudem gezeigt, dass sich der DHEA-Spiegel bei sexuell Aktiveren auf einer bedeutend höheren Ebene bewegt.[9]

Länger leben durch ein aktives Sexualleben?

Viele der gesundheitlichen Vorteile eines geregelten Sexuallebens tragen wahrscheinlich zu einer höheren Lebenserwartung bei: DHEA zum Beispiel hemmt das Wachstum von Tumoren und kann demzufolge dem Krebs potenziell entgegenwirken. Regelmäßiger Sex ist auch in Zusammenhang mit einer verringerten Wahrscheinlichkeit von Herzerkrankungen gebracht worden, die in den Vereinigten Staaten und anderen Industrienationen ganz oben auf der Liste der Todesursachen stehen. Eine Studie aus dem Jahr 1998, die männliche Testpersonen über zwanzig Jahre lang beobachtet hatte, kam zu folgendem Ergebnis: Testpersonen mit einem überdurchschnittlichen Anteil von DHEA waren bis zu 15 Prozent weniger gefährdet, eine Herzerkrankung zu bekommen.[10] Die Tatsache, dass regelmäßiger Sex unsere Lebenserwartung verlängern kann, ist mittlerweile wissenschaftlich erhärtet worden. Einer 1997 im *British Medical Journal* veröffentlichten Langzeitstudie zufolge kann – zumindest gilt dies für die beobachteten Männer – kontinuierlicher Sex lebensverlängernd wirken. Die von Forschern an der Bristol University und Queens University in Belfast geleitete Untersuchung analysierte über einen längeren Zeitraum 918 Männer zwischen 45 und 59 Jahren, die alle aus Südwales stammten. Bei den Testpersonen, die behaupteten, sie hätten zweimal in der Woche oder öfter einen Orgasmus, verringerte sich das Sterberisiko um die Hälfte im Vergleich zu den Männern, die sexuell tendenziell inaktiver waren. Besonders beeindruckten die positiven Einflüsse von regelmäßigem Sex in Zusammenhang mit Herzerkrankungen. Die Sterberate unter den sexuell inaktiveren Männern war 2,2-mal höher als bei den sexuell aktiven. Dieser Untersuchung kommt insofern eine besondere Bedeutung zu, als die Forscher eine Bandbreite gesundheitsschädlicher und die Lebenserwartung verkürzender Faktoren in ihre Untersuchung mit einbezogen hatten, etwa Rauchen, hohe Cholesterinwerte, hohen Blutdruck und bereits vorhandene Herzerkrankungen. Wie wir nun gesehen haben, greift die schlichte Deutung nicht, dass gesunde Menschen länger leben und, weil sie gesund sind, wahrscheinlich auch sexuell aktiver sind. Vielmehr kann ein aktives Sexualleben die Lebenserwartung von Männern entscheidend beeinflussen, und zwar unabhängig von ihrem allgemeinen Gesundheitszustand.[11]

Schließlich macht Sex den unvermeidlichen Alterungsprozess erträglicher. So hat das Hormon Testosteron, das während des Geschlechtsakts ausgeschüttet wird und zur Familie der Kortikosteroide gehört, unter anderem den Effekt, Gelenkentzündungen und Schmerzen bei Arthritis vorzubeugen.[12]

Wie sich Sex positiv auf Ihre Psyche auswirkt

Auch im psychischen Bereich löst regelmäßiger Sex eine positive Wirkung aus. Sex erhöht den Anteil der Endorphine im Blutkreislauf, jener körpereigenen »Schmerzkiller«, die für Stressabbau sorgen, entspannen und zufrieden stimmen und insgesamt ein Gefühl der Wohligkeit auslösen. Auch unsere Beziehungen dürften sich durch beständigen Sex verbessern, infolge eines erhöhten Oxytocinspiegels, der beim Orgasmus deutlich ansteigt. Oxytocin wird auch als »Liebeshormon« bezeichnet. Ihm wird nachgesagt, Zuneigung und den Wunsch nach Nähe zu fördern.[13]

Forschungsergebnisse in den USA ebenso wie in anderen Ländern weisen auf den Zusammenhang zwischen einem unbefriedigten Sexualleben und einer reduzierten Lebensqualität hin. Beispielsweise führte Sören Ventegodt vom Quality of Life Research Center in Kopenhagen eine repräsentative Umfrage mit 2460 seiner Landsleute durch, in der er Personen mit einem befriedigenden Sexualleben jenen gegenüberstellte, die unter sexuellen Dysfunktionen litten. Im Vergleich zu den sexuell Zufriedenen lag die Lebensqualität der Personengruppe mit sexuellen Funktionsstörungen um fast 10 Prozent niedriger. Diese Studie steht im Übrigen in einem interessanten Gegensatz zu den Ergebnissen, zu denen Edward Laumann von der University of Chicago bei seiner Untersuchung des Sexuallebens der Nordamerikaner gekommen ist. In der dänischen Studie berichteten 11,2 Prozent der Frauen über sexuelle Unlust und nur 5,4 Prozent der Männer über Erektionsschwierigkeiten. Diese Zahl lag deutlich niedriger im Vergleich zu den Resultaten, die Laumann bei seiner großangelegten Untersuchung über sexuelle Dysfunktionen in den Vereinigten Staaten erzielt hatte.[14]

Ruth Matthias und ihre Mitarbeiter der School of Public Policy and Social Research an der University of California in Los Angeles veröffentlichten 1997 in der Fachzeitschrift *Gerontologist* eine Studie, bei der ein direkter Zusammenhang zwischen sexueller Zufriedenheit und psychischer Gesundheit festgestellt wurde. Das Forscherteam befragte 1216 Menschen mit einem Altersdurchschnitt von 77 Jahren. Beinahe 30 Prozent hatten im vorhergehenden Monat Sex gehabt, 67 Prozent erklärten sich mit ihrem derzeitigen Sexualleben zufrieden. Bezeichnend war der eindeutige Zusammenhang zwischen einem praktizierten Sexualleben und der hohen Punktzahl, die sie in den Tests für psychische Gesundheit erzielten.[15]

Was würden Sie für ein befriedigenderes Sexualleben tun?

Auch allen, die sich des Werts eines erfüllten Sexuallebens bewusst sind, fehlt es meist an Zeit, Energie und Selbstvertrauen, sich auch dafür einzusetzen. Wir fragten unsere Teilnehmer, wie viel Engagement sie für ein regelmäßiges und befriedigendes Sexualleben aufbringen würden. Weniger als die Hälfte gab zu verstehen, dass sie die Suche nach einem geeigneten Partner ähnlich intensiv betreiben wie ihre häusliche Arbeiten und Hobbys. Fast ein Drittel antwortete, wenn sie die täglichen Aufgaben erledigt hätten, bleibe ihnen weder Zeit noch Energie, um über eine Verbesserung ihres Sexuallebens nachzudenken. Sechs Prozent sagten, es tue ihnen weh, dass ihr Sexualleben so unerfüllt sei, und deshalb versuchten sie, gar nicht daran zu denken. Wenn uns auch der altbekannte Mythos suggeriert, dass eines Tages der Märchenprinz oder die Traumprinzessin vor unserer Türe steht, hilft das nicht weiter. Aber bei den meisten hat sich diese Vorstellung in ihrem Kopf festgesetzt: 40 Prozent der Testpersonen standen hilflos vor der Frage, was sie zur Verbesserung ihres Sexuallebens tun könnten, und vertraten die Ansicht, »du kannst nicht daran arbeiten, ein gutes Sexualleben zu haben – das ergibt sich oder es ergibt sich nicht«.

Andrea ist eine der wenigen Testteilnehmerinnen, die sich von dieser Vorstellung befreit und sich bewusst vorgenommen hatte, ein lustvolleres Sexualleben anzustreben, auch wenn es ihr nicht leicht gefallen war. Andrea ist eine attraktive Frau von siebenundvierzig Jahren, seit sieben Jahren geschieden. Sie nahm an, dass sie bald wieder mit Männern ausgehen und irgendwann den richtigen Partner finden würde. Doch die Sache entpuppte sich schwieriger als gedacht.

Ich war vermutlich etwas naiv. Ich dachte, wenn ich mal den Trennungsschmerz überwunden habe, werde ich wieder ausgehen und mich amüsieren, und in ein oder zwei Jahren bin ich wieder verheiratet – diesmal glücklich.

Ich kann Ihnen gar nicht genau sagen, mit wie vielen Männern ich mich verabredet habe. Ich hab ja nichts dagegen, gelegentlich einen Frosch zu küssen ... Aber ich hätte mir nie träumen lassen, dass es so viele davon gibt. Schließlich war ich an den Punkt angelangt, das Handtuch zu schmeißen. Ich wollte kein weiteres Blinddate, oder einen weiteren Abend mit einem Mann verbringen, von dem ich nach den ersten fünf Minuten genau wusste, dass ich ihn nie wieder sehen will, oder mich zum x-ten Mal mit einem Mann zum Abendessen verabreden, den ich toll finde und mit dem ich mich auf der gleichen Wellenlänge fühle – und der danach nie wieder anruft.

Also ging ich nicht mehr aus. Ich überlegte mir, ob ich mich vielleicht zu sehr bemühe; wenn mir der richtige Mann begegnen soll, dann ergibt sich das schon. Ich weiß nicht, wie es anderen Leuten geht, aber diese Strategie hat bei mir nicht funktioniert. Ich war sehr viel allein und jammerte meinen Freunden die Ohren voll, wie elend ich mich fühlte. Schließlich sagte ich mir, so geht das nicht weiter, das ist doch Quatsch: Wenn ich nicht bereit bin, das Problem anzupacken, dann darf ich auch nicht dauernd herumjammern. Also dachte ich mir Folgendes aus: Jede Woche wollte ich fünf Annoncen aus der Bekanntschaftsrubrik heraussuchen, darauf antworten – und abwarten, was passiert. So viel Aufwand schien mir die Sache wert.

Das Problem löste sich nicht über Nacht. Aber Andrea hat schließlich einen Mann gefunden, für den sie große Zuneigung empfindet, und sie hat, wie sie uns berichtet, genussvollen, erfüllten Sex mit ihm.

Es hat schon einigen Mut erfordert, sich ans Telefon zu hängen und immer wieder diese fünf Anrufe pro Woche zu machen. Aber es hat sich gelohnt. Sie können sich gar nicht vorstellen, was für eine Erleichterung es ist – und was für ein Geschenk –, dass ich dadurch meinen jetzigen Freund kennen lernte. Es scheint überhaupt nichts auszumachen, dass ich siebenundvierzig bin und er fünfundfünfzig – ich kann mein Glück kaum fassen.

Ein ganzes Leben lang sexuell aktiv sein

Wer in jungen Jahren nicht in den Genuss der positiven Auswirkungen eines aktiven Sexuallebens kommt, bei dem wird mit einiger Wahrscheinlichkeit das sexuelle Interesse in seinen reiferen Lebensjahren verloren gehen. Wissenschaftlichen Ergebnissen zufolge liefert die Häufigkeit des Geschlechtsverkehrs in jüngeren Jahren eine der sichersten Prognosen für eine aktive Sexualität im Alter. Es erfordert jedoch sexuelle Intelligenz, um den großen Wert – und die Möglichkeit – zu erkennen, auch noch als älterer Mensch sexuell aktiv zu sein.

Woher kommt unsere pessimistische Einstellung zum Sex im Alter? Wenn Männer und Frauen in die Jahre kommen, kann der natürliche Alterungsprozess starke Ängste über die möglichen Folgen dieser körperlichen Veränderungen auf ihr Sexualleben hervorrufen. Lydia, eine attraktive Frau in den späten Fünfzigern mit silbergetöntem Haar, berichtete uns freimütig über ihre persönlichen Erfahrungen mit dem Älterwerden:

Als ich um die vierzig war, fing ich an, alle Spiegel zu meiden. Ich bin früh ergraut – das liegt in der Familie –, aber lange Zeit färbte ich mir die Haare, um vor mir selbst mein Älterwerden zu leugnen. Mit etwa fünfundvierzig entdeckte ich diese winzigen Falten um die Augen. Mein Teint hatte nicht mehr den schimmernden Glanz wie früher. An guten Tagen sieht meine Haut jetzt so aus wie in meinen Zwanzigern nach einer durchfeierten Woche.

Früher hatte ich einen wunderbaren Teint. Das klingt nicht gerade bescheiden – ich weiß. Hinzu kam, dass ich einen gut gebauten Körper, wohlgeformte Brüste und tolle Beine hatte. Zumindest sagten das die Männer. In dieser Hinsicht war ich wohl etwas verwöhnt. Ich war es gewohnt – damals in meinen Zwanzigern –, dass die Männer auf meine Beine guckten und heimlich einen Blick auf meinen Busen warfen, sozusagen zwei Blicke riskierten. Und hinter mir her waren. Ich war der festen Überzeugung, es würde auf der Welt immer Männer geben, die sich für mich interessierten.

Als ich in meinen Vierzigern war und einen Blick in den Spiegel riskierte, war einfach nicht zu übersehen, dass meine Brüste schlaffer geworden waren, meine Taille und meine Oberschenkel dicker und sich auf meinem früher hinreißenden Dekolletee kleine Runzeln gebildet hatten. Du musst nicht besonders eitel sein, um Bedauern zu empfinden, vielleicht auch ein wenig Grausen, wenn du die unumkehrbaren Zeichen des Älterwerdens feststellst, denen du hilflos ausgeliefert bist. Das war auch die Zeit, in der meine Menopause einsetzte, ich war etwa um die fünfzig. Ich verlor das Interesse am Sex. Mein Mann und ich waren an dem Punkt angelangt, wo wir ein oder zwei Monate lang keinen Geschlechtsverkehr hatten. Nicht, dass ich meinen Mann weniger geliebt hätte; aber die Gefühle meinem Körper gegenüber hatten sich auf mein sexuelles Verlangen ausgewirkt. Die Vorstellung, mein Mann würde mich ausziehen und meinen schlaffen, welken Körper erblicken, schien mir unerträglich. Ich verstand überhaupt nicht, warum er nicht den gleichen Ekel meinem Körper gegenüber empfand wie ich.

Heute ist unser Sexualleben viel besser geworden. Ich habe die Menopause hinter mir, die Kinder haben die Schule abgeschlossen und sind aus dem Haus. Aber das Allerwichtigste ist, dass ich mich im Lauf der Zeit mit meinem alternden Körper abgefunden habe. Und eins kommt noch hinzu: Ich mache Fitness-Training und fühle mich gesünder, auch wenn es keine Wunder bewirkt hat, was mein Aussehen betrifft. Ich habe die Tatsache akzeptiert, dass mein Körper altert – allerdings nicht ohne eine Phase der Verzweiflung durchgemacht zu haben. Die verständnisvolle Haltung meines Mannes ist mir eine große Hilfe. Wenn er meine Bluse aufknöpft und meine Brüste küsst, will ich es einfach genießen. Ich sage mir, er wird ja auch nicht jünger – und ich liebe seinen Körper immer noch. Ich versuche einfach, nicht an all die schlanken, fantastisch aussehenden Zwanzigjährigen im Kino und im Fernsehen zu denken!

Älterwerden bedeutet nicht das Ende einer aktiven Sexualität. Allerdings müssen wir einen Weg finden, uns mit den Veränderungen unseres Körpers und seiner Funktionen abzufinden. Für fast jeden von uns bereiten die Transformationen unserer äußeren Erscheinung beim Älterwerden erhebliche Schwierigkeiten, sie mit unserem Selbstverständnis als sexuelle Wesen zu vereinbaren. Wir sollten daher unser Selbstbild als sexuelle Wesen den Umwandlungen unseres Körpers anpassen. Wenn Sie dieses Buch lesen und erfahren, auf welche Art und Weise Sie Ihre sexuelle Intelligenz entwickeln können, werden Sie erkennen, dass alle, die sexuell intelligent sind, sich über bestimmte gesellschaftliche Vorstellungen und Vorurteile – etwa Sex sei nur für die Jungen, Schönen oder für Menschen mit makellos glatten, perfekt gebauten Körpern – hinwegsetzen.

Die Zahl der älteren Menschen steigt ständig. Es ist heutzutage daher dringlicher denn je, sexuell intelligent mit dem Prozess des Älterwerdens umzugehen und die biologischen Veränderungen, denen Männer und Frauen ausgesetzt sind, in einem größeren Zusammenhang zu sehen: Wenn wir in jedem Alter sexuell aktiv sind, leisten wir einen entscheidenden Beitrag, um unsere Gesundheit zu erhalten.

Im Leben sexuell intelligenter Menschen hat Sex Priorität. Sex ist alles andere als bedrohlich oder der Gesundheit abträglich. Vielmehr sorgt er für unser Wohlbefinden, körperlich wie emotional. Sexuell zu fühlen und zu handeln birgt keine Gefahr für uns. Im Gegenteil, in jedem Lebensalter ist der Preis, den das Verleugnen der Sexualität unserer Energie, Leidenschaft, Kreativität abverlangt – zu hoch. Schon allein Ihrer Gesundheit zuliebe macht es sich bezahlt, Zeit, Energie und Gedanken zu investieren, um eine befriedigende sexuelle Beziehung zu führen. Ob es darum geht, einen Sexualpartner zu finden oder sich innerhalb einer Partnerschaft die Zeit für Sex zu nehmen, wird sich der Aufwand für Sie aufgrund der positiven Auswirkungen auf Ihre Psyche in jedem Fall lohnen, auch wenn es gelegentlich darum geht, den Haushalt zu vernachlässigen oder auf eine Pokerrunde zu verzichten.

Alle, die sexuelle Aktivität für wichtig erachten und ihre Sexualität pflegen, strahlen Wärme, Vitalität und Sexappeal aus. Ihre Sexualität verleiht ihnen eine dynamische Ausstrahlung, die sich auch auf ihre anderen Lebensbereiche überträgt; sie nehmen warmherzig Anteil am Leben ihrer Freunde, sie hegen einen liebevollen Umgang in der Familie, sie zeigen Enthusiasmus und Engagement bei der Arbeit und verfügen allgemein über Menschlichkeit und Humor.

TEIL II

Blockaden auf dem Weg zur sexuellen Intelligenz

KAPITEL 4

Schweigen, Scham und Angst

Maggie ist achtundzwanzig Jahre alt und hat seit kurzem wieder ihre Ausbildung als Krankenschwester aufgenommen. In ihrem Elternhaus war Sex nie ein Thema. Aber eines hat sie von ihren Eltern gelernt und daran erinnert sie sich noch heute:

> **Bei uns** zu Hause wurde nie über Sex gesprochen. Einmal – ich war ungefähr acht Jahre alt – spielten meine Schwester und ich mit unseren Barbie-Puppen. Ken war auch dabei. Von den Soaps, die wir nachmittags bei unserem Babysitter im Fernsehen anschauten, hatten wir so eine vage Vorstellung, dass es Erwachsene gibt, die miteinander gehen, und wenn sie zusammen sind, legt sich der eine auf den anderen. Das machten wir nach und legten Ken auf Barbie. Als mein Vater ins Kinderzimmer kam und das sah, sagte er kein einziges Wort. Aber nach diesem Vorfall durften wir keine Ken-Puppen mehr haben. Wir mussten sogar einer Puppe die Haare ganz kurz schneiden.

Auch wenn Maggies Vater in guter Absicht gehandelt haben mag, weil er seine Töchter vor Dingen bewahren wollte, für die er sie noch nicht reif genug hielt, hat er ihnen in Wahrheit die Botschaft vermittelt, Sex sei etwas Verbotenes, über das niemals gesprochen werden darf.

Aber gerade die Kenntnisse auf dem Gebiet der Sexualität und die Fähigkeit, sie zur Steigerung unseres Sexuallebens einzusetzen, sind die Hauptelemente sexueller Intelligenz. Und ebenso wichtig ist, unser wahres sexuelles Ich zu kennen und unseren Partner an diesem Bereich unserer Persönlichkeit teilhaben lassen. Wenn wir einmal diese Fähigkeiten erkannt haben, erwartet uns ein Leben voller Freude, Vitalität und innerer Freiheit. Leider haben die meisten Menschen erhebliche Schwierigkeiten, ihre erworbenen Kenntnisse in die Praxis umzusetzen und die Selbstsicherheit, Stärke und Glaubwürdigkeit zu erfahren, die aus der eigenen sexuellen Identität erwächst. Vor allem die Dynamik familiärer Beziehungsmuster und der Einfluss religiöser Dogmen hindern die Menschen daran, sexuelle Erfüllung zu finden. Wir wollen uns in diesem Kapitel ausführlicher damit befassen.

Das Thema Sex in der Familie

Die Familie ist der Ort, wo wir vielfach zum ersten Mal etwas über Sexualität erfahren. Die meisten Kinder sind neugierig und interessieren sich bereits in frühen Jahren für sexuelle Fragen. Es liegt an den Eltern, die Einstellung und das spätere Verhalten ihrer Kinder entscheidend zu beeinflussen, wobei es immer darauf ankommt, wie sie mit den frühkindlichen Fragen ihrer Sprösslinge umgehen und ob sie überhaupt mit ihren Kindern über Sexualität sprechen.

So unglaublich es klingen mag, aber knapp 60 Prozent der Befragten im Rahmen unseres Projekts »Sexuelle Intelligenz« hatten von ihren Eltern nichts über Sexualität erfahren. Weitere 13 Prozent sagten, die einzige Information, die sie von ihren Eltern über Sexualität erhalten hatten, war, dass sie in jungen Jahren keinen Sex haben sollten, während 14 Prozent zumindest über die biologischen Fakten und die Notwendigkeit von Verhütungsmitteln gegen ungewollte Schwangerschaft und sexuell übertragbare Krankheiten von den Eltern aufgeklärt worden waren. Wir haben immer wieder die Feststellung gemacht, dass unseren Teilnehmern von ihren Eltern wenig nützliche Orientierungshilfe über Sexualität mit auf den Weg gegeben wurde. Was um so erstaunlicher ist, wenn man bedenkt, dass die meisten Befragten zwischen achtzehn und dreißig Jahre alt waren, ihre Eltern also die sexuelle Revolution in den Sechzigern erlebt oder wenigstens mitbekommen hatten. Hier sind einige der

Antworten, die wir auf die Frage erhielten: »Was haben Ihnen Ihre Eltern über Sexualität mitgeteilt?«

»Von meinen Eltern erfuhr ich gar nichts. Wir haben nie über Sex gesprochen. Meine Eltern sind nie auf mich zugekommen, um mich aufzuklären. Sie sagten nur, ich sollte es nicht tun, das war alles.«
»Als ich achtzehn war, sagten meine Eltern: ›Lass uns über Sex reden.‹ Und mein Bruder und ich antworteten: ›Okay, was wollt ihr wissen?‹«
»Was mir meine Eltern über Sexualität gesagt haben? Na ja, sie meinten, ich sollte keinen Sex vor der Ehe haben.«

Die letzte Antwort kam von einem 39-jährigen Mann, der – seiner Schätzung nach – bislang zwischen 100 und 150 Sexualpartner gehabt hatte.

Nur sieben Prozent der Befragten hatten mit ihren Eltern ein sinnvolles und offenes Gespräch über Sexualität geführt, in dem es nicht allein um biologische Fakten und Geschlechtskrankheiten gegangen war, sondern bei dem auch alle emotionalen und zwischenmenschlichen Fragen im Bereich der Sexualität angesprochen worden waren.

Im Hinblick auf die Entwicklung sexueller Intelligenz und eines natürlichen und erfüllten Sexuallebens ist es ein unverzeihlicher Fehler, nicht mit seinen Kindern über Sexualität zu sprechen. Unserer Untersuchung zufolge können Menschen, die von ihren Eltern über sexuelle Dinge aufgeklärt wurden, im Erwachsenenalter ihre Sexualität intelligenter angehen als jene, deren Eltern Sexualität totgeschwiegen haben. Aufgrund der Tatsache, dass sexuell intelligente Menschen weniger unter sexuellen Funktionsstörungen leiden und in ihren sexuellen Beziehungen größere Befriedigung finden, trägt ein Gespräch entscheidend dazu bei, als Erwachsener ein gesundes, von funktionellen Störungen freies Sexualleben zu führen.

Allen, deren Eltern offen dafür waren, auf sexuelle Fragen einzugehen, bereitet es in späteren Jahren weniger Schwierigkeiten, mit ihrem Partner – oder mit anderen – über sexuelle Wünsche und Vorlieben zu sprechen. Kinder, deren Eltern sich hingegen in dieser Beziehung wenig kommunikativ verhielten, haben größte Hemmungen, sich zu äußern, wenn im sexuellen Bereich Komplikationen auftauchen. Sie sind auch nicht bereit, mit einem Freund, einer Vertrauensperson oder einem Berater darüber zu sprechen, um gemeinsam eine Lösung zu finden. Damit Sie sich ein Bild machen können, wie schwer es diesen Menschen fällt, sich über sexuelles Verhalten zu äußern, denken Sie über zwei unserer Ergebnisse nach:

> Fast ein Drittel der von uns Befragten sagte aus, dass sie sich niemals, wenn ein Problem in ihrem Sexualleben auftauchen sollte, an ihre Eltern wenden würden. Eher würden sie abwarten und hoffen, dass sich die Dinge schon einrenken würden: Und bevor sie auf die Idee kämen, sich mit ihrem bisherigen Partner auszusprechen, würden sie sich tendenziell einen neuen Partner suchen.
> Über 40 Prozent gaben zu verstehen, dass es ihnen sehr unangenehm wäre, bei sexuellen Störungen mit einem Dritten darüber zu sprechen, sei es einem Freund oder eine Vertrauensperson. Sie würden es nur in der allergrößten Verzweiflung tun.

Es gibt viele Gründe, weshalb Eltern es versäumen, mit ihren Kindern über Sexualität zu sprechen. Das liegt oft daran, dass die Eltern befürchten, es könnte ihre Kinder dazu ermuntern, mit Sex zu experimentieren, wenn das Thema aufgegriffen wird. Oder es liegt daran, dass die Eltern selbst nur mangelnde Kenntnisse auf dem Gebiet der menschlichen Sexualität haben. Doch der Hauptgrund, warum Eltern nie mit ihren Kindern über Sex reden, besteht darin, dass *ihre* Eltern wiederum mit sexuellen Verhaltensmöglichkeiten nur äußerst verklemmt umgegangen waren.

Eine der offensichtlichen Folgen des Schweigens über Sexualität innerhalb der Familie ist, dass die Menschen dazu erzogen werden, nicht über Sexualität zu sprechen. Allein diese Tatsache stellt schon ein entscheidendes Hindernis auf dem Weg zur sexuellen Erfüllung im Erwachsenenalter dar. Und Schweigen erzeugt Scham- und Schuldgefühle. Was nicht offen benannt –

oder gar anerkannt – werden darf, von dem müssen die Kinder zwangsläufig annehmen, dass es sich um etwas Schlechtes oder Schmutziges handle.

Obwohl die meisten Befragten von ihren Eltern wenig oder kaum konkrete Informationen über Sexualität erhalten hatten, wurden ihnen dennoch häufig negative Botschaften unausgesprochen weitergegeben. Sie vermittelten das Gefühl oder die Angst, Sex sei gefährlich, verboten oder schändlich. Hier einige der Botschaften, die unseren Befragten zum Thema Sexualität von ihren Eltern tradiert worden waren:

»Meine Mutter hätte mit mir wenigstens einmal ein ernsthaftes Gespräch über Sex führen und mir nicht nur einfach erklären sollen, Sex sei etwas Schlechtes. Mein Vater ging fremd, deshalb denkt sie so negativ darüber. Und ich habe diese Einstellung von ihr übernommen.«

»Alles, was ich über Sex erfahren habe, ist eigentlich nur, Angst davor zu haben. Als ich dann so weit war, war ich überhaupt nicht vorbereitet, ich hatte keine Ahnung.«

»Ich kam in ein Alter, wo mich meine Mutter eigentlich darüber hätte aufklären müssen, wo die kleinen Kinder herkommen. Aber sie sagte nur: ›Okay, in ein paar Jahren wirst du anfangen, zwischen den Beinen zu bluten, eine Woche lang, das passiert dann jeden Monat. Es geht so lange, bist du stirbst, und es wird jedes Mal wehtun.‹ Das hat mir höllische Angst eingejagt. Ich weiß noch, wie ich mich umbringen wollte, weil mir der Gedanke eines solchen Lebens einfach unerträglich schien.«

Auch eine Überreaktion der Eltern auf die ersten Anzeichen einer erwachenden Sexualität bei ihren Kindern erzeugt Schamgefühle. Beispielsweise bewerten die Eltern bei einer unserer Teilnehmerinnen die erotischen Fantasien ihrer heranwachsenden Tochter wie ein schreckliches Verbrechen:

Ich erinnere mich noch an einen Traum, den ich mit etwa vierzehn oder fünfzehn hatte. Ich schrieb ihn in mein Tagebuch. Damals ging ich mit einem Jungen aus meiner Schule – er war so sanft und zärtlich, ich war lange Zeit total verliebt in ihn. In meinem Traum schliefen wir miteinander. Es war ein wunderschöner Traum für mich, und ich wollte unbedingt darüber schreiben. Meine Eltern lasen mein Tagebuch und drehten fast durch. Sie sagten: »Wer schreibt denn so ein Zeug? Das kann doch nur der Teufel sein! Das ist ja scheußlich.«

Meine Eltern haben etwas Schönes einfach in etwas Schreckliches und Bedrohliches umgedreht. Ich kam mir danach böse vor und schmutzig. Träume dieser Art blieben daraufhin lange aus.

Zu welchen sexuellen Wesen unsere Kinder heranwachsen, hängt stark davon ab, welche Auffassung von Sexualität die Eltern haben und welche Einstellungen sie ihren Kindern weitergeben – oft auch ohne ein Wort zu sagen. Aber gerade diese wortlose Vermittlung kann der Nährboden für Scham- und Schuldgefühle sein, die sich besonders zerstörerisch auf die Sexualität ihrer Kinder im Erwachsenenalter auswirkt.

Frühe Prägungen

Nicht nur was Eltern sagen oder nicht sagen hat einen entscheidenden Einfluss auf das spätere Sexualleben ihrer Kinder, sondern auch die Art und Weise, wie Eltern mit ihren Kindern umgehen, spielt eine maßgebliche Rolle. Eltern, deren Kinder als Erwachsene ein gesundes und erfülltes Sexualleben führen, waren der Sexualität gegenüber positiv eingestellt. Sie sprachen mit ihren Kindern offen über sexuelle Belange, sie boten ihnen feste Richtlinien, ohne hart zu sein und zu strafen, waren stets für ihre Kinder da und nahmen regen Anteil an ihrem Leben.

Frühere Untersuchungen haben bereits darauf hingewiesen, dass eine intolerante Haltung gegenüber der Sexualität Jugendlicher massive Gegenreaktionen hervorruft. Laut einer dieser Studien neigen Jugendliche, deren Eltern übertrieben streng waren und viele Regeln über Sex aufstellten, zu einer Oppositionshaltung und verhielten sich im Vergleich zu Jugendlichen mit weniger strikten Eltern wesentlich promiskuitiver, hatten also erheblich mehr Geschlechtsverkehr mit häufig wechselnden Partnern.[16]

In unserer Studie machten wir eine noch bemerkenswertere Entdeckung: Kinder, deren Väter ganz allgemein eine Bestrafung als Erziehungsmittel einsetzten – und sei es auch schon bei den kleinsten Verfehlungen, etwa Dreck durch verschmutzte Schuhe in die Wohnung zu schleppen, das Zimmer nicht aufzuräumen oder »freche Antworten« zu geben –, litten als Erwachsene stärker unter sexuellen Schuldgefühlen und waren mit ihrem Sexualleben nicht zufrieden, obwohl sie gleichzeitig dazu tendierten, rebellisch zu sein und ihre Sexualpartner häufig zu wechseln. Strenge und strafende Eltern richten noch mehr an, als ihren Kindern Scham- und Schuldgefühle einzuflößen. Mit harten Erziehungsmethoden untergraben Eltern ihre ursprüngliche Absicht, die heranwachsenden Kinder von sexueller Aktivität abzuhalten; sie erreichen dadurch nur das genaue Gegenteil.

Wenn Eltern ihre Kinder ständig kontrollieren und sie in manchen Fällen sogar körperlich bestrafen, lernen Kinder, nur auf äußere Signale zu reagieren, statt eigenständig einen Sinn für Recht und Unrecht zu entwickeln. Doch viel folgenschwerer ist die Tatsache, dass infolge eines repressiven Erziehungsstils kein Bewusstsein für das eigene sexuelle Ich entwickelt werden kann. Die wahren sexuellen Sehnsüchte und Neigungen sind den späteren Erwachsenen nicht vertraut und sie erkennen daher auch nicht, dass ihr gesteigertes sexuelles Verlangen häufig auf den Wunsch zurückzuführen ist, gegen das dominierende und besitzergreifende Verhalten der eigenen Eltern zu opponieren. Statt den Grund für ihr promiskuitives Verhalten bei sich selbst zu suchen, tun sie einfach nur das Gegenteil von dem, was ihre Eltern ihnen vorschrieben.

Nehmen wir zum Beispiel Joseph. Er ist ein 22-jähriger Student, in Chicago geboren. Hören wir, was er über seine Erziehung zu berichten hat und wie sie sich auf sein Verhalten auswirkte, nachdem er sein Elternhaus verlassen hatte:

Mein Vater ist ein sehr strenger Mann. Bei ihm hieß es immer: »Mach dies nicht. Mach das nicht. Heute bleibst du zu Hause!« Statt mir zu erklären, was ich falsch machte, wurde ich von meinen Eltern geschlagen, mit bloßen Händen oder mit einem Riemen. Es tat sehr weh. Meine erste sexuelle Erfahrung hatte ich mit achtzehn. Als ich dann ans College ging, löste sich irgendetwas in mir. Kaum war ich von zu Hause fort, begann ich mich hemmungslos auszutoben.

Joseph erzählt, dass er »sehr viel Sex hatte«, doch er kann »nicht genau« sagen, wie viele Sexualpartner es bei ihm waren. Zurzeit hat er – laut seiner Schätzung – mindestens zwölfmal in der Woche Sex.

Promiskuitives Sexualverhalten ist nicht nur das Resultat harter Erziehungsmethoden. Auch wenn Eltern ihre Kinder allzu freizügig erziehen, hat dies in der Tat den gleichen negativen Effekt. Carol Metzler und ihre Kollegen am Oregon Research Institute in Eugene verweisen in ihrer Untersuchung von 1994 auf den Zusammenhang zwischen einem riskanten Sexualverhalten bei Jugendlichen und dem Versäumnis der Eltern, ihren Kindern notwendige Hinweise zu geben und für sie jederzeit zur Verfügung zu stehen. Wenn Jugendliche von ihren Eltern nicht die Zuwendung bekommen, die sie für ihre Entwicklung brauchen, werden sie diese Erfahrungen vermutlich anderweitig suchen, indem sie sehr früh sexuelle Beziehungen eingehen. Jugendliche hinsichtlich ihrer sexuellen Aktivitäten hart zu bestrafen – und auf diese Art und Weise indirekt zu vermitteln, Sex sei gefährlich und schmutzig – und sie ansonsten zu vernachlässigen ist ein sicheres Rezept für spätere Katastrophen. Wer mit diesen widersprüchlichen Botschaften aufwächst, wird als Erwachsener vermutlich häufig wechselnde Sexualpartner haben, sich in gefährliche Situationen begeben oder sich sogar unbewusst von gewalttätigen Beziehungen angezogen fühlen.

Nehmen wir Chloe. Sie ist eine intelligente, unabhängige 22-Jährige, die eben mit ihrem Jurastudium begonnen hat. Chloes Mutter ist Psychiaterin, sie hat eine eigene Praxis und außerdem eine Anstellung an einem renommierten Universitätskrankenhaus. Chloes Vater ist Architekt. Nach außen hin erwecken sie den Eindruck einer heilen Familie, doch hinter verschlossenen Türen misshandelte Chloes Vater sie und ihre jüngere Schwester.

Als wir klein waren, kam es oft vor, dass mein Vater seinen Gürtel aus dem Hosenbund zog und uns damit schlug. Wir hatten fürchterliche Angst vor ihm. Wenn Dad nach Hause kam, jagte er mich durchs Haus und versuchte dabei, mich zu schlagen. Es gab Zeiten, da schleifte er mich die Treppen hoch, schleuderte mich in eine Ecke meines Zimmers und verprügelte mich. Er benutzte Stöcke dazu, Prügelstöcke, die wir entzweibrachen, wenn wir sie fanden, aber er kaufte immer wieder neue.

Beide Eltern waren strikt dagegen, dass ihre älteste Tochter mit Jungen ausging. Zwanghaft fürchteten sie den Tag, an dem Chloe anfangen würde, sexuell aktiv zu werden, und unterstellten ihr fortwährend, Sex zu haben, obwohl dies zu dem Zeitpunkt gar nicht zutraf.

Meine Eltern dachten, ich würde all diese schrecklichen Sex-Dinge tun, obwohl das überhaupt nicht stimmte. Als meine Eltern mir dauernd diese Sachen vorwarfen, habe ich mir schließlich gedacht, es wäre ja eigentlich egal, wenn sie das von mir dächten, dann könnte ich es auch tun.

Auch wenn Chloes Eltern sie ständig kontrollierten, waren sie meistens nicht ansprechbar. Sie hatten einfach nie Zeit für Chloe. Ihr Vater war mit seinen eigenen Problemen beschäftigt; er kämpfte gegen seine inneren Dämonen an und hatte alle Hände voll zu tun, seinen Job zu behalten. Chloes Mutter war völlig dadurch beansprucht, ihre Praxis zu führen und die Familie zusammenzuhalten, damit der Schein nach außen hin gewahrt blieb. Chloe beschreibt diese Verbindung aus Kontrolle und Vernachlässigung folgendermaßen:

Einerseits war ich völlig überbehütet; sie riefen sofort die Polizei an, wenn ich an Sommerabenden nicht pünktlich um sechs Uhr abends zu Hause war, sogar als ich schon ein Teenager war. Aber andererseits waren sie kaum zu Hause, weil beide arbeiteten.

Chloe rebellierte gegen die strenge Überwachung und begann früh, ihre sexuellen Erfahrungen zu sammeln. Mit vierzehn schlich sie sich aus dem Haus, um mit einem Jungen zu schlafen, den ihre Eltern ablehnten.

Mit vierzehn hatte ich einen Freund, den ich nicht treffen durfte. Wir stiegen nachts um zwei heimlich aus dem Fenster und trafen uns auf halbem Weg in einem Wäldchen hinter unserer ehemaligen Grundschule. Wir schliefen gleich dort auf einer Parkbank miteinander.

Es war ein wunderbares Gefühl, in ihn verliebt zu sein. Andere Mädchen sah er überhaupt nicht an. Das Unangenehme war nur, dass er sehr eifersüchtig wurde, wenn ich mit anderen Jungen sprach. Manchmal bedrohte er sie sogar. Damals dachte ich mir, okay, er liebt mich eben so sehr.

Im Grunde genommen war er eine obsessive Persönlichkeit. Eines Nachts, ich war beim Babysitten, rief er ungefähr ein Dutzend Mal bei uns zu Hause an, weil er nicht wusste, wo ich war. Ich kam erst nach Mitternacht nach Hause und ging sofort ins Bett. Er aber stand in unserem Garten und schmiss Steine an mein Fenster, um mich aufzuwecken. Ich war so erschöpft, dass ich überhaupt nichts hörte.

Also brach er ins Haus ein. Plötzlich hörte ich meinen Vater unten losbrüllen: »Wie heißt du? Wie heißt du?« Und dann hörte ich meinen Freund sagen: »Alan.« Mir wurde ganz schlecht, und ich hatte schreckliche Angst. Als ich die Treppe hinunterkam, schrie mein Vater: »Schau doch mal zum Fenster raus.« Und da war mein Freund in Handschellen und wurde gerade auf dem Rücksitz des Polizeiwagens abtransportiert.

Chloe wurde vor acht Jahren sexuell aktiv. Seitdem hat die junge Frau mit fünfundzwanzig verschiedenen Männern geschlafen. Immer wieder fühlt sich Chloe von gewalttätigen Männern angezogen, die sie beherrschen wollen. Zudem fällt es ihr ungeheuer schwer, eine Beziehung zu einem Mann über einen längeren Zeitraum aufzubauen:

Nicht Sex ist das große Problem für mich, es sind die Beziehungen selbst – irgendwie scheine ich unfähig zu sein, eine Beziehung über mehrere Monate zu halten. Vielleicht liegt es daran, dass ich mir die falschen Männer aussuche …

In allen meinen Beziehungen läuft es in den ersten paar Wochen wunderbar. Ich bin dann in einem Zustand der Euphorie, richtig high – aber nach einer Weile habe ich das Gefühl zu ersticken. Vielleicht ist das auf meine Eltern zurückzuführen. Erst schlugen sie mich und hinterher sagten sie mir dann, wie sehr sie mich liebten. Das mag der Grund dafür sein, dass ich mich zuerst auf eine Beziehung einlasse und nach ein paar Monaten ein ambivalentes Verhältnis dazu habe.

Alle, die von ihren Eltern abwechselnd vernachlässigt und hart angepackt – oder sogar geschlagen – werden, lernen, Liebe mit Gewalt gleichzusetzen. Sie fühlen sich einerseits von den bekannten Zeichen der Besitzergreifung und Dominanz angezogen, die sie für Liebe halten. Andererseits meiden sie es, längere Beziehungen einzugehen oder echte Intimität herzustellen, aus Angst, Liebe werde sich früher oder später unweigerlich in Gewalt umkehren.

Wenn Kinder weder durch ihre Eltern noch von der Schule wirklich über Sexualität aufgeklärt werden, holen sie sich ihr – notgedrungen – lückenhaftes Wissen entweder von Gleichaltrigen, oder aber sie erhalten ihre Informationen von ihrer kulturellen Umgebung, wobei es sich hier meist um Fernsehen und Zeitschriften handelt. Was sie dabei erfahren, ist nicht nur positiv oder hilfreich. Hier zwei Erfahrungsberichte von unseren Projekt-Teilnehmern:

»Mein Vater arbeitete in einem Elektrogeschäft und dort habe ich das meiste über Sex erfahren. Im Geschäft wurden dauernd abfällige Bemerkungen über Frauen gemacht, überall lagen *Playboy*-Magazine herum, in denen ich gelegentlich herumblätterte. Wenn die anderen das sahen, sagte keiner ein Wort. Es waren nur Männer dort, und ich glaube, das war ihrer Meinung nach die richtige Art, wie aus einem Jungen ein Mann wird.«

»Ich habe meine ersten Erfahrungen mit Sex im Keller eines Freundes gemacht. Damals ging ich in die Unterstufe. Als ich in die Mittelstufe kam, hatten wir in der Schule Sexualkunde-Unterricht – drei Jahre zu spät.«

Sexuell intelligent erziehen

Wie gesagt, nur ein Bruchteil der Befragten wurde von ihren Familien zumindest ansatzweise in Sachen Sexualität aufgeklärt, wobei sie alles andere als eine hilfreiche Orientierung erhielten. Der 23-jährige Eric – er studiert Maschinenbau – hat allerdings eine ganz andere Erfahrung gemacht. Seine Geschichte veranschaulicht, wie Eltern dazu beitragen können, sexuell intelligente Erwachsene heranzuziehen. Erics Mutter wuchs in einer Familie auf, in der viel gestraft wurde und es kaum Verständigung untereinander gab. Deshalb hatte sie beschlossen, anders mit ihrem Sohn umzugehen.

> **Meine Mutter** kommt aus einer sehr frommen und strengreligiösen Familie. Ihr Vater ist Pastor. Er hielt sich an strikte Regeln, die sie immer schon als falsch ansah. Mir hat meine Mutter nie etwas vorgeschrieben. Sie wollte nur die Gewissheit haben, dass ich das tat, was ich wirklich wollte. Es ging ihr niemals darum, mir irgendetwas aufzuzwingen. Vorschriften machen rebellisch, man macht – nur um gegen die Eltern zu opponieren – Dinge, die man vielleicht nicht einmal selber mag. Meine Mutter war immer sehr ehrlich zu mir. Sie sagte mir: »Ich möchte, dass du das tust, was du für richtig hältst.« Ich glaube, sie war davon überzeugt, dass ich die richtigen Entscheidungen treffen würde.

Aber weder Erics Mutter noch sein Vater haben ihm unendliche Freiheiten gewährt. Ihm und seiner Schwester wurden feste Grenzen gesetzt:

> **Sie haben** ihre Rolle als Eltern ernst genommen und sich um uns gekümmert. Sie wussten immer Bescheid, wo ich war, mit wem ich herumzog und wann ich nach Hause kommen würde. Mir war auf jeden Fall klar, dass ich gewisse Dinge einhalten musste, egal, was ich mit meinen Kumpels vorhatte.
> Natürlich gab es bei meinen Eltern ganz bestimmte Regeln. Ich musste zu einer verabredeten Zeit zu Hause sein. Ich durfte nicht auf ein Konzert gehen, weil ich dafür zu jung war. Das Gleiche galt auch für meine Schwester. Wenn sie mit einer Gruppe von

Jungen am Wochenende zelten gehen wollte, sagte meine Mutter: »Von mir aus, aber achte darauf, dass du nicht in eine dumme Situation gerätst.« Also lag es an meiner Schwester, sich darüber Gedanken zu machen und für sich selbst herauszufinden, ob die Tour vielleicht doch nicht ganz so harmlos wäre.

Erics Eltern sprachen mit ihm und seiner Schwester offen über Sexualität, und zwar nicht nur über biologische Fakten, sondern über alle emotionalen und zwischenmenschlichen Bereiche, die Sexualität einschließt:

> **Meine Eltern** hatten keine negative Einstellung zur Sexualität. Sie hielten den Sexualkunde-Unterricht an der Schule für eine sehr gute Sache. Vielen meiner Freunde hatte man eingetrichtert, Sexualität sei etwas sehr Negatives, aber meine Eltern sahen das überhaupt nicht so.
> Meine Mutter und auch mein Vater erklärten mir die sexuellen Dinge auf eine sehr behutsame Art und Weise. Ich erinnere mich noch, als mein Dad und ich einmal zusammen im Wagen fuhren. Ich begann damals gerade mit meiner ersten richtigen Freundin auszugehen, und ich glaube, mein Dad ahnte, dass ich wahrscheinlich mit ihr schlafen würde oder es vielleicht schon getan hatte. Er fragte mich: »Hast du Sex mit ihr gehabt?« Dann erkundigte er sich, ob ich auch Verhütungsmittel verwende. Er sagte mir: »Sei vorsichtig; sieh zu, dass du dem Mädchen nicht weh tust. Verwechsle nicht Gefühle mit sexuellem Begehren.« Ich hatte verstanden, dass man keineswegs fahrlässig mit den Empfindungen anderer umgeht.

Eltern verfügen über ein großes Potenzial, um vernünftige Gespräche über Sexualität mit ihren Kindern zu fördern. In diesen Gesprächen erhalten die Kinder die Möglichkeit, in einer liebevollen und geborgenen Atmosphäre ihre Unsicherheit in sexuellen Dingen zu artikulieren und zu bewältigen. Wenn diese Gespräche nicht stattfinden, wenn in der Familie Schweigen vorherrscht, dann lernen Kinder diese Sprachlosigkeit mit Scham und Angst gleichzusetzen; sie werden als Erwachsene nicht nur ihr Leben lang unfähig bleiben, sich mit ihrem Partner über Sexualität zu verständigen, sondern sie behalten auch ihre zerstörerische Einstellung gegenüber allen sexuellen Verhaltensweisen bei. Aus diesem Grund werden sie sich ebenfalls ihrer echten sexuellen Wünsche schämen.

Die Angst vor Sexualität

Die Einstellung zur Sexualität, die unsere Eltern uns vermitteln, rührt, oft unausgesprochen, von ihrer religiösen Erziehung her. Spiritualität kann unseren Beziehungen zwar durchaus Tiefe und Sinn verleihen, doch droht sie mit Strafe, vermittelt sie die Botschaft, dass sexuelles Begehren an sich schlecht und Unheil bringend ist. Das wiederum erzeugt Ängste, die es den Menschen unmöglich machen, sich ihrer Sexualität zu erfreuen und frei von Zwängen ein aktives Sexualleben anzustreben. Religiöse Dogmen können sich verwirrend auf Menschen auswirken und sie in einen Zwiespalt stürzen, einerseits ihrem Wunsch nach einem spirituellen Leben zu folgen und Teil einer religiösen Gemeinde zu sein oder andererseits ihrem natürlichen Drang auf ein erfülltes Sexualleben nachzugeben.

Tatsächlich ist es erstaunlich, in welchem Ausmaß Religionsgemeinschaften – und dies bezieht sich nicht nur auf die christlichen Konfessionen – uns immer noch die Angst vor Sexualität als eine bedrohliche, anarchische Triebkraft einimpfen. Auch versuchen sie, die Leidenschaft unter Kontrolle zu halten, indem sie auf sexueller Enthaltsamkeit bestehen und Sexualität nur innerhalb streng vorgeschriebener Grenzen erlauben, vor allem in der Ehe, um sich fortzupflanzen.

Die Ergebnisse unseres Forschungsprojekts zeigen, dass es einen wesentlichen Unterschied in der sexuellen Intelligenz zwischen Menschen gibt, die einer Religion mit einer restriktiven, strafenden Haltung gegenüber Sexualität angehören, und jenen, die Mitglieder religiöser Gemeinschaften sind, in der größere Toleranz gegenüber der Sexualität herrscht. Testpersonen, die sich als Protestanten, Juden oder ohne religiöse Zugehörigkeit bezeichneten, wiesen eine deutlich höhere sexuelle Intelligenz auf als Katholiken, fundamentalistische Protestanten oder

Muslime. (Von den ausgewählten Testpersonen war die Mehrzahl der Juden nicht-orthodox und die meisten Muslime fundamentalistisch.)

Eine der interessantesten Entdeckungen, die Forscher gemacht haben, ist die offensichtliche Diskrepanz zwischen dem, was tief religiöse Menschen glauben – beispielsweise keinen Sex vor der Ehe haben zu dürfen –, und ihrem tatsächlichen Verhalten. Joseph Donnelly von der Montclair University hat gemeinsam mit seinen Kollegen den Zusammenhang zwischen Religiosität und Sexualverhalten bei 869 Schülern untersucht. Laut ihren Ergebnissen lassen sich zwar aus der Selbsteinschätzung der Schüler über den Grad ihrer Religiosität Rückschlüsse auf ihre Einstellung zur Sexualität, nicht aber auf ihr Verhalten ziehen. Schüler, die sich als sehr gläubig charakterisierten, neigten zu einer ablehnenden Haltung gegenüber der Aussage, »Es ist in Ordnung, wenn zwei Menschen, die sich lieben, vor der Ehe Geschlechtsverkehr haben.« Allerdings hatte in Bezug auf ihr tatsächliches Verhalten die gleiche Anzahl von religiösen wie kaum spirituell orientierten Jugendlichen bereits Geschlechtsverkehr gehabt.

Die Meinung, die junge Leute gegenüber dem Geschlechtsverkehr vor der Ehe vertreten, sagt offenbar nichts über ihr wirkliches Verhalten aus. Eine von Erika Pluhar an der University of Pennsylvania und ihren Kollegen der Cornell University durchgeführte Studie erforschte bei Studenten den Zusammenhang zwischen deren religiöser Bindung und ihrer Einstellung und Verhaltensweise hinsichtlich der Sexualität. Die Wissenschaftler fanden dabei heraus, dass, obwohl jene Studenten mit einer stark religiösen Bindung größte Vorbehalte gegen vorehelichen Geschlechtsverkehr äußerten, beinahe ein Viertel von ihnen bereits Verkehr gehabt hatte. Von den Studenten mit sexuellen Erfahrungen neigten jene mit einer stark religiösen Bindung dazu, die »Methode« des unterbrochenen Geschlechtsverkehrs anderen Formen der Schwangerschaftsverhütung vorzuziehen. Wie Pluhar und ihre Kollegen belegen, ist der unterbrochene Geschlechtsverkehr denkbar ungeeignet, eine Schwangerschaft zu verhüten, zudem gewährt er überhaupt keinen Schutz gegen Geschlechtskrankheiten.[17] Wir wissen von früheren Untersuchungen, dass junge Leute, die sich weigern, ihr sexuelles Verlangen als eine Tatsache zu akzeptieren, und dem manchmal dennoch nachgeben, dazu neigen, es heimlich zu tun, sozusagen hinter ihrem eigenen Rücken.[18]

Nicht fragen, nicht sagen

Wir wollen dieses Kapitel nicht abschließen, bevor wir uns jenen Mythen über Homosexualität gewidmet haben, die eng mit bestimmten Glaubensgrundsätzen einiger religiöser Gruppierungen verbunden sind. Es handelt sich dabei um tendenziell fanatisch vertretene Vorstellungen, die in unserer Gesellschaft sehr verbreitet sind und vielen Menschen großes Leid bringen. Tatsache ist, dass homosexuelle und bisexuelle Menschen aufgrund der allgemein herrschenden Homophobie ihrer Umgebung gegen erhebliche Schwierigkeiten ankämpfen müssen, wenn sie ihre sexuelle Orientierung aufdecken und versuchen, diese in Übereinstimmung mit ihrer Identität zu bringen.

Schmerz, Scham und Verwirrung, die homosexuelle und bisexuelle Menschen im Prozess ihrer sexuellen Selbstfindung durchleben, werden größtenteils durch die Homophobie unserer Gesellschaft verursacht, die ihnen mehr oder weniger indirekt rät, ihre echten sexuellen Bedürfnisse zu leugnen oder, unter dem Druck der Anpassung, zu deformieren. Sex dient unserer Gesundheit; die Menschen von ihrem wahren sexuellen Ich abzubringen, bewirkt das Gegenteil.

Abgesehen von der Tatsache, dass es keine wissenschaftlich fundierten Beweise für die Behauptung gibt, Homosexualität sei pathologisch, wird diese Ansicht trotz alledem von vielen gesellschaftlichen Institutionen weiterhin verbreitet. Bei vielen religiösen Konfessionen gilt Homosexualität immer noch als »Sünde«. Und die religiöse Rechte führt unbeirrt ihre seltsam paranoiden Kampagnen gegen Homosexualität fort.

In letzter Zeit hat die feindselige Einstellung, die in unserer Gesellschaft Homosexuellen gegenüber herrscht, subtilere Formen angenommen, wenn auch mit ebenso negativen Folgen. Das Militär, einige Glaubensgemeinschaften, aber auch viele

Unternehmen haben eine scheinbar gut gemeinte Strategie entwickelt, um zwischen sexueller Orientierung und öffentlicher Identität zu unterscheiden. Zum Beispiel wird im militärischen Bereich schwulen Männern und Frauen zugesichert, dass sie nicht nach ihrer sexuellen Orientierung gefragt werden, jedoch wird ihnen gleichzeitig nahe gelegt, Stillschweigen über dieses Thema zu bewahren. Für die Betroffenen heißt das, einen wesentlichen Teil ihrer Identität vor den Menschen zu verschweigen, mit denen sie tagtäglich leben und arbeiten – und das vielleicht bis an ihr Lebensende. Die katholische Kirche hat sich mittlerweile zu der Einstellung durchgerungen, Homosexuelle als Mitglieder der Kirche zu akzeptieren, unter der Bedingung, dass sie ihre Sexualität nicht ausleben.

Bei unserer Studie stellten wir unseren Testpersonen die Frage, wie sie zu Menschen stehen, die sich als homosexuell outen? 13 Prozent befanden, dass Homosexualität moralisch verwerflich sei, 56 Prozent meinten, es wäre falsch, wenn Homosexuelle ihre sexuelle Identität verleugneten, und 31 Prozent waren der Meinung, man könne es akzeptieren, wenn jemand homosexuell sei, vorausgesetzt, er würde es nicht »an die große Glocke hängen« – mit anderen Worten: Homosexuelle sollen ihre sexuelle Orientierung vor der Welt versteckt halten. Alle, die das Leugnen der sexuellen Identität Homosexueller für falsch erachteten, erzielten einen höheren SQ – besonders im Bereich des Wissens über menschliche Sexualität – im Vergleich zu jenen, die Homosexualität nur dann für annehmbar hielten, wenn nicht »viel Aufhebens darum« gemacht werden würde. Personen, die Homosexualität akzeptieren, solange sie sich nicht öffentlich manifestiert, mögen auf den ersten Blick den Eindruck von Aufgeschlossenheit und Toleranz erwecken. Im Grunde genommen verlangen sie jedoch von Homosexuellen, dass sie einen entscheidenden Teil ihrer Persönlichkeit aufgeben und verbergen.

Mit diesem Problem sind nicht nur Homosexuelle beim Militär konfrontiert; es bezieht sich auf alle Individuen in unserer Gesellschaft, ganz gleich ob homosexuell oder heterosexuell. Die Identität, die wir der Außenwelt präsentieren, ist ein entsexualisiertes Selbst, das nur schwer aufrechtzuerhalten ist. Es gibt zahlreiche Gründe dafür, warum Menschen dies tun: Ihnen haben Eltern, Kirche oder ihr kulturelles Umfeld beigebracht, sich ihrer Sexualität zu schämen und sie zu verstecken, oder aber sie haben Angst vor den möglichen Konsequenzen, wenn sie ihre sexuelle Lust ausleben.

Das heißt nicht unbedingt, dass wir unsere ganz privaten Neigungen aller Welt preisgeben sollen. Die sexuelle Identität ist eine durchaus innere und seelische Angelegenheit und trägt dazu bei, unsere Sexualität als Teil unserer Persönlichkeit zu verstehen. Wir sollten nicht Teile unserer Persönlichkeit ausgrenzen – vor allem nicht unsere Sexualität – und sie vor uns selbst verbergen oder vor den Menschen, die uns am nächsten stehen. Wir müssen vor allem nicht vorgeben, jemand anderer zu sein oder uns ständig daran erinnern, welche Lügen wir wem erzählt haben. In der Hauptsache geht es darum, dass wir uns nicht selbst belügen.

Besonders Homo- und Bisexuellen wird es aufgrund der vorherrschenden Homophobie erschwert, ihre sexuelle Orientierung als Teil ihrer Persönlichkeit anzunehmen. Einigen Homosexuellen bereitet es Schwierigkeiten, mit der Reaktion ihres sozialen Umfelds zurechtzukommen; andere stammen aus Familien, die aus religiösen Gründen Homosexualität nicht akzeptieren; einige stehen unter dem Erwartungsdruck ihrer Umgebung, der ihnen einen konventionellen Lebensstil nach Drehbuch mit Ehe und Kinderkriegen vorschreibt; und andere wiederum werden mit Diskriminierung oder sogar körperlicher Gewalt von den homosexuellenfeindlichen Mitgliedern ihrer sozialen Gemeinschaft drangsaliert.[19]

Die abwehrende Reaktion gegenüber Homosexuellen bei ihrem Coming-out kann verheerende Folgen haben: Dr. Scott Hershberger und seine Mitarbeiter an der University of Kansas haben bei einer Untersuchung mit 194 homosexuellen und bisexuellen Jugendlichen herausgefunden, dass der Verlust von Freunden aufgrund der besonderen sexuellen Orientierung einen der wesentlichen Faktoren darstellt, Selbstmordgefährdungen vorauszusagen.[20]

Im Zusammenhang mit der Entdeckung unseres wahren sexuellen Ichs ist es ganz entscheidend zu wissen, ob wir uns in erster Linie von unserem eigenen, vom anderen oder von beiden Geschlechtern angezogen fühlen. Es liegt an der allgemein vorherrschenden abschätzigen Einstellung zur Homosexualität, die diesen Prozess der Selbstfindung so schmerzhaft und schwer macht. In manchen Fällen kann das beinahe tödliche Folgen haben, wie Pauls Beispiel zeigt.

Paul ist ein 27-jähriger Meeresbiologe. Als er fünf oder sechs Jahre alt war, fühlte er sich von anderen Jungen angezogen. Er erinnert sich noch daran, dass er damals in Luke Skywalker verliebt war. Wie so viele Homosexuelle und Bisexuelle, die wir befragt haben, stieß auch er in seiner Familie und in der Schule auf eine ablehnende Haltung gegenüber Homosexuellen. Seine Eltern sagten ihm nichts über Sex, bis er sie schließlich mit dreizehn Jahren darum bat:

> **Als ich** in die Pubertät kam, gaben mir meine Eltern ein Buch über Sexualität. Darin wurde Homosexualität mit keinem einzigen Wort erwähnt. Meine Eltern legten eine äußerst feindliche Einstellung gegenüber Homosexualität an den Tag und machten oft sehr abschätzige Bemerkungen über homosexuelle Paare oder spezielle Kneipen. Da ich gay bin, war das natürlich ein Problem für mich.
>
> In der Schule war das typische Schimpfwort »Schwuchtel« oder »Tunte« oder so etwas in der Richtung. Es gab ein paar Schüler, die aufgrund ihres Verhaltens und ihres Äußeren für schwul eingeschätzt wurden, und die mussten relativ viel aushalten. Sogar die Lehrer beteiligten sich manchmal an den »Schwulenwitzen«, sie machten abschätzige Bemerkungen über diese Jungen und schauten einfach weg, wenn sie von den anderen Schülern misshandelt wurden.
>
> Bis zu meinem Coming-out mit neunzehn hatte ich nie mit Sex experimentiert. Das lag wohl zum Teil auch an meiner eigenen feindseligen Einstellung zur Homosexualität, denn wenn ich herumprobiert hätte, hätte ich mir eingestehen müssen, dass ich nicht hetero sei. Ich war noch nicht so weit, um diese Tatsache anzugehen. Allein sie auszusprechen hätte mir entsetzliche Angst eingejagt. Also versuchte ich, meine Sexualität zu unterdrücken.

Pauls Anstrengung, seine Sexualität zu leugnen, brachte ihn in eine Situation, die ihm beinahe das Leben gekostet hätte:

Ich begann Drogen zu nehmen – alles von Ecstasy bis Crystal, Koks war auch dabei. Ich tat das alles, um meinen Problemen aus dem Weg zu gehen. Ich kann mich noch gut daran erinnern, wie ich diese verdrehte Vorstellung hatte, dass ich mit Acid meine schwule Seite in mir entweder vergessen oder sie gar verschwinden lassen könnte. Langsam dämmerte es mir, dass dies nicht funktionierte. Es wurde mir klar, dass ich auf diese Art und Weise mein Leben und meine Gesundheit ruinierte, was mich keinen Schritt weitergebracht hätte. Ich hörte mit den Drogen auf, aber das Problem mit meiner sexuellen Orientierung bestand weiterhin. Einfach davonlaufen war keine Lösung, ich musste mich dem Problem stellen.

Doch zuvor besorgte ich mir noch eine Menge Schlaftabletten. Ich war in meinem Zimmer und hatte gerade die ersten eingeworfen, als meine Mutter nach Hause kam. Sie schaute in mein Zimmer rein, um mich kurz zu begrüßen, und sie sagte, wie sehr sie mich lieb hätte. Danach erzählte sie mir noch alle möglichen alltäglichen Dinge, bis sie schließlich mein Zimmer wieder verließ. Ich begann darüber nachzudenken, wie sehr es sie treffen würde, wenn sie mich am nächsten Tag tot auffände. Ich ging also ins Badezimmer und steckte mir den Finger in den Hals, um mich zu übergeben. Dann bat ich einen Freund, dass er mich ins Krankenhaus bringt.

Als er an diesem Punkt angelangt war, wusste Paul, dass er dringend Hilfe brauchte. Eine Zeit lang ging er zu einem Psychotherapeuten. Doch der erwies sich alles andere als hilfreich und schien nicht zu verstehen, mit welchen inneren Zwängen Paul zu kämpfen hatte, um sich zu einem Coming-out durchzuringen. Im Internet fand Paul schließlich seine Rettung. Dort stieß er zum ersten Mal auf Informationen zum Thema Homosexualität, auf die er eimal nicht mit zerstörerischem Selbsthass reagierte:

Erst als ich ins Internet ging, konnte ich mich mit Fragen und Problemen von Schwulen und Lesben auseinander setzen. In den Chatrooms traf ich Leute, die Homosexualität als etwas völlig Normales ansahen oder sogar positiv bewerteten. Für mich war das völlig neu. Diese Gespräche haben meine Sichtweise von

Grund auf geändert; ich sah jetzt endlich eine Chance, mein Leben als der zu führen, der ich wirklich bin. Nach dieser Erfahrung verspürte ich eine gelinde Wut, wenn ich daran dachte, was ich die ganze Zeit davor ausstehen musste.

Gleichzeitig war ich durch meine verinnerlichte Homophobie praktisch wie gelähmt, und ich schämte mich sehr meiner Veranlagung. Ich wünschte mir inständig, ich wäre nicht so gepolt, und alles in meinem Inneren sträubte sich dagegen, darüber zu reden. Aber schließlich und endlich sagte ich es meinen Freunden und später dann auch meinen Eltern.

Ich hatte eigentlich eher erwartet, dass mich meine Freunde alle im Stich lassen würden. Aber das Gegenteil war eingetreten, sie waren alle sehr solidarisch und unterstützten mich.

Die erste Reaktion meiner Mutter war, mich zu fragen, ob ich nicht einen Aids-Test machen wollte und ob ich mich mit irgendwelchem Jungen aus der Nachbarschaft eingelassen hätte. Mein Vater hat sich nicht dazu geäußert. Im Grunde genommen ist seit meinem Coming-out kein einziges Wort zwischen uns darüber gefallen worden.

Ich fing dann an, aus dem Internet Informationen über Homosexualität herunterzuladen und sie meinen Eltern zu geben. Ich wollte sie auf diesem Gebiet ein wenig aufklären. Letztlich bekam ich auch von meiner Mutter sehr viel Unterstützung.

Heute lebt Paul mit einem Mann zusammen, der ihm viel bedeutet, und ihre Beziehung ist auf sexueller wie auch emotionaler Ebene sehr befriedigend.

Paul hat ein hohes Maß an sexueller Intelligenz bewiesen, indem er aktiv an sich gearbeitet hat, um seine Sexualität in Übereinstimmung mit seiner eigentlichen Identität zu bringen und ein Sexualleben zu führen, das ihn befriedigt und als Menschen bereichert. Er hat die Kraft gehabt, sich anderen zu öffnen und mit seinem Therapeuten, seiner Familie und seinen Freunden über seine sexuelle Orientierung zu sprechen, obwohl vor seinem Coming-out weder seine Eltern noch die Gruppe seiner Gleichaltrigen mit ihrer negativen Einstellung zur Homosexualität hinterm Berg gehalten hatten. Paul hatte sich zwar eine Zeit lang in Drogen geflüchtet, doch letztlich war er klug – und mutig – genug gewesen, die Notwendigkeit einzusehen, sein verborgenes sexuelles Ich zu begreifen. Dabei ist Paul auch intelligent genug, um zu wissen, dass es einen lebenslangen Prozess darstellt, die eigene Sexualität zu entdecken und sie in Einklang mit der Gesamtpersönlichkeit zu bringen:

> **Ich werde** von meiner Homophobie wohl nie ganz loskommen. Wenn sich heutzutage Gefühle in dieser Richtung bei mir regen, dann kann ich sie einordnen, sodass sie mir nicht zu sehr unter die Haut gehen. Ich versuche, aktiv dagegen anzukämpfen. Ich bemühe mich auch darum, anderen bewusst zu machen, dass sie diese Gefühle besitzen. Ich habe den Eindruck, dass ich jetzt weitaus besser damit umgehe.
> Ich glaube, es gibt immer noch Dinge, die ich an mir entdecken kann. Es scheint mir unvorstellbar, dass ich mir einmal sagen werde, die Sache ist für mich abgeschlossen. Vielleicht auf dem Totenbett, aber bis dahin werde ich mich nicht einschränken und mir sagen, ich gehe bis hier und nicht weiter.

Während homosexuelle und bisexuelle Menschen vor allem aufgrund der vorherrschenden Homophobie häufiger als Heterosexuelle mit Schwierigkeiten zu kämpfen haben, ihre Sexualität zu entdecken und sie in ihre allgemeine Identität aufzunehmen, ist letztlich, ganz unabhängig von der persönlichen sexuellen Orientierung, allein die Frage entscheidend, ob diese Menschen sexuell intelligent sind oder nicht. Die Grundsätze der sexuellen Intelligenz gelten für alle gleichermaßen – gleichgültig, ob sie homosexuell, bisexuell oder heterosexuell veranlagt sind.

Wir können sexuelle Intelligenz lernen, wenn wir uns unsere wahren sexuellen Begierden eingestehen und prüfen, durch welche negativen Einflüsse – Familie, religiösen Dogmen und sozialen Normvorstellungen – uns Scham und Angst eingeflößt worden sind. Denn diese machen es uns unmöglich, darüber zu reden; folglich fühlen wir uns allein gelassen. Pauls Geschichte erschien uns besonders aufschlussreich, weil sie deutlich zeigt, wie wir weder durch repressive Einstellungen zur Sexualität, die in unserer Gesellschaft immer noch wirksam sind, noch durch negative Botschaften, die wir im Laufe unserer Entwicklung von Familie und Religion vermittelt bekommen haben, unsere Sexualität, unser familiäres Umfeld, die Freunde oder unseren Glauben aufgeben müssen. Wir können wir selbst sein und dabei die berechtigte Hoffnung haben, von unserer Umgebung angenommen zu werden.

KAPITEL 5

Sex als magisches
Allheilmittel

Die 23-jährige Laura, eine hoch gewachsene, gut aussehende Frau mit wunderschönem dunklem Teint, schaut sich nur zu gerne populäre Soaps und Filme im Nachtprogramm des Fernsehens an und hat danach immer die Empfindung, dass lustvoller und aufregender Sex für sie in unerreichbarer Ferne liegt. In dem Interview mit ihr stellten wir unsere Standardfrage: »Haben Sie manchmal das Gefühl, Ihr Sexualleben sei nicht so interessant wie das der Menschen im Fernsehen oder im Kino?« Worauf sie sarkastisch lachte und uns zur Antwort gab:

> **Was soll** ich dazu sagen? Mein Sexualleben ist nicht einmal im Ansatz damit zu vergleichen. Offenbar habe ich nicht so viel Lust und Spaß wie die Leute, die im Fernsehen gezeigt werden. Die Liebesszenen, die man in TV-Serien zu sehen bekommt, habe ich selbst noch nie erlebt. Wie das dargestellt wird, wenn die Leute Sex haben, solche Gefühle kenne ich gar nicht. Schon allein was die Menschen da mit ihrem Körper anstellen, kommt mir so unwirklich vor, und die Leidenschaft, mit der sie Sex haben, einfach die ganze Art, wie sie erregt sind. Warum passiert das nicht mir?

Eine ganze Reihe von Mythen über Sexualität, die uns die Populärkultur vermittelt, sind mittlerweile so allgegenwärtig, dass wir sie kaum mehr bewusst wahrnehmen. Sie haben sich in den Köpfen der Menschen als Denkmuster festgesetzt, auf die sie automatisch zurückgreifen, wenn es darum geht, welche Bedeutung der Sexualität im Leben zukommt, wie wir mit Sex umgehen, was als »normal« oder »anormal« gilt.

Fernsehen und Kino, Modeillustrierte und Jugendmagazine, aber auch die Pornoindustrie verkaufen uns ganz bestimmte Botschaften über Sexualität, deren Inhalte zwar den repressiven, angstbesetzten Einstellungen, die wir im vorhergehenden Kapitel untersucht haben, diametral entgegengesetzt sind, die in ihren Auswirkungen jedoch gleichermaßen verheerende Folgen für das Sexualleben der Menschen nach sich ziehen. Diese Medien erreichen ein Millionenpublikum und unter der Oberfläche der scheinbar verheißungsvollen Botschaften, die sie propagieren, können sie den Menschen die Chance auf sexuelle Erfüllung unmöglich machen. So vermitteln sie uns häufig das Gefühl, etwas sei nicht in Ordnung mit uns, unserem Körper und unserem Sexualleben. Sie ermuntern uns indirekt, Sex als Konsumprodukt zu betrachten, das alle unsere diesbezüglichen Probleme löst.

Ebenso wie die tradierten repressiven Einstellungen zur Sexualität entfremden die medialen Bilder die Menschen letztlich von ihrer Sexualität. Sexuell intelligent zu werden heißt hier, die irreführenden Medienmythen aufzuspüren und die Fähigkeit zu entwickeln, sich gegen ihren Einfluss zur Wehr zu setzen, damit wir lernen, auf unsere wirklichen Begierden und Wünsche zu hören und sie zu respektieren. Und in der Tat, wenn es uns einmal gelungen ist, uns von diesen verfänglichen Mythen zu befreien, verheißt uns dies Freude und Glück.

Alle haben besseren Sex als ich

Es gehört wohl zu einer der größten Herausforderungen an die sexuelle Intelligenz, wenn wir uns darum bemühen, die trügerischen Medienbilder über Sexualität sachlich und nüchtern zu betrachten. Nur allzu oft verbreitet die populäre Kultur eine verfälschte Vorstellung von Sexualität, das den Blick der Menschen auf ihren eigenen Körper und ihre äußere Erscheinung prägt und ihr sexuelles Verhalten, auch das zu ihrem Partner, negativ beeinflusst.

In diesem Kapitel werden wir auf folgende Mythen ausführlicher eingehen:

97

Alle erleben mehr – und besseren – Sex als ich
Mein Körper entspricht nicht dem Medien-Ideal
Sex löst alle Probleme – vorausgesetzt man kommt dazu
Und bist du nicht willig, so brauch' ich Gewalt.

Zwischen diesen Botschaften besteht ein bestimmter innerer Zusammenhang. Die gleichen medialen Bilder, die Ihnen suggerieren, dass alle anderen mehr Sex haben als Sie, geben Ihnen auch indirekt die Antwort darauf, warum es so ist, dass Ihr Sexualleben so viel weniger aufregend zu sein scheint als das jener Darsteller in Fernsehen oder Kino: Ihr Körper entspricht nicht dem Medienideal. Was bedauerlich ist, denn – so wollen uns die Medien weismachen – wenn Sie mehr Sex hätten, wären alle Ihre Probleme mit einem Schlag gelöst. Die Quintessenz dieser Mythen lautet: Sex ist das ultimative Konsumprodukt, das magische Allheilmittel, das Ihr Leben verändern kann. Aber leider ist es für viele Leute unerreichbar.

Wenn wir uns von den Fernseh- oder Kinogeschichten leiten ließen, kämen wir unweigerlich zu der Schlussfolgerung, dass so gut wie jeder mehr – und besseren – Sex als man selbst hat, und zwar überall und zu jeder Zeit. Die Massenmedien legen uns permanent nahe, das Leben sei eine einzige Orgie und zwar für alle anderen Leute, insbesondere wenn sie jung und attraktiv sind. Und sie suggerieren, dass Sex so natürlich und unkompliziert sei wie Atmen oder Essen und ein erfülltes Sexualleben nichts weiter erfordere, als zur rechten Zeit am rechten Ort zu sein. Natürlich durchschauen die meisten von uns bis zu einem gewissen Grad diese Mythen, und trotzdem: Wenn eine hinreißende 20-Jährige einem Freund vertraulich zuraunt, »Wir hatten großartigen Sex gestern Nacht«, drängt sich uns unwillkürlich die Frage auf, ob der Sex, den wir erleben, auch das Prädikat »fantastisch« verdient.

Die Schauspieler im Fernsehen oder Kino haben nicht nur ständig Geschlechtsverkehr; sie vollziehen ihn offenbar auch völlig mühelos, und das jedes Mal. Man einigt sich spontan, landet sogleich im Bett und hat tollen Sex. Die Darstellung von Sexualität in den Medien verleiht ihr eine Aura des Magischen – entweder zwei verstehen sich auf Anhieb oder nicht, und wenn ja, dann ist der Sex großartig. Diese Erfahrung, beim Anblick des anderen augenblicklich in Liebe zu entbrennen, mag zwar gelegentlich vorkommen, trifft aber für die meisten Menschen in den allerwenigsten Fällen zu. Sex, der uns glücklich macht, setzt körperliche Vertrautheit voraus, die wir dann herstellen, wenn wir lernen, unserem Partner offen zu sagen, was wir im Bett mögen und was nicht, und wenn wir in unserer Beziehung das Gefühl von Nähe und Intimität entwickeln. Doch überraschenderweise glaubt eine hohe Anzahl von Personen, die wir interviewt haben, an den Mythos der Liebe auf den ersten Blick: 40 Prozent unserer Teilnehmer stimmten folgender Aussage zu: »Ein gutes Sexualleben ist nichts, woran man arbeiten kann – entweder es passiert oder eben nicht.«

Eine weitere realitätsverschleiernde Darstellung von Sex in den Medien ist, dass er – mit einigen wenigen Ausnahmen – in einer Welt ohne Aids und Geschlechtskrankheiten stattfindet und keinerlei emotionale und seelische Folgen hat. So ist beispielsweise eine kürzlich veröffentlichte Studie der Henry J. Kaiser Foundation, die 1351 Fernsehfilme zur Hauptsendezeit nach dem Zufallsprinzip ausgewählt hatte, zu dem Ergebnis gekommen, dass in keiner einzigen Sexszene auf das Risiko von sexuell übertragbaren Krankheiten, auf die Notwendigkeit für Safer Sex hingewiesen wurde.[21] Man denke nur an eine Episode aus der Kultfernsehserie *Ally McBeal*. Darin wird gezeigt, wie die Hauptdarstellerin mit ihrem Auto durch eine Waschanlage fährt und sich dabei in schweißtreibender Ekstase mit einem völlig fremden Mann Sex hat.

Während Fernsehfilme, Kino und Musikvideos eine Welt von Menschen in ständiger Liebesumarmung präsentieren, überschwemmt uns die Pornoindustrie in ihren Magazinen, Videos und Websites mit noch mehr, noch variationsreicheren und noch extremeren sexuellen Bildern. Nicht nur der gelegentliche »Sexfreak« frequentiert diese Bilderwelt. In unserer Untersuchung hatten immerhin 84 Prozent der Testteilnehmer sich schon einmal in ihrem Leben einen Pornofilm angesehen, 40 Prozent hatten sich Pornomagazine angeschaut, 31 Prozent pornographische Websites im Internet angeklickt, und 19 Prozent hatten ein Strip-Lokal besucht.

Pornographie ist eine blühende Milliarden-Industrie. In den letzten zehn Jahren hat sich die Art der pornographischen Darstellungen dramatisch verändert. Insbesondere Darstellungen sexueller Gewalt gegen Frauen (und Männer) erscheinen heutzutage immer häufiger – Tendenz steigend –, und durch das Internet ist ihre Verbreitung weit über die früheren Möglichkeiten gestiegen. Das Internet hat ein Problem für denjenigen gelöst, dem es früher zu umständlich – oder zu peinlich – war, sich pornographisches Material zu besorgen.

Durch den leichten Zugriff auf Bilder mit sexuellen Inhalten, die uns ohne viele Umstände im Fernsehgerät unseres Wohnzimmers, im nächsten Video-Shop, im Kino um die Ecke oder im Computer auf unserem Schreibtisch zur Verfügung stehen, sind wir allerorten einer ständig wachsenden Bilderflut mit sexuellen Darstellungen ausgesetzt. Wessen Liebesleben könnte da gegen die aufreizenden und attraktiven Bilder auf der Leinwand bestehen? Obwohl viele Betrachter vom Verstand her durchaus diese Bilder als unrealistisch und übertrieben durchschauen, fällt es jedem gewöhnlichen Menschen doch schwer, sein Liebesleben *nicht* mit den medialen Bildern zu vergleichen.

Nehmen wir ein anderes Beispiel: Harry, ein 25-jähriger Teilnehmer unserer Studie, begegnete seiner jetzigen Freundin zum ersten Mal ausgerechnet in einem Sexvideo-Shop. Harry sagte uns, er mache sich Gedanken über seine Männlichkeit, denn im Gegensatz zu den Personen, die in den Videos dargestellt werden, sei er nicht unbedingt tagtäglich 24 Stunden lang für Sex bereit. Er erzählte uns Folgendes:

> **Manchmal will** meine Freundin mit mir schlafen, während ich in dem Augenblick so keine rechte Lust darauf habe. Ich will mich manchmal einfach nur hinlegen und entspannen. Aber dann denke ich, was ist eigentlich los mit mir? Angeblich wollen die meisten Männer dauernd Sex. Dann beschleicht mich so ein komisches Gefühl, ob mit mir vielleicht etwas nicht in Ordnung ist.

Wie wir feststellen konnten, vergleichen die meisten Menschen ihre eigenen sexuellen Erfahrungen mit den Darstellungen der

Liebesleidenschaften auf Leinwand und Bildschirm. Ergebnis: Sie fühlen sich enttäuscht und frustriert. 16 Prozent unserer Befragten befanden ihr eigenes Sexualleben im Vergleich zu dem Sex der Darsteller im Fernsehen und Film als ziemlich ernüchternd; oder sie sagten, dass sie höchstens ein- oder zweimal in ihrem Leben ein derart fulminantes sexuelles Erlebnis gehabt hätten, das mit dem im Fernsehen oder Kino gezeigten Sex vergleichbar gewesen wäre.

Auch wenn die Menschen ihre eigenen sexuellen Erlebnisse nicht bewusst mit stürmischen erotischen Begegnungen in einer Autowaschanlage oder mit den medialen Bildern von sexueller Verzückung in Beziehung setzen, können diese Bilder auf subtile Art und Weise unsere Vermutung über die Qualität des eigenen Liebeslebens beeinflussen.

Dolf Zillmann und Jennings Bryant, zwei Forscher von der University of Alabama, haben über dieses Thema eingehend recherchiert, wobei es ihnen im Besonderen um die Frage ging, welchen Einfluss die Pornographie auf die Wahrnehmung der Menschen in Bezug auf ihr eigenes Sexualleben ausübt. Zillmann und Bryant führten einem unterschiedlichen Personenkreis von Männern und Frauen einmal pro Woche entweder eine Stunde lang softpornographische Videos oder eine Stunde lang Sitcoms ohne jeglichen sexuellen Inhalt vor. Sie fanden heraus, dass alle, denen pornographische Videos vorgeführt worden waren, größere Unzufriedenheit hinsichtlich des eigenen Sexualleben im Nachhinein äußerten. Dabei wurde interessanterweise nicht die eigene sexuelle Leistung in Zweifel gezogen. Stattdessen waren es die Partner, die nach Ansicht der Testteilnehmer nicht den Vergleich mit den Pornos standhielten, zum einen im Hinblick auf die allgemeine sexuelle Lust, zum anderen wurde deren mangelnde Experimentierfreudigkeit beklagt.[22]

Ron, ein 22-jähriger Student aus Jamaika, ist ein gutes Beispiel für diese Reaktion: Die Tatsache, dass sich pornographische Szenen nicht immer mit der gleichen Wirkung in die Wirklichkeit übertragen lassen, hat ihn frustriert und enttäuscht. Er sagte uns: »Ich beschäftige mich fast die ganze Zeit mit Pornographie – ich schaue mir Pornohefte an und suche nach den Hardcore-Sachen im Internet. Zum Beispiel die Nummer mit zwei Typen und einem Mädchen. Ich sehe dort die verschiedensten Dinge, die ich auch einmal ausprobieren möchte.« Er und sein Cousin nahmen sich vor, einige ihrer Lieblingsszenen in der Wirklichkeit nachzuspielen, doch ihre Erfahrung hielt dem Vergleich mit den Pornoszenen nicht stand:

> **Mein Cousin** und ich haben schon ein paar tolle Dinge angestellt, wenn er und ich mit zwei Mädchen in einem Zimmer waren. Oder wir trieben es gleichzeitig mit drei Mädchen, von denen zwei bisexuell waren. Aber in der Wirklichkeit war es bei weitem nicht so aufregend wie in meinen Fantasien. Ich hatte mir vorgestellt, es würde geräuschvoller zugehen; ich dachte, die Frauen würden aufgeheizter und erregter sein.

Sexuell intelligente Menschen verfügen über die Kunst, die Tatsachen, mit denen uns die Medien über Sexualität füttern, unter einem sachlichen Blickwinkel zu sehen. Sie sind sich dessen bewusst, dass sich viele Menschen schon zufrieden geben, einfach nur Sex zu haben. Laut Statistik leiden vier von zehn Personen, mit denen wir frühmorgens im Bus zur Arbeit fahren, an sexuellen Dysfunktionen, die ihr Sexualleben nachhaltig beeinträchtigen. Angenommen, Sie würden sich an jemanden, der neben Ihnen im Bus sitzt, mit der Frage zuwenden, »Wie steht es zur Zeit mit Ihrem Liebesleben?« (was wir Ihnen im Übrigen nicht empfehlen), dann würden drei Viertel der Mitfahrer im Bus – wenn sie ehrlich genug wären – antworten: »Es ist weniger befriedigend, als ich es mir wünsche.«

Diese Realität wird allerdings nicht in den Medien verbreitet. Wenn die Menschen von den Medien ständig mit mühelosem, ekstatischem Sex konfrontiert werden, trägt dies zwangsläufig zu einer tiefen Verwirrung bei und verstärkt das Gefühl der Niedergeschlagenheit bei allen, deren Liebesleben dem Ideal nicht entspricht. Es ist daher nur folgerichtig, wenn sie sich Gedanken darüber machen, in dem Sinne, wie es einer unserer Befragten formuliert hat: »Warum ist mein Liebesleben eigentlich nicht so schön und aufregend? Was mache ich falsch?« Auch hierfür haben die Medien selbstverständlich eine passende Antwort parat.

Im Fernsehen sind die Menschen supersexy

Die sexuellen Medienekstasen und das wirkliche Geschehen klaffen weit auseinander und erzeugen beim Zuschauer ein Gefühl der Enttäuschung und Frustration, unter anderem auch, weil die Darsteller auf Bildschirm und Leinwand ein unerreichbares Schönheitsideal zeigen, dem kaum jemand entspricht – und das für ein erfülltes Liebesleben auch gar keine Rolle spielt. Aber die Medien suggerieren uns, dass wir nicht jung genug, nicht schlank genug, nicht muskulös genug sind: Kurz, es fehlt uns an der nötigen Attraktivität.

In der virtuellen Medienwelt sind alle Frauen gertenschlanke, junge Wesen und die Männer drahtige, muskelbepackte Sexmaschinen. Diese Bilder umgeben uns ständig, sie bilden eine Art kultureller Matrix, der wir uns nicht entziehen können. Sie begegnen uns auf den Titelbildern der Zeitschriften am Kiosk, in Supermärkten und auf Werbeplakaten. Diese Bilder diktieren uns, welcher äußeren Erscheinung wir entsprechen müssen, wenn wir guten Sex haben wollen.

Jede Person, die im Lebensmittelladen einkauft, einen Stadtplan am Bahnhof ersteht, sich am Zeitungskiosk das Abendblatt besorgt oder im örtlichen Buchladen schmökert, wird mit einer überwältigenden Anzahl von Modemagazinen konfrontiert. Auf dem Cover dieser Hochglanzillustrierten steht beispielsweise die vieldeutige Frage: »Immer noch Single?« Falls mit »Ja« geantwortet werden muss, folgt gleich die Lösung, um diesen Zustand zu beheben: »Probieren Sie eine junge Frisur aus!« Zu all dem wird versprochen, ein ultimatives Geheimnis zu lüften: »Wie Männer Ihren Orgasmus erleben – Männer tauschen ihre Erfahrungen übr den coolsten Gesichtsausdruck aus.«[23] Es genügt also nicht, nur schlank, attraktiv und jung zu sein, um sexuellen Erfolg zu haben. Sie sollten auch dafür sorgen, die richtige Frisur zu tragen und einen passenden Gesichtsausdruck beim Orgasmus aufzusetzen. Auf einem einzigen Cover ist ein ganzes Attraktivitäts-Universum zu erfahren. Ähnliche Botschaften werden auch im Internet verkündet. Gerade erreicht uns eine E-Mail von Women.com mit der Frage: »Haben Sie Größe 42?«

Die Darstellung perfekter Körper in den Medien löst oftmals Abwehr gegen das eigene Aussehen aus und stachelt die Menschen dazu an, alles Mögliche zu unternehmen, um diesem unrealistischen Schönheitsideal zu entsprechen. Ein Weg, sich diesen permanenten Einflüsterungen der Medien zu entziehen, ist, sich die Menschen anzusehen, denen Sie täglich begegnen, von denen nur die wenigsten einen perfekten Körper oder ein makelloses Gesicht haben und trotzdem attraktiv sind. So wie Sie.

Zahlreiche Untersuchungen haben mittlerweile bewiesen, dass sich das Idealbild der Frau in den Medien auf das Selbstverständnis der »wirklichen« Frauen negativ auswirkt. Die Propagierung schlanker, wunderschöner, vollkommen gebauter weiblicher Körper in den Medien lässt die Frauen an ihrem Aussehen verzweifeln; sie werden depressiv, leiden an Minderwertigkeitsgefühlen, sind mit sich selbst und ihrem Äußeren unzufrieden und machen sich Sorgen um ihr Gewicht.

In unserer Studie sind wir immer wieder dieser zwanghaften Beschäftigung mit dem eigenen Körper begegnet, diesem ständig nagenden Minderwertigkeitsgefühl, das von den Serienheldinnen geschürt wird. Die 25-jährige Cara war schon als Kind sehr unzufrieden mit ihrer Erscheinung:

Es fing früh an bei mir, ich war vielleicht etwa neun oder zehn. Damals habe ich mir Vorabendserien angeschaut. Jetzt sehe ich mir *Friends* oder ähnliche Serien nach zehn Uhr an. Es ist überall das Gleiche. Immer kommen diese superschlanken Frauen vor, wie zum Beispiel Monica, das macht mich fertig, und ich stelle mir vor, dass solche Frauen immer den Mann kriegen, den sie wollen, und überhaupt alle Männer nur solche Frauen anschauen und mich keines Blickes würdigen.

Manchmal finde ich mich zu dick, wenn ich mich mit diesen Frauen vergleiche [tatsächlich ist Cara ziemlich schlank]. Sie sind absolut perfekt: schön, schlank, heiter, witzig und immer gut frisiert. Kein Wunder, dass all die anderen Frauen ein echt schlechtes Gefühl bekommen. Ich glaube, Männer wissen, dass ihnen solche Frauen im Leben niemals begegnen werden, aber das ist ihnen egal. Da gibt es nun mal diese tolle Frau im Fernsehen und hier sitzt die eigene Frau neben ihnen – und beide haben nur entfernt etwas miteinander zu tun. Deshalb sehen sich Männer auch wohl gerne Zeitschriften an.

Oder lesen Sie, wie Patrizia reagiert, wenn sie sich mit den Supermodels vergleicht:

> **Wenn mein** Bruder sich *Baywatch* anguckt und ich zufällig vorbeikomme, bin ich vollkommen down, wenn ich mir vorstelle, ich würde mit meiner Figur an den Strand gehen. Warum sehe ich nicht so aus wie diese? Wenn ich doch bloß einen festen Hintern hätte, einen flachen Bauch und dicke Titten – ich würde im Badeanzug eine viel bessere Figur abgeben. Aber ich bin nun mal nicht so gebaut wie all diese Supermodels.

Oder betrachten sie Evas Problem, die eins fünfundsechzig groß ist und Kleidergröße 36 trägt:

> **Manchmal, wenn** ich abends im Kino gewesen bin und mich am nächsten Tag beim Aufstehen im Spiegel betrachte, deprimiert mich die Vorstellung, dass ich Hosen in Größe 36 trage. Ich fühle mich in meinem Körper unwohl, weil ich nicht in Kleidergröße 34 passe.

Allerdings sind es nicht nur die Frauen, die durch die Medien unter Druck geraten, übertriebenen Vorstellungen eines Schönheitsideals nachzueifern. Für Männer gilt zwar immer noch, dass Geld, Macht und Status sie sexuell attraktiv machen. Doch muss ihr Körper jetzt auch einem bestimmten Standard der Perfektion entsprechen, der völlig unrealistisch ist. Denken wir nur an die Diet-Coke-Werbung im Fernsehen: Eine Gruppe junger Frauen, die in einem Hochhaus arbeitet, versammelt sich vormittags immer zur gleichen Zeit vor einem Fenster, um einen hinreißend gut aussehenden jungen Bauarbeiter zu beobachten, wie er sehr sexy sein Hemd anzieht, Waschbrettbauch und imposante Brustmuskulatur vorführt, und seine Cola-Pause macht – besser, seine Diet-Cola-Pause!

Wie die Forschung bestätigt, führen diese unmöglich zu erfüllenden medialen Standards körperlicher Vollkommenheit auch bei Männern zu einer verzerrten Wahrnehmung ihres Körpers.

Sie wirkt sich wiederum, wie bei den Frauen, negativ auf ihr Selbstbild aus. Nachdem Jane Ogden und Kate Mundray von der University of London Männern ebenso wie Frauen Bilder von ideal schlanken Körpern gezeigt hatten, verstärkte dies bei beiden Geschlechtern die Unzufriedenheit mit dem eigenen Körper, was bedeutete, sie fühlten sich übergewichtig und unattraktiv.[24] Kristen Harrison und Joanne Cantor von der University of in Wisconsin, Madison, fanden heraus, dass Frauen, denen Darstellungen schlanker Körper in den Medien vorgelegt wurden, mit zahlreichen Störungen reagierten. Unter anderem fühlten sie sich gezwungen, abzunehmen, verabscheuten ihren Körper, kamen sich nutzlos vor und wiesen Symptome von Essstörungen vor. Dieselben Medienbilder zeigten auch bei Männern Wirkung: Nach ihrem Anblick waren diese eher bereit, dem Schlankheitsideal nachzueifern – und erwarteten Entsprechendes auch von den Frauen![25]

Harrison Pope von der Harvard Medical School zufolge reagieren Männer auf die Kraftprotze, die jetzt häufig in den Medien auftauchen, mit einer permanenten Beobachtung ihres Körpers, weil sie sich nicht muskulös genug finden. Einige fühlen sich derart verunsichert, dass es sie täglich stundenlang ins Fitnesscenter treibt, was ihnen nicht viel Zeit lässt, sich um ihr Liebesleben zu kümmern.[26]

Der 47-jährige George musste Qualen ausstehen, weil ihm als Jugendlicher nur die Pornographie mit ihren übertriebenen Bildern von männlicher und weiblicher Attraktivität als einzige Informationsquelle bezüglich Sex zur Verfügung stand. Nach einer langjährigen, unglücklichen Ehe, die mit einer schmerzhaften Trennung endete, ist George seit kurzem wieder mit einer Frau zusammen, für die er zärtliche Zuneigung empfindet. Audrey, seine Freundin, ist blind. Sie lernten sich kennen, als Paul ihr eines Abends half, eine belebte Straßenkreuzung zu überqueren und sie beide feststellten, dass sie nur zwei Häuserblocks voneinander entfernt wohnen. Obwohl ihre Beziehung bislang vielversprechend verläuft, wird George von Zweifeln geplagt:

Als Kind fand ich mich immer schrecklich unattraktiv. Ich konnte mir gar nicht vorstellen, dass es mir jemals gelingen würde, mit einem Mädchen auszugehen. Mein Liebesleben ist immer zu kurz gekommen, auch als erwachsener Mann. Wenn man sich die Schauspieler im Fernsehen ansieht, sind die meisten groß, stark und so weiter. Und ich bin eben nicht groß und dick bin ich auch. Na ja, dann fängt man an zu vergleichen und sagt sich, der hat wahrscheinlich ebenfalls einen größeren Penis als ich.

Meine Beziehung zu Audrey ist die erste in meinem Leben, von der ich sagen kann, dass sie so etwas wie normal ist, wenigstens was das Sexuelle betrifft. Das ist wirklich gut, sehr gut sogar. Nur ist es ein wenig ... na ja, es ist ein wenig verwirrend, weil meine Freundin blind ist, und ich immer das Gefühl habe, dass ich unattraktiv bin. Das bringt mich immer wieder auf die Frage, ob sie mit mir gehen würde, wenn sie mich sehen könnte, und wenn sie keine Schwierigkeiten hätte, andere Leute zu treffen und sich die Männer aussuchen könnte. Und ich weiß wirklich nicht, was die Antwort darauf wäre. Ich weiß es einfach nicht.

Irgendwo in meinem Hinterkopf bin ich zu dem Schluss gekommen, dass sie mich wahrscheinlich nicht nehmen würde, aber in Wirklichkeit geht ja alles glatt zwischen uns, also sage ich mir, ich sollte endlich mit diesen Fragen aufhören. Trotzdem bleibt immer ein kleiner Zweifel zurück.

Nach den Erfahrungen mit meiner Scheidung habe ich mir bei dieser Beziehung gesagt, okay, du bist attraktiv, du wirst eine normale Partnerschaft haben, also wehr dich nicht dagegen. Aber ich glaube, da steckt noch ein wenig von dieser Ungewissheit in mir drin, bei der ich mich noch fragen muss, ob sie mich tatsächlich mögen würde, wenn sie wüsste, wie ich aussehe. Aber das ist eine Sache, die ich wohl nie erfahren werde.

Die Ironie an der Sache ist, dass George durchaus gut aussieht. Es sind die überzogenen und völlig unrealistischen Vorstellungen von perfekt gestylten Körpern, die bei ihm, und nicht nur bei ihm, ein Gefühl der eigenen Unzulänglichkeit erzeugt haben, das sich zwangsläufig hemmend auf das Sexualleben auswirkt oder überhaupt entmutigt, eine innige sexuelle Beziehung einzugehen.

Alle Männer und Frauen, die an unserem Projekt teilnahmen, bestätigten uns, dass sie sich durch die Medienbotschaften über den vollkommenen Körper ihrem eigenen Aussehen gegenüber befangen fühlten und diese Wahrnehmung der Unsicherheit durchaus Wirkung auf ihr Sexualleben hätte – und zwar eine denkbar ungünstige. In unserem Test befragten wir unsere Teilnehmer, wie sehr ihr Äußeres ihre Gefühle gegenüber Sex beeinträchtigen würde. Fünf Prozent der Befragten bekannten unumwunden: »Mir fehlt es an der nötigen Attraktivität für ein tolles Liebesleben.« Weitere 31 Prozent waren der Meinung, ihr Äußeres beeinträchtige ihre Chancen für guten Sex. Auf unsere Frage, ob sie mit ihrem Gewicht zufrieden wären, antwortete mehr als die Hälfte, sie würden sich glücklicher in einem schlankeren Körper fühlen. Fünf Prozent meinten: »Ich bin zu übergewichtig, um ein zufrieden stellendes Sexualleben zu haben«, und fast zwei Prozent gaben an, dass sie für befriedigenden Sex nicht genug durchtrainiert seien.

Wir geraten in einen unlösbaren Konflikt, wenn wir auf die Botschaften der Medien hören, die uns nahe legen, ein leidenschaftliches Leben entspräche der Norm und könne alle unsere Probleme lösen. Ein sexuelles Dasein bekommen wir aber wiederum nur unter der Prämisse, wenn wir schlank, jung und attraktiv sind. Keiner müsste sich mehr einsam, traurig, oder gar minderwertig und deprimiert fühlen, wenn er in den Genuss von dem unglaublichen Sex käme, den die Schauspieler im Kino und Fernsehen mit scheinbar so einfacher Leichtigkeit überall praktizieren. Der geradezu obsessive Umgang mit Sex in den Medien fördert jedoch unterschwellig den zwanghaften Konsum von Sex und Pornodarstellungen. Die Sexfixierung trägt garantiert nicht zur Lösung alter Probleme bei, sondern schafft, im Gegenteil, neue Schwierigkeiten.

Sex löst alle Probleme – vorausgesetzt, man kommt dazu

In dem Song von Marvin Gaye, *Sexual Healing*, heißt es, »whenever blue teardrops are falling« – wann immer du traurig bist – du bekommst wieder gute Laune, wenn du Sex hast.

Dieser Song ist nur eines der unzähligen Beispiele für den weit verbreiteten Mythos, der in Musik, Film und Literatur aufgegriffen wird, und der lautet: Sex löst alle deine Probleme,

Sex kuriert alle deine Schmerzen. Zu den eindringlichsten Beispielen dieser Botschaft gehört wohl der Film *Herr der Gezeiten*. Die Hauptperson, dargestellt von Nick Nolte, ist ein Mann mit offensichtlich großen Problemen. Es muss etwas Einschneidendes in seinem früheren Leben passiert sein, er kann sich aber nicht mehr daran erinnern, was es war, bis die Psychoanalytikerin seiner Schwester (dargestellt von Barbra Streisand) ihn zu sich bittet; sie möchte ihm ein paar Fragen über seine Schwester stellen, die schon etliche Suizidversuche hinter sich hat. Mit Hilfe der Psychoanalytikerin entdeckt Nick Nolte ein schreckliches Geheimnis aus seiner Vergangenheit: Er und seine Schwester wurden als Kinder brutal vergewaltigt. Nach dieser Erkenntnis wird er von Trauer und Schmerz übermannt. Die Psychoanalytikerin nimmt ihn anfangs tröstend in die Arme, dann schläft sie mit ihm. Und siehe da – der Mann ist geheilt. Problematisch ist nur: Eine Kurzaffäre – wenn auch mit Barbra Streisand – dürfte wohl kaum dreißig Jahre alte Wunden heilen. Mit seiner Psychoanalytikerin – oder seinem Analytiker – zu schlafen bedeutet wohl eher, zusätzlich seelischen Schaden anzurichten und nicht den aktuellen zu beheben.

Die Mythen der Medien hinsichtlich Sexualität mögen noch so unrealistisch, ja destruktiv in ihrer Wirkung sein, sie üben dennoch eine unheimliche Anziehungskraft auf den Zuschauer aus, gleich einem magischen Elixier. Mit dem Ergebnis, dass Sex von vielen Leuten wie eine Art Droge konsumiert wird, zur Betäubung emotionaler und seelischer Schmerzen. Sex dient als Ersatz für alles, was im eigenen Leben fehlt: Selbstachtung, Glück, eine sinnvolle Tätigkeit.

Arielle, eine Teilnehmerin unseres Projekts, ist davon überzeugt, dass Sex alle Probleme lösen kann. Sie hatte im Alter von dreizehn Jahren zum ersten Mal Geschlechtsverkehr und ist seitdem mit dreiundzwanzig Sexualpartnern zusammen gewesen. Heute ist sie neunzehn Jahre alt. Arielles Informationsquelle über Sex war die Pornographie, mit der sie in jungen Jahren Bekanntschaft gemacht hatte:

Mein Eltern erzählten mir nichts über Sex, oder besser, eher weniger als nichts. In der Schule ging es im Sexualkunde-Unterricht mehr um die mechanischen körperlichen Funktionen als um die zwischenmenschliche Seite der Sexualität. Aber bis ich in der Schule Informationen über Sex erhielt, war es eigentlich schon zu spät für mich. Das meiste, das ich darüber erfahren habe, war durch die pornographischen Hefte, die mein Bruder versteckt hielt. Mein Bruder ist älter als ich, und er hatte eine Menge Pornos in seinem Zimmer. Meine Schwester hatte einen riesigen Stapel von diesen Heften bei ihm entdeckt und schleppte sie in unser Zimmer, wo wir uns dann darüber hermachten. Das war das erste Mal, dass ich über diese Dinge erfuhr, als ich diese Magazine las.

Arielle erzählte uns, dass sie Sex oftmals einsetze, um den Problemen innerhalb einer Beziehung aus dem Weg zu gehen, hauptsächlich, um den schmerzlichen Prozess einer Trennung zu vermeiden. Hier ihre Erfahrung mit einem ihrer Freunde:

Es kam vor, dass der Typ Sex haben wollte und ich nicht. Besonders als es mit unserer Beziehung zu Ende ging, spürte ich kein Verlangen mehr nach ihm. Eigentlich hätten wir Schluss machen müssen. Stattdessen habe ich mit ihm geschlafen, damit unsere Probleme nicht zur Sprache kamen und um unsere Trennung weiter rauszuschieben, die mit viel Schmerz verbunden gewesen wäre. Ich schlief oft mit ihm, nicht weil ich Lust hatte – es schien einfacher zu sein, als sich mit unseren Schwierigkeiten auseinander zu setzen.

Auch um den Problemen des Alltags zu entkommen, hat sich Arielle in den Sex geflüchtet:

Diesen Sommer bin ich wieder zu meinem ersten Freund vor ewigen Zeiten, Andy, zurückgekehrt. Er ist auf Drogen und ein ziemlich kaputter Typ.
Ich tat es ganz offensichtlich, um weniger Stress zu empfinden. Ich hatte diesen Sommer einen Job als Kurier und saß die ganze Zeit hinterm Steuer. Ich bin mal in einem Unfall verwickelt gewesen, seitdem flippe ich beim Fahren ziemlich aus. Auto fahren bedeutete schon immer Stress für mich und das ist es bis heute geblieben.
Ich ging abends zu Andy, übernachtete dort und verließ in der Früh das Haus. Es war irgendwie seltsam. Wenn ich auf dem Weg

dorthin war, nahm ich mir immer vor, es an diesem Abend nicht zu tun und gleich nach Hause zu fahren. Die Beziehung mit diesem Freund war eine rein sexuelle Sache. Ich habe sie benutzt, keine Frage. Ich dachte, der Sex würde mich glücklich machen und meinen Stress abbauen.

Trotz der großen Anzahl von Sexualpartnern empfindet Arielle nicht viel Vergnügen und Lust beim Sex. Laut ihrer Aussage leidet sie unter vielfachen sexuellen Dysfunktionen; sie hat Orgasmusschwierigkeiten und ihr fehlt oftmals die sexuelle Lust. Außerdem konnte sie mit Sex auch nicht ihre Alltagsprobleme lösen – zum Beispiel ihre Nervosität beim Auto fahren.

Arielle stellt keineswegs einen Einzelfall dar mit ihrer Strategie, Sex als Mittel zur Konfliktvermeidung einzusetzen. Wenn es darum geht, einem Problem innerhalb einer Partnerschaft auszuweichen, haben 40 Prozent unserer Befragten sich dazu bekannt, sie würden aus Angst, mit dem Partner reden und möglicherweise die Beziehung beenden zu müssen, es vorziehen, mit ihm zu schlafen. In Konfliktsituationen halten viele Leute Sex für die Lösung ihres Problems. Aber Sex dient nicht nur als Flucht vor Beziehungsproblemen. 31 Prozent der Befragten suchen sexuelle Befriedigung, wenn sie Probleme im Job haben. Für fast ein Viertel war Sex das probate Mittel, ihren Schwierigkeiten zu entfliehen – einige behaupteten sogar, ohne Sex würden die Probleme sie überwältigen.

Wenn man bedenkt, mit welcher Eindringlichkeit und Überzeugungskraft die Medien Sex als Allheilmittel propagieren, ist es kein Wunder, wenn die Menschen begierig nach dieser Möglichkeit greifen. Dabei suggerieren die Medien unterschwellig, wir sollen uns sexuelle Befriedigung verschaffen, koste es, was es wolle, und sei es durch körperliche Gewalt.

Und bist du nicht willig, so brauch ich Gewalt

Ein weit verbreiteter – und besonders niederträchtiger – Mythos, den uns Pornographie vermittelt, ist die Verherrlichung von Gewalt, einschließlich Vergewaltigung, als eine Form der

Lust für das Opfer. Wie aber kommt es zu dieser Pervertierung? Es ist nur schwer vorstellbar, dass sich mit drastischen Vergewaltigungsszenen, die in allen Details die panische Angst und den Schmerz der Opfer zeigen, viele Zuschauer finden lassen. Das Perfide an den gezeigten pornographischen Vergewaltigungsdarstellungen ist nun aber, dass für das männliche Publikum, insbesondere für jüngere Männer, diese Gewaltszenen so aufbereitet werden, als wäre der Protest der Frau gegen die männliche Gewalt nur vorgetäuscht.

Medienbilder, bei denen Sex mit Gewalt gegen Frauen gekoppelt sind, bestärken die verbreitete Meinung, dass Frauen im Grunde genommen vergewaltigt werden wollen oder Spaß daran haben, auch wenn sie sich scheinbar zur Wehr setzen. Diese pornographischen Vergewaltigungsszenen kommen der in unserer Gesellschaft weitverbreiteten Einstellung entgegen, wenn eine Frau Nein sagt, meint sie in Wirklichkeit Ja – ein Irrglaube, der in vielen Köpfen spukt, sogar bei Männern, die niemals eine Frau vergewaltigt haben und dies höchstwahrscheinlich niemals tun werden. Die destruktive Wirkung dieser »Vergewaltigungsmythen« auf die sexuellen Beziehungen zwischen Männern und Frauen ist nicht zu unterschätzen.

Unzählige Experimente sind bereits durchgeführt worden, um die Auswirkungen gewalttätiger Pornographie zu untersuchen. Die beeindruckende Menge der Beweise spricht eine deutliche Sprache: Der Konsum gewalttätiger Pornographie erhöht die Bereitschaft der Männer, »Vergewaltigungsmythen« anzuhängen, die auf dem Glauben beruhen, Frauen wollen es nicht anders oder wollen brutal genommen werden. Diese Art von Pornographie senkt die Hemmschwelle bei Männern, eine Vergewaltigung letztendlich zu begehen; sie wirkt sich sogar verändernd auf das männliche sexuelle Erregungsmuster aus, so dass Szenen, die Gewalt gegen Frauen darstellen, Männer sexuell »aufheizen«.[27]

Im Lauf der Zeit setzt bei den Konsumenten brutaler Szenen eine Art Gewohnheitseffekt ein, und sie fordern nach immer härteren, gewalttätigeren Themen.[28] Wir wollen Ihnen den Fall einer unserer Befragten vorstellen, dessen Erfahrungen mit Pornographie deutlich zeigen, wie sie das Verlangen nach mehr und grausameren Sexdarstellungen auslösen kann. Scott, Anwalt einer renommierten Kanzlei, war gut gekleidet und trug einen dicken schwarzen Schnauzbart, an dem er in den Sprechpausen wiederholt zupfte:

Als Jugendlicher begann ich mich für Pornographie zu interessieren. Mein Vater hatte immer *Playboy*-Ausgaben in seiner Schreibtischschublade versteckt. Von Zeit zu Zeit warf meine Mutter sie weg, und ich fischte sie mir wieder aus dem Müll raus. Während ich mir die abgebildeten Frauen ansah, masturbierte ich – das war lange, bevor ich mich traute, ein Mädchen anzusprechen. Als ich älter wurde, kam mir der *Playboy* ziemlich harmlos vor. Als College-Student kaufte ich mir Zeitschriften, die Leute beim Geschlechtsverkehr zeigten. Die anderen Typen im Studentenwohnheim hatten ähnliche Magazine, also erschien mir das nicht abartig oder ungesund, was ich da tat. Während meines Jurastudiums erregte mich diese Art von Pornographie nicht mehr wie früher: Ich begann mir Hefte und Videos mit extremen Darstellungen zu besorgen, vor allem mit Bondage-Szenen, bei denen gefesselte, hilflose Frauen gezeigt wurden.
Ich war an einem Punkt angekommen, wo ich mir jeden Tag diese Magazine ansah und dabei masturbierte. Ich überredete schließlich meine Frau dazu, einige der Dinge aus den Heften und Videos auszuprobieren. Eine Zeit lang tat sie es auch, aber sie wurde der ganzen Sache bald überdrüssig und wollte nichts mehr mit dieser Art von Sex zu tun haben. Als sie sich weigerte, machte mich das wütend. Das hat ernsthafte Probleme in unserer Beziehung ausgelöst. Außerdem war ich jetzt zu harter Pornographie übergegangen, in der Frauen nicht nur gefesselt waren, sondern auch ausgepeitscht und mit Messern traktiert wurden – und das beunruhigte mich.

Als Scott bemerkte, wie sein Erregungsmuster in Richtung zunehmend gewalttätiger Bilder ging, begann er, seinen Konsum von Pornographie infrage zu stellen und sich Gedanken über die Auswirkung auf die Beziehung mit seiner Frau zu machen.

Wir wollten herausfinden, ob Mainstream-Filme sich möglicherweise ebenso negativ auf die Zuschauer auswirken wie Pornofilme. Wir führten ein Experiment durch, bei dem die Hälfte der Teilnehmer Ausschnitte aus den Filmen *Showgirls* und *9 ½ Wochen* gezeigt wurden. Die Filmausschnitte enthielten keine vorgegebenen Szenen mit Geschlechtsakten wie in pornografischen Darstellungen, allerdings wurden auch hier die Frauen als Objekte in herabwürdigenden Situationen gezeigt. Die zweite Teilnehmergruppe, die so genannte Kontrollgruppe, bekam stattdessen Cartoons zu sehen.

Nach der Filmvorführung präsentierten wir den Testpersonen eine fiktive, wenn auch sehr »echt« aussehende Zeitschrift, die einen Bericht über die Vergewaltigung einer prominenten Frau enthielt. Im Gegensatz zu der Testgruppe, der die Cartoons vorgeführt worden war, reagierte jene, die die Filmausschnitte gesehen hatte, auf den fingierten Bericht mit Kommentaren in der Art wie, »sie hat ihren Spaß gehabt« oder »sie hat es so gewollt«.[29]

Aus unserem Experiment lässt sich eine interessante Schlussfolgerung ziehen, denn offenbar wird der Glaube an Vergewaltigungsmythen nicht so sehr durch explizit sexuelle Inhalte gefördert, als vielmehr durch die Art und Weise, wie Frauen in Sexszenen dargestellt werden. Das Schlüsselelement der sexuellen Intelligenz ist die Konzentration – nicht auf das sexuelle Verhalten der Menschen selbst –, sondern darauf, was es ihnen bedeutet. Es gehört ebenso zur sexuellen Intelligenz, sich nicht so sehr auf den Anteil nackter Haut auf der Leinwand zu konzentrieren, sondern die dahinter liegende Botschaft dieser Darstellung zu begreifen. Es kommt weniger darauf an, was die Leute auf Leinwand oder dem Bildschirm tun, sondern *wie* und mit welcher Haltung sie es praktizieren. Entsprechend werden dem Zuschauer negative Einstellungen zum Sex und allgemein zu Frauen vermittelt.

Ob Menschen an Vergewaltigungsmythen glauben, hängt davon ab, wie sexuell intelligent sie sind. Und zwar von ihrer sexuellen Intelligenz insgesamt sowie von dem kognitiven Aspekt ihrer sexuellen Intelligenz. Bei Menschen mit einer höheren sexuellen Intelligenz ist die Wahrscheinlichkeit weitaus geringer, bestimmten Aussagen zu glauben, etwa, »Frauen bereitet es Lust, zum Sex gezwungen zu werden« oder »Frauen, die vergewaltigt werden, wollten es so haben«. Die beste Voraussage, ob Menschen Vergewaltigungsmythen anhängen, ist der Grad ihrer sexuellen Intelligenz. Die Zugehörigkeit zu einer bestimmten sozialen Klasse ist dabei eher nebensächlich.

Was die Medien uns vermitteln, kann sich auf das Sexualleben der Menschen nachteilig auswirken. Sie lassen uns häufig an unserer Attraktivität zweifeln; sie machen uns glauben, dass wir nicht den Sex haben, den wir uns wünschen. Die Trugbilder der Medien führen zu Selbsthass und Unzufriedenheit, zu Zwängen, die uns innerlich widerstreben. Dem zu widerstehen erfordert sehr viel Mut. Doch besteht überhaupt keine Notwendigkeit, uns von den Medien diktieren zu lassen, was gut oder schlecht ist für uns.

Doch die Ironie dabei ist: Wir können tatsächlich so ein tolles Sexleben erreichen, wie uns die Medien vorgaukeln – vorausgesetzt, wir halten uns nicht an diese Botschaften. Wenn wir uns einfach wohl fühlen, entwickelt sich ein entspanntes Verhältnis zu unserem Partner und Sex wird zu einer lustvollen Betätigung. Und wenn wir erkennen, dass Sex keinem immer vollkommen gelingt, brauchen wir uns nicht länger zieren, sondern können unsere Lust steigern und genießen.

TEIL III

Das
individuelle
Begehren

KAPITEL 6

Das erste Mal

Wissen Sie noch, wie es war, als Sie das erste Mal Sex hatten? Die meisten Menschen erinnern sich ein Leben lang daran. Für manche lebt dieser allererste Geschlechtsverkehr in der Erinnerung als ein magisches, wunderbares Erlebnis fort, als Entree in eine Welt der sinnlichen und emotionalen Erfüllung.

Nehmen wir Claire, eine idealistische 22-Jährige, die sich vor dem College-Besuch ein Jahr freinahm, um im Freiwilligen-Programm des AmeriCorps zu arbeiten. Hier lernte sie einen jungen Mann kennen, in den sie sich nach und nach verliebte. Es ergab sich eher zufällig, dass sich beide nach diesem sozialen Jahr am selben College wiederfanden und enge Freunde wurden. Er war der erste Mann, mit dem sie im Alter von neunzehn Jahren schlief:

Todd war genau die Art von Mann, die ich wirklich mag. Er hatte Sinn für Humor, war nicht so stocksteif, er war anständig, hilfsbereit und offen und so weiter. Kurz nachdem ich ihn kennen gelernt hatte, fragte er mich, ob wir nicht miteinander ausgehen wollten, und ich sagte ihm: »Nein, eigentlich bin ich nicht wirklich interessiert.« Damals wollte ich mich einfach nicht an jemanden binden. Ich kannte ihn ungefähr drei Jahre, bevor ich mit ihm ging, die ganze Zeit über war er einfach nur ein Kumpel gewesen, mit dem ich nur latent viel Spaß hatte und in den ich damals unendlich verliebt war.

Aber dann fing es doch an, romantisch zwischen uns zu werden, und ich fand es wunderbar, wie er mich küsste. Ich sagte mir, okay, das ist ein Mann, mit dem ich mir eine echte Beziehung vorstellen könnte. Und das war der Zeitpunkt, an dem ich beschloss, dass ich Ja sagen würde, wenn er mich bitten würde, mit ihm zu schlafen – vorausgesetzt, es wäre der richtige Moment.

119

Und dann geschah es, dass er mich bei unserem dritten Treffen zu sich nach Hause eingeladen hat, um ein paar Videos zu sehen. Da war mir klar, dass das genau die perfekte Gelegenheit war. Wir waren in seinem Zimmer, es brannten Kerzen, wir hatten uns einen Film angesehen und uns dabei nebeneinander hingelegt. Er war für ein paar Minuten eingedöst, während der Film lief. Als er zu Ende war, spürte ich, dass er wach war, doch ich tat so, als würde ich jetzt schlafen, weil ich nicht sicher war, was ich tun sollte. Und dann sagte er: »Ich weiß, dass du wach bist.« Und ich habe weiter so getan, als ob ich tief schlafen würde. Es war sehr komisch, wir haben gelacht, er hat angefangen, mich zu küssen, und dann hörte er auf und meinte: »Ich sollte das nicht tun.« Ich flirtete so ein bisschen mit ihm und fragte: »Warum denn nicht?« Da nahm er mich wieder in seine Arme und wir hatten Sex. Um genau zu sein, er hat mich mit dem Mund geliebt. In dem Augenblick war ich wirklich erregt und ich hatte einen Orgasmus.

Claires erste sexuelle Erfahrung war vor allem deshalb positiv, weil sie diese auf sexuell intelligente Art und Weise überdacht hatte. Sie wartete mit ihrer ersten sexuellen Erfahrung, bis sie sich innerlich bereit fühlte, und sie machte sie mit einem Mann, den sie gut kannte und dem sie vertraute. Als sie sich dann liebten, war es für Claire eine ganz bewusste Entscheidung, und nicht einfach etwas, was mit ihr passierte.

Bei manchen Menschen ist dieser erste Geschlechtsverkehr eine sehr positive Erfahrung, für andere kann das erste Mal schmerzhaft, verwirrend oder sogar destruktiv sein. Ungefähr 30 Prozent der von uns Befragten gaben an, dass dieses Erlebnis für sie eine negative Erfahrung war.

So hatte zum Beispiel Barry, ein 40-jähriger Geschäftsführer einer Computer-Software-Firma, einen älteren Cousin, der es sich zur Aufgabe machte, Barrys Sexualleben in die eigenen Hände zu nehmen:

Eines Tages saßen wir so rum, ganz locker. Es war Sommer und es gab es nicht viel zu tun. Mein Cousin Fred ist älter als ich. Ich glaube, er war damals zwanzig oder einundzwanzig Jahre alt. Ein

Wort ergab das andere und dann hat er mich gefragt, ob ich schon mal mit jemandem geschlafen hätte. Er konnte es nicht fassen, dass ich mit fünfzehn noch Jungfrau war. »Das müssen wir ändern«, meinte er.

»Wann sind denn deine Eltern mal nicht zu Hause«, fragte er. Meine Eltern arbeiteten beide ganztags, und da sagte er: »In Ordnung, bleib einfach morgen Mittag zu Hause.« Das tat ich dann auch, und pünktlich um zwölf Uhr sah ich, wie ein Wagen vor unserem Haus hielt und eine Frau an unserer Tür klingelte. Sie bemerkte beim Hereinlassen: »Fred hat mich geschickt.« Wir saßen auf der Couch und unterhielten uns für ein paar Minuten, und dann fragte sie mich nach dem Badezimmer, um sich frisch zu machen. Als sie wieder rauskam, war sie splitterfasernackt. »Und wo geht's zum Schlafzimmer?«, fragte sie. Wir gingen dorthin, ich zog mich aus und wir haben es gemacht. Wahrscheinlich hat alles nur zehn Minuten gedauert, aber mir kam es wie Stunden vor. Ich schätze, sie war so etwa dreißig Jahre alt, und sie hatte wirklich Erfahrung. Sie hatte die Zügel in der Hand, und ich habe nur das gemacht, was sie von mir forderte.
Bei meinen vorherigen Erfahrungen mit Mädchen hatte ich immer das Gefühl gehabt, dass ich mich Schritt für Schritt herantaste, doch diesmal kam es mir vor, als ob ich vom Hochhaus springen müsste.

Barry hatte sich vom Gruppendruck seiner Kumpel unter Zugzwang setzen lassen und erlebte auf diese Weise ein sexuelles Initialerlebnis, das alles andere als positiv war.

Ob positiv oder negativ – das erste Mal ist stets von langen Nachwirkungen geprägt, hat vielfach weit reichende Folgen für das Erwachsenenleben. Der Sex-IQ eines Erwachsenen ist abhängig von zwei Faktoren, nämlich in welchem Alter und aus welchem Grund er zum ersten Mal mit jemandem geschlafen hat. Menschen, die schon sehr früh Geschlechtsverkehr haben, sind weniger sexuell intelligent als diejenigen, die diese Erfahrung erst im Erwachsenenalter machen – vor allem, was ihr Selbstbewusstsein und ihre Kenntnis des verborgenen sexuellen Ichs angeht. Sex in früher Jugend ist oftmals sowohl mit sexueller Dysfunktion wie auch mit sexuellem Suchtverhalten im Erwachsenenalter in Beziehung zu setzen. Und schließlich gilt, dass Menschen, deren erste sexuelle Erfahrung »einfach so passierte« –, die also das erste Mal Sex hatten, ohne sich bewusst dafür zu entscheiden, im Erwachsenenalter über einen geringeren Sex-IQ verfügen als jene, die das erste Mal sehr viel überlegter angegangen sind.

Die Katze am Schwanz packen

Eigentlich wäre es geradezu ein Wunder, wenn wir beim ersten Mal bereits über große sexuelle Intelligenz verfügten. Der Sex-IQ entwickelt sich erst mit der Zeit, mit wachsender Erfahrung und zunehmender Bewusstwerdung des Selbst.

Es ist auch nicht erstaunlich, dass das erste sexuelle Erlebnis für viele eine ziemlich zufällige Angelegenheit ist. Man setzt sich ihr aus, ohne vorher mit dem Partner geredet zu haben, ohne darüber nachzudenken, ob Geschlechtsverkehr für beide gerade jetzt das Richtige wäre, und ohne großes Wissen über die menschliche Sexualität. Man kann sogar davon ausgehen, dass das erste sexuelle Erlebnis in den meisten Fällen durch fremdgelagerte Gründe motiviert ist, beispielsweise als Rebellion gegen überstrenge Eltern; oder als Suche nach Liebe bei einem Partner, weil die Eltern emotional unerreichbar sind; auch existiert ein Gruppendruck unter Jugendlichen, die eigene Männlichkeit oder Weiblichkeit unter Beweis zu stellen. Die wenigsten Menschen verfügen vor dem ersten Mal über liebevolle und sachkundige Orientierungshilfen; sie machen ihre Erfahrung auf dieselbe schmerzhafte Weise wie jemand, der versucht, eine Katze am Schwanz hoch zu ziehen. Wenn die erste sexuelle Erfahrung negativ ist – wie bei fast 30 Prozent der von uns Befragten –, können sich empfindliche Assoziationsketten bilden. Zurück bleibt ein Bündel von Problemen, das in späteren Beziehungen zu sexuellen Dysfunktionen beiträgt. Ist die erste Erfahrung hingegen positiv, so ist das ein wichtiger Impuls für die Ausbildung sexueller Intelligenz.

Die Mehrheit der von uns Befragten praktizierte Sex schon im Teenageralter, in einem Alter also, bevor man ausreichende soziale Kompetenz oder seelische Reife entwickeln konnte. Im

Durchschnitt erlebten die Männer und Frauen unserer Studie ihren ersten Geschlechtsverkehr zwischen sechzehn und siebzehn Jahren. Diese Tatsache deckt sich durchaus mit den Ergebnissen anderer Untersuchungen. Unsere Studie zeigt auch, dass das Altersspektrum beim ersten Verkehr recht breit gestreut ist: Manche hatten ihre erste Erfahrung bereits mit elf Jahren. Und über 25 Prozent der Befragten übten den ersten Geschlechtsverkehr vor dem oder im fünfzehnten Lebensjahr aus.[30]

Die meisten Menschen sind nur unzureichend auf die Entscheidung vorbereitet, wann, mit wem und unter welchen Bedingungen sie zum ersten Mal mit jemandem schlafen wollen. Da ist zum Beispiel Debra. Vor fünf Jahren schloss sie ihr Studium an einer großen Universität im Mittleren Westen ab und arbeitet heute als Account-Managerin in einer PR-Firma. Zum Interview erschien sie in einem graugrünen Kostüm, das zu ihren strahlend blauen Augen passte. Auf dem Fragebogen, den sie vor unserem Interview ausfüllte, hatte sie eine Reihe von sexuellen Dysfunktionen angegeben, darunter mangelnde sexuelle Lust, Unfähigkeit zum Orgasmus, Schmerzen während des Verkehrs und generell mangelndes Vergnügen am Sex. Sie gab auch an, dass sie momentan in keiner Beziehung lebte. Debra erzählte uns:

Ich wuchs in einer Kleinstadt in Indiana auf und war ziemlich naiv – ich hatte von nichts eine Ahnung, wusste nicht einmal, wie Sex überhaupt funktioniert. Als ich elf oder zwölf war, erzählte uns in der Schule Melissa Robichaux all diese Geschichten über Sex – Melissa war in unserer Klasse angeblich die Autorität in diesen Sachen. Und ich erinnere mich, dass wir dann alle um sie herumstanden und zugehört haben, wie sie uns erzählt hat, dass die Männer dieses Ding haben, und wenn man es mit ihnen macht, wird es richtig groß, und dann stoßen sie es in dich rein. Und dass Sex wirklich weh tut. Und sie hat uns von dieser Frau erzählt, die angeblich in ihrer Hochzeitsnacht mit dem Krankenwagen in die Notaufnahme gebracht werden musste, weil sie so aufgerissen war und literweise Blut verloren hatte.

Später habe ich natürlich gemerkt, dass Melissa solche Sachen nur erfunden hat. Doch da hatte ich bereits eine Situation durchlebt, auf die ich emotional gar nicht vorbereitet war und die gerade jene Ängste verstärkte, die Melissa tief in meine Seele gepflanzt hatte.

Als ich vierzehn war, ging ich mit diesem Jungen, der einige Jahre älter war. Meine Eltern mochten ihn, er war höflich und so. Aber sie wussten nicht, wie er wirklich war. Wir fuhren auf Parkplätze, und dann bedrängte er mich einfach.

Er war sehr grob. Er hat mich sehr heftig geküsst, sodass mir die Lippen innen geblutet haben. Und dann, eines Abends, als wir auf dem Parkplatz waren, penetrierte er mich mit dem Finger – am Ende tat er es mit solcher Gewalt, dass ich blutete. Es war sehr schmerzhaft und ziemlich unangenehm. Und ich erinnere mich daran, dass ich nach Hause ging und geduscht habe und weinen musste; für mich war es schrecklich gewesen. Ich habe meiner Mutter nie davon erzählt; ich habe mich so geschämt. Es fällt mir schwer, das zu vergessen.

Im College hatte ich dann diesen wunderbaren Freund; aber ich war ihm gegenüber äußerst zurückhaltend, weil ich ihm nicht sagen konnte, wie sehr ich mich vor körperlichen Begegnungen fürchtete. Ihm machte das nichts aus. Er sagte, dass er mich lieben und mit mir zusammen sein wollte, und dass Geschlechtsverkehr dabei keine Rolle spielen würde. Ich habe mich so schuldig gefühlt, dass ich keinen Sex mit ihm hatte, dass ich es am Ende dennoch versucht habe. Er war gar nicht brutal, aber ich war so gelähmt durch meine Ängste, dass ich völlig verkrampft war und zugemacht habe und es wirklich wehgetan hat. Ich habe mich von ihm getrennt, damals, weil ich einfach nicht Nacht für Nacht diese Schmerzen ertragen wollte – und all das konnte ich ihm nicht sagen. Er dachte, dass ich ihn verlassen hätte, weil ich ihn in sexueller Hinsicht nicht attraktiv fand. Und seither vermeide ich Sex.

Obwohl es Debra nicht an Gelegenheiten mangelt, mit Männern auszugehen, verabredet sie sich immer nur ein- oder zweimal mit demselben Mann, dann findet sie Gründe, ihn nicht wiederzusehen. Sie steht immer noch ganz im Bann der Horrorgeschichten, die man ihr in der Schule erzählt hatte, und ihre Angst ist groß, dass sich die horrende Erfahrung ihres ersten Geschlechtsverkehrs wiederholen könnte.

Das muss nicht so sein, weder für Debra, noch für unsere Kinder. Sie haben die Chance, durch uns jene Intelligenz zu entwickeln, die sie befähigt, die Umstände ihrer ersten sexuellen Erfahrung umsichtig selbst zu bestimmen und damit den Schmerz zu vermeiden, den Debra erlitt.

Woran liegt es eigentlich, dass Teenager in einem Alter Sex haben, in dem sie weder seelisch noch sozial reif genug sind, damit umzugehen? Dafür gibt es eine Reihe von Gründen. Bei unserer Befragung stellte sich heraus, dass Kinder geschiedener Eltern eher dazu neigen, in einem frühen Alter Sex zu praktizieren. Wir haben bereits darauf hingewiesen, dass mangelnde Zuwendung der Eltern bei Jugendlichen dazu führen kann, woanders nach Liebe zu suchen – und das erklärt vielleicht diese Ergebnisse. Wenn Eltern sich scheiden lassen, haben sie meist weniger Zeit und weniger emotionale Ressourcen für ihre Kinder übrig. Während in manchen Fällen beide Elternteile Ansprechpartner für die Kinder bleiben, ist es in vielen anderen doch so, dass plötzlich nur noch ein Elternteil da ist – und dieser unter großem Druck steht, weil er den Lebensunterhalt verdienen, den Haushalt erledigen muss und darüber hinaus noch die Energie aufbringen soll, die Aktivitäten von Teenagern zu kontrollieren und ihnen die Aufmerksamkeit und emotionale Nähe zu schenken, die sie brauchen.

In unserer Studie stellte sich heraus, dass die Gründe, die zu einer Entscheidung über den ersten Geschlechtsverkehr führten, nicht nur einen Einfluss darauf hatten, wie positiv das Erlebnis wurde, sondern auch den Grad sexueller Intelligenz im Erwachsenenalter mitbestimmten.

Der weitaus häufigste Grund für den ersten Geschlechtsverkehr, der von über 50 Prozent der Befragten angegeben wurde, war, dass »es einfach passiert ist«, dabei reichte die Skala der beschriebenen Begleitumstände von »qualvoll« bis »urkomisch«. Einige Beispiele:

»Ich war betrunken auf einer Party und hatte gerade dieses Mädchen kennen gelernt. Wir haben es auf dem Tennisplatz gemacht, so nachts um ein Uhr. Es war nicht toll.«

»Ich hatte Sex mit meinem ersten Freund, als ich vierzehn war. Es war so eine Art Experiment. Ich war zu jung und eigentlich empfand ich ihm gegenüber keine Zuneigung. Ich wünschte, ich hätte es nicht getan.«

»Ich war betrunken. Es war im Sand unter der hölzernen Strandpromenade mit einem Typen, den ich kaum kannte. Damals war ich zwölf.«

»Das erste Mal passierte es im Schlafzimmer meiner Freundin. Ich hatte die Schule geschwänzt und meine Freundin ließ sich in der Schule wegen plötzlichem Unwohlsein entschuldigen. Dann ergab es sich einfach so. Irgendwer aus ihrer Familie kam nach Hause; ich habe mich versteckt und wurde anschließend halb nackt in ihrem Wandschrank entdeckt. Diese Situation kannte ich bisher nur aus Witzen.«

Es erstaunt nicht, dass unter solchen Umständen die ersten sexuellen Erfahrungen negativ waren; eine andere Erfahrung machten jene Personen, die das erste Mal miteinander schlafen, um dem Partner seelisch näher zu sein.

Der am zweithäufigsten genannte Grund für den ersten Geschlechtsverkehr ist der Wunsch, den Partner intensiver zu spüren. So war es auch bei Richard, einem 34-jährigen Aktienhändler, der im Alter von achtzehn Jahren mit jener Frau den ersten Sex hatte, die er später auch heiratete:

Sie war meine erste feste Freundin – jetzt ist sie meine Frau – und wir waren damals bereits sechs Monate miteinander gegangen. Wir befreundeten uns auf einer Ski-Freizeit in Vermont. Ich hatte immer schon gehofft, dass es bald passieren würde, aber ich wollte sie nicht unter Druck setzen, denn ich war so wahnsinnig in sie verliebt. Als wir dann miteinander schliefen, wurde es wunderbar. Wir waren beide sehr glücklich.

Für die Mehrzahl der Befragten, die Sex hatten, um dem Partner näher zu sein, war es ein positives Erlebnis (89,6 Prozent). Ebenso erging es denen, die ihrem Partner ihre Liebe zeigen wollten (83,3 Prozent). Sie alle gehören zu der Gruppe, die sich auch im weiteren Verlauf ihres Lebens sexuell intelligent zeigte und wenig sexuelle Störungen aufwies. Beim Sex-Intelligenztest schnitten sie im Durchschnitt besonders gut ab.

Es gibt aber auch Menschen, die von ihrem Partner unter Druck gesetzt wurden, damit sie mit ihm schlafen, wie etwa die 25-jährige Rhonda:

Mein Freund hat mich, als ich sechzehn war, richtig bekniet, weil er mit mir Sex haben wollte. Wir waren allein und küssten uns und er streichelte mich. Er wurde sehr erregt und wollte immer mehr, aber ich habe ihm gesagt, dass ich mich dafür noch nicht reif fühlte, doch er hat immer weitergebettelt, bis ich schließlich nachgegeben habe. Damals hätte ich unbedingt noch ein, zwei Jahre warten müssen und ich wünschte, ich hätte es getan.

Es überrascht nicht, dass die große Mehrheit all jener, die von ihrem Partner zum Sex gedrängt wurden, eine negative Ersterfahrung hatten (85 Prozent). Sie schnitten – wie diejenigen, bei denen es »einfach passierte« – im Hinblick auf ihre sexuelle Intelligenz als Erwachsene im Durchschnitt nur befriedigend ab. Es gibt nur eine Gruppe, die noch weniger sexuell intelligent war: Zu ihr gehören jene Personen, die mit dem ersten Sex bis zur Hochzeitsnacht warteten.

Männer und Frauen unter Druck gesetzt

Unsere Untersuchungen haben gezeigt, dass es deutliche Unterschiede zwischen Männern und Frauen gibt, soweit es die Begleitumstände beim ersten Geschlechtsverkehr betrifft. Die Anzahl der Männer und Frauen, die angaben, ihren ersten Sex in der Hochzeitsnacht gehabt zu haben, war zwar gleich, doch in jeder anderen sexuellen Ausrichtung waren die geschlechtsspezifischen Unterschiede sehr deutlich. Nur Frauen berichteten, dass ihre erste sexuelle Erfahrung eine Vergewaltigung war, und Männer gaben an, dass sie bei ihrem ersten Verkehr eine Frau vergewaltigten. Von diesen Differenzen abgesehen, ergab die Befragung, dass Frauen viermal häufiger als Männer von ihren Partnern unter Druck gesetzt wurden. Dreieinhalbmal häufiger als Männer gaben Frauen an, dass sie sich durch Gruppenzwänge Gleichaltriger einer Erwartung ausgesetzt fühlten. Manche empfanden ihre Jungfräulichkeit sogar als soziales Stigma:

Ich stamme aus einer Kleinstadt im Mittleren Westen. Als ich an der Ostküste aufs College kam, wollte ich als Erstes Sex haben –

meine Jungfräulichkeit empfand ich wie einen sozialen Makel, den ich unbedingt loswerden wollte.

Andere wiederum glaubten, dass alle Menschen um sie herum bereits Sex hatten. Sie taten es deshalb auch, um dazuzugehören oder um den Erwartungen anderer gerecht zu werden:

> **Ich habe** nie darüber nachgedacht, warum der erste Sex so wichtig war. In meiner Schule schienen alle schon Erfahrungen gemacht zu haben. Wahrscheinlich wollte ich nicht wie ein Außenstehender wirken.

Dreimal mehr Frauen als Männer sagten, dass ihre erste sexuelle Erfahrung negativ war. Wahrscheinlich eine Folge davon, dass Frauen so viel häufiger als Männer den ersten Verkehr aufgrund von Gruppendruck, Bedrängung durch den Partner oder einer Vergewaltigung hatten. Fast anderthalbmal mehr Frauen als Männer übten den ersten Sex aus, um ihrem Partner näher zu sein. Über zweieinhalbmal mehr Frauen als Männer hatten den ersten Geschlechtsverkehr, um ihre Zuneigung zu demonstrieren.

Der häufigste Grund, den Männer für den ersten Sex angaben, war, dass »es einfach passierte« (68 Prozent); ähnlich antworteten die Frauen, obgleich sie weitaus mehr unterschiedliche Gründe als Männer angaben (42 Prozent), dicht gefolgt von der Aussage »ich wollte meinem Partner näher sein« (31 Prozent). Warum gibt es diese Unterschiede zwischen Männern und Frauen? Vielleicht ist es einfach so, dass Männer weniger über die Gründe für ihr Verhalten nachdenken. Tatsache ist auf alle Fälle, dass Männer in unserer Umfrage beim Test ihrer sexuellen Intelligenz durchschnittlich sehr viel schlechter abschnitten als Frauen.

Negative sexuelle Erfahrungen

Mehrere Projektteilnehmer brauchten viel Zeit und ebenso viel Mut, von dem schmerzhaften Prozess als solchem ganz zu schweigen, um die negative sexuelle Ersterfahrung zu überwinden. Für nicht wenige Menschen ist die sexuelle Lehrzeit, vor allem aber das Wissen um die eigene Sexualität, eine Angelegenheit mit quälenden Momenten – und das muss nicht sein. Eine unserer großen Hoffnungen ist es, dass die heutige Generation ihren Kindern diesen Prozess ersparen kann, indem sie ihnen dabei hilft, die Grundlagen der sexuellen Intelligenz zu entwickeln, bevor sie sich Hals über Kopf in diese Erfahrungswelt stürzen.

Wir haben viel von Gwen, einer unserer Umfrageteilnehmerinnen, gelernt, die ihre sexuelle Intelligenz einsetzte, um aus ihrer negativen sexuellen Ersterfahrung etwas zu machen, woraus sie Lehren ziehen konnte, die ihr heute ein erfülltes Sexualleben ermöglichen.

Gwen ist eine 23-jährige Studentin, eine zierliche Blondine mit liebenswürdigem Lächeln, eher zögernd und scheu, die nie von ihren Eltern aufgeklärt wurde. Ihren ersten Sex hatte Gwen mit siebzehn. Aus zwei Gründen: Sie war wütend auf ihre Eltern und wollte gegen sie protestieren, und ihr erster Freund hatte sie spüren lassen, dass Sex die einzige Art sei, einen Mann zu behalten. Auf dem Fragebogen, den sie ausfüllte, gab Gwen an, dass sie zum ersten Mal mit jemandem schlief, weil sie »verwirrt, verängstigt und rebellisch war und weil jemand, dem ich vertraute, und von dem ich annahm, dass er mich mögen würde, mir gesagt hat, dass ich mit ihm schlafen muss, um ihm zu beweisen, dass ich ihn mag«. Gwen wurde bei ihrem ersten Geschlechtsverkehr emotional stark unter Druck gesetzt.

Meine Eltern sind sehr gläubig, und sie sind davon überzeugt, dass man vor der Ehe keinen Sex haben sollte. Sie haben grundsätzlich nicht über Sex geredet.
Ich habe an vielen Orten gelebt – in Kansas, Hawaii, Kalifornien, Virginia und Massachusetts. Ich kann gar nicht genau sagen, wo ich wirklich groß geworden bin. Mein Vater wurde immer wieder versetzt. Erst war er Vertreter, dann machte er sich selbstständig, anschließend hat er seine Firma verkauft.
Am längsten haben wir in Kalifornien gewohnt. Da gab es diesen Jungen, mit dem habe ich ein Jahr lang zusammen gejobbt. Er hat mich zum Abschlussball der Schule eingeladen. Dann waren wir

drei Monate fest befreundet und plötzlich wollte er Schluss machen, weil ich noch Jungfrau war und ich nicht mit ihm ins Bett ging. Ich habe ihn wirklich sehr geliebt; es war furchtbar.

Genau in dieser Zeit zogen meine Eltern wieder mit uns um, diesmal nach Virginia. Wir wohnten noch nicht lange dort, als ich Clay kennen lernte. Aus Kummer und Trotz bin ich mit ihm gegangen. Das war kurz bevor ich siebzehn wurde. Er sah gut aus und war bei allen beliebt, und er sagte, dass er mich gern hätte und mit mir gehen wollte. Ich war mir nicht ganz sicher, ob ich das auch wollte. Aber andererseits war sein Interesse auch verlockend, besonders für ein Mädchen, das so einsam war wie ich und in der neuen Umgebung noch niemanden kannte.

Er hat mir gesagt, dass er mich liebt und solche Sachen, und er meinte, wenn ich ihn wirklich lieben würde, dann müsste ich es beweisen und mit ihm schlafen. Eigentlich mochte ich ihn nicht so wirklich, ich war gar nicht richtig in ihn verliebt. Aber ich war noch so verstört, dass mein letzter Freund mit mir Schluss gemacht hatte, hauptsächlich, weil ich nicht mit ihm schlafen wollte. Ich glaube, dass ich es deshalb mit Clay einfach gemacht habe – ich wollte das nicht noch einmal erleben und nicht noch einmal jemanden verlieren, bloß weil ich noch Jungfrau war. Ich nehme an, ich bin nur deshalb mit ihm ins Bett gegangen.

Und dann war ich immer noch ziemlich wütend auf meine Eltern, weil sie aus Kalifornien umgezogen waren, wo ich am längsten gelebt und alle meine Freunde hatte. Ich wollte nicht schon wieder an einem anderen Ort leben. Und deshalb habe ich mir gedacht, ich kann mich für den Umzug an meinen Eltern rächen, wenn ich etwas mache, was sie nicht gutheißen würden. Rückblickend frage ich mich, wie man nur so idiotisch sein kann.

Nach zwei oder drei Verabredungen habe ich mit Clay geschlafen, und ich habe es von dem Moment an bedauert, in dem es geschah. Beim ersten Mal habe ich überhaupt nichts gespürt. Ich war wie betäubt. Ich dachte, wenn das alles ist, was soll das ganze Trara um diese Sache? Alles, was ich gefühlt habe, war eine große Leere.

Von da an musste ich mich zum Sex zwingen. Mit Clay zu schlafen war wie eine Pflicht, und er sagte ständig, ich solle es tun oder mir würde was passieren. Mir wurde klar, dass er ein äußerst gewalttätiger Mann war. Clay drohte damit, auch meiner Schwester etwas anzutun. Er hat mich zwei- oder dreimal geschlagen. Zudem brüllte und schrie er mich an. Nachher musste ich ihm versichern, natürlich unter Gewaltandrohungen, dass ich ihn liebe. Also habe ich gemacht, was er wollte. Niemand merkte, was eigentlich los war. Keinem erzählte ich etwas. Ich hatte zu viel Furcht. Das war meine damalige Situation; sie dauerte sechs Monate. Aus der Sache kam ich nur heraus, weil meine Familie wieder einmal wegzog. Ich frage mich immer noch, was weiter geschehen wäre, wenn sie es nicht getan hätte.

Ich hatte nur Angst, schreckliche Angst. Ich habe nie mit jemandem darüber gesprochen. Ich wünschte, ich hätte es getan; ich wollte einfach nicht darüber reden, weil ich dachte, es wäre meine Schuld. Und ich habe geglaubt, dass ich etwas Schlimmes getan hatte, denn warum sonst sagt einem jemand erst »Ich liebe dich« und tut einem dann weh? Ich versteh das nicht. Ich musste etwas Falsches gesagt oder getan haben.

Diese negative Ersterfahrung hatte in vielen Bereichen nachhaltige Folgen für Gwens Sexualleben. Zuallererst wurde sie misstrauisch gegenüber jedem neuen Mann, den sie kennen lernte:

Ich fühlte, dass man mir etwas genommen hatte, was ich nie zurückbekommen würde – einmal meine physische Jungfräulichkeit, aber eigentlich war es mehr als das. Es ging um meine Gefühle. Das ist das Quälendste daran. Ich war immer jemand, der das Gute im Menschen sehen wollte, und diesen Glauben hatte Clay mir genommen. Später dachte ich immer, wenn ich mir Jungs ansah, die sich für mich interessierten, okay, der ist nett, aber Clay war das am Anfang auch. Und dieser Zweifel hat mich nicht mehr losgelassen.

Und wenn sie schließlich jemanden traf, der liebenswert und vertrauenswürdig war, stellte Gwen zu ihrem Entsetzen fest, dass sie die Rollen vertauschte. Was sie aus ihrer ersten sexuellen Erfahrung mit Clay gelernt hatte, war: »Wenn du mich wirklich liebst, beweis es mir.« Und nun war sie es, die ihren Partner unter Druck setzte, mit ihr zu schlafen:

Ich hatte einen Jungen kennen gelernt, der sehr nett war, und sofort tauchte in meinem Kopf nur ein einziger Gedanke auf: Ich wollte Sex mit ihm haben. Auf diese Weise, so dachte ich, könnte ich ihn und mich einzig glücklich machen. Natürlich war diese Vorstellung verquer, doch ich hatte seit dieser schrecklichen Erfahrung mit Clay keine Beziehung mehr gehabt. Auch besaß ich keine männlichen Freunde.

Dieser Typ war ein echt lieber Kerl. Ich dachte, dass Sex mit ihm das Einzige war, was ich mit ihm anstellen konnte, und das war ein Fehler. Ich fühle mich richtig schuldig, dass ich ihm keine andere Chance gab, mich ihm aufdrängte und ihm das Gefühl gab, dass er mit mir Sex haben müsse. Wir sind höchstens einen Monat miteinander gegangen; ich war auch nicht richtig in ihn verliebt. Wenn ich daran denke, dreht sich mir ein wenig der Magen um, und mir ist jetzt klar, dass ich hier den falschen Weg eingeschlagen hatte.

Gwen zeigte hier, dass sie über ein hohes Maß an sexueller Intelligenz verfügt – besonders, was die Wahrnehmung ihrer eigenen Sexualität betrifft –, indem ihr bewusst wurde, dass ihre erste sexuelle Erfahrung ihr irrtümlich vermittelt hatte, man könne jemandem emotional näher kommen, wenn man ihn sexuell unter Druck setzt. Sie hat sehr schnell den Bezug zwischen ihrem eigenen Verhalten und den destruktiven Auswirkungen ihrer Beziehung zu Clay hergestellt. Jetzt hat Gwen eine neue Partnerschaft:

Wir sind fast ein Jahr lang einfach nur befreundet gewesen, bevor unser Zusammensein enger wurde. Zum Sex kam es erst, als wir schon viele Monate eine Beziehung hatten; und er war der erste Mensch, dem ich überhaupt erzählt habe, was mir widerfahren war. Zuerst hatte ich wahnsinnige Angst davor, ich war ganz sicher, dass er mich dann verlassen würde. Doch das ist nicht passiert. Er geht ganz und gar auf mich ein – er ist mir nie körperlich nahe gekommen, bis er wusste, dass ich es auch wollte.

Ich weiß nicht, ob diese Beziehung für immer hält oder irgendwann zu Ende sein wird, aber ich betrachte es als ein großes Glück, dass ich jemanden getroffen habe, der mich nicht wegen meiner Vergangenheit hasst und mit ihr ganz behutsam umzugehen versteht.

Was mein Sexualleben heute angeht, ich genieße es jedes Mal, wenn wir miteinander schlafen, und nicht nur den körperlichen

Akt, sondern auch das Davor und das Danach – alles stimmt und fühlt sich gut an. In jeder Hinsicht ist es eine wunderbare Erfahrung, die ich eigentlich nie erwartet hätte. Jetzt weiß ich endlich, warum die Menschen davon so fasziniert sind.

Gwens jüngste positive Sexualerfahrung und die wachsende sexuelle Befriedigung in ihrer Beziehung mit dem derzeitigen Partner beruht teilweise auf der Tatsache, dass sie nun über ihre Erfahrungen als Jugendliche reden und zugleich ihre sexuellen Wünsche und Vorlieben ausdrücken kann. Sie erzählte uns von der Wirkung, die ihre Teilnahme an unserer Untersuchung auf ihre Beziehung hatte, und was sich veränderte, seit sie mit ihrem Partner über ihr gemeinsames Sexualleben spricht:

Ich habe bisher nie darüber nachdenken können, was ich im Bett wollte und was nicht. Bei bestimmten Stellungen kann ich wenig empfinden, aber ich mache sie, weil mein neuer Partner sie aufregend findet. Doch ich habe das nie zuvor thematisiert. Seitdem ich diese Fragebögen ausgefüllt habe, denke ich über viele Dinge nach; und es ist wirklich erstaunlich, ich habe mich mit ihm hingesetzt und über sexuelle Praktiken gesprochen. Anschließend fühlte ich mich wirklich gut. Ich habe ihm erklärt, dass ich manchmal nicht ganz einverstanden bin mit gewissen Positionen. Und er antwortete: »Okay, das müssen wir ja nicht mehr tun. Ich wusste es einfach nur nicht.« Seitdem ich mit ihm über alles reden kann, erregen mich sogar Stellungen, die ich eigentlich ablehnte. Man hat immer etwas Angst, bevor man Derartiges sagt – man befürchtet, dass der Freund einen verlässt und sich einfach eine andere Frau sucht, die so etwas im Bett gerne macht. Das ist natürlich eine extreme Reaktion, aber ein paarmal ist mir das durch den Kopf gegangen. Dabei lag ich ganz falsch, er hat mich nicht im Stich gelassen.

Gwen hat, wie so viele Menschen, mit denen wir gesprochen haben, ihre erste sexuelle Erfahrung mit wenig Sachkenntnis in diesem Bereich und vielen falschen Informationen im Kopf gemacht. Das ist natürlich keine Basis für eine bewusste Entscheidung. Bei sehr vielen Menschen hat diese erste Erfahrung nicht nur Narben hinterlassen, die nur sehr langsam heilen, sondern auch falsche Vorstellungen vermittelt, die immer noch ihr Sexualleben behindern. Gwen zählt zu den wenigen Glücklichen, die aus ihrer Erfahrung gelernt haben und dadurch echte sexuelle Intelligenz entwickelten. Zudem fand sie den Mut, mit ihrem Partner über ihre wirklichen Vorlieben und sexuellen Wünsche zu sprechen. Entsprechend konnte sie ihren freieren Sex mit großer Lust genießen.

KAPITEL 7

Es gibt genügend Gründe,
Sex zu haben

Es gibt viele Ursachen, warum die Menschen Sex haben. Der Schlüssel zur sexuellen Intelligenz liegt darin, dass man zwischen Gründen unterscheiden kann, die authentisch sind, und jenen, die destruktiv für uns selbst und unsere Partner sind. Sex kann ein lustvolles Vergnügen, Ausdruck emotionaler Nähe zum Partner oder auch ein Initiationsritus sein – eine Erfahrung, die zur Formierung unserer Identität als Erwachsene beiträgt. Ein wichtiger Bestandteil der sexuellen Intelligenz ist, dass man begreift, warum der Mensch grundsätzlich Sex hat und warum Sie selbst ihn in gewissen Momenten haben und brauchen. Steht dahinter ein rein körperliches Begehren? Ist es der Wunsch, dem Partner besonders nahe zu sein? Wollen Sie getröstet werden? Wollen Sie Ihr Selbstbewusstsein aufpäppeln? Wollen Sie zeigen, wie tüchtig und cool Sie sind? Oder ist es eine Kombination all dieser Motive? Wenn wir Sex haben, gibt es sehr häufig mehr als nur einen Grund. Wie aber können wir die verschiedenen Faktoren auseinander halten, die uns in diesem Moment motivieren? Die Antwort ist einfach: Wir müssen uns unserem verborgenen sexuellen Ich zuwenden. Wenn wir uns unser eigenes Sexualleben genau ansehen – darunter fallen auch die Verletzungen, Enttäuschungen, das Begehren und die Bedürfnisse der Vergangenheit sowie unsere psychologischen Prägungen und Neigungen –, können wir herausfinden, warum wir zu bestimmten Gelegenheiten Sex haben und ob dieser Sex wirklich gut für uns ist. Weiter unten in diesem Kapitel stellen wir Ihnen Fragen, die Sie dazu benutzen können, um herauszufinden, warum Sie in spezifischen Situa-

135

tionen Sex haben und ob diese Anlässe Ihr echtes Begehren spiegeln oder Ihnen eher schaden.

Der Tunnelblick

Wenn es um Sexualität geht, haben viele Menschen einfach einen Tunnelblick. Das führt dazu, dass sie dann nur ein oder zwei Beweggründe kennen, um Sex zu praktizieren, und die haben meistens mit Fortpflanzung zu tun. Sie neigen dann auch leichter dazu, moralische Urteile über die »richtigen« und die »falschen« Sexwünsche zu fällen.

Es ist jedoch nicht nur die Anzahl von Vorstellungsmöglichkeiten, die auf sexuelle Intelligenz hinweist, sondern es sind vor allem die Beweggründe selbst. Die sexuell intelligentesten Menschen haben Sex, um Nähe und Intimität in einer Beziehung auszudrücken, aber auch aufgrund körperlicher Lust. Sie sind nicht nur in der Lage, emotionale Nähe und körperliche Lust miteinander zu verbinden, sie können auch unterscheiden, wenn nur der eine oder der andere Faktor im Vordergrund steht.

Es gab Menschen in unserer Studie, die Sex einzig dazu benutzten, ihr eigenes zwanghaftes Verlangen nach emotionaler Zuwendung oder das ihres Partners zu stillen. So berichtete uns beispielsweise ein junger Student:

> **Ich habe** diese intensive körperliche Gier, die fast schon den Reiz eines Thrills hat. Sehr wahrscheinlich setze ich Sex ein, um ein emotionales Bedürfnis nach Nähe, nach Liebe zu befriedigen, was immer das auch ist; aber ich kann mir nicht vorstellen, wie ich das sonst erreichen sollte.

Eine weitere Testperson, eine Frau, erzählte uns, dass Sex und Liebe für sie identisch seien und deshalb nur von einer anderen Person zu bekommen ist. Ein 60-jähriger Mann offenbarte uns, er habe Sex, »weil ich sehr einsam bin«.

Menschen, die angaben, mit Sex ein eigenes heftiges Verlangen oder das des Partners zu stillen, schnitten sehr schlecht im Sex-Intelligenztest ab, im Durchschnitt sogar schlechter als alle anderen Teilnehmergruppen, außer denen, die vollkommen auf Sex verzichteten.

Vor dem Hintergrund der Antworten unserer Testpersonen unterscheiden wir drei weit gefasste Varianten von Sex. Was wir instinktiven Sex nennen – oder Sex aus Lust –, beschreibt vor allem den körperlichen Trieb, während Beziehungssex vornehmlich durch Gefühle motiviert ist, die in einer intimen Beziehung entstehen; Sex als Ersatz findet dann statt, wenn körperliche Lust dazu genutzt wird, um unerfüllte emotionale Bedürfnisse zu befriedigen. Unserer Ansicht nach hat Liebe nichts mit instinktivem Sex zu tun. Instinktiver Sex ist intensiv, rein körperlich, fordert den Sofortvollzug und tritt auf als biologischer Reflex auf eine äußere sexuelle Stimulation. Beziehungssex dagegen basiert auf Liebe, Intimität und anderen emotionalen Erfahrungen, die nur Menschen haben können. Bei jedem Beziehungssex spielen natürlich auch biologische Faktoren mit, weshalb er als eine Form des instinktiven Sex' gesehen werden kann. Doch oft lassen sich Menschen auf sexuelle Beziehungen ein, die viel stärker durch den Instinkt als durch die Beziehung selbst geprägt sind. Mit anderen Worten: Sie haben Sex, um ihren Trieb zu befriedigen, und nicht, weil ihre Beziehung eine starke emotionale Bindung zwischen ihnen geschaffen hat.

Manchmal haben Menschen auch Sex aus sehr direkten Gründen: Sie sind erregt oder fühlen sich zu einer anderen Person hingezogen. Doch es gibt auch Situationen, in denen die Motive weniger klar sind. Manchmal erwarten Menschen, dass Sex Bedürfnisse befriedigt, die gar nicht in erster Linie sexuell sind. Sexuelle Erregung und Befriedigung sind großartige und lohnende Erfahrungen auf der körperlichen Ebene, aber sie ersetzen oftmals auch andere Bedürfnisse, etwa die Sehnsucht nach Liebe und Anerkennung; das Bedürfnis, einem anderen Menschen emotional ganz nah zu sein; das Verlangen nach Selbstvergewisserung, oder sie erfüllen ein Schutzbedürfnis, wenn man sich ängstlich und allein fühlt. Bei dieser dritten Sexvariante wird das gesamte körperliche Begehren als Ersatz instrumentalisiert

Auch wenn Sex emotionale Bedürfnisse stillen kann, so dient er häufig als schnelles Vergnügen, bei dem man vorhandene emotionale Bedürfnisse außer Acht lässt. In diesen Fällen bleibt das Bedürfnis nach Aufmerksamkeit, Zuneigung, Sicherheit, Selbstbewusstsein und Macht. Wenn Menschen Sex haben, weil sie erwarten, dass er emotionale Probleme löst, kann es passieren, dass genau das Gegenteil eintritt. So kann unverbindlicher Sex mit wechselnden Partnern, der von dem Bedürfnis motiviert wird, geliebt und anerkannt zu werden, dazu führen, dass das von vornherein geringe Selbstbewusstsein noch weiter abgebaut wird. Ein wichtiges Element der sexuellen Intelligenz besteht darin, dass wir die Gründe kennen, weshalb wir in spezifischen Konstellationen mit jemandem Sex haben, sodass wir genau diese Entscheidungen so bewusst treffen, dass sie unser Selbstwertgefühl nicht noch stärker aushöhlen. Und diese Aspekte werden uns erst bewusst, wenn wir versuchen, unser geheimes sexuelles Ich zu finden. Wenn wir zwischen diesen drei Typen des Sexualverhaltens nicht unterscheiden können und wir uns unsere individuellen Gründe für Sex nicht wirklich deutlich machen, dann besteht die Gefahr, dass wir in unseren sexuellen Beziehungen einen regelrechten Leidensweg beschreiten.

Instinktive Lust

Neuere Forschungen in der Neurochemie bestätigen, dass chemische Reaktionen im Gehirn beim Prozess der sexuellen Erregung eine große Rolle spielen. Oder, wie es ein Mitglied unseres Forscherteams formulierte: »Manchmal ist Sex einfach nur Sex. Man will mit dem Sexualpartner nicht mal ausgehen, ihn wiedersehen, geschweige denn, eine längere intime Beziehung mit ihm eingehen. Da ist nur der Reflex: Ich will sie oder ihn. Das ist alles. Man hat Sex und sieht sich nie wieder.«

Man verbindet unser Sexualverhalten hauptsächlich mit den Aktivitäten bestimmter Zellen im Hypothalamus, das sind ganz wenige Quadratzentimeter Gehirngewebe, die eine äußerst wichtige und hochkomplizierte Rolle bei der Regulierung instinktiven Verhaltens, etwa bei der Nahrungsaufnahme oder beim Sex, spielen. Man findet den Hypothalamus, diesen ältesten Teil des Gehirns, bereits in vielen primitiven Organismen, bevor sich das menschliche Gehirn anderweitige Regionen, etwa für das Gedächtnis und die Sprache schuf. Der Hypothalamus reguliert unter anderem das Testosteron, ein Hormon, das die sexuelle Erregung wie auch die sexuelle Aktivität definitiv mitbestimmt.[31] Und dennoch gibt es keine absolute Übereinstimmung zwischen dem Hormonspiegel und dem sexuellen Verhalten der Menschen – ganz anders als bei Tieren.

Vor nicht all zu langer Zeit haben Wissenschaftler herausgefunden, dass es noch eine andere Gruppe von chemischen Wirkstoffen gibt: die Neurotransmitter. Diese Botenstoffe tragen Informationen von einer Gehirnzelle in die andere. Einer der Ersten, die sich der Neurochemie der Liebe und des Verlangens gewidmet haben, ist der Psychiater Michael Liebowitz. Er behandelte mehrere Patienten, die eines gemeinsam hatten: Sie suchten viel zu schnell neue Partner und wurden dann genauso schnell wieder zurückgewiesen, wobei sie dieses Verhaltensmuster geradezu zwanghaft wiederholten. Liebowitz vermutete, dass diese Patienten unter Umständen einen unzureichend ausbalancierten neurochemischen Gehirnhaushalt haben könnten, also einen Mangel an einem chemischen Wirkstoff, den man mit dem Glücksempfinden in Verbindung bringt. Ein chronisch zu niedriger Wert dieser natürlich vorkommenden chemischen Verbindung kann dazu geführt haben, dass seine Patienten sich ihr »High« in Liebesbeziehungen und besonders im Geschlechtsverkehr gesucht haben. Liebowitz behandelte seine Patienten mit MAO-Hemmern, einem Antidepressivum, das speziell gegen den Abbau von PEA sowie verschiedener Neurotransmitter wie Dopamin, Serotonin und Norepinephrin eingesetzt wird. Nach dieser Behandlung haben mehrere seiner Patienten aufgehört, »Liebe stets am falschen Ort zu suchen«, sie konnten wieder allein leben oder sie wählten sich ihren Partner sehr viel bewusster aus. Ihnen schien das High, das durch Phenyllethylaminen (kurz PEA) ausgelöst wird, nicht zu fehlen, das man mit der ersten Phase des Verliebtseins verbindet.[32] Neuere Forschungen weisen darauf hin, dass neben PEA zwei weitere Hormone eine wichtige Rolle in der Liebe und beim Sex spielen, nämlich Oxytocin und Vasopressin. Studien haben gezeigt, dass diese beiden Hormone verstärkt im Blut sowohl bei Männern wie auch Frauen während der sexuellen Erregung und während der Ejakulation zu messen waren.[33]

Oxytocin scheint eine Rolle bei der Entwicklung emotionaler Bindungen zu spielen, die die Monogamie fördern. Larry Young und seine Kollegen von der Abteilung Psychiatrie und Verhaltensforschung an der Emory University fanden heraus, dass Oxytocin für die Regulierung verschiedener sozialer Verhaltensweisen hinsichtlich der Monogamie verantwortlich ist, darunter fallen auch die Paarbindung und die elterliche Sorge für kleine Kinder.[34]

Helen Fisher, Anthropologin an der Rutgers University, argumentiert in ihrem Buch *The Anatomy of Love* (1994), dass diese hochkomplizierten neurochemischen Prozesse im menschlichen Hirn sich deshalb entwickelt haben, um Paare zueinander finden zu lassen, damit sie Kinder gebären und aufziehen können, indem sie die gegenseitige Anziehung und letztlich den Paarungsakt auslösen.[35]

Manchmal haben Menschen nur Sex aus instinktiven Gründen, sie reagieren biologisch auf bestimmte Stimuli – auf die Berührung eines Partners, auf ein Foto in einem Magazin, auf die Erinnerung an eine frühere Sexualerfahrung oder auf die ausschweifende Fantasie einer zukünftigen. Selbst in einer intimen und stabilen Beziehung gibt es Momente, in denen wir Sex aus purer Lust haben. Nehmen wir beispielsweise Kyle, einen hochgewachsenen, gut aussehenden 20-jähriger Studenten mit dunklen Augen und einem intensiven Blick. Er ist inzwischen mit seiner Freundin verlobt und liebt sie ganz offensichtlich, doch uns hat er von einer eher schwierigen Zeit erzählt, die er am Anfang der Beziehung durchmachte:

> **Danielle war** für mich ein Traum. Ich liebte sie. Nachdem wir zum ersten Mal Sex gehabt hatten, konnte ich immer nur an Sex, Sex und nochmals Sex denken. Wann können wir es wieder tun, fragte ich sie ständig. Sex wurde für mich zur Obsession. Ungefähr sechs Monate lang ging es so. Ich war vollkommen meinem sexuellen Trieb erlegen. In diesem Alter denkt man sowieso nur an das Eine. Und dieser Trieb wurde immer noch stärker. Ich konnte ja mit ihr

schlafen, also wollte ich das auch. Ich liebte sie, nicht nur körperlich, aber ich hatte immer noch dieses große Bedürfnis, einfach Sex mit ihr haben zu wollen. Eines Tages, nachdem wir miteinander geschlafen hatten, war sie sehr still, und dann sagte sie: »Du benutzt mich nur. Jedes Mal, wenn du mich anrufst, willst du nur Sex haben.« Ich antwortete, dass wir ja auch miteinander ausgehen würden. Doch das war eine Lüge. Wir gingen zwar aus, aber danach hatten wir immer Sex. Sie wollte, dass wir mal einen Abend irgendwo verbringen und uns vergnügen – ohne Sex. Ich dagegen habe immer gedacht, lass uns zum Essen ausgehen oder einen Film ansehen und anschließend Sex haben. Das war es, was ich erwartete. Wir haben uns ein paarmal gestritten, doch wir konnten auch darüber reden und einen gemeinsamen Ausweg finden.

Auch wenn Kyles Motiv, seine Freundin zum Sex zu verführen, auf reiner Lust basierte, heißt das nicht, dass er sie nicht liebte. Kyle und Danielle hatten Glück und waren sexuell intelligent, weil sie über ihre Gründe, Sex zu haben, reden konnten und weil Kyle seine Freundin davon überzeugte, dass er sie nicht benutzte, um seinen Trieb zu befriedigen. Darüber hinaus ist Kyle noch auf eine andere Weise sexuell intelligent: Er vermochte zwischen den diversen Beweggründen für den Sexualakt zu unterscheiden. Er kannte sich selbst gut genug, um zu wissen, dass in der frühen Phase ihrer Beziehung sein sexuelles Verlangen stark von einem biologischen Drang beeinflusst wurde. Wir haben herausgefunden, dass Menschen, die unterscheiden können, ob sie in erster Linie Sex haben, um ihren Trieb zu befriedigen oder aber um emotionale Nähe herzustellen oder aus einer Mischung beider Gründe heraus agieren, sexuell intelligenter sind als jene, die zwischen den speziellen eigenen Motiven nicht differenzieren können.

Ist die wahre Liebe nur eine Frage der Chemie?

Großartiger Sex ist nicht nur Ergebnis einer Ausschüttung neurochemischer Stoffe wie PEA, Dopamin und Oxytocin. Ein wichtiger Bestandteil der sexuellen Intelligenz besteht darin, dass man begreift, dass neurochemische Reaktionen im Gehirn nur die Gesamtsumme aller Reize und Informationen darstellen, die das Hirn in diesem Augenblick verarbeitet.[36] Der Hypothalamus ist mit vielen Konstellationen des Gehirns verbunden: Einige transportieren Informationen über Sinnesreize an verschiedene Stellen des Körpers, andere übermitteln Informationen über das, was wir denken und fühlen, während wir Sex haben. Unsere Empfindung beim Geschlechtsverkehr, etwa, ob wir erregt sind oder ob wir ihn genießen, hängt von beiden Informationsformen ab. Gedanken und Gefühle beeinflussen die Qualität des Sexualaktes ebenso wie körperliche Sinneseindrücke. Das ist die Basis von Beziehungssex. Ein Teil des Vergnügens, das wir mit einem Partner in einer wirklich intimen Beziehung erleben, stammt aus den Gefühlen, Erinnerungen und Gedanken, die uns dabei begleiten.

Wir haben das Problem, dass in den westlichen Kulturen die Verwechslung von Sex und seelischer Nähe üblich ist. Besonders in den bürgerlichen Schichten des 19. Jahrhunderts hat sich diese Sichtweise herausgebildet, um der Institution Ehe einen neuen Rahmen zu geben. Es ist ein Mythos, dass große sexuelle Leidenschaft ein Zeichen dafür ist, dass sich hieraus unweigerlich Liebe entwickeln würde. Dem ist nicht so.

Wir fanden heraus, dass sehr viele Menschen unter der Unterscheidung von instinktivem Sex und Beziehungssex litten. So gaben beispielsweise 25 Prozent der Befragten an, dass für sie großartiger Sex entweder bedeute, dass »das Paar dafür bestimmt ist, garantiert zusammenzubleiben«, oder dass er »eine absolute Garantie dafür ist, dass beide sich lieben«. Diese Neigung, Sex mit Liebe und psychischer Intimität zu verwechseln, führt meist zu wiederholten Enttäuschungen in Beziehungen, zu Depressionen und sogar zu triebhaftem Sexualverhalten. Die körperlichen Reize des instinktiven Sex sind so mächtig, dass es durchaus nahe liegt, diese Lust als Zeichen von Liebe zu deuten. Doch die Realität kann sehr entmutigend sein, wenn Sex immer nur körperliche Befriedigung statt seelische Nähe herstellt, auch wenn man es öfter mit demselben Partner versucht. Das erfuhr auch eine unserer Testpersonen, Matthew, ein 31-jähriger Berufsfotograf:

Mit meiner letzten Freundin bin ich elf Monate zusammen gewesen, erst dann hatten wir Sex. Das war aber auch das Ende der Beziehung. Wir dachten beide, wenn wir miteinander schliefen, würde sich Nähe einstellen, aber natürlich hat das nicht funktioniert. Danach sind wir noch gut einen Monat miteinander ausgegangen. Aber wir schafften es nicht, unsere Partnerschaft zu retten. Wir konnten Sex nicht miteinander teilen, auch wenn wir es gemeinsam taten; kein einziges Problem wurde dadurch gelöst. Nachdem wir zum ersten Mal miteinander geschlafen hatten, wollte sie mehr Sex als ich. Ich weiß nicht einmal, warum. Ich konnte da jedenfalls nicht mitziehen. Obwohl doch ich versucht hatte, Sex einzusetzen, um die Beziehung aufrechtzuerhalten.

Viele Menschen sind enttäuscht, wenn sie merken, dass befriedigender Sex mit einem Partner nicht automatisch zu seelischer Nähe oder einer intellektuellen Verbindung führt, die beständig an Tiefe und Bedeutung gewinnt. Deshalb ist es so besonders wichtig, dass wir unser geheimes sexuelles Ich kennen, damit wir nicht den Fehler machen, uns selbst darüber zu täuschen, dass Liebe im Spiel ist, wenn es sich nur um eine sexuelle Beziehung handelt.

Paare, die schon in einem frühen Stadium ihrer Beziehung miteinander schlafen, tun dies, noch bevor sich ihre emotionale Basis sich entwickeln konnte. Dieses Verhaltensmuster wird oftmals mit einem »Suchtverhalten« in der Beziehung in Verbindung gebracht, das sich durch Liebesobsessionen, Besitzergreifung und einen hohen Grad von mentaler und körperlicher Erregung auszeichnet.[37] In einer Studie von 1994 haben die Psychologen Eileen Nelson, Debra Hill-Barlow und James Benedict von der James Madison University in Harrisonburg, Virginia, den Grad der seelischen Verbundenheit von vierzig Paaren untersucht. Sie stellten Differenzen fest zwischen Ehepaaren, die eine reife Beziehung hatten, und solchen, deren Beziehung einer Sucht glich. Obwohl Letztere immer wieder eine dauernde Sehnsucht nach einem festen Partner zu Protokoll gaben, berichteten sie von einer mangelnden Befriedigung in ihrer Beziehung – einschließlich geringerer sexueller Erfüllung. Die Intensität ihrer sexuellen Beziehung ergab keine größere emotionale Nähe; und auf Dauer gesehen nicht einmal eine großartige sexuelle Befriedigung.[38]

Für die wahre sexuelle Intelligenz ist es wichtig, zwischen Lust und seelischer Nähe zu unterscheiden, was bedeutet, dass wir zentrale und wichtige Aspekte unseres geistigen und emotionalen Lebens mit einem Partner teilen. Bevor wir eine sexuelle Beziehung eingehen, sollten wir uns im Idealfall darüber klar sein, was wir wollen – instinktiven Sex, seelische Nähe oder beides. Wenn uns bewusst ist, was wir wirklich wollen, fällt es uns leichter, unsere Entscheidung zu akzeptieren und zu vermeiden, dass wir uns selbst oder dem Partner schaden.

Die Frauen, die nicht Nein sagen können

Sex als solcher ist vitalisierend und lebenserhaltend, doch wenn wir versuchen, Sex zur Eindämmung oder Maskierung tiefer liegender psychischer Probleme oder unbefriedigter emotionaler Bedürfnisse einzusetzen, können wir uns selbst schaden und in der Folge in einen Teufelskreis geraten, der uns in Wirklichkeit immer weiter von dem Ziel entfernt, ein tatsächlich erfülltes Sexualleben zu finden. Die körperliche Lust, die der Sexualakt uns bereitet, ist ein außerordentlich starkes Element und bietet sich leicht als Ersatzhandlung für andere menschliche Bedürfnisse an, die im Leben der Menschen zu kurz kommen.

Der Ersatzmechanismus funktioniert dergestalt, dass Menschen, die unter seelischen Nöten leiden – etwa einem zu geringen Selbstwertgefühl, Einsamkeit oder einem Liebesbedürfnis, das schon seit Jahren nicht mehr gestillt wurde –, entdecken, dass ein intensives körperliches Lustgefühl diese negativen Gefühle zeitweilig aufheben kann. Sex wird zu einer angelernten Strategie, um Seelenqualen zu meiden: Immer wenn die negativen Gefühle zu stark werden, wenn der Mensch spürt, dass eine Welle der Einsamkeit, des Selbsthasses oder der Sehnsucht über ihm zusammenbricht, flüchtet er in das momentane Vergnügen des Sex. Das Problem liegt darin, dass die emotionalen Bedürfnisse damit nicht befriedigt, sondern umgangen werden. Wir leisten damit nicht die notwendige seelische Arbeit, die zu echten Veränderungen in unserem Leben und damit zu einem höheren Selbstwertgefühl, zu Selbstvertrauen und Selbstsicherheit führen würden.

Vielleicht hat jeder gelegentlich schon Sex gehabt, um für kurze Zeit menschliche Zuwendung zu finden – wie etwa Gina:

> **Meine Freundin** Susan starb in diesem Semester. Auf ihrer Beerdigung traf ich einen alten Freund wieder, und in der folgenden Nacht schlief ich mit ihm. Wir waren beide sehr betroffen, sehr traurig. Susan war eine meiner besten Freundinnen, und Mike war seit Jahren immer mal wieder mit ihr ausgegangen, und wir brauchten beide Trost. Wir haben so rumgemacht, und dann wollte er Sex. Ich aber sagte ihm, dass ich keinen haben will. Mir war klar, dass wir nicht wirklich in der richtigen Stimmung dafür waren; aber dann haben wir einfach weitergemacht und schließlich miteinander geschlafen.

Wie Gina haben Menschen immer wieder Sex, um damit den Schmerz eines Augenblicks zu bewältigen. Andere hingegen nutzen den Sexualakt häufig zu diesem Zweck und riskieren damit, die Liste schmerzhafter Erlebnisse noch zu verlängern, indem sie von einem Partner zum nächsten wechseln, immer auf der Suche nach Beistand für emotionale Bedürfnisse, die schon lange in ihnen sind. Die Ironie liegt darin, dass sie dadurch meist ihren Schmerz vergrößern, statt ihn zu heilen. Das Bewusstsein, wann und mit welchen Gefühlen und Gedanken wir Sex haben wollen – etwa ob wir sexuelles Verlangen entwickeln, weil wir uns unattraktiv finden oder weil wir mit einem Misserfolg oder mit einer Herausforderung an unser Selbstwertgefühl konfrontiert sind –, ist wichtig, weil es uns dabei hilft herauszufinden, ob Sex für uns nur als vorübergehende Überlagerung tief sitzender Verletzungen und Enttäuschungen dient.

Pamelas Geschichte ist ein gutes Beispiel für diesen Mechanismus. Sie ist nur eine von vielen, denen wir im Rahmen unserer Forschungen begegnet sind, die Sex einsetzten, um eine tiefe Trauer, große Einsamkeit oder Selbsthass zu überdecken. Sie ist allerdings eine der ganz wenigen, die mit der Zeit ihr eigenes

Verhaltensmuster begriff: Sex war für sie eine Ersatzhandlung, um ihr grundlegendes Bedürfnis nach Anerkennung zu befriedigen – ein Bedürfnis, das schon sehr lange nicht mehr gestillt worden war.

Pamela ist eine attraktive 29-Jährige, die trotz dieser Tatsache in einem merkwürdigen Aufzug zum Interview aufkreuzte: Ihre langen blonden Haare waren ungepflegt und strähnig, die Fingernägel abgekaut; sie trug einen ausgebleichten Baumwollrock mit einer Wolljacke, deren Farbe überhaupt nicht dazu passte. Pamela hatte eine Reihe von Beziehungen, die meisten davon verliefen unglücklich. Sie leidet unter mehreren sexuellen Dysfunktionen, sie ist nicht fähig, zum Orgasmus zu kommen, sie hat Schmerzen beim Geschlechtsverkehr und sie klagt über eine mangelnde Erregbarkeit. Pamela wuchs in Kalifornien auf, wo ihr Vater beim Militär war. Sie ist das jüngste von sechs Kindern. Wie die meisten Menschen, mit denen wir sprachen, erfuhr Pamela so gut wie nichts über Sexualität, während sie heranwuchs. Pamela hatte ihre erste sexuelle Erfahrung mit sechzehn; wie so viele andere berichtete sie, dass »es einfach so passiert ist«.

Es war der Abend unseres Schulballs. Ich ging mit meinem Freund hin, den ich sehr liebte. Schon immer wollte ich, dass er mein erster Mann wird, aber an diesem Abend hatten wir nichts Konkretes geplant – es ist einfach passiert.

Pamela war am Boden zerstört, als ihr Freund, nicht lange, nachdem sie miteinander geschlafen hatten, mit ihr Schluss machte und mit einem anderen Mädchen ging. Sie besuchten weiterhin dieselbe Schule, und Pamela war, trotz allem, was vorgefallen war, im folgenden Jahr damit einverstanden, mit ihm auf den großen Abschlussball zu gehen – natürlich nur als gute Freundin, das war klar zwischen ihnen. Obwohl sie wusste, dass er sie wegen einer anderen verlassen hatte, nachdem sie einmal miteinander Sex gehabt hatten, obwohl sie wusste, dass er sie lange nicht so mochte wie sie ihn, schlief Pamela ein zweites Mal mit ihm, wieder in der Nacht des Abschlussballs. Wie sich herausstellte, gibt es eine ganze Liste von

Männern, bei denen Pamela sich geschworen hatte, nie wieder mit ihnen zu schlafen; aber dann tat sie es doch:

Ich habe Männer kennen gelernt und mir geschworen, dass ich sie nicht gleich küssen würde, dass ich mir diesmal Zeit lassen würde. Doch dann habe ich es einfach geschehen lassen. Und hinterher habe ich mich immer gefragt, warum ich das eigentlich getan habe. Warum nehme ich mich selber nicht ernst? Ich will es doch gar nicht. Aber dann komme ich wieder in eine Situation und schon habe ich meine eigenen Worte vergessen.
Ich versetzte auch schon oft meine Freundinnen, um Sex zu haben, obwohl sie sich sehr um mich kümmern und immer nett zu mir sind. Irgendwie fühle ich mich den Männern näher als meinen Freundinnen. Vielleicht geben die Jungs mir auch etwas, was ich bei meinen Freundinnen nicht finde. Ich weiß es nicht.
Ich habe mich noch nie kontrollieren können. Das macht mir Sorgen. Ich glaube, ich bin zu sehr auf Männer fixiert. Ich habe Schwierigkeiten, Nein zu sagen.

Vor einiger Zeit machte Pamela eine Erfahrung, die so schmerzhaft war, dass sie nicht anders konnte, als sich ihr eigenes verborgenes sexuelles Ich genauer anzusehen:

Es passierte im vergangenen Jahr. Im Grunde genommen habe ich Sex dazu eingesetzt, einen Ex-Freund zurückzugewinnen. Wir hatten uns getrennt, doch wir waren noch immer befreundet. Ich war in seine Wohnung gekommen, und wir gingen in sein Zimmer, um miteinander zu schlafen. Auf dem Weg dorthin kamen wir an dem Zimmer seines Freundes vorbei, mit dem er die Wohnung teilte. Diesen Freund lud er ein, mit ins Bett zu kommen. Es endete damit, dass ich mit beiden Sex hatte.
Ich wollte gar nicht – ich wollte keinen Sex mit seinem Freund, ich habe mich davor geekelt –, aber dann dachte ich, wenn ich tue, was er will, dann mag er mich vielleicht wieder, aber genau das Gegenteil ist eingetreten. Das war die schlimmste Nacht meines Lebens. Ich habe viel aus dieser Erfahrung gelernt.

Pamelas Versuche, die Liebe und Bestätigung, nach der sie sich sehnte – und die sie sich vor allem von Männern ersehnte –, dadurch zu bekommen, das sie mit ihnen schlief, waren vollkommen erfolglos. Doch weil sie seelische Bedürfnisse auf diese Weise nicht befriedigen konnte, verstärkte sich bei Pamela der Selbsthass.

Sie entdeckte, dass ihre Schwierigkeiten, Nein zu sagen, ihr schon sehr früh beigebracht worden waren, vor allem durch die Grundsätze und das Verhalten ihrer Mutter: Immer ging es bei ihr um andere Menschen. So gab sie Pamela zu verstehen, nur wenn man andere glücklich macht, kann man sein eigenes Bedürfnis nach Zuwendung und Liebe befriedigen. Pamela glaubte verzweifelt daran, dass es wichtig sei, Männer glücklich zu machen, und dass Sex genau das Mittel dazu war, ganz gleich, ob sie nun mit ihnen schlafen wollte oder nicht.

Vor allem meine Mutter hat uns beigebracht, wie man andere Menschen dazu bringt, uns zu mögen, nicht jedoch, wie wir uns selbst lieben können. Meine Mutter hat kein großes Selbstbewusstsein. Ihr Leben lang war sie damit beschäftigt, es anderen Leuten recht zu machen, immer waren andere wichtiger als sie selbst. Und das hat sie uns allen auch beigebracht. Mein Leben lang habe ich versucht, andere glücklich zu machen.
Ich sehe das ganz deutlich. Meine ganzen Männergeschichten haben damit zu tun. Ich wünschte, sie hätte mir mehr Selbstvertrauen mitgegeben, damit ich einfach Nein sagen und auch dabei bleiben könnte. Wenn ich die Charakterstärke und den Glauben an mich selbst gehabt hätte, mir zu sagen, dass Sex nicht etwas ist, das ich tun und erdulden muss, dann hätte ich schon sehr oft einfach Nein gesagt und damit basta. Und ich wäre dann auch nicht der Angst verfallen, dass der Mann mich deshalb nicht mehr mögen könnte.

Pamelas Mutter hatte einen Grund für ihr geringes Selbstwertgefühl und ihre verzweifelten Versuche, es allen recht zu machen: Ihr Mann war ihr untreu. Zudem war er beruflich die meiste Zeit des Jahres unterwegs. Nur selten konnten seine Frau, Pamela und ihre Schwester mit ihm reden.

Mein Vater hat meine Mutter betrogen. Und das hat sie sehr verletzt. Es hat uns alle verletzt. Es fällt mir schwer, darüber zu sprechen, es zu verstehen. Aber hier ist die Ursache zu suchen, warum meine Mutter mir und meiner Schwester kein Selbstwertgefühl mitgegeben hat. Sie will es immer nur allen recht machen, sie will gemocht werden. Sie wollte eigentlich nur, dass mein Vater sie mochte. Jetzt hat sie Übergewicht und ist depressiv. Schon lange habe ich sie gedrängt, sich von ihm scheiden zu lassen. Es ist nicht so, dass ich meine Mutter nicht liebe, sie ist so nett, sie sorgt sich um so vieles, aber wenn sie weiterhin unter diesen Bedingungen lebt – wenn sie nie aktiv wird –, dann wird sie noch unglücklicher werden. Meine Mutter ist ein abschreckendes Beispiel für mich geworden.

Nach dieser Nacht, in der Pamela mit zwei Männern schlief und es furchtbar fand, hatte sie den Mut und die Intelligenz, in ihrem Kopf einfach einen Schritt zurückzugehen und sich das Muster ihres sexuellen Verhaltens sozusagen von außen anzusehen. Pamela war in der Lage, ihren Wunsch, Männern zu gefallen, auf ihre Erziehung zurückzuführen. Jetzt hofft sie, dass dieser Einblick in vergangene Muster ihr ein befriedigendes Sexualleben ermöglichen wird.

Pamela ist nicht die Einzige, die Sex einsetzt, um seelische Schmerzen zu lindern. In unserer Umfrage gaben 31 Prozent der Befragten an, dass sie schon manchmal Geschlechtsverkehr angeregt hätten, wenn sie sich minderwertig fühlten oder durch ein Ereignis in ihrem Leben, etwa bei der Arbeit, aus der Fassung geraten waren. Darüber hinaus gaben 22 Prozent an, dass sie manchmal Sex benutzen, um ihren Problemen zu entfliehen; 40 Prozent der Teilnehmer unserer Umfrage praktizierten Sex mit dem Partner, als ein Konflikt auftrat, bei dem sie fürchteten, dass er die Beziehung beenden könnte. Zudem sagten 22 Prozent, dass sie schon Sex hatten, obwohl sie es eigentlich nicht wollten, es aber taten, nur um ihrem Partner entgegenzukommen, manchmal oft, manchmal nur gelegentlich.

Es ist ausgesprochen sexuell unintelligent, wenn man den Sexualakt als Ersatz für unerfüllte seelische Bedürfnisse ausübt, weil er diese Bedürfnisse nicht befriedigt. Darüber hinaus ist der Geschlechtsverkehr in einer solchen Konstellation selbst oft körperlich nicht sonderlich erfüllend. Unter den Fragen, die wir den

Teilnehmern unserer Untersuchung stellten, war auch die, wie sie sich normalerweise nach dem Akt erlebten: 11 Prozent gaben an, dass sie sich depressiv fühlten; 17 Prozent bemerkten eine Benommenheit, Verstimmtheit oder gar Lähmung. Wir deuten diese Reaktion als ein Zeichen dafür, dass die unterschwelligen seelischen Leiden zurückkehren, sobald die intensive körperliche Lust vorüber ist. Ein Mann erzählte uns Folgendes:

> **Wenn ich** mich minderwertig fühlte, oder wenn eine Frau mich mal nicht mochte, dann habe ich mir einfach eine andere gesucht und mir gedacht, na, diese neue Freundin mag mich wenigstens. Und das hat geholfen – wenigstens für eine kurze Zeit.

Es kann sein, dass es biologische Gründe dafür gibt, sexuelle Lust als Ersatz für unbefriedigte emotionale Bedürfnisse einzusetzen. Wie bereits erwähnt, argumentiert der Psychiater Michael Liebowitz in einer Studie, dass manche Menschen wiederholt auf der Suche nach Sexualpartnern sind, weil sie einen unzureichenden PEA-Spiegel im Gehirn haben, also einen Mangel an einem chemischen Wirkstoff, den man mit dem Glücksempfinden in Zusammenhang bringt, das wir wahrnehmen, wenn wir uns verlieben. Doch selbst unter denjenigen, die nicht an einem PEA-Mangel leiden, gibt es einen möglichen Grund für Sex als Ersatzhandlung. Der Sexualakt setzt im Gehirn mächtige Wirkstoffe frei, die Endorphine. Das sind natürlich vorkommende Stoffe, die in ihrer chemischen Struktur Opiaten wie Heroin oder Morphin gleichen. Endorphine sind ein körpereigenes, hoch wirksames Schmerzmittel; wie Opiate dämpfen sie nicht nur den Schmerz, sondern rufen auch starke Gefühle des Wohlbefindens und der Euphorie hervor – so sind Endorphine beispielsweise auch für das berühmte »High« verantwortlich, das Jogger und Langstreckenläufer empfinden. In der neueren Forschung hat Candace B. Pert vom Nationalen Institut für Geistige Gesundheit und Autorin des Buches *Moleküle der Gefühle* gezeigt, dass bei Tieren während der Kopulation die Endorphinausschüttung um 200 Prozent ansteigt.[39] Es ist durchaus möglich, dass Menschen, die den schnellen sexuellen Kick suchen, um seelischen Kummer zu lindern, sich nur mit einer höheren Dosis von Endorphinen versorgen wollen, vergleichbar einem Junkie.

Bei der sexuellen Intelligenz ist wichtig, dass man versteht, warum man Sex hat. Die Einsicht verhindert, dass wir uns etwas vormachen, etwa wenn wir mit jemandem schlafen, einfach aus dem Grund, um unseren Partner nicht zu verlieren oder um unsere innere Unsicherheit betäuben zu wollen. Unser verborgenes sexuelles Ich ist wie ein Wegweiser, der uns herausfinden lässt, ob wir mit jemandem schlafen, weil wir ihn lieben, oder ob wir nicht eher die Person zur rein körperlichen Befriedigung brauchen, zum Beweis unserer sexuellen Potenz – oder um schlichtweg der Einsamkeit zu entkommen.

Ein wichtiger Bestandteil der sexuellen Intelligenz besteht darin, dass man ehrlich mit seinem Sexualpartner darüber sprechen kann, was man sich vom Geschlechtsakt und einer sexuellen Beziehung erhofft. Wenn wir nur »Ich liebe dich« zu unserem Partner sagen, um ihn oder sie dazu zu überreden, Sex zu haben, oder weil wir fälschlicherweise glauben, dass körperliche Lust immer ein Zeichen von Liebe ist, dann führen wir andere genauso in die Irre wie uns selbst.

Für Menschen, die ihre Sexualität verstehen und ein erfülltes Sexualleben haben wollen, besteht die größte Herausforderung darin, zu erkennen, wann sie Sex zur Ersatzhandlung für unbefriedigte seelische Bedürfnisse machen. Es gibt einige Fragen, die Sie sich selbst stellen können, um diese Falle weitesgehend zu vermeiden:

Welche Gefühle haben Sie, kurz bevor Sie den sexuellen Kontakt anregen – ganz gleich, ob Sie erst einmal Flirten oder direkt zur Sache kommen wollen? Gibt es Situationen, in denen Sie ein wahnsinniges Verlangen nach Sex haben, etwa, wenn bei Ihrer Arbeit etwas schief geht, wenn der Partner und Sie sich gestritten haben, wenn Sie sich einsam fühlen oder minderwertig? Wie erleben Sie sich, wenn Sie in diesen Situationen mit jemandem geschlafen habe? Zufrieden? Erfüllt? Depressiv? Wie gelähmt? Gibt es in Ihrem Sexualverhalten ein Muster, das selbstzerstörerisch ist oder anderen schadet? Gibt es charakteristische Ähnlichkeiten unter den Sexualpartnern, die Sie gehabt haben?

Ein Teil der sexuellen Intelligenz besteht darin, dass Sie ehrlich mit sich selbst und gegenüber ihrem Partner sind. Sexuell Intelligente schätzen Sex aus mehr als einem Grund und sind in der Lage, das körperliche Vergnügen reiner Lust mit einer intimen Verbindung zum Partner zu kombinieren.

KAPITEL 8

Was ist normal?

Die 34-jährige Ellen liebte ihren Ehemann Steve, mit dem sie seit acht Jahren verheiratet war, doch sie vermisste etwas in ihrem Sexualleben.

Es ist bestimmt nicht so, dass ich Steve nicht liebe – ich liebe ihn wirklich. Aber unser Sex ist ziemlich zur Routine geworden. Da ist keine Leidenschaft mehr im Spiel und nichts mehr von dieser Aufregung, die man in der ersten Zeit spürt, wenn der andere einem noch völlig fremd ist. Mir kam es so vor, als würden wir nur noch mechanisch miteinander schlafen; doch ich wollte mehr.

Ich hatte immer schon Fantasien, in denen ich mit mehr als einem Mann zusammen bin: Da ist mein Mann Steve, aber auch noch ein anderer Mann oder sogar zwei Männer. Diese Vorstellung taucht in meinen Träumen immer wieder auf. Wenn ich mir diese Situation ausmalte, erregte es mich. Aber ich habe nie mit meinem Mann darüber gesprochen, aus Angst, dass er das für krankhaft halten könnte. Ich selbst dachte ja, dass dieses Begehren nicht normal sei. Wenn mir das je in Wirklichkeit passiert wäre, hätte ich auf dem Absatz kehrtgemacht. Mit großer Wahrscheinlichkeit wäre ich vor dieser Konstellation davongelaufen, denn ich glaube fest an Monogamie. Ich habe immer Angst gehabt, dass diese intensiven Wunschbilder alles zerstören könnten, was ich habe.

Ellen ahnte nicht, dass ihre Fantasien und Träume gar nicht so ungewöhnlich sind. Letztendlich kam ihr Ehemann selbst auf das Thema zu sprechen:

Es war ganz seltsam. Eines Nachts, nachdem wir uns geliebt hatten, drehte sich Steve zu mir und fragte: »Hast du dir je vorgestellt, es mit mehr als einem Mann zu machen?«»Natürlich nicht!«, antwortete ich völlig schockiert, und gleichzeitig war mir klar, dass ich ihn anlog. Dann fragte ich ihn:»Und wie ist es bei dir? Würdest du es mit zwei Frauen treiben?« Ich hielt den Atem an und dachte, jetzt wird er mir gleich sagen, dass er genug von unserer Ehe hat und wegwill.»Na klar«, sagte er,»drei wären noch besser, wenn sie alle so wären wie du!«–»Was erzählst du da?« Ich war verwirrt.»Ach, weißt du«, grinste er fröhlich,»drei Paar von deinen Händen, die mich berühren, dein Mund an drei verschiedenen Stellen meines Körpers gleichzeitig, das wäre doch toll.« Ich dachte, dass er mir nur besonders diplomatisch antworten wollte, und bohrte weiter, obwohl ich gar nicht so sicher war, dass ich es genau wissen wollte.»Und wie wäre es, wenn es ganz andere Frauen als ich sind?«, fragte ich ihn. Er wurde sehr ernst und dachte nach. Schließlich gab er mir zu verstehen:»Es erregt mich, mir das vorzustellen, aber in Wirklichkeit reizt es mich überhaupt nicht.«

Unser Gespräch war wie eine Erlösung. Heute staune ich darüber, dass wir gleiche Fantasien hatten und doch nie darüber gesprochen haben. Mir wurde klar, dass die Wünsche, bei denen ich immer Angst hatte, dass sie meine Ehe zerstören könnten, dass diese sexuellen Bilder gar nicht krankhaft oder furchtbar gefährlich waren. Ich weiß nicht, wie ich das erklären soll, aber ganz einfach die Tatsache, dass wir darüber gesprochen haben, hat unsere Einstellung zur Sexualität verändert. Die alte Leidenschaftlichkeit ist wieder da, und wir haben begonnen, spontan verschiedene Sachen auszuprobieren. Es ist, als hätten wir uns wieder ganz neu kennen gelernt. Vielleicht liegt das daran, dass wir einfach ehrlich miteinander waren. Und das hat uns irgendwie freier gemacht, um spontaner die Routine zu durchbrechen.

Wenn eines der Hauptelemente der sexuellen Intelligenz darin besteht, dass wir unser geheimes sexuelles Ich kennen, dann ist die Fähigkeit, darüber offen mit unserem Partner zu sprechen, sicher ein weiteres Element. Wenn wir mit unserer Sexualität absolut ehrlich umgehen, entsteht in uns ein tiefes Gefühl von Selbstvertrauen, von innerer Sicherheit und Gewissheit. Ellen war mit sich nicht zufrieden. Beim Geschlechtsverkehr mit ihrem Mann war sie gleichgültig und hatte sogar Bedenken, dass ihre Wunschbilder die Ehe zerstören könnten – bis zu dem Zeitpunkt, an dem sie mit Steve alles besprach, was beide bewegte. In diesem Klima der Aufrichtigkeit fiel es Ellen leicht, ihre eigene Sexualität und die ihres Mannes ganz ohne Scham zu akzeptieren. Auf diese Weise gelang es beiden, ihre Fantasien für ein erfülltes Sexualleben zu nutzen. Natürlich ist es nicht ganz einfach, intimste sexuelle Gefühle und Fantasien zu teilen und darüber zu sprechen, was uns sexuell erregt. Noch schwerer ist es, wenn wir – wie Ellen – denken, unsere Sexualität könnte irgendwie abweichend sein. Der Versuch, sich dem anzupassen, was wir für »normal« halten, führt bei vielen Menschen zu Schamgefühlen, die uns schließlich dazu bringen, unsere wahren Leidenschaften zu verbergen oder schlichtweg zu leugnen. Unsere Untersuchungen zur sexuellen Intelligenz lassen zwei wichtige Schlussfolgerungen zu. Erstens: Menschen, die versuchen, sich so genannten normalen sexuellen Gefühlen und Verhaltensweisen anzupassen, finden nicht zu einer sexuellen Erfüllung. Zweitens: Um sexuelle Befriedigung zu finden, müssen sie zuallererst ihre ureigensten sexuellen Sehnsüchte und Wünsche erforschen und verstehen lernen. Und sie müssen in der Lage sein, diese sich selbst und dem Sexualpartner gegenüber zu offenbaren.

Es gibt eine ungeheure Vielfalt sexueller Verhaltensweisen, die Vergnügen bereiten. Eine große Anzahl von Sexpraktiken und sexuellen Fantasien ist überraschenderweise weitaus verbreiteter, als man denkt. Wie aber können wir im Bereich der Sexualität definieren, was normal ist und was nicht? Jeder Normenbegriff ist abhängig von Kultur und Gesellschaft, die aber im Laufe der Geschichte einer Veränderung unterliegen. Deshalb muss jegliche sexuelle Aktivität und die Bedeutung, die sie für den Einzelnen hat, in einem Gesamtzusammenhang gesehen werden. Für viele Menschen geht es nicht so sehr um die Frage, ob ihre Sexualpraxis normal ist, sondern ob sie dem gerecht wird, was sie selbst und ihr Partner aus tiefstem Herzen ersehnen und ob sich beide dabei wohl fühlen. Bereitet ihnen ihr lustvolles Treiben gleichermaßen Vergnügen? Steigert es die partnerschaftliche Intimität, oder bewirkt es eher das Gegenteil und schafft Distanz? Ist es oberflächlicher Ersatzsex, der schließlich nichts weiter ist als ein rasch vergehender Reiz, der die seelischen Bedürfnisse, die dem Akt zugrunde liegen, nicht stillen kann?[40]

Sexuell intelligent zu sein heißt nicht mehr und nicht weniger, als mutig genug zu sein, die eigene Sexualität zu erforschen und verständnisvoll auf die unseres Partners einzugehen. Das ist nicht immer leicht. Eine der Fragen, die wir in unserem Test zur sexuellen Intelligenz stellten, lautete: »Was würden Sie tun, falls Ihr Partner sexuelle Praktiken wünscht, die Sie ablehnen?« Eine Minderheit von neun Prozent antwortete, sie würde auf jeden Fall mitmachen; 65 Prozent gaben an, sie würden versuchen zu verstehen, warum diese Praktik dem Partner reizvoll erscheint, ihnen selbst aber nicht gefällt; 27 Prozent sagten, sie würden klipp und klar zum Ausdruck bringen, dass eine solche Praktik vollkommen indiskutabel sei und dass sie sogar erwägen würden, die Beziehung aus diesem Grund zu beenden. Es gab gravierende Unterschiede, was die sexuelle Intelligenz betrifft, zwischen den Testpersonen, die ihr Missbehagen zu verstehen versuchten, und jenen, die trotz ihres Unbehagens mitmachen würden oder strikt zu ihrem Nein stehen. Unsere Ergebnisse legen den Schluss nahe, dass Menschen, die sich bemühen, ihr eigenes sexuelles Ich oder dass ihres Partners zu verstehen – und in diesem Falle handelt es sich darum, das eigene Unbehagen an neuen sexuellen Praktiken zu hinterfragen –, sexuell intelligenter sind. Das heißt, intelligenter als Menschen, die sich bedenkenlos den sexuellen Ansprüchen und Fantasien des Partners fügen oder diese rundherum ablehnen. Vor allem wird sich der sexuell Intelligentere weniger auf die sexuellen Praktiken selbst konzentrieren, sondern eher auf die Gefühle, Überzeugungen und Assoziationen, die diese sexuellen Wünsche für uns und unsere Partner freisetzen. Sexuelles Glück hängt nicht so sehr davon ab, was wir im Bett treiben, sondern was es uns bedeutet.

Natürlich muss man den Mut haben, die eigenen Sehnsüchte und Fantasien einschließlich der daraus resultierenden Gefühle zu analysieren. Als Lohn winken uns dafür aber eine tiefere Selbsterkenntnis und ein reicheres, erfüllteres Sexualleben. Besonders die bewusste Beschäftigung mit unseren Wunschvorstellungen vermag die Erregung zu steigern; der ganze Reichtum der eigenen sexuellen Vorstellungskraft kann dann genossen werden, ohne dass wir uns selbstzerstörerisch verhalten oder uns zu sexuellen Entscheidungen gedrängt fühlen, die wir später bedauern. Wie wir sehen werden, ermöglicht die aufmerksame Auseinandersetzung mit sexuellen Fantasien in positiver Weise, unterschwellige emotionale Bedürfnisse zu erkennen, die gar nichts mit Sex zu tun haben – beispielsweise die Sehnsucht nach mehr Selbstvertrauen, nach Macht, Liebe, Zuwendung oder Sicherheit.

Eine gute Methode, das Schamgefühl zu bekämpfen, das viele Menschen angesichts ihrer eigenen Sexualität empfinden, ist, sich darüber klar zu werden, wie vielfältig das menschliche Sexualverhalten tatsächlich ist. Wenn man erst einmal erkannt hat, dass es kaum etwas gibt, das der Mensch noch nicht ausprobiert hat – oder zumindest erwogen hat, es auszutesten –, dann hilft uns das dabei, unser eigenes Gefühl der Befremdung zu überwinden.

Was im Bett passiert und was wir in unserer Fantasie gern täten

Menschen unterscheiden sich deutlich hinsichtlich ihres sexuellen Verhaltens und ihrer sexuellen Sehnsüchte: Ganz gleich, ob es sich dabei um die Anzahl sexueller Partner handelt oder ob es darum geht, was ihnen im Bett Spaß macht, mit wem sie es tun oder was sich in ihren Fantasien abspielt. In einer Gruppe von überwiegend jungen Projektteilnehmern (das Durchschnittsalter lag bei dreiundzwanzig), erklärten uns 60 Prozent, dass sie zurzeit sexuelle Beziehungen hätten. Die Befragten gaben an, im Durchschnitt dreimal in der Woche Geschlechtsverkehr zu haben, 20 Prozent sagten, sie hätten fünfmal oder öfter Sex in der Woche, und einige erklärten, sie hätten bis zu fünfzehn Mal Sex wöchentlich.

Unsere Studienteilnehmer hatten in ihrem bisherigen Sexualleben im Durchschnitt vier Geschlechtspartner. Aber auch hier gab es deutlich individuelle Unterschiede: 17 Prozent hatten zehn bis zwanzig Partner, und sechs Prozent gaben an, mehr als zwanzig Partner praktiziert zu haben. Einige erklärten sogar mit 50, 75 oder gar 150 Partnern Geschlechtsverkehr ausgeübt zu haben.[41] Und 15 Prozent sagten überdies aus, sie hätten Geschlechtsverkehr im Beisein einer dritten Person gehabt.

Viele unserer Teilnehmer nehmen für ihre sexuellen Wunschbilder pornographische Vorlagen. Als sie zu ihrem Konsum im letzten Jahr befragt wurden, gaben 39 Prozent an, sie lassen sich durch Pornohefte animieren, 52 Prozent sehen sich dazu Pornofilme an und 19 Prozent besuchen Striptease-Clubs mit Live-Sex-Shows. Zur Rolle der Pornographie in ihrem bisherigen Leben befragt, sagten 84 Prozent aus, sie hätten mindestens einen Pornofilm angesehen, und 33 Prozent gaben an, eine Striptease-Bar betreten zu haben.

Eine geringe Anzahl der Befragten hatte für sexuelle Leistungen bezahlt oder sich dafür bezahlen lassen. So gab ein Prozent an, im letzten Jahr Sex mit Prostituierten gehabt zu haben. Sechs Prozent waren während ihres bisherigen Lebens zumindest einmal bei einer Prostituierten gewesen. Und zwei Prozent erklärten, dass sie sich irgendwann prostituiert hatten.

Unsere Ergebnisse decken sich mit denen anderer Untersuchungen, aus denen klar hervorgeht, dass das menschliche Sexualverhalten eine große Variationsbreite aufweist. Einerseits gibt es eine Vielfalt sexueller Verhaltensweisen, etwa Voyeurismus, Exhibitionismus, Sadismus und Masochismus. Andererseits gilt jedoch, dass ungewöhnliche oder extreme Sexualpraktiken nur von einer Minderheit angewandt werden.

So hat beispielsweise Dr. Bing Hsu vom Psychiatrischen Dienst des Medizinischen Zentrums für Veteranen im kalifornischen Bakersfield zusammen mit Kollegen der UCLA und der University of California erst jüngst eine Studie zum Sexualverhalten und zu Sexualfantasien wiederholt, die bereits vor ungefähr zehn Jahren von Dr. Ethel Person durchgeführt worden war. Anlässlich ihrer Untersuchung verteilten Dr. Hsu und seine Mitarbeiter den ursprünglichen Fragebogen von Dr. Person an 166 Studierende, die sich selbst als heterosexuell einstuften. Auf dem Fragebogen sollten die Studierenden darüber Auskunft geben, welche von insgesamt 66 sexuellen Verhaltensweisen sie praktiziert hatten: angefangen vom Händchenhalten über den Partnertausch bis hin zu masochistischen Methoden und dem Geschlechtsverkehr mit Tieren. (Übrigens wurden alle hier angeführten Praktiken zumindest von einigen Studenten genannt.) Wie schon Dr. Person zehn Jahre zuvor, kam nun auch Dr. Hsu mit seinen Kollegen zu der Erkenntnis, dass die meisten der Befragten von sexuellen Praktiken berichteten, die wenig ungewöhnlich waren. Dr. Person hatte damals von einem romantischen und konventionellen Verhalten gesprochen, das vorwiegend den Geschlechtsverkehr, das Küssen, Oralverkehr und wechselseitiges Masturbieren umfasste. Diese Techniken wurden von 75 Prozent oder mehr der Teilnehmer angewendet. Weniger häufig – aber dennoch nicht selten – kam der Analverkehr zur Sprache, der von etwa 25 Prozent der Teilnehmer angegeben wurde, ebenso wurden Fesselungspraktiken erwähnt (annähernd 15 Prozent), Gruppensex (nicht mehr als 13 Prozent) und Techniken, um den Partner zu quälen (nicht mehr als 10 Prozent). Bei den sexuellen Praktiken gab es nur marginale Unterschiede bei den Angaben von Männern und Frauen.

Innerhalb unseres Kulturkreises existiert eine weitgehend akzeptierte Spannbreite des Sexualverhaltens. Betrachten wir beispielsweise die häufigsten Wunschvorstellungen. Zur Illustration hier einige Aussagen unserer männlichen Testpersonen.

Zum Thema Geschlechtsverkehr mit einem anderen als dem gegenwärtigen Partner:

Na ja, wenn ich nicht mit meiner Verlobten zusammen bin, denke ich schon mal an andere Frauen, aber wenn ich mit ihr schlafe, denke ich immer nur an sie .... Ich habe mal eine Frau getroffen und mich wahnsinnig in sie verliebt. Ihr Körper machte mich an, aber ich habe sie nie wirklich kennen gelernt. Ich war derart von ihrem Körper begeistert, dass ich mir für sie sogar eine Persönlichkeit ausgedacht habe, damit sie für mich die perfekte Frau wurde.

Eine Frau zum Sex zwingen:

Ich habe da dieses Video gesehen, *Faces of Death* hieß es oder so ähnlich. Meine Güte! Die Vergewaltigungsszene war für mich besonders schrecklich, weil ich an mir selbst körperliche Reaktionen bemerkte, eine Erektion. Mir war überhaupt nicht klar, warum gerade ich auf solch eine Szene stand. Besonders, weil ich ja wusste, dass die Frau hinterher sterben würde. Den Film hat irgendein Typ gedreht, eigentlich ist er eine Serie von mehreren Kurzfilmen, in denen man sieht, wie Leute sterben, bei Autounfällen, durch Selbstmord, wenn sie sich den goldenen Schuss setzen oder auf dem elektrischen Stuhl sind. Eine Episode gab eine reale Vergewaltigung wieder, und der Typ, der das machte, hatte hat sich dabei selbst auf Video gefilmt. Für mich war furchtbar, dass ich beim Zuschauen Fantasien entwickelte, wie ich eine Frau mit Gewalt zu sexuellen Handlungen zwinge.

Andere beim Sex beobachten:
Ich stelle mir immer wieder eine Frau vor, die es mit mehreren Männern treibt, und ich beobachte das. Ich habe das meiner Freundin erzählt. Aber sie lacht nur darüber, nimmt es überhaupt nicht ernst.

Mit einem anderen Mann schlafen:
Ich hatte mal homosexuelle Fantasien. Ich bin jetzt an einem Punkt angekommen, wo diese Wünsche ein separater Bereich in meinem Leben sind, und ich habe sie jetzt im Griff. Damit ich nicht den ganzen Tag wie eine wandelnde Zeitbombe herumlaufe, suche ich hin und wieder den Kick bei einem Mann. Ich fühle mich dabei nicht besonders wohl, aber ich komme so besser mit mir zurecht.

Gruppensex:
Ich male mir immer wieder aus, dass ich mit einem Mann und einer anderen Frau zusammen bin. Mit dem Mann habe ich eigentlich nichts zu schaffen, nur mit der Frau.

Bei heterosexuellen Frauen sind die herrschenden Fantasien ähnlich gelagert:

Geschlechtsverkehr mit einem anderen Mann als dem eigenen Partner:
In meinen sexuellen Träumen dreht sich alles um zwei Männer, ich will Sex mit zwei Typen gleichzeitig. Mein Mann weiß davon

nichts, und ich spreche nicht darüber. Wir haben eine monogame Beziehung. Ich glaube nicht, dass ich es jemals mit zwei Männern tun würde – das wäre mir viel zu peinlich, deshalb erzähle ich auch nichts davon.

Zum Sex gezwungen werden:

Ich glaube, ich hatte diese Fantasien zum ersten Mal, als ich jung war. Ich erinnere mich noch an die Schuldgefühle: Wie konnte ein nettes Mädchen wie ich bloß solche Gedanken haben? Mich erregte die Vorstellung, an einen Stuhl gefesselt zu sein. Dieser Stuhl war so etwas wie eine Maschine, die mich zum Höhepunkt brachte. Menschen waren nicht in der Nähe. Ich glaubte damals, dass meine Fantasie harmlos war, weil ja niemand dabei mitgemacht hatte. Außerdem beruhigte ich mich später mit der Tatsache, dass man mich dazu zwang, diese Fesselung als lustvoll zu empfinden. Das hat mir die Schuldgefühle genommen.

Andere beim Sex beobachten:

Ich möchte gerne zusehen, wie eine Frau mit einer anderen schläft.

Ein romantisches sexuelles Abenteuer mit einem fremden Mann:

Es passiert in einer Scheune, in einem Stall. Und da ist dieser wirklich gut aussehende, große Mann, der sich um die Pferde kümmert. In meinem Traum wusste ich, dass ich ihn kannte und mich immer schon zu ihm hingezogen gefühlt hatte. Und dann lieben wir uns leidenschaftlich.

Geschlechtsverkehr mit einer anderen Frau:

Ich bin nicht sicher, ob ich mich wirklich als bisexuell bezeichnen kann. Aber ich fühle mich sowohl zu Männern als auch zu Frauen hingezogen. Und ich fantasiere, mit einer anderen Frau hemmungslos lustvoll zu schlafen.

Die Fantasien homosexueller Männer und Frauen ähneln durchaus denen der Heterosexuellen. Allerdings kehrt sich dabei das Geschlecht der imaginierten Partner um. Untersuchungen haben gezeigt, dass bei homosexuellen Männern folgende Fantasien am häufigsten vorkommen: die Vorstellung von männlichen Körpern (1), zum Sex mit einem Mann gezwungen werden (2), Geschlechtsverkehr mit einer Frau (3), ein romantisches Sexerlebnis mit einem fremden Mann (4), Gruppensex (5). Bei homosexuellen Frauen sind die Wunschvorstellungen etwas anders gelagert: erzwungene sexuelle Kontakte (1), romantischer Sex mit der jeweils eigenen Partnerin (2), Geschlechtsverkehr mit einem Mann (3), Erinnerungen an frühere sexuelle Abenteuer (4), sadistische Vorstellungen und Wunschbilder (5).

Obwohl sich viele Erregungsfantasien bei Hetero- und Homosexuellen ähnlich sind, scheint eine Kategorie wie »normaler Sex« dennoch absurd.

Manchmal möchte man ein Lustobjekt sein

Es ist nicht immer leicht, das Selbstbewusstsein zu entwickeln, sich das eigene sexuelle Begehren genauer anzuschauen. Da ist zum Beispiel Kaitlin, eine 24-jährige Studentin der Betriebswirtschaft, die uns von ihren Fantasien berichtete:

> **Meine Neigungen** haben mich oft beunruhigt. Ich stelle mir häufig Situationen vor, in denen ich zum Lustobjekt werde, wo ich nur ein Sexobjekt bin. Meistens ist eine andere Frau dabei oder eine Frau und ein Mann. Solche aufregenden Bilder könnte ich meinem Verlobten nie anvertrauen. Ich will ja eine Ehe, eine heterosexuelle Beziehung, und dass meine Kinder eine Mutter und einen Vater haben – diese Werte würde ich mit meinen Triebvorstellungen völlig zerstören.

Kaitlin ist nicht die einzige, die durch ihre Fantasien verwirrt ist. Eine der Fragen, die wir unseren Testpersonen stellten, lautete: »Wie ist Ihre Einstellung zu Ihrer sexuellen Fantasie, die Sie am häufigsten haben, beziehungsweise die Sie am aufregendsten finden?« Nur 50 Prozent der Befragten sind davon überzeugt, dass andere Menschen ähnliche Wunschträume haben, und zwei Prozent betrachten ihre Fantasien als »abnorm«;

zwölf Prozent sind bereit, darüber mit einem engen Freund oder einer Freundin zu sprechen, nicht aber mit ihrem Sexualpartner. Auch gaben 19 Prozent an, es wäre für sie peinlich, ja sogar »schrecklich«, wenn irgendjemand den Inhalt ihrer Fantasien erfahren würde. Wir waren erstaunt über diese Ergebnisse, denn sie beweisen, wie weit verbreitet die Scham über die eigene Sexualität noch immer ist.

Es ist merkwürdig, dass Menschen ihre eigenen Fantasien einerseits zwar beunruhigend finden, die Mehrheit – nahezu 70 Prozent – jedoch andererseits zugab, wenn auch zögernd, dass sie es doch erregend fände, die reizvollsten Fantasien mit ihrem Partner zu teilen. Die Menschen wollen im Grunde genommen ihr inneres sexuelles Ich mit anderen teilen. Aber sie haben ganz einfach Angst davor.

Wenn wir unseren ganzen Mut zusammennehmen und mit dem Partner über unsere innersten Gefühlswelten und Fantasien reden, so ist das ein ungeheurer Gewinn für unser Sexualleben. In erster Linie steigern Wunschbilder die Erregung beim Geschlechtsverkehr.[42] Ein Psychologe hat das einmal so formuliert: »Der Kopf ist die verlässlichste erogene Zone des Körpers.«[43] Zweitens können Fantasien Szenarien abbilden, die als Vorstellungen immens erotisch aufgeladen und sexuell erregend sind, jedoch keineswegs Drehbücher für ein tatsächlich erwünschtes Sexualleben sein müssen. Ein Beispiel dafür bietet die bei heterosexuellen Männern und Frauen am weitesten verbreitete Fantasie: die vom gleichgeschlechtlichen Verkehr. Dass jemand solche begehrlichen Imaginationen hat, heißt nicht automatisch, dass die jeweilige Person sich in ihrer Heterosexualität nur verstellt und sie »in Wirklichkeit« ganz andere sexuelle Präferenzen hat. Aber die meisten Menschen unterscheiden nicht zwischen Fantasie und Wirklichkeit. Viele lassen sich durch solche Wunschvorstellungen verunsichern, und genauso viele würden sofort die falschen Schlüsse ziehen, wenn sie entdecken, dass ihr Partner sie hat. Im Rahmen unseres Forschungsprojekts stellten wir folgende Frage an die Testpersonen: »Was würden Sie denken, wenn Ihr Partner Ihnen seine Fantasien über Sex mit jemandem eines anderen Geschlechts als dem Ihren offenbaren würde?« 21 Prozent sagten, sie würden dann davon ausgehen, dass der Partner latent homosexuell sei (oder heterosexuell, wobei die Antwort davon abhing, ob die Testperson hetero- oder homosexuell war); 15 Prozent gaben an, dass sie solche sexuellen Sehnsüchte als Indiz dafür werten, dass der Partner psychische Probleme hat, und 20 Prozent würden daraus schließen, dass sie für den Partner nicht mehr attraktiv genug seien. Nur 44 Prozent gingen davon aus, dass Menschen grundsätzlich derartige Fantasien entwickeln. Alle, die in diese Richtung dachten, waren sexuell deutlich intelligenter als der Rest der Testpersonen.

Erregende Fantasien sind auch der sicherste Weg, um sexuelle Wünsche auszuleben. Hannah war eine unserer Testpersonen. Ihre Geschichte kann uns vielleicht eine Vorstellung davon vermitteln, inwieweit das Imaginieren bestimmter Verhaltensweisen unter Umständen psychologisch besser sein kann als das tatsächliche Ausagieren. Hannah ist eine attraktive Frau, intelligent und voller Esprit. Mit ihren neunzehn Jahren hatte Hannah während ihres ersten Semesters an der Universität beständig sexuelle Wünsche, die sie gerne einmal in die Tat umgesetzt hätte:

Die meisten meiner Sexfantasien könnte ich durchaus meinen Freundinnen erzählen. Aber bei manchen hätte ich dann doch ein wenig Angst. Meine Träume drehen sich um einen Professor, der mein Vertrauensdozent am College ist. Ich stellte mir vor, er sei total in mich verknallt, er will mit mir ausgehen und er würde mir zu Weihnachten Geld schenken. Eben all das, was ein Lehrer eigentlich nicht tun sollte. Er unterrichtete Sexualkunde, und ich habe dann ein paar perverse Sachen in meine Hausarbeiten geschrieben. Teils aus Neugier, teils wollte ich ihn damit wirklich schockieren. Er war anschließend irgendwie anmaßend, aber seine Zudringlichkeit machte ihn in meinen Fantasien auch attraktiv. Ich hatte die Chance, den ersten Schritt zu tun. Was ich aber nicht tat. Einmal ließ ich gegenüber einer Freundin etwas durchblicken. Sie hat nur so etwas gesagt wie: Igitt!

Angesichts ihrer Situation handelte Hannah sexuell intelligent. Sie hat die Gefühle für ihren Lehrer nicht geleugnet, ließ sich aber andererseits nicht auf eine Affäre mit ihm ein. Unterdrückt man seine Fantasien, dann passiert es nur allzu oft, dass man schließlich das Risiko eingeht, seinen Sehnsüchten auf ungeeignete oder selbstzerstörerische Weise nachzugeben. Die Fantasien, die Hannah im Zusammenhang mit ihrem Lehrer hatte, brachten ihr offenbar eine ganze Reihe psychologischer Vorteile: Zunächst einmal waren sie ein sicherer Weg, die Möglichkeit einer Liebesaffäre mit ihrem Lehrer zu durchdenken, ohne die negativen Folgen fürchten zu müssen, die vielleicht daraus entstanden wären. Und sie hat etwas über sich selbst gelernt, nämlich dass ein großer Teil ihrer Schwärmerei für diesen Mann auf etwas beruhte, was sie »Zudringlichkeit« nannte. Sie lernte, dass das, was sie erregte, eigentlich mit dem Verbotscharakter einer solchen Annäherung zu tun hatte.

Tatsächlich sind unsere Fantasien ein wichtiger Schlüssel zu unseren inneren sexuellen Landschaften, ein Weg, um zu unseren wahren Sehnsüchten und Wünschen zu gelangen, die wir aus Angst oder Scham viel zu wenig berücksichtigen. Wenn wir davon ausgehen, dass unsere sexuellen Wunschvorstellungen etwas spiegeln, was wir in die Praxis umsetzen wollen, dann kann uns ihr Inhalt gelegentlich so sehr erschrecken, dass wir die tiefere Bedeutung dieser Bilder verkennen.

Denken wir zum Beispiel an die weitverbreitete Frauenfantasie, die von erzwungenem Sex erzählt. 1998 stellten die Psychologen Donald Strassberg und Lisa Lockerd von der University of Utah 137 Frauen im Alter zwischen achtzehn und vierzig Jahren Fragen über ihre Fantasiewelten, insbesondere im Hinblick auf diese spezielle sexuelle Sehnsucht. Strassberg und Lockerd kamen zu dem Ergebnis, dass die Existenz einer solchen Fantasie nicht in einem Zusammenhang mit kompensierenden Schuldgefühlen steht. Die beiden Psychologen waren sich darin einig, dass Fantasien über erzwungenen Sex bei diesen Frauen ein Indikator für einen »relativ freien, ungestörten und variationsreichen Umgang mit der eigenen Sexualität«[44] sind.

Wichtig ist an diesem Punkt, nochmals auf die Unterscheidung zwischen Fantasie und Realität hinzuweisen. Das, was man als »Vergewaltigungs«-Fantasien bezeichnen könnte, also die Unterwerfung unter einen sexuellen Zwang, weist nicht darauf hin, dass man wirklich den Wunsch hat, vergewaltigt zu werden. Andere Studien zu Fantasien über erzwungenen Sex haben erwiesen, dass Frauen unter gar keinen Umständen vergewaltigt werden wollen. Hinter den Vergewaltigungsfantasien steht niemals der Wunsch, verletzt oder misshandelt zu werden, sondern weit eher die Sehnsucht, sich ganz einer leidenschaftlichen und erotischen Vereinigung hinzugeben, die aber zugleich körperliche und seelische Sicherheit garantiert. Susan Bond und Donald Mosher vom Psychologischen Institut der University of Connecticut sind der Meinung, dass in den typischen weiblichen Vergewaltigungsfantasien immer ein attraktiver Mann im Spiel ist, der von der sexuellen Anziehungskraft der Frau so überwältigt ist, dass er nur so viel sexuell erregende Gewalt einsetzt, die nötig ist, um ihren Scheinwiderstand zu brechen.[45] Wenn man sich klar macht, dass solche Fantasien nicht annormal sind, sondern aus einer gesunden Sehnsucht nach völliger Hingabe an den Partner in einem geschützten Raum entstehen, dann kann all die Angst, die Scham und der Selbstzweifel abgebaut werden, die uns daran hindern, dem Partner von unserem verborgenen sexuellen Ich zu erzählen. Die sexuellen Traumbilder sind der Schlüssel, mit dem wir unsere wahre Sexualität erschließen können. Deshalb sind wir der Meinung, dass sexuell intelligente Menschen sich ernsthaft mit ihren Fantasien auseinander setzen sollten, selbst wenn sie diese niemals verwirklichen wollen.

Oralverkehr ist nicht immer ein Vergnügen

Ob wir unsere Sexualität genießen oder ob wir ein Leben lang versuchen, uns gesellschaftlichen Regeln anzupassen, die wir für richtig halten, das hängt größtenteils von unseren frühesten sexuellen Erfahrungen ab. Zu einem großen Teil ist das individuelle Sexualverhalten angelernt. Die Biologie allein erklärt jedoch nicht, warum uns bestimmte Inhalte und Details erregen. Jeder Sexualakt erhält seinen Sinn durch die Bilder, die wir zwischen heftiger Lust und den Umständen knüpfen, in denen wir sie zulassen – also wann und wie und mit wem wir schlafen.

Die Bedeutung, die der Einzelne mit einem bestimmten Geschlechtsakt verbindet, kann, in manchen Fällen, auf frühere Erfahrungen zurückgeführt werden – vor allem auf die, die lange negativ auf unsere Freude an der Sexualität nachwirken. Aus diesem Grund muss jeder von uns einen Blick in die eigene Vergangenheit werfen, um sein verborgenes sexuelles Ich zu entdecken.

Betrachten wir zum Beispiel eine 1997 entstandene Studie über die Sexualität von Frauen, die von Professor Nelwyn Moore von der Southwest Texas State University und von Professor J. Kenneth Davidson von der University of Wisconsin in Eau Claire durchgeführt wurde. Sie fanden heraus, dass der erste Geschlechtsverkehr für jede Frau etwas anderes bedeutete. Moore und Davidson ging es in ihrer Studie besonders darum, herauszufinden, ob Frauen sich schuldig fühlten, nachdem sie zum ersten Mal mit jemandem geschlafen hatten, und ob das Schuldgefühl, wenn es vorhanden war, Auswirkungen auf ihr späteres Sexualleben und ihre sexuelle Befriedigung hatte. Moore und Davidson entdeckten unter den 571 befragten Frauen beträchtliche Unterschiede im Grad des Schuldgefühls nach dem ersten Mal. Im Unterschied zu den Frauen, die aussagten, dass sie danach »nie«, »selten« oder nur »gelegentlich« Schuldgefühle hatten, waren dagegen jene Frauen – ungefähr 20 Prozent der Befragten –, die sich »häufig« schuldig fühlten, eindeutig sexuell weniger ausgeglichen und berichteten über eine mangelnde sexuelle Befriedigung.[46] Diese Ergebnisse haben auch gezeigt, dass Schuldgefühle eine tief greifende hemmende Wirkung auf die sexuelle Entwicklung haben.

Wenn es darum geht, ob wir uns mit unserer Sexualität wohl fühlen, spielt es nicht unbedingt eine Rolle, was andere Menschen tun oder fühlen; wichtig ist, was ein bestimmtes Sexualverhalten für Sie persönlich bedeutet. Sexuell intelligente Menschen lernen, ihre eigene Sexualgeschichte zu verstehen, weil sie damit herausfinden, wie die frühen Botschaften in ihrem Leben und die Erfahrungen, die sie gemacht haben, ihre gegenwärtigen sexuellen Gefühle und Beziehungen beeinflussen. Diesen unterschiedlichen Bedeutungen, die sexuelle Verhaltensweisen für uns haben – negative wie positive – auf den Grund zu gehen hilft uns dabei, unser sexuelles Verhaltensmuster zu erweitern und ein reicheres und erfüllteres Sexualleben zu leben.

Nehmen wir beispielsweise auf, was Alexandra zu erzählen hatte. Die Kunstgeschichtsstudentin ist eine kultivierte, intelligente und sensible Frau mit weißblondem Haar und kastanienbraunen Augen. Seit einem Jahr lebt sie mit ihrem Freund Ted zusammen:

> **Am Anfang** unserer Beziehung gab es ein paar Probleme. Ted wollte Dinge ausprobieren, die ich nicht wollte. Es ging dabei um oralen Sex. Ich konnte es einfach nicht tun. Ich wurde überhaupt nicht prüde erzogen, Sexualität war in meiner Familie äußerst präsent. Mein Vater hatte überall im Haus Pornohefte herumliegen, sogar im Badezimmer. In einem Schrank stapelten sich *Hustler*- und *Playboy*-Magazine, und wir alle stießen ständig auf solche Sachen, sobald wir eine Schublade aufmachten. Also habe ich mir das Zeug auch angeschaut. Viele Posen von Frauen fand ich nicht schön. Manche Frauen hatten oralen Sex und die knieten dann nackt vor einem Mann, der beispielsweise Holzfällerstiefel trug. Solche Bilder fand ich entwürdigend.
>
> Ted und ich stritten über meine Verweigerung. Er dachte, dass ich ihn nicht wirklich mochte, weil ich es nicht tun wollte. Als ich ihm erklärte, dass ich das Gefühl hatte, dass er mich degradieren würde, weil er das von mir verlangte, war er schockiert – es hatte für ihn einfach nicht dieselbe negative Bedeutung wie für mich. Ich habe lange gebraucht, um einzusehen, dass Ted Oralverkehr schlichtweg mochte. Es ging ihm nicht darum, mich zu verletzen oder zu demütigen – es bereitet ihm einfach Vergnügen. Ich mag diese Art des Geschlechtsverkehrs immer noch nicht besonders, aber sie ist für mich viel unproblematischer geworden.

So wie wir es sehen, hat Alexandra in ihrem Umgang mit diesem Konflikt sexuelle Intelligenz bewiesen. Zunächst war sie in einem fürchterlichen Konflikt gefangen: Sie empfand Oralverkehr als demütigend, während Ted ihn aufregend fand. Als sie begann, genauer über die tiefere Bedeutung nachzudenken, die sie mit dem Akt verband, und anfing, Ted ihre Gefühle mitzuteilen, und dann von ihm erfuhr, wie er über darüber dachte, verstand sie diesen Aspekt ihres Sexuallebens besser und fühlte sich tatsächlich wohler, wenn sie oralen Sex praktizierte. Alexandra beschritt einen sexuell intelligenten Weg, als sie sich die persönlichen emotionalen Bedeutungen genauer ansah, die sie mit dieser bestimmten sexuellen Technik verband, die nun nicht nur als Problem gesehen wurde. Was Ted von Oralverkehr hält oder was die Gesellschaft für »normal« einschätzt oder nicht, ist bei weitem nicht so wichtig wie die Tatsache, dass Alexandra etwas über sich selbst gelernt hat. Sie war in der Lage, sich die Botschaften, die sie unfreiwillig in ihrer Jugend über Sex und Männer erfahren hatte, bewusst zu machen, und gerade dadurch ein neues Gefühl der Sicherheit und des Selbstvertrauens zu entwickeln, sobald sie die negativen sexuellen Signale durchschaut hatte, die mit Pornographie verbunden werden.

KAPITEL 9

Sind Männer zwanghaft
sexuell aggressiv?

Seine unangenehmste sexuelle Erfahrung machte der 20-jährige John vor einem Jahr:

> **Ich war** noch auf der Highschool, und an einem Wochenende besuchte ich Freunde, die bereits aufs College gingen. Am ersten Abend, den ich auf dem Campus verbrachte, traf ich Chris. Ich fand sie äußerst attraktiv, sie sah gut aus, war klug und sehr witzig. Nach etwa zwei Stunden lud Chris mich ein, in ihrem Studentenheim zu übernachten, und meine Freunde waren längst weg, weil sie dachten, dass ich andere Dinge im Kopf hätte. Wir hatten dann Sex. Das war nicht beabsichtigt, ich wollte es wirklich nicht; ich war sogar richtig dagegen. Aber Chris war ziemlich fordernd. Am nächsten Tag hasste ich mich selbst, als eine Person, die ich – wie ich herausfand – auch sein konnte. Ich war immer stolz darauf, dass ich unabhängig war, hielt mich immer für einen Menschen, der jedem Druck widerstehen könnte.

Johns Geschichte ist, oberflächlich gesehen, nur allzu bekannt. Es mag jedoch überraschen, dass den sexuell aggressiven Part in diesem Fall eine Frau übernimmt.

Unsere Gesellschaft mag noch so sehr glauben, dass sie inzwischen sehr liberal mit den Klischees der Geschlechterrollen umgeht, unsere Forschungsergebnisse zeigen jedoch, dass sich viele von uns immer noch dem ungeheuren Druck beugen, traditionelles Rollenverhalten zu akzeptieren und zu zeigen. Deshalb ist es umso wichtiger, darauf hinzuweisen, dass diejenigen, die sich nicht diesem Druck fügen, die alle Aspekte ihrer eigenen Persönlichkeit akzeptieren und genießen, ganz gleich, ob die Gesellschaft sie als »maskulin« oder »feminin« eingestuft hat, durchweg einen sehr viel höheren Sex-IQ aufweisen als alle anderen. Mit anderen Worten: Es gibt eine wichtige Korrelation zwischen der Gelassenheit gegenüber der eigenen Geschlechterdefinition einerseits und der sexuellen Intelligenz andererseits.

Die üblichen Klischees über Weiblichkeit und Männlichkeit beinhalten natürlich die Fehleinschätzung, dass Männer sexuell aggressiv sind, einen viel größeren Sexualdrang verspüren und aus Gründen körperlicher Lust sehr viel mehr an Sex interessiert sind als Frauen. Diese sollen dagegen stärker an Wertvorstellungen hängen und ihre Gefühle besser ausdrücken können und seelische Intimität pflegen und hegen.

Sehen wir uns Moniques Haltung gegenüber Männern an. Sie ist eine 21-jährige Schwesternschülerin, die eine feste und ausgesprochen negative Meinung über Männer hat. Sie lebt zwar im Augenblick in einer Beziehung, doch der Sex ist sehr unbefriedigend: Sie kreuzte in unserem Test alle nur denkbaren sexuellen Dysfunktionen an. Das Einzige, was Moniques Mutter ihr je mitgeteilt hat, war, dass »die meisten Männer einen benutzen und dann abhauen«. Sie schläft weiterhin mit ihrem Partner – dem einzigen sexuellen Partner, den sie je hatte –, doch mehr zu seinem Vergnügen als zu ihrem:

Sex bedeutet meinem Freund mehr als mir. Sex ist einfach kein wichtiger Bestandteil meines Lebens. Wenn wir beisammen sind, und er mit mir schlafen will, dann tue ich das, aber eigentlich will ich das nicht jeden Tag.

Monique hat ihrem Partner nie erzählt, was sie körperlich stimulieren könnte, noch, dass sie mit ihrem derzeitigem Sexualleben unzufrieden ist. Sie misstraut Männern, glaubt, dass sie nur Sex interessiert und dass man sich nicht auf sie verlassen kann. Sie hat sich auf ein Leben eingestellt, dass auf folgenden Annahmen basiert:

Meistens denke ich, dass ich gar keinen Mann in meinem Leben brauche, um das zu tun, was ich tun will. Man kann sich nicht auf

sie verlassen. Ich will auch keinen Vater für mein zukünftiges
Baby, ich werde das Baby einfach allein kriegen. Und mein
Freund wird dann richtig sauer sein – wenn er nicht schon weg
ist. Ich glaube nicht, dass ein Vater nötig ist. Dem Baby geht es
sicher besser, wenn es keinen hat.

Das ist ein sehr düsterer Blick auf das andere Geschlecht. Und
einer, der genau den Stereotypen folgt. Diese Klischees über
Männer und Frauen verstellen uns die Sicht auf die Wahrheit
darüber, wie sich einzelne Frauen und Männer sexuell verhalten, was sie im Bett wollen, was sie über Sex denken. Nimmt
man diese Klischees für bare Münze, so führt das unweigerlich
zu Missverständnissen, Verbitterung und Isolation.

Bei unseren Untersuchungen erstaunte uns, wie viele junge
Leute immer noch an die alten Rollenbilder festhalten. Dennoch gibt es eine gute Nachricht: Männer wie Frauen – trotz
ihres Glaubens an tradierte Verhaltensformen – folgen in
ihrem eigenen Vorgehen nicht unbedingt »dem Üblichen«.
Menschen, die sich über traditionelle Geschlechterrollenzuwei-
sungen hinwegsetzen können, die zugleich althergebrachte Aspekte sowohl der Feminität als auch der Maskulinität in sich
selbst akzeptieren können, sind sexuell sehr viel intelligenter
und haben ein besseres Sexualleben als jene Menschen, die sich
den Rollenklischees unterordnen. Sexuell intelligente Menschen wissen, dass individuelle Variationen im Rollenverhalten
existieren, dass es Männer gibt, die nicht nur »typisch Mann«
sind, und dass nicht alle Frauen gleich sind. Darüber hinaus
sind sie sich bewusst, dass die Gesellschaft eine große Bedeutung in der Formierung von Meinungen zur Sexualität und
ihrer Praxis zukommt, dass viele scheinbare Unterschiede zwischen Männern und Frauen anerzogen sind und wieder ver-
lernt werden können.

Die psychologische Forschung kennt etliche Unterschiede im
Denken und Verhalten von Männern und Frauen. Vielen
Frauen glückt es sicherlich besser als manchen Männern, ihre
inneren Ängste und Unsicherheiten auszudrücken. Manchen
Männern gelingt es eher als vielen Frauen, zum Geschlechtsver-
kehr zu animieren. Doch insgesamt gibt es wenige belegbare

Unterschiede im Sexualverhalten und in den Sexualfantasien zwischen Männern und Frauen.[47] Und wenn es Unterschiede gibt, sind sie tendenziell minimal. Eher existiert eine weitgehende Übereinstimmung im Verhalten und in den Ansichten von Mann und Frau.

Für Menschen, die das wissen und deshalb sowohl ihre »feminine« als auch ihre »maskuline« Seite akzeptieren, ist die Chance, ein erfülltes Sexualleben zu haben, signifikant höher. Bei der sexuellen Intelligenz kommt es darauf an, dass wir uns all jene Sehnsüchte und Leidenschaften bewusst machen und akzeptieren, die unser verborgenes sexuelles Ich bewahrt, seien sie nun traditionell »feminin« oder »maskulin«. Männer und Frauen, die sich nicht an die »Regeln« halten, sondern ihren Neigungen nachgehen – beispielsweise Männer, die es manchmal vorziehen, sehr zärtlich mit jemandem zu schlafen, oder Frauen, die beim Sex manchmal lieber die Initiative ergreifen –, sind diejenigen, die sexuell bedeutend intelligenter und befriedigter sind als die auf traditionelle Geschlechterrollen fixierten Menschen.

Statt Vorurteilen über Geschlechterrollen zu folgen, begreifen sexuell intelligente Menschen, wie die von unserer Gesellschaft und unserer Kultur festgeschriebenen Erwartungen gegenüber dem einen oder anderen Geschlecht in ihre eigenen Beziehungen hineinwirken. Es ist vielleicht noch wichtiger, dass der sexuell intelligente Mensch zu verstehen versucht, in welcher Weise das Verhalten und die Ansichten des Partners dadurch beeinflusst sind. Man muss begreifen, was es heißt, eine Frau oder ein Mann zu sein.

Wir fragten Sarah, eine 27-jährige Biologin, worin ihrer Meinung nach der Unterschied zwischen dem sexuellen Verhalten von Männern und Frauen bestehen würde:

Meistens denke ich, dass das sexuelle Verlangen von Frauen ähnlich dem der Männer ist. Oder zumindest entwickelt es sich in diese Richtung. Die Gesellschaft hat uns beigebracht, dass eine Frau, wenn sie eine sexuelle Erregung zeigt, eine Schlampe ist. Sobald ich dieses Vorurteil aber hinter mir lasse, muss ich mich nicht länger schuldig fühlen, wenn ich ein sexuelles Verlangen habe – dann kann ich voll und ganz akzeptieren, dass mein Begehren dem der Männer gleichkommt.

Sarah ist insofern sexuell intelligent, als sie erkennt, dass sie als Frau von einer sexuellen Triebhaftigkeit ähnlich bestimmt wird wie ein Mann. Außerdem ist ihr aufgefallen, dass die Stereotype über weibliches Verhalten immer noch die Macht haben, den Frauen das Gefühl zu geben, dass sie keine starken sexuellen Bedürfnisse haben sollten. Und wenn sie sie haben, dann sollten sie das auf keinen Fall zugeben. Sarah dagegen hört auf ihr sexuelles Ich, statt auf das, was die Gesellschaft Frauen seit Jahrhunderten vorgeschrieben hat. Weil sie sich weigert, sich von den altväterlichen Regeln Grenzen setzen zu lassen, die besagen, dass Frauen keine sexuelle Lust verspüren dürfen, hat Sarah die Freiheit gewonnen, ihre ureigenste Sexualität auszuleben und zu genießen.

Eine ganz ähnliche Aussage erhielten wir von Robert, einem 19-jährigen Psychologiestudenten, der die Unterschiede im Sexualverhalten der Geschlechter der Sozialisation von Männern und Frauen zuschreibt. Robert ist davon überzeugt, »dass Männer und Frauen sich nur deshalb unterscheiden, weil die Gesellschaft sie in dieser Richtung beeinflusst. Wahrscheinlich verhielten Männer und Frauen sich viel ähnlicher, wenn man uns nicht immer so unterschiedlich behandeln würde, wenn ich mehr Dinge machen könnte, die ansonsten Frauen zukommen«.

Nina, eine 29-jährige Apothekerin, findet, dass der Unterschied zwischen den Geschlechtern enorm überschätzt wird. Sie erzählte uns:

Ich glaube, dass die Differenz zwischen Männern und Frauen übertrieben wird. Ich bin der Meinung, dass viele Frauen dieselbe sexuelle Triebhaftigkeit haben, die an sich nur Männern zugeschrieben wird. Man sagt so oft, dass Männer sich von Äußerlichkeiten beeinflussen lassen, dass schöne Körper sie anziehen. Ich jedenfalls denke, dass es Frauen genauso geht. Ich weiß aus eigener Erfahrung, dass ich genauso reagiere. Natürlich gibt es Unterschiede, aber wir sind alle Menschen und wir haben ganz ähnliche Bedürfnisse.

Eine der Fragen, die wir im Rahmen unseres Projekts gestellt haben, lautete: »Glauben Sie, dass sich Männer und Frauen unterschiedlich verhalten, wenn es um Sexualität geht? Und welche Abweichungen können Sie erkennen?« Die Antworten ließen sich in drei Kategorien aufteilen. In der ersten gaben die Befragten an, dass es keinerlei Unterschiede zwischen Männern und Frauen in dieser Hinsicht gäbe. In der zweiten Kategorie befinden sich die Personen, die alle gesellschaftlich und kulturell vorgegebenen Vorurteile über einen vorhandenen Unterschied uneingeschränkt bestätigen. In der dritten Kategorie nahmen die Testpersonen Geschlechtsunterschiede wahr, doch sie spezifizierten ihre Antworten dahingehend, dass nicht alle Individuen in das allgemeine Klischee passten, oder sie wiesen darauf hin, dass viele Klischees im Bereich der Geschlechter durch soziale Konditionierung bewirkt werden. Und diese Gruppe war die sexuell intelligenteste.

Die Mehrheit unserer Befragten hing immer noch der Vorstellung an, dass die Geschlechter sehr verschiedene Konzepte hinsichtlich eines sexuellen Verhaltens und der sexueller Einstellung auszeichnet. Lisa beispielsweise, eine 30-jährige Grafikerin, gab uns zu verstehen, dass Männer und Frauen ihrer Meinung nach »zwei sehr verschiedene Gattungen sind. Für Männer ist es keine große Angelegenheit, wenn sie ständig die Betten wechseln – sie fühlen sich deshalb längst nicht so schuldig wie Frauen«.

Wir nahmen vielfältige Beschwerden von Frauen zu Protokoll, die Sex mit Intimität verbinden wollten, wobei viele Männer in dieser Hinsicht anderer Meinung waren. Sie gaben an, dass sie Sex lieber ohne »all diese Gefühlsduselei« hätten. Barbara, eine 20-jährige Pädagogikstudentin, formulierte es so:

Frauen haben eher die Neigung, eine Beziehung zu wollen; Männer sind dagegen viel eher daran interessiert, Sex zu bekommen und nicht unbedingt eine Beziehung. Ich glaube, dass Frauen immer noch denken, dass der Geschlechtsverkehr tatsächlich etwas bedeutet – dass mit diesem Akt stehts Gefühle verknüpft sind. Männer brauchen diese Empfindungen einfach nicht, also denken sie auch nicht über all diese nach, jedenfalls solange, wie sie es vermeiden können. Sie gehen nicht vordergründig davon aus, dass es jemanden gibt, der hilft und einen hält. Diesen Bereich habe ich aber für mich entdeckt, und er macht mich nun richtig glücklich, da er mich auch sexuell mehr reizt. Aber ich nehme an, dass die meisten Männer das gar nicht verstehen können. Da bin ich mir ziemlich sicher.

Lebensauffassungen wie die von Lisa und Barbara sind leider weit verbreitet unter den Kandidaten, die wir befragt haben. Über 55 Prozent der Befragten bestätigten jene stereotypen Auffassungen von geschlechtsspezifischen Unterschieden bei Frauen und Männern. Die Antworten, die nur 28 Prozent unserer Probanden gaben, dass nämlich einzelne Menschen sich durchaus vom typischen Klischee des Mannes oder der Frau entfernen können, oder dass die Festlegung von Geschlechtsunterschieden durch die Gesellschaft beeinflusst wird, weisen sie als sexuell sehr viel intelligenter aus als jene Personen, die an den alten Klischees festhalten. Sie sind auch intelligenter als jene die jeglichen Unterschied zwischen den Geschlechtern leugneten.

Wichtig war bei unseren Forschungsergebnissen, dass allerdings jene Probanden, die sich am stärksten an den traditionellen Vorstellungen über das Verhalten von Männern und Frauen klammerten, wesentlich weniger rigide handelten, wenn es um ihr eigenes Sexualleben ging.

Sind Männer zwanghaft sexuell aggressiv?

Obwohl fast 60 Prozent der Teilnehmer an unserem Forschungsprojekt behaupteten, dass Männer einen stärkeren Sexualtrieb hätten als Frauen, so stellte sich jedoch auf unsere Frage, wie oft sie denn selbst Geschlechtsverkehr hätten, heraus, dass die Frauen ihn genauso oft praktizierten wie die Männer. Und es waren die Frauen, die uns öfter berichteten, dass sie bereit seien, mit jemandem zu schlafen, den sie nicht besonders gut kennen würden. Eine der Fragen, die wir stellten, lautete: »Haben Sie normalerweise sehr schnell Sex mit jemanden, wenn Sie ihn (oder sie) kennen lernen und sich eine ernste Beziehung mit diesem Menschen vorstellen können?« Die Männer sagten aus, dass sie länger damit warten würden, mit einer Partnerin zu schlafen, mit der eine Dauerbeziehung möglich wäre. Dieses Ergebnis widerspricht natürlich vollkommen der stereotypen Annahme, dass Männer »immer nur das Eine wollen«. Und obwohl es drei Männer in unserer Studie gibt, die sehr viel mehr Sexualpartner als alle Frauen und die übrigen Männer hatten, mit denen wir gesprochen haben (ein Mann behauptete, mit 150 Partnern geschlafen zu haben), kamen alle anderen Teilnehmer, Frauen wie auch Männer, im Durchschnitt auf etwa jeweils vier Sexualpartner.

Die 25-jährige Mary weiß, wie wenig differenziert die Annahme ist, dass Männer zwanghaft sexuell aggressiv sind:

Ich bin noch mit dem Spruch aufgewachsen, dass Mädchen immer passiv sein sollen, während Männer stets aktiv sein müssen. Doch ich bin in fast allen meinen Beziehungen immer die sexuell Aggressivere gewesen. Und die Männer merken das. Und sie mochten das.

Janice, eine College-Studentin, hatte es mit einem sexuell aggressiven Mann zu tun; doch sie widerlegt das stereotype Bild von der unterwürfigen Frau, weil sie weiß, was sie will, und das auch aktiv umsetzt:

Vor ungefähr vier Jahren bin ich mit diesem Mann ausgegangen. Er war ein richtig netter Kerl, doch ich erinnere mich, dass ich ein paarmal bei ihm übernachtet habe, und als wir uns dann küssten, legte er jedes Mal meine Hand in seinen Schritt. Ich habe sie wieder zurückgezogen, weil ich noch nicht bereit war, mit ihm auf diese Weise sexuell zu verkehren. Darauf führte er meine Hand erneut an sein Geschlechtsteil, und es war einfach wieder diese alte Geschichte, Mädchen sollten nett sein und Jungs aggressiv. Schließlich habe ich ihm gesagt: »Ich weiß, wo dein Penis ist, und wenn ich ihn anfassen will, würde ich das auch tun.«

Obwohl Umfrageergebnisse zur Anzahl der Sexualpartner, zur Häufigkeit des Geschlechtsverkehrs und zur Intensität des Sexualtriebs bei Männern und Frauen durchaus variieren, weiß die Forschung doch, dass in vielen Fällen, in denen Männer sexuell sehr viel aktiver als Frauen zu sein scheinen, die angebliche Differenz auch darauf beruhen kann, dass viele Männer sich unter Druck fühlen, sexuelle Aktivitäten übertrieben darzustellen, während Frauen dazu neigen, ihre Tugendhaftigkeit zu übertreiben. Die Professoren Mary Beth Oliver vom Polytechnischen Institut in Blacksburg und Janet Shibley Hyde von der University of Wisconsin in Madison analysierten in einer – von Psychologen »Metaanalyse« genannten – Studie die Gesamtergebnisse von 177 wissenschaftlichen Untersuchungen über Geschlechtsunterschiede in der Sexualität von den sechziger Jahren bis heute. Die beiden Wissenschaftlerinnen entdeckten wenig prägnante Unterschiede bei der Häufigkeit des Geschlechtsverkehrs zwischen Männern und Frauen. Gab es eine minimale Differenz in jungen Jahren, so wurde sie mit der Zeit immer kleiner.

Sind Frauen fähiger zu intimer Nähe als Männer?

Ein weiteres Beispiel dafür, dass das eigene Verhalten der Teilnehmer nicht mit ihren Vorurteilen über Geschlechterunterschiede übereinstimmte, betraf den Bereich der menschlichen Nähe, der Intimität. Wir haben bereits die stereotypen Ansichten einer unserer Teilnehmerinnen, Barbara, gehört, wonach Männer beiläufig Sex hätten, nur der körperlichen Lust wegen, während Frauen sehr viel mehr Gefühle investierten und sensibler seien, um seelische Verbundenheit herzustellen. Sie ist nicht allein mit diesem Irrglauben.

Was wir jedoch im Rahmen unserer Forschung herausgefunden haben, ist, dass Männer zwar nicht unfähig sind, die körperliche Lust des Sexaktes mit emotionaler Nähe zu verbinden, sondern dass sie diese zwei Elemente nicht auseinander halten können. Vor allem dann, wenn sie sexuell erregt sind, sind sie sich weniger bewusst als Frauen, ob sie rein körperlich reagieren oder auf das Bedürfnis nach emotionaler Nähe oder auf beides zugleich.

Ein ganz wichtiger Bestandteil dieser Intimität ist, dass man

178

die eigenen Gefühle dem anderen offenbaren kann. In einer Reihe von Studien haben Psychologen den Grad der Bereitschaft von Männern und Frauen verglichen, über ihre intimsten Gefühle zu sprechen. Während einige Studien herausfanden, dass Frauen das besser gelingt, haben Studien, in denen Paare über einen längeren Zeitraum befragt wurden, ergeben, dass in Wirklichkeit der Grad der Bereitschaft, intimste Gefühle preiszugeben, kaum voneinander abweicht.[48] Eine Langzeitstudie, durchgeführt von den Psychologen Susan und Clyde Hendrick an der Texas Tech University in Lubbock, ging dieser Problematik bei Studienanfängern nach. Die Wissenschaftler analysierten dabei Daten von über tausend Studenten. Ihr Ergebnis zeigt, dass sowohl Männer als auch Frauen die Bedeutung der emotionalen Ebene beim Sex nicht leugnen. Der Wissenschaftler Jerry Barba stellte aufgrund eines Forschungsprojekts ebenfalls fest, dass es in der grundsätzlichen Fähigkeit von Männern und Frauen keinen Unterschied gäbe, eine enge emotionale Beziehung einzugehen.

George, ein attraktiver und erfolgreicher 30-jähriger Anwalt, erzählte uns, wie unwohl er sich fühlt, wenn er Sex mit Frauen hat, mit denen ihn keine Gefühle verbinden:

Ich will nicht in einen Club gehen und eine Frau ansprechen, sie mit nach Hause nehmen und dann am nächsten Morgen aufwachen, nur um sie irgendwo abzusetzen, wohl wissend, dass ich sie nie wieder anrufen werde. Und weil ich nicht will, dass mir Ähnliches passiert, tue ich es auch keinem anderen an.

Die einzig wirklich gravierende Differenz, die wir zwischen den Geschlechtern gefunden haben, bezieht sich auf die sexuelle Intelligenz. Generell sind Frauen sexuell intelligenter als Männer, besonders im Bereich der genauen Kenntnisse über Sexualität. Das heißt, dass die von uns befragten Frauen weit besser über menschliche Sexualität Bescheid wussten und sehr viel besser in der Lage waren, dieses Wissen in die Praxis umzusetzen. Zudem sind Frauen sehr viel klarer, um den Mythos hinsichtlich weiblicher und männlicher Sexualität zu durchschauen, der in unserer Kultur so weit verbreitet ist. Männer fallen eher auf ge-

sellschaftliche Vorurteile herein, beispielsweise bei den Vergewaltigungsfantasien. Was aber nicht heißt, dass wir unter unseren männlichen Testpersonen keine sexuell hochintelligenten
Männer gehabt hätten.

Über den Orgasmus reden

Stereotype Vorstellungen über Männer und Frauen sind auf
zweifache Art gefährlich: Sie sind unfair und führen in die Irre,
wenn man sie auf bestimmte Individuen überträgt, und sie
schüren den Glauben, dass Männer und Frauen von zwei verschiedenen Planeten stammen und dass es nicht möglich ist, das
andere Geschlecht zu verstehen, jedenfalls nicht ohne Ratgeber
oder Anleitung. Eine der Fragen, die wir unseren Testpersonen
stellten, lautete: »Wie gut können Sie das andere Geschlecht
verstehen?« Diejenigen, die sexuell am intelligentesten waren,
gaben zu, dass es Zeiten gab, in denen sie das Verhalten des
anderen Geschlechts nicht wirklich begriffen haben, während
diejenigen, die aussagten, dass das Verhalten des anderen Geschlechts ihnen ein vollkommenes Rätsel sei, sexuell sehr viel
weniger intelligent waren.

Der Schlüssel zur Überwindung stereotyper Vorurteile über
die Differenz der Geschlechter liegt im kommunikativen Bereich. Nur dadurch, dass sie miteinander reden, können Partner
entdecken, wie prägend ihre individuellen Erfahrungen sich auf
die geschlechtsspezifische Sozialisation auswirken, was Maskulinität für einen bestimmten Mann und Femininität für eine bestimmte Frau bedeutet. Dieses Wissen kann dann genutzt werden, um das gegenseitige Begreifen zu vertiefen. Als wir unsere
Testpersonen fragten, was ihrer Meinung nach der häufigste
Grund für sexuelle Probleme zwischen Männern und Frauen
sei, waren die sexuell intelligenteren der Meinung, dass sexuelle
Schwierigkeiten dann auftreten, wenn die Partner zu wenig
über ihre Bedürfnisse und Sehnsüchte sprechen würden. Weniger sexuell intelligente Teilnehmer meinten hingegen, dass sexuelle Probleme dann entstehen, wenn Männer und Frauen einfach nicht dasselbe im Bett wollen.

Leider finden Menschen, die versuchen, hinsichtlich ihrer wirklichen sexuellen Sehnsüchte und Wünsche ehrlich mit sich selbst und ihrem Partner zu sein, noch sehr wenig Rückhalt in unserer Gesellschaft. Karen, eine 20-jährige Studentin, mit der wir sprachen, hatte erfahren, dass Männer von ihrem sozialen Umfeld sehr viel stärker als Frauen ermutigt werden, offen über ihr Sexualverhalten zu sprechen:

Es ist ganz einfach wahr, dass ein Mann, den man befragt, ob er masturbiert, sofort fröhlich erzählt, wie oft er es tut und an was er dabei denkt. Doch wenn man eine Frau um Auskunft bittet, wird sie es leugnen und dabei ganz empört ausschauen. Wie könne man überhaupt auf die Idee kommen, lese ich dem Gesicht ab, sie würde masturbieren?

Scott, ein schüchterner 36-jähriger Buchhalter, sprach ebenfalls darüber, wie Männer ermutigt werden, mit sexuellen Leistungen zu protzen:

Mir ist es immer schwer gefallen, Frauen kennen zu lernen. Wenn ich mit anderen Männern zusammen war, habe ich mich unter Druck gefühlt, Geschichten zu erfinden. Ich glaube, dass viele Männer das tun. Es ist nicht so, dass wir alle übersexualisiert sind oder so. Wir denken alle nur, dass die Leute uns für Waschlappen halten, wenn wir nicht erzählen, dass wir vor kurzem erst wieder einmal »Treffer« gehabt haben.

Weil wir davon ausgingen, dass viele der Teilnehmer an unserer Studie nicht gerne offen über ihre wahren sexuellen Gefühle sprechen würden oder sie nur verzerrt wiedergegeben hätten, zogen wir es vor, in bestimmten Fällen indirekte Fragen zu stellen, um ihre wirkliche Einstellung gegenüber bestimmten Sexualpraktiken herauszufinden, statt sie direkt darauf anzusprechen. So haben wir beispielsweise gefragt, ob sie Masturbation für falsch oder für einen »normalen« Ausdruck der Sexualität hielten, statt sie direkt hinsichtlich ihrer Masturbationshäufigkeit anzusprechen. Wir fanden heraus, dass es keinen Unterschied gab, wie Frauen oder Männer diese Fragen beantworteten. Darüber hinaus haben wir die Teilnehmer mittels indirekter Fragen über die Intensität ihres Sexualtriebs befragt. Und wiederum stellte sich heraus, dass es keine nennenswerte Differenz zwischen den Geschlechtern gab. Während die Gesellschaft die Männer anspornt, mit ihren sexuellen Aktivitäten anzugeben, und Frauen rät, darüber zu schweigen, werden weder Männer noch Frauen konsequent dazu ermutigt, sich selbst und anderen gegenüber vollkommen ehrlich hinsichtlich ihrer sexuellen Wünsche zu sein.

Um sexuell intelligent zu sein und ein erfüllteres Sexualleben zu genießen, ist es wichtig, dass man nicht leichtfertigen Generalisierungen zum Opfer fällt, die angeblich genauestens darüber Auskunft geben, wie alle Männer wirklich sind oder was die Wahrheit über die Frauen ist. Doch es gibt einen noch besseren Weg, wie man den Grad der sexuellen Erfüllung noch steigern kann: indem man die Grenzen der Geschlechtzuweisungen gänzlich überschreitet.

Unsere Forschungen haben ergeben, dass wir uns zwei Welten erschaffen können. Die eine ist die »geschlechtsbezogene« oder »geschlechtstypisierte« Welt, in welcher Männer und Frauen davon ausgehen, dass sie sich an die traditionellen Vorstellungen halten müssen, jedenfalls hinsichtlich der Annahmen was einen Mann »männlich« macht und eine Frau »weiblich«. Wenn Männer und Frauen in dieser Welt entdecken, dass ihre wahren Gefühle und Neigungen nicht unbedingt den Standarderwartungen bezüglich des einen oder anderen Geschlechts entsprechen, dann empfinden sie Scham darüber, angeblich nicht »männlich« oder »weiblich« genug zu sein. Dann bleibt ihnen kaum eine andere Wahl, als einen Teil ihres Selbst für immer zu begraben. In der zweiten möglichen Welt, einer Welt, in der Männer und Frauen sich zugestehen, alle ihre Gefühle und Verhaltensmuster zu akzeptieren und ehrlich damit umzugehen, ob sie nun den Klischees vom Verhalten der Geschlechter erfüllen oder nicht, sind peinliche Empfindungen nicht länger nötig. Die Menschen können ganz sie selbst sein, können alle ihre Neigungen genießen und schätzen lernen, ganz gleich, ob sie als traditionell »männlich« oder als »weiblich« gelten. Diese Haltung ist nicht nur befreiend, sie führt tatsächlich zu gesünderen, erfüllenderen Partnerschaften – und zu besserem Sex.

In den letzten zwei Jahrzehnten haben sich die Psychologen immer stärker für das Konzept der »Androgynität« interessiert. Ein Mensch, der in dem Sinne »androgyn« ist, wie die Psychologie es versteht, verfügt in einem hohen Maße über weibliche und männliche Eigenschaften. Androgynität heißt, dass sich Männer wie Frauen sehr gut durchsetzen können – als Manager beispielsweise –, aber auch äußerst sensibel und mütterlich sein können – etwa bei einem Umgang mit einem verängstigten Kind. Androgene Menschen passen ihr Verhalten einer Situation an, während Personen, die geschlechtstypisch denken – Männer sind »Machos« und Frauen müssen ultrafeminin sein –, viel begrenzter in ihrem Verhalten sind. Individuen mit androgyner Ausrichtung sind weder abnorm noch asexuell (oder gar transsexuell). Es sind gesunde, normale Leute, die einfach nur offener und flexibler in ihrem Verhalten sind, indem sie brauchbare männliche und weibliche Elemente miteinander kombinieren.

Androgyne Männer neigen sehr viel eher als geschlechtstypisch denkende dazu, warmherzige Komplimente zu machen. Androgyne Frauen wiederum weisen weitaus häufiger unzumutbare Anforderungen zurück als Frauen, die von festen Rollenklischees geprägt sind. Doch die Menschen, die fähig sind, sowohl ihrer männlichen wie ihrer weiblichen Seite Ausdruck zu geben, genießen darüber hinaus noch eine ganze Reihe weiterer Vorteile. Der wichtigste ist sicher, dass sie sexuell intelligenter sind als Menschen, die sich an die traditionellen Geschlechterrollen halten. Da sexuell intelligente Menschen ein erfüllteres Sexualleben haben und seltener unter sexuellen Dysfunktionen leiden, sind wir der Meinung, dass es wichtig ist, sowohl die männlichen als auch die weiblichen Eigenschaften, die in jeder Person vorhanden sind, zu kultivieren und in unsere Persönlichkeit aufzunehmen.

Untersuchungen haben zudem gezeigt, dass androgyne Menschen ein größeres Selbstvertrauen haben, und dass insbesondere die Männer unter ihnen bei Verabredungen und sexuellen Begegnungen gelassener und selbstbewusster sind.[49] Androgyne

Männer und Frauen sehen Sexualität grundsätzlich als etwas Positives an und sind insgesamt auch liberaler als Individuen, die den Rollenklischees anhängen.[50]

Wer sich dagegen an Rollenklischees festhält, wird an einem erfüllten Sexualleben gehindert. Um nur ein Beispiel zu nennen: Die traditionelle Rollenzuschreibung setzt voraus, dass der Mann einen stärkeren Sexualtrieb hat, zudem schreibt sie vor, dass er derjenige sein muss, der die Initiative zum Sex ergreift, während Frauen passiv sein sollen. Bei Männern, die stark diesen Klischees verhaftet sind, besteht die Gefahr, dass sie sexuell versagen, wenn die Frau eine aktivere Rolle ausübt.[51] Traditionell eingestellte Frauen hingegen haben oftmals das Problem, dass sie ihrer vorgeschriebenen Rolle gemäß nicht in der Lage sind, ihrem Partner mitzuteilen, was sie möchten oder brauchen. Androgyne Männer und Frauen hingegen neigen eher dazu, Verhaltensweisen und Empfindungen, die für sie selbst und den Partner vollkommen natürlich sind, zu akzeptieren. Sie fühlen sich auch wohler, wenn sie ehrlich und direkt diese natürlichen Neigungen ausdrücken und ausleben können. Daher haben sie in sexuellen Situationen auch eher das Gefühl, »ganz sie selbst« zu sein.

Androgyne Frauen haben es tatsächlich leichter, einen Orgasmus zu bekommen. Für eine Studie, in der sie androgyne mit rollenverhafteten Frauen verglich, fand Shirley Radlove von der Miami University ihre Probanden – verheiratete Frauen – über Anzeigen in Tageszeitungen. Die Frauen füllten eine Reihe von Fragebögen aus, darunter auch den »Bem Sex Role Inventory«-Test, der den Grad von Androgynität und Rollenverhaftung misst. Darüber hinaus bat Radlove die Frauen, die Häufigkeit eines Orgasmus beim Geschlechtsverkehr anzugeben. Die Wissenschaftlerin fand heraus, dass androgyne Frauen häufiger zum Orgasmus kamen als Frauen, die in festen Rollenbildern leben. Auch stellte sich heraus, dass androgyne Frauen sehr viel eher die Verantwortung für die eigene lustvolle Stimulation übernehmen.

Androgyne Paare haben sehr viel seltener gewalttätige Konflikte in ihrer Beziehung. In einer Studie von 1996 untersuchten die Psychologen Amy Ray und Steven Gold an der Northern

Illinois University in DeKalb die Auswirkung von fest verankerten Rollenklischees auf die sexuelle Beziehung von Paaren. Ray und Gold kamen zu dem Ergebnis, dass bei jenen Paaren sehr viel mehr Aggression mitschwang, bei denen entweder die Frau hyperfeminin oder der Mann überaus männlich war. Bei diesen Paarkonstellationen kam es auch häufig zu verbalen Attacken wie Fluchen oder Schreien.[52] Hypermaskuline Männer sahen sich in ihren Beziehungen viel stärker als die wahren Helden der Welt, was sie wiederum dazu brachte, ihre Partnerin anzugreifen. Hochgradig feminine Frauen waren dagegen der Meinung, dass ihr Selbstwertgefühl in ihren Beziehungen stark leiden würde, was sie herauszufordern schien, sich mit verbalen Attacken zu wehren.

Es hat sich auch gezeigt, dass androgyne Menschen zärtlicher sind als diejenigen, die sich ganz an der Rollenerwartung ausrichten, und dass zwei androgyne Menschen sehr viel eher eine glückliche Ehe führen als die Paare, bei denen sich beide stark an der traditionellen Rollenerwartung orientieren, oder die Paare, wo ein Partner androgyn ist und der andere traditionsverhaftet.[53]

Craig, den wir ebenfalls befragten, mag als Beispiel für jemanden herhalten, der die Grenzen der Geschlechterrollenfestschreibung überschritten hat. Craig ist ein 34-jähriger Computerprogrammierer, der sehr deutlich sowohl eine traditionell maskuline Seite hat, aber auch sensibel, liebevoll und durchaus zur Nähe fähig ist – also Charaktereigenschaften aufweist, die traditionell als »weiblich« gelten. Craigs Bericht macht sehr deutlich, dass er und seine Freundin all die Vorteile genießen, die entstehen, wenn man die weiblichen und männlichen Züge einer Person gleichermaßen akzeptiert.

Craig ist Bildhauer, doch er erkannte sehr schnell, dass er von seiner Kunst nicht leben konnte. Also ließ er sich zum Computerprogrammierer ausbilden; überdies ist er Unteroffizier der Reserve. Craig verfügt über die notwendige Härte, um Soldaten auszubilden, und über die notwendige Sensibilität, um ein Künstler zu sein. Darüber hinaus ist er fähig, in dem extrem kompetitiven Bereich des Computer-Software-Designs zu funktionieren und er ist in der Lage, sich bewusst für bestimmte Verhaltensweisen zu entscheiden und festzulegen, was seine Wertvorstellungen sind:

> **Der Bereich,** in dem ich gearbeitet habe, ist gänzlich vom Wettbewerbsgedanken durchdrungen; aber ich glaube, dass ich gar nicht mehr so konkurrenzorientiert bin, wie ich es war, als ich jünger war. Damals hat es mir außerordentlich viel bedeutet, der Sieger zu sein. Jetzt ist es für mich wichtiger, die Dinge in meiner Umgebung zu entdecken.

Craig hatte – vielleicht, weil er so gar nicht typisch männlich war – eine Zeit lang große Schwierigkeiten, mit Frauen eine Beziehung aufzubauen. Er erzählte uns von einigen der Frustrationen, die er auf der Suche nach einer passenden Partnerin auszuhalten hatte:

> **Ich bin** wohl mit jeder Frau in dieser Stadt ausgegangen, bevor ich meine jetzige Freundin kennen lernte – Alissa. Das war ein echtes Frustrationstraining. Viele dieser Frauen waren äußerst attraktiv, manche sogar sehr intelligent. Nie war ich mit einer von ihnen länger als ein paar Monate zusammen; mit den meisten bin ich nur zwei- oder dreimal ausgegangen. Vielleicht lag es an mir. Ich hatte immer das Gefühl, dass ich sie nicht »lesen« konnte, es war fast so, als gäbe es einen geheimen Verhaltenscode, den sie kannten, aber nicht ich.
>
> Es muss etwas an mir gewesen sein, dass sich die Frauen von mir abwandten. Sie lächelten und sagten, dass sie sich gut unterhalten hätten, aber dann, wenn ich sie anrief, behaupteten sie, dass ihre Großmutter gerade gestorben sei. Oder sie hatten die Phrase drauf: »Ich bin beruflich wahnsinnig eingespannt.« Ich weiß nicht, was da vor sich ging. Ich hatte immer das Gefühl, dass ich für sie nicht männlich genug war, oder nicht auf die richtige Art und Weise. Zum Beispiel hat mir einmal eine Frau alles über ihre Probleme mit ihrem Auto erzählt, und als ich ihr sagte, dass ich eigentlich gar nichts von Autos verstehe, hat sie mich angesehen, als ob ich ein Alien wäre. Das alles war nicht besonders toll für mein Ego, das kann ich Ihnen versichern.
>
> Und alle meine Freunde und Bekannten hatten Ratschläge für mich, wie ich eine Frau finden könnte. Mein Bruder sagte mir:

»Mach auf cool! Frauen können da einfach nicht widerstehen.« Die Frauen an meinem Arbeitsplatz, mit denen ich befreundet war, gaben mir permanent irgendwelche Tipps, ich solle dies tun und jenes lassen. Manche Frauen, mit denen ich ausging, wollten ihr Abendessen selbst bezahlen, und da habe ich nie widersprochen. Ich wollte nicht als männlicher Chauvinist dastehen. Und dann sagten die Frauen in meiner Firma: »Bist du verrückt? Ich würde kein zweites Mal mit einem Mann ausgehen, der mein Abendessen nicht bezahlt.«

Und wenn ich es bis zu einem dritten oder vierten gemeinsamen Abend brachte, gab es da diese riesigen Probleme mit dem Sex. Soll ich damit anfangen? Wie kann ich wissen, ob sie will oder nicht? Wie wird sie reagieren? Es war immer so nervenaufreibend, dass ich viele Möglichkeiten vermasselt habe.

Dann lernte ich Alissa auf einer Silvesterparty kennen, und ich war sofort interessiert. Sie ist sehr anziehend, doch überhaupt nicht in der Art, wie Filmstars es sind. Sie hat ein interessantes Gesicht. Und sie ist groß – ein Meter fünfundachtzig, also sechs Zentimeter größer als ich, und das fand ich sehr erregend. Von Anfang an hatte ich das Gefühl, das es das Natürlichste auf der Welt war, mit ihr über alles und jedes zu reden. Ich habe mich nie gefragt, was sie wohl über mich denken oder wie ich auf sie wirken könnte. Ich hatte auch nie das Gefühl, dass ich bestimmte Themen lieber nicht ansprechen sollte – beispielsweise dass ich wenig Ahnung von technischen Dingen habe. Es ist schon komisch, aber unter meinen Freunden wird viel angegeben, gerade aus Unsicherheit heraus bezüglich der Männlichkeit oder hinsichtlich der sexuellen Leistung. Sogar bei der Größe des Penis wird enorm übertrieben. In Gesprächen mit meinen Freunden bin ich natürlich sehr viel mehr der Macho – und dann rede ich jede Menge Unsinn. Ich weiß das und die wissen das auch, aber wir machen weiter, weil es einfach dazugehört. Mit Alissa kann ich darüber sprechen, wie ich mich wirklich fühle. Da kann ich ganz ich selbst sein.

Craig ist mit seinem jetzigen Sexualleben überaus glücklich. Zwei- bis viermal die Woche haben er und Alissa Geschlechtsverkehr miteinander, trotz der Tatsache, dass sie beide Computerprogrammierer sind, die oft vierzehn Stunden am Tag und sogar samstags und sonntags arbeiten, wenn ein Projekt in der Anfangsphase ist.

Zum Teil verdankt sich die Fähigkeit der beiden, ein gleich starkes Bedürfnis nach Sex aufrechtzuerhalten, der Gegebenheit, dass Craig sich von der traditionellen Geschlechterrolle befreit hatte, die vorschreibt, dass die Arbeit die höchste Priorität im Leben eines Mannes zu sein hat, und dass Frauen die Verantwortung für die »Gesundheit« einer Beziehung zu übernehmen haben, also auch bei auftretenden Problemen die Initiative zum klärenden Gespräch ergreifen müssten:

Manchmal denkt meine Freundin sehr viel öfter an Sex als ich. In den letzten beiden Wochen war ich wiederum sehr viel interessierter an diesen Dingen als sie, weil Alissa bis in die Nacht hinein geschuftet hat. Sie versucht, den Termin für einen Kunden einzuhalten. Ich sehe ein, dass in einer solchen Situation auch unsere Beziehung anders verlaufen muss.

In dieser Zeit haben wir auch wenig über uns gesprochen. Gestern sind wir zum Abendessen ausgegangen und wir hatten ein langes Gespräch. Einfach nur darüber, wo wir uns beide befinden, was uns jeweils beschäftigt, was meine Sorgen sind, was meine Gedanken zu unserer Perspektive sind. Und sie hat mir erzählt, über was sie nachdenkt und was sie gerade durchmacht. Es war schön, darüber zu reden. Wir fühlten uns beide sehr viel besser danach.

Craig schätzt menschliche Nähe und Intimität genauso sehr wie körperliche Lust und widerspricht damit dem Klischee, dass Männer am Sex nur die körperliche Erfüllung schätzen, während Frauen eher emotionale Nähe suchen.

Der Sex zwischen uns ist im Augenblick eher von der schnellen Art. Aber wir versuchen auch immer wieder, unseren Wünschen mehr Raum zu geben, sodass wir Zeit haben, uns wirklich gegenseitig zu genießen. Es gibt Momente, in denen ich dieses »Rauf und wieder runter«-Verfahren gar nicht mag, weil es sich unvollständig anfühlt, als würde etwas fehlen.

Wir haben beide einen starken Willen. So ist es nur natürlich, dass wir aneinander geraten. Wenn sie zum Beispiel eine Sache so sieht und ich sehe sie ganz anders, dann gibt es heftige Diskussionen. Aber am Ende des Abends haben wir uns bislang jedes Mal wieder ausgesöhnt. Es scheint so, als ob wir uns eine Spielregel für solche Streitereien geschaffen haben; egal was kommt, am Ende des Abends, wenn wir ins Bett gehen, ist die Diskussion ad acta gelegt bis zum nächsten Morgen. Das funktioniert ziemlich gut. Es passiert ja oft, dass man eine Sache ganz anders betrachtet, wenn man darüber geschlafen hat.

Vor allem spürt man schon an der Art, wie er seine Beziehung beschreibt, dass Craig und Alissa etwas besonders Kostbares haben: eine dauerhafte Beziehung, die sie glücklich macht, die sie in schweren Zeiten trägt und zu der fantastischer Sex gehört:

Ich will mich ihr nie unterlegen fühlen, aber ich will ihr auch nicht überlegen sein. Doch sie hat alles, was ich mir von einer Frau wünsche; und ich habe viel von ihr gelernt. Wir sind beide füreinander da. Wenn man eine dauerhafte Beziehung hat, dann hat man jemanden, auf den man sich verlassen kann, jemand, der für einen da ist, jemand, mit dem man reden kann, jemand, dem man voll vertraut. Und wenn man selbst für jemand anderen da sein kann, dann ist das eine große Bereicherung für einen selbst.

Craigs Geschichte sagt eigentlich alles. Indem er es zulässt, androgyn zu sein – er macht sich keine Sorgen darüber, ob seine Partnerin ihn für »männlich« genug hält –, lebt Craig das, was wir die sexuell intelligente Art nennen, sich mit Geschlechterrollen auseinander zu setzen. Er gestattet sich, der zu sein, der er ist, und kümmert sich nicht um die Geschlechterrollen, die die Gesellschaft vorschreibt.

Ein Schlüsselelement der sexuellen Intelligenz ist das Bewusstsein, dass einige Aspekte unseres verborgenen sexuellen Ichs von unserem Geschlecht beeinflusst werden. Wir sind alle in einem gewissen Maß so erzogen worden, dass wir uns stereotypen Geschlechterrollen anpassen. Innerhalb unserer Beziehungen sind wir jedoch dann sexuell intelligent, wenn wir die Unterschiede ergründen, die sich aus der Geschlechterdifferenz ergeben können – oder sich zu ergeben scheinen. Statt umfassende Vorurteile darüber zu hegen, wie alle Männer oder alle Frauen wirklich sind, konzentrieren sich sexuell intelligente Menschen darauf, inwieweit Geschlechterrollen oder Erwartungen gegenüber Geschlechterrollen in ihre individuelle Beziehung hineinspielen. Sexuell intelligente Menschen sind sich bewusst, dass es – im Gegensatz zu den kulturellen Klischees – sehr wenig Unterschiede zwischen Männern und Frauen hinsichtlich ihrer sexuellen Ansichten und ihres Verhaltens gibt, und dass individuelle Persönlichkeiten in sehr unterschiedlicher Weise typisch männlich oder weiblich sind.

Wo immer es tatsächliche Beweise für Differenzen zwischen Männern und Frauen gibt, die ihr sexuelles Begehren und Verhalten beeinflussen, ist das Wissen um diese Abweichungen und auch die Fähigkeit, dieses Wissen zum eigenen Vorteil zu nutzen, ein wichtiger Bestandteil der sexuellen Intelligenz. Doch um sich von den einengenden – und oft negativen – Einflüssen dieser stereotypen Vorstellungen auf Beziehungen befreien zu können, muss man die Wahrheit über diese falschen Klischees kennen. Und schließlich kann uns das Wissen darüber auch frei machen, um sowohl männliche als auch weibliche Eigenschaften in unsere eigene Persönlichkeit zu integrieren und unsere Sexualität auf vielschichtigere und auch interessantere Art und Weise weiterzuentwickeln. Vorurteile, wie wir uns, als Mann oder Frau, im Bett verhalten sollen oder wie unser Partner sich darstellen sollte, hindern uns daran, den bestmöglichen Sex und eine wirklich glückliche Beziehung zu haben. Die alten Regeln hinsichtlich eines sexuellen Reaktionsmusters zu durchbrechen macht uns frei, wir selbst zu sein, und führt tatsächlich zu einem besseren Sexualleben.

KAPITEL 10

Im Netz
sexueller Gewalt

Das verborgene sexuelle Ich zu erkennen und zu akzeptieren, das sind die beiden Fähigkeiten, durch die sich sexuelle Intelligenz auszeichnet. Wenn das wahr ist, könnte seine Unterdrückung und Ausgrenzung diesen wesentlichen Bereich der menschlichen Persönlichkeit gefährden und zu einer zerstörten oder zerstörenden Sexualität führen. Das verborgene sexuelle Ich sagt uns, welches sexuelle Wesen wir sind. Es verkörpert nicht nur unsere authentischen sexuellen Bedürfnisse, sondern auch die im Laufe unserer persönlichen Entwicklung erworbenen – oftmals verzerrten – Vorstellungen darüber, wie wir sexuell zu sein haben. Wie bereits erwähnt, schnitt eine relativ hohe Anzahl der Teilnehmer an unserem Forschungsprojekt auf Fragen zu ihrer Selbstwahrnehmung, das heißt, inwieweit sie ihr wirkliches sexuelles Ich kannten, verstanden und annahmen, mit einem niedrigen Sex-IQ ab.

Die größte Möglichkeit für eine gestörte Selbstwahrnehmung ist die Erfahrung sexuellen Missbrauchs in der Kindheit. Während dieses einschneidende Erlebnis den Zugang zum verborgenen sexuellen Ich verschüttet, bleibt die Sensibilität in anderen Bereichen und die soziale Fähigkeit verhältnismäßig funktionsfähig. Es ist nicht verwunderlich, wenn Menschen, die in ihrer Kindheit sexueller Gewalt ausgesetzt waren, große innere Widerstände entwickeln, ihre eigene Sexualität zu erforschen, weil dies für sie einen viel zu schmerzlichen und aufwühlenden Prozess darstellen würde. Erinnerungen und Erfahrungen, die mit ihrer Vergangenheit verbunden sind, grenzen sie oft aus ihrem alltäglichen Bewusstsein aus, womit sie sich gleichzeitig die Chance verspielen, ihre erwachsene Sexualität zu verstehen. Aber auch die Umwelt übt mit ihrer Ignoranz indirekt einen starken Druck auf die Menschen aus, frühe Erfahrungen sexuellen Missbrauchs zu verdrängen, die Tatsachen ihrer eigenen Geschichte zu negieren, ihr Schamgefühl in Stillschweigen zu hüllen.

Wenn auch bei Opfern von Kindesmissbrauch ein beschädigtes Selbstbewusstsein eine verständliche Folge sein mag, ist dieser Preis jedoch sehr hoch. Zum einen sind sich die Betroffenen des unentwirrbaren Geflechts von sexueller Erregung, Gewalt und Demütigung nicht bewusst, das ihre sexuellen Wünsche und Neigungen überwuchert hat, und zum anderen leiden jene, die in ihrer Kindheit sexuell missbraucht wurden, eher an sexuellen Dysfunktionen oder klagen über eine mangelnde sexuelle Befriedigung. Darüber hinaus tendieren sexuell missbrauchte Menschen als Erwachsene zu einem promiskuitivem Sexualverhalten und geraten später häufig in Situationen, in denen sie erneut Opfer sexueller Gewalt werden oder andere zu ihrem Opfer machen.

Doch die Erfahrung sexuellen Missbrauchs muss nicht gleichbedeutend damit sein, ein Leben lang an diesen Problemen zu leiden. Denn mit dem Entschluss, das verborgene sexuelle Ich zurückzuerobern, ist die Hoffnung gegeben, die Folgen sexueller Gewalt zu überwinden. Es mag gewiss nicht leicht sein, sich der Herausforderung zu stellen, in die eigene Vergangenheit zurückzugehen, um die schmerzlichen Erfahrungen aufzudecken; doch mit der Unterstützung von Freunden, einem vertrauenswürdigen Partner oder auch mit professioneller Hilfe, kann ein Weg gefunden werden – vielleicht zum ersten Mal –, eine offene und ehrliche Beziehung einzugehen, Nähe und Vertrauen herzustellen und die ersehnte sexuelle Erfüllung zu finden.

Die Folgen sexueller Übergriffe

Es gibt die Meinung, dass sexueller Missbrauch ohne Penetration, also ein sexueller Übergriff, bei dem das Kind »nur« gestreichelt, getätschelt wird, oder der Erwachsene sich vor ihm entblößt, weniger gravierende Folgen hätte und kaum Spuren in der Sexualität des Erwachsenen hinterlassen würde. Auch wenn ein sexueller Missbrauch mit Penetration langfristig größeren seelischen Schaden anrichtet, bleiben zweifellos auch bei »harmloseren« Formen der Belästigung von Kindern schlimme Narben zurück.

Nehmen wir zum Beispiel Krystal und ihre Erfahrungen mit einem frühen sexuellen Trauma. Krystal ist zweiundzwanzig Jahre alt, eine zierliche Blondine mit blassblauen Augen, die Kriminalistik studiert. Sie ist in Scarsdale, einem wohlhabenden Vorort von New York, geboren und wuchs dort bei ihrer geschiedenen Mutter auf, die zu der Zeit mit einer Reihe von Männern befreundet war. Einer von ihnen, Ira, zog schließlich bei ihnen ein und wurde der Vater von Krystals Halbschwester und Halbbruder. Während er bei ihnen wohnte, verfolgte er Krystal mit sexuellen Belästigungen:

Als ich ungefähr drei war, hatte meine Mutter einen Freund, Ira, mit dem sie zwei Kinder bekam, meinen Bruder und meine Schwester. Er lebte zehn Jahre bei uns, bis ich dreizehn war. Dann ist er nach Queens in eine eigene Wohnung gezogen, aber er kam hin und wieder zu uns, um seine Kinder zu sehen, vor dem Fernseher zu hocken und sich bei uns durchzuschnorren. Er war widerlich. Ich weiß noch, dass er wie ein Ferkel stank und zu Hause praktisch nur in Unterwäsche herumlief. Er hatte was Schmieriges an sich, irgendwie bekam ich den Eindruck, er würde sich absichtlich so geben. Ich weiß auch noch ganz genau, wie er mich manchmal so komisch anguckte, aber damals ahnte ich nicht, dass das etwas mit Sex zu tun hatte, aber es fühlte sich ausgesprochen unangenehm an.

Nachts kam er oft in mein Zimmer. Er hat mich zwar nie berührt, aber im Zimmer war es dunkel und er schlich herein und starrte mich an. Das war sehr beklemmend für mich. Daran erinnere ich mich noch sehr deutlich, und ich wusste, dass er da etwas machte, was nicht richtig war, weil er sich einmal an mein Bett gesetzt hat und ich sofort laut nach meiner Mutter gerufen habe, und da ist er blitzschnell aus meinem Zimmer verschwunden. Er hat offensichtlich Angst gehabt, meine Mutter könnte ihm mit seinem Treiben auf die Schliche kommen.

Ich weiß noch, wie ich Pornos mit ihm angesehen habe, da war ich etwa sechs oder sieben Jahre alt. Wenn ich aus der Schule kam, saß er in seiner Unterwäsche auf dem Sofa und zog sich gerade einen pornographischen Film rein. Wenn ich an ihm vorbeiging, fragte er mich, ob ich denn nicht zuschauen wollte, und ich sagte »Nein«, und verschwand sofort in meinem Zimmer. Aber dann kam ich doch wieder raus, nur so aus Neugier, um schnell mal zu gucken, was auf diesen Videos lief. Er wusste, dass ich da stand, und fragte mich erneut: »Willst du dich nicht zu mir setzen und sehen, was da passiert?«

Die Videos faszinierten mich, weil ich wusste, dass solche Filme nur etwas für Erwachsene waren. Ich beobachtete ihn auch ein paarmal dabei, wie er sich selbst befriedigte, aber ich dachte mir, na ja, das machen erwachsene Männer so, wenn sie sich solche Filme anschauen.

Diese Erlebnisse haben mich lange Zeit daran gehindert, Sex zu haben. Ich habe erst mit zwanzig meine erste sexuelle Erfahrung gemacht. Ira war so abstoßend mit seinem T-Shirt, voll bekleckert mit Spaghetti-Sauce, und seinem Spitzbauch. Ich glaube, das ist auch der Grund, weshalb ich Männern gegenüber so misstrauisch bin. Wenn ich einem Mann begegne und kurz davor stehe, eine Beziehung mit ihm einzugehen, frage ich mich jedes Mal, welche Absichten bei ihm wohl dahinterstecken, ob er mir nur etwas vorspielt, und wenn ich dann mit ihm nach Hause gehe und längere Zeit mit ihm zusammen bin, kommt dann die gemeine, ekelhafte Seite zum Vorschein?

Krystals Erfahrungen zeigen deutlich, dass auch so genannte »subtilere« Formen von sexuellem Missbrauch bei Kindern mit nachhaltigen Schäden verbunden sind. Die völlig unangemessene Art und Weise, mit der sie in jungen Jahren mit Sexualität konfrontiert worden war, haben Krystals Einstellung und entsprechend auch ihre Gefühle zur Sexualität negativ geprägt und bis in ihr Erwachsenenalter hinein belastet. Der Freund ihrer Mutter hatte Krystals Vertrauen missbraucht und erschüttert: Er hatte jene Grenzen nicht respektiert, die Kinder im Zusammenleben mit Erwachsenen, denen sie anvertraut sind, für ihre gesunde Entwicklung unbedingt brauchen. Krystal musste erst einen langen und beschwerlichen Weg gehen, ehe sie ihre

Sexualität zurückgewinnen konnte. Wie die meisten Opfer sexuellen Missbrauchs in der Kindheit, war Krystal vollkommen abgeschnitten von ihrem verborgenen sexuellen Ich.

Durch die Abspaltung von ihrem verborgenen sexuellen Ich stehen Menschen, die sexuell missbraucht wurden, unter dem Zwang, die traumatischen Erlebnisse aus der Vergangenheit zu wiederholen. Viele entwickeln Verhaltensweisen, die nicht nur der eigenen Person, sondern auch allen, mit denen sie eine Beziehung eingehen, großen emotionalen Schaden zufügen. Menschen mit einer geringen sexuellen Intelligenz, insbesondere in dem Bereich, den wir als »Selbstwahrnehmung« bezeichnet haben, geraten in eine Spirale sexueller Gewalt, durch die sie einem zweifachen Risiko ausgesetzt sind, nämlich erneut Opfer sexueller Gewalt zu werden oder andere potenziell zu Opfern ihrer eigenen sexuellen Übergriffe zu machen. Erwachsene, die in ihrer Kindheit sexuellen Übergriffen ausgeliefert waren, verspüren oftmals ein gesteigertes sexuelles Verlangen, oder aber sie flüchten sich in die so genannte sexuelle Anorexie und verlieren jegliche Lust auf Sex.

Es ist nur schrittweise möglich, schmerzhafte vergangene Erfahrungen zu verarbeiten und den Weg zurück zum eigenen verborgenen sexuellen Ich zu finden. Wichtig ist dabei, zu begreifen, dass es diesen überhaupt gibt. Er beginnt damit, dem inneren Wiederholungszwang entgegenzusteuern, indem man das Muster destruktiven Sexualverhaltens aufdeckt und gleichzeitig erkennt, wie man damit sich selbst und anderen seelischen Schmerzen zufügt, die einzig aus dem Zusammenhang mit der Vergangenheit zu erklären sind. Schließlich kann das zwanghafte Verhaltensmuster nur dann durchbrochen werden, wenn die eigene innere Bereitschaft besteht, sich einem vertrauenswürdigen Partner zu öffnen, um über jenes Gefühl, durch vergangene Erlebnisse gebrandmarkt und minderwertig zu sein – das viele Opfer sexuellen Missbrauchs verfolgt und quält –, hinwegzukommen und wieder Vertrauen in sich selbst und andere zu fassen.

Wir wollen in diesem Kapitel die Zwänge näher beschreiben, denen Opfer von Missbrauchserfahrungen unterliegen und die sie unbewusst dazu antreiben, ihr Trauma aus der Vergangenheit immer wieder »neu« durchzuspielen.

Misshandlungen durch Männer

Wie so viele Opfer sexueller Gewalt, verhielt sich Krystal eine Zeit lang sexuell hyperaktiv. In der Vergangenheit ließ sie sich auch wiederholt mit Männern ein, die sie misshandelten:

> **Als Teenager** machte ich eine Phase durch, in der ich mit vielen Männern geschlafen habe. Ich habe damals Dinge getrieben, die wirklich dumm und unvernünftig waren und die mich auch verletzt haben. Beispielsweise schlief ich mit einem Jungen, der mir auf Anhieb gefiel. Ich habe keine Sekunde überlegt, ob es vielleicht doch nicht so gut sei, sofort mit jemandem ins Bett zu gehen, den man gerade auf einer Party kennen gelernt hat. Irgendwie fühlt man sich danach nicht besonders klasse. Viele Beziehungen, die ich mit Männern gehabt habe, waren alles andere als toll. Es waren immer die gleichen Typen, von der Sorte, die einen nur benutzen, richtig ekelhafte Kerle, die alle hauptsächlich Sex wollten. Aber mir war klar, dass ich mir diese Art von Männern absichtlich aussuchte.

Bei den Befragten in unserer Studie fanden wir heraus, dass die Zahl der Sexualpartner bei denjenigen, die als Kinder sexuellen Übergriffen ausgesetzt waren, deutlich höher lag als bei jenen ohne Missbrauchserfahrung. Offenbar besteht ein direkter Zusammenhang zwischen dem Erlebnis sexueller Gewalt in der Kindheit und einem späteren promiskuitivem Verhalten. Dieses Ergebnis, ist auch in anderen Studien bestätigt worden ist.

So haben beispielweise die Psychologen Robyn Walser und Jeffrey Kern von der University of Nevada in Las Vegas eine Umfrage mit 116 Frauen durchgeführt, die sich zum damaligen Zeitpunkt in psychotherapeutischer Behandlung befanden. Von diesen Frauen erklärten 71, sexuell missbraucht worden zu sein. Im Vergleich zu jenen ohne Missbrauchserfahrung war die Einstellung dieser Frauen zur Sexualität in höchstem Maße schuldbeladen. Auch wenn sexuelle Schuldgefühle erst dann entstehen – wenigstens als eine Möglichkeit –, wenn man wenige Sexualpartner hat und allgemein sexuell nicht besonders aktiv ist, waren die Frauen, die als Kinder missbraucht worden waren, im Vergleich zu den anderen wesentlich promiskuitiver. Sie hatten bereits Geschlechtsverkehr in sehr jungen Jahren – abgesehen von der frühen Erfahrung des Missbrauchs –, zeigten sich bereitwilliger, beim ersten Rendezvous gleich intim zu werden, hatten eine größere Anzahl von Sexualpartnern und neigten eher zu außerehelichen Affären. Je gravierender der sexuelle Missbrauch gewesen war, umso auffälliger war ihr promiskuitives Verhalten.[54]

Es mag zwar schwer zu begreifen sein, warum jemand, der ein sexuelles Trauma erlitten hat, sich später promiskuitiv verhält. Eine der Ursachen kennen wir bereits: Julia, der wir im dritten Kapitel begegnet sind, jagte nach einer Vergewaltigung sexuellen geradezu Erlebnissen nach. Sie erzählte uns, dass ihr promiskuitives Verhalten für sie eine Möglichkeit war, das Trauma ihrer Vergewaltigung zu verarbeiten. Sie wollte sich selbst davon überzeugen, dass Sex kein Problem für sie darstellte. Es gibt jedoch noch einen weiteren Grund für promiskuitives Verhalten: Eine der schlimmsten Folgen sexueller Gewalt, ob sie nun als Kind oder Erwachsener erlebt wird, ist das negative Selbstbild, die das Opfer nach dieser Erfahrung entwickelt. Die Opfer fühlen sich stigmatisiert, »gezeichnet« oder beschmutzt, ja sie sehen sich sogar als Huren, und sie leiden zugleich unter Schuld- und Schamgefühlen.[55] Und der dritte Grund ist, dass Menschen durch ihre frühen Erfahrungen mit sexueller Gewalt bestimmte Vorstellungen und Erwartungen hinsichtlich einer sexuellen Beziehung haben, die sie stets in die gleiche, schmerzliche, aber eben auch vertraute Situation hineingeraten lässt. Und aus all diesen Beweggründen unterliegen Opfer sexueller Gewalt oft der zwanghaften Wiederholung ihres Kindheitstraumata, sie suchen den sexuellen Kontakt ausgerechnet mit jenen Personen, die sie wahrscheinlich schlecht behandeln oder sogar missbrauchen werden.

Ein wichtiger Schritt, um die Vergangenheit zu bewältigen, besteht nicht allein darin, destruktive Verhaltensmuster aufzudecken, sondern setzt auch voraus, die Erfahrung des sexuellen Missbrauchs in der Vergangenheit als Auslöser für das gegenwärtige Verhalten zu erkennen. Im Rückblick erkannte Krystal den tieferen Grund, warum sie sich in ihrer promiskuitiven

Phase als Teenager »absichtlich« brutalen und gemeinen Männern hingab. Dieser lag darin, dass sie in jungen Jahren erfahren hatte, Sexualität mit einem bestimmten Typus von Männern in Verbindung zu bringen:

> **Ich habe** bei mir festgestellt, dass ich immer mit bestimmten Männern zusammen sein wollte, weil ich mich von ihnen angezogen fühlte. Es waren alles solche Kerle wie dieser gemeine, schmierige Typ Ira, mit dem sich meine Mutter eingelassen hatte. Und jedes Mal stellte sich bei diesen Typen heraus, dass sie einen ausnutzen und missbrauchen.

Allmählich entdeckte Krystal einen weiteren Grund, weshalb sie mit rücksichtslosen Männern schlief: Es war ihr seit frühester Jugend beigebracht worden, Misshandlung als »normal« zu empfinden, und diese Erfahrung hatte ihr Selbstverständnis entscheidend geprägt. Folglich war Krystal innerlich nicht bereit, Liebe und Respekt von einem Mann zu empfangen:

> **Ich hatte** in meinem Leben wenig nette Männer kennen gelernt. Wenn dann jemand freundlich zu mir war, fragte ich mich, was mit diesem Typen wohl los sei. Ich war es einfach nicht gewohnt, so behandelt zu werden. Ich konnte damit nicht umgehen; ich fühlte mich dabei nicht wohl.

Ein typisches Merkmal für Menschen, die in der Kindheit missbraucht wurden, ist ihre große innere Abwehr, sich anderen vertrauensvoll zu öffnen und Intimität in einer Beziehung herzustellen, die ihnen das Gefühl geben könnte, sie selbst zu sein. Ihre Partnerschaften oder Freundschaftsbeziehungen leiden oft an einer mangelnden Vertrauensfähigkeit, einer krampfhaften Anstrengung, ja keine Gefühle zu zeigen. Der eigentliche »Zweck« dieser Strategien, die viel Energie kosten, besteht darin, das schmerzliche Geheimnis aus ihrer Kindheit zu hüten. Aus diesem Grund begeben sich viele auch später noch als Erwachsene in eine soziale und seelische Isolation.[56]

Die innige Verbundenheit mit einem Partner spielt eine entscheidende Rolle für das psychische Wohlbefinden und hat sogar, ebenso wie ein befriedigendes Sexualleben, einen positiven Einfluss auf unsere körperliche Gesundheit.[57] Eine Partnerschaft, in der keine Intimität herrscht, richtet größeren Schaden für Leib und Seele an, als die Tatsache, nur sehr wenige Beziehungen zu haben. Was unsere Seele braucht und was ihr gut tut, ist die Wärme und Zuneigung, die Nähe zu einem Menschen, aber auch die Fähigkeit, seinem Gegenüber die eigenen Gedanken, Gefühle und Erfahrungen zu offenbaren.[58]

Krystal gibt sich jetzt sehr große Mühe, Intimität und ein Gefühl des Vertrauens mit jenem Mann herzustellen, der ihr nie Anlass gegeben hat, an seiner Glaubwürdigkeit und Liebe zu ihr zu zweifeln. Langsam lernt Krystal, ihrer eigenen Wahrnehmung zu vertrauen, die ihr sagt, wie sehr sie auf ihren Freund Sean bauen kann:

> **Mein ständiges** Misstrauen ist auf meine Kindheit zurückzuführen. Sean sieht das auch so und es macht ihn richtig wütend. Aber es fällt mir schwer, nicht zu denken, dass er mich nicht doch einmal verletzen wird. Obwohl er mir versichert, dass für immer mit mir zusammenbleiben will und dass er mich heiraten möchte. Auch hat er mir noch nie einen Grund gegeben, der mich hätte zweifeln lassen können. Wir sind vor kurzem aus Miami zurückgekommen, und die Frauen dort sahen einfach toll aus, so richtig gestylt, aber ich habe kein einziges Mal bemerkt, dass er irgendeinem Mädchen nachgeguckt hätte. Und trotzdem schaffe ich es nicht, mich nur auf seine Gefühle für mich zu verlassen. Ich denke mal, das hat etwas mit meiner ursprünglichen Erfahrung mit Männern zu tun.

Krystal kämpft darum, ihr tief sitzendes Misstrauen zu überwinden, und sie weiß mittlerweile, dass sein Ursprung in ihrer Kindheit liegt. Aber ein offener Umgang setzt die Bereitschaft voraus, das Vergangene wirklich zu enthüllen. Viele Opfer sexueller Übergriffe können sich einfach nicht dazu entschließen, ihrem Partner ihre Geschichte zu erzählen, auch wenn alles dafür spricht, dass der Partner verlässlich ist. Beispielsweise verrät der Ton in Krystals Stimme, wie groß ihre Verzweiflung darüber ist, dass sie ihre innere Hürde nicht überwinden kann, Sean sämtliche Erlebnisse aus ihrer Vergangenheit zu offenbaren:

> **Ich kann** mich einfach nicht dazu bringen, mich ihm voll und ganz zu öffnen und ihm wirklich alles über mich zu erzählen. Doch wenn ich es mir genau ansehe, habe ich überhaupt keinen Grund dazu, weil er seine Liebe umfassend unter Beweis gestellt hat.
> Wenn ich zum Beispiel beim Fernsehen herumzappe und es kommt zufällig ein Porno, schalte ich sofort auf ein anderes Programm um, weil mir das Dargebotene extrem unangenehm ist. Ich kann solche Filme auf gar keinen Fall mit Sean anschauen. Er versteht das nicht, und ich kann es ihm auch nicht erklären. Ich habe ihm von dem Freund meiner Mutter erzählt, wie der Typ in mein Zimmer geschlichen kam, und Sean war richtig empört darüber gewesen. Aber ich schaffe es einfach nicht, ihm auch zu erzählen, dass der Freund meiner Mutter mich dazu aufgefordert hat, mich neben ihn zu setzen und mit ihm Pornos anzugucken. Ich will nicht, dass Sean mich fragt, warum ich mich denn darauf eingelassen habe. Vielleicht denkt er sich, na ja, irgendwie sieht man mir das auch an.

Warum bereitet es so vielen Menschen, die in ihrer Kindheit missbraucht wurden, große Schwierigkeiten, offen über ihre Vergangenheit zu sprechen? Teilweise liegt es in der vollkommen inneren Abspaltung von ihren vergangenen Erfahrungen begründet und zum anderen an ihrem beschädigten Selbstwertgefühl, die eine langfristige Folge des sexuellen Missbrauchs ist. Vielen scheint es »leichter« zu fallen, sich promisk zu verhalten und ohne innerliches Engagement häufig ihre Partner zu wechseln, statt gemeinsam mit einem verständnisvollen Partner die Vergangenheit aufzuarbeiten.

Das größte Problem für Krystal ist die regelmäßige Wiederkehr der Erinnerungen an die sexuellen Übergriffe in ihrer Kindheit, wenn sie mit Sean schläft – eine Erfahrung, die bei missbrauchten Menschen weit verbreitet ist:

> **Ich weiß** noch genau, wie ich an diese Dinge von früher dachte, während Sean und ich Sex hatten, und da musste ich sofort aufhören; es kam mir so gemein und niederträchtig vor. Ich konnte

einfach nicht weitermachen. Ich fürchte, durch diese Sache werde ich beim Sex immer ein seltsames Gefühl bekommen, und das macht mich richtig traurig, denn darum geht es ja wirklich nicht beim Sex. Sex soll ja nichts Schlimmes oder Befremdliches sein.

Krystal ist nun gefordert, Sean ihr Unbehagen und ihren seelischen Kummer einzugestehen, wenn ihre Liebe Bestand haben soll. Wenn sie es nicht tut, gelangt sie vielleicht eines Tages an den Punkt, aus dieser Beziehung erneut zu fliehen und in ihr altes promiskuitives Verhalten zurückzufallen. Eine Studie von 1999 bestätigt, wie Missbrauch in der Kindheit nachhaltig die sexuelle Fähigkeit des Erwachsenen bestimmt. Dr. Jillian Fleming und ihre Mitarbeiter haben am Institut für Seuchenforschung und Volksgesundheit an der Australian National University in Canberra zusammen mit Dr. Paul Mullen von der Monash University in Victoria eine breit angelegte epidemiologische Studie über die Auswirkungen sexuellen Missbrauchs auf Frauen durchgeführt. Mittels einer Briefumfrage wurden 710 Frauen kontaktiert. Frauen, so fanden die Wissenschaftler heraus, die vor ihrem sechzehnten Lebensjahr sexuell missbraucht worden waren, litten im Vergleich zu den anderen unter erheblichen sexuellen Funktionsstörungen.

Während Untersuchungen dieser Art auf der Annahme basieren, dass Kindesmissbrauch und sexuelle Dysfunktionen in einem direktem Zusammenhang stehen, versuchen wir mit unserer Studie ein differenzierteres Bild wiederzugeben. Nach unseren Ergebnissen ist eine unmittelbare Verbindung zwischen sexuellem Missbrauch in der Kindheit und sexuellen Funktionsstörungen im Erwachsenenalter nicht zwingend. Wir haben – ganz im Gegenteil – festgestellt, dass sexuelle Übergriffe die bewusste Wahrnehmung des geheimen sexuellen Ichs einschränken. Demnach ist also das fehlende Potenzial an sexueller Intelligenz für das Auftreten sexueller Funktionsstörungen im Erwachsenenalter verantwortlich und nicht der Kindesmissbrauch an sich. Unsere Schlussfolgerung gründet auf der statistischen Methode, bei der wir die Relativität zweier Faktoren berücksichtigen – einerseits der Kindesmissbrauch, andererseits die bewusste Wahrnehmung des verborgenen sexuellen Ichs, wodurch eine Aussage über sexuelle Dysfunktionen möglich wird. Anhand dieser relativen Bemessungsmethode ergab unsere Analyse, dass sexuelle Übergriffe im Kindesalter die Wahrnehmung des verborgenen sexuellen Ichs reduzieren und erst die mangelnde Kenntnis der eigenen Sexualität die Anfälligkeit für sexuelle Dysfunktionen fördert.

Unsere Untersuchung über den Zusammenhang zwischen sexuellem Missbrauch und sexuellen Dysfunktionen wies zugleich einen positiven Aspekt auf, denn unser Resultat hat gezeigt, dass diese Störungen nicht als schicksalsgegeben hingenommen werden müssen. Wie wir gesehen haben, ist der Mangel an sexueller Intelligenz unmittelbar Auslöser für Sexualstörungen. Wenn dem so ist, dass mit der bewussten Wahrnehmung des verborgenen sexuellen Ichs, das Entwirren der Vorstellungen und Erinnerungen möglich wird, die die Erfahrung sexueller Gewalt in das Bewusstsein eingebrannt haben, so besteht durchaus Hoffnung, sexuelle Störungen zu beheben und größere sexuelle Befriedigung zu finden.

Krystal berichtete uns, dass sie an sexueller Unlust, Orgasmusstörungen und Schmerzen während des Geschlechtsverkehrs leidet. Sie macht sich Gedanken darüber, wie sich ihre sexuellen Probleme auf die Beziehung mit Sean auswirken können:

Sean ist ein wunderbarer Mann und der Sex mit ihm ist okay. Zugegebenermaßen mache ich ihm dabei viel vor. Ich möchte ihm nicht sagen, dass ich keinen Höhepunkt erlebe. Sean hat mich zum Beispiel gebeten, ihn oral zu befriedigen, aber das bringe ich einfach nicht über mich. Ich mag es auch nicht besonders, wenn er bestimmte Körperteile von mir berührt. Es gibt da ein paar Sachen, über die ich mit ihm reden sollte, ich sollte ihm wirklich zu verstehen geben, ja, das finde ich aufregend, das gefällt mir – aber das schaffe ich einfach nicht. Ich finde, abgesehen vom Sex, haben wir eine echt gute Beziehung, und ich will auf gar keinen Fall unsere Partnerschaft gefährden, nur weil es beim Sex eben nicht so zwischen uns läuft. Aber ich weiß, das ist eine Illusion. Man kann keine gute Beziehung haben, ohne dass es auch beim Sex gut klappt.

Trotz des guten Fortschritts, den Krystal bereits gemacht hat, muss sie sich noch mit einemgrundlegenden Aspekt bezüglich ihrer sexuellen Intelligenz auseinander setzen und lernen, ihrem Freund offen zu sagen, was sie im Bett mag und was nicht. Wenn sie einmal genügend Zutrauen gefasst hat und aufrichtig mit Sean sprechen kann, wird sie schließlich erkennen, um wie viel leichter der Sex für sie werden wird und folglich auch um wie viel besser ihr gemeinsames Sexualleben.

Vergewaltigungsmythen

Ryan ist neunundzwanzig, eins achtzig groß und hat die Statur eines Footballspielers; er wuchs in einem Vorort von Chicago auf. Vier Jahre war er beim Militär, später will er im sozialen Bereich arbeiten. Ryan ist sich unsicher darüber, ob er als Kind von einem älteren Mädchen aus der Nachbarschaft sexuell missbraucht worden ist. Er kann sich nur verschwommen an dieses Erlebnis erinnern, es ist für ihn nur ein bloßer Verdacht. Doch ganz unabhängig von dieser ungenauen Erinnerung macht er seine erste, bewusst wahrgenommene sexuelle Erfahrung im Alter von vierzehn mit einer vier Jahre älteren Frau, die die Situation bewusst herbeiführte. Sie fällt schon in den Bereich sexueller Nötigung[59]:

Sie war achtzehn Jahre alt und mit meiner Schwester befreundet. Damals gehörte ich einem Debattierclub an, wo sie auch Mitglied war. Es war auf einer Clubparty und ich war total betrunken. Wir machten einen kleinen Spaziergang miteinander und haben dann auf einem Autorücksitz Sex gehabt. Von uns beiden war sie diejenige, die bereits Erfahrung hatte, und was mich betraf, ich war einfach nur betrunken und kann mich an so gut wie gar nichts mehr erinnern.

Ob ich vor diesem Erlebnis schon mal eine sexuelle Erfahrung hatte, kann ich nicht genau sagen, weil ich nichts Konkretes mehr weiß. Aber manchmal denke ich, dass ich mit einem älteren Mädchen aus der Nachbarschaft etwas hatte. Doch könnte es ebenso gut sein, dass ich mir diese Geschichte nur einbilde.

Ryan hat ebenso wie Krystal zahlreiche Sexualpartner gehabt, das typische Verhalten für Menschen mit Missbrauchserfahrungen in der Kindheit. Es müssen in der Tat sehr viele Sexualpartner gewesen sein, denn als wir ihn danach fragten, erklärte er uns: »Ich kann es beim besten Willen nicht sagen.« Ryan fand sich dabei oftmals – scheinbar unfreiwillig – in der Situation wieder, mit einer Frau zu schlafen, die ihm eigentlich überhaupt nicht gefiel:

Ich habe mit Frauen Sex praktiziert, für die ich nur freundschaftliche Gefühle empfand. Aber die meisten wollten etwas anderes, also endete es damit, dass ich mit ihnen ins Bett ging. Ich weiß wirklich nicht, warum ich es trotzdem tat, denn danach hatte ich oft Lust, die Frau aus dem Zimmer zu jagen und ihr noch hinterherzurufen, dass ich sie nie mehr sehen will.

Schließlich wollten wir von Ryan wissen, ob er noch irgendeine Frage hätte. Er brachte daraufhin einige Punkte im Fragebogen unseres Forschungsprojekts zur Sprache, wobei ihn besonders das Thema der Vergewaltigungsmythen zu beschäftigen schien. Dieser Aspekt hat in Ryans Leben eine besondere Relevanz – das wurde uns dann sofort klar –, weil er etwas darüber erzählt, warum Ryan mit Frauen ins Bett geht, obwohl er sich nicht von ihnen angezogen fühlt:

Ich finde, dass Frauen es hin und wieder absichtlich arrangieren, mit Gewalt genommen zu werden, obwohl natürlich die meisten Leute den Gedanken, dass eine Frau sexuelle Gewalt provoziert, weit von sich weisen würden; aber für mich liegt ein Körnchen Wahrheit darin. Ich kenne Frauen, die es darauf angelegt haben, eine bestimmte Situation herbeizuführen, in der ich einfach keine andere Wahl hatte, als mit ihnen zu schlafen. In solchen Augenblicken kam ich mir wie derjenige vor, der die Macht hat und die Situation beherrscht, aber in Wirklichkeit hatten sie die Zügel in der Hand. Es war von ihnen schon im Voraus geplant, dass sie mich in ihr Bett schleusen würden. Ihre Vorgehensweisen sind nicht immer eindeutig, aber sie bringen mich auf bestimmte Gedanken, sie vergewaltigen mich im Kopf. Und zum Schluss mache ich dann mit.

Ryan fühlt sich von Frauen missbraucht und überwältigt, in seinen Augen sind sie die dominierende Kraft in sexuellen Situationen. Und doch schläft er weiterhin mit Frauen, die er nicht mag, ohne wirklich zu verstehen, warum er es tut. Er vermutet, dass sein Verhalten einem bestimmten Muster folgt, allerdings ist er sich nicht im Klaren über seine eigentlichen Beweggründe. Dass er sich in sexuellen Situationen überwältigt vorkommt, schreibt er den Machenschaften der Frauen zu, statt dieses Gefühl der eigenen Ohnmacht in Verbindung mit jener ersten sexuellen »Vergewaltigung« durch ein Nachbarsmädchen zu bringen, ein Erlebnis, an das er sich nur dunkel erinnern kann. Ryans Darstellung seiner sexuellen Erlebnisse mit Frauen entspricht nicht unbedingt dem Bild des Verführers, sie lassen eher an einen hilflosen, kleinen Jungen denken, der von einer älteren Person, die mehr Macht als er hatte – vielleicht das Nachbarsmädchen –, missbraucht worden ist. So ist es nicht verwunderlich, wenn Ryan die Wut übermannt, nachdem er mit einer Frau geschlafen hat und er sie am liebsten aus seinem Zimmer scheuchen möchte. Und weil er in sexuellen Situationen Frauen als die herrschende Instanz empfindet, ist er zu dem Schluss gekommen, Frauen seien durchaus imstande, ihre »Vergewaltigung« absichtlich zu »inszenieren«. Jemand mit einem stärkeren Gewaltpotenzial als Ryan wäre mit dieser Einstellung der Gefahr ausgesetzt, tatsächlich zum Aggressor zu werden und den Teufelskreis von Missbrauch zu schließen, indem das Opfer zum Täter wird.

Sexueller Missbrauch in der Kindheit führt bei den Betroffenen zu einer Desorientierung des sexuellen Ichs. Die Psychologen David Lisak und Susan Roth von der University of Massachusetts in Boston haben 1988 bei einer Umfrage unter Studenten Folgendes herausgefunden: 15 Prozent der Befragten hatten zugegeben, Dinge getan zu haben, die vom Gesetz her gesehen eine Vergewaltigung darstellen, etwa eine Frau mit Gewaltandrohung gefügig zu machen. Lisak und Roth zeigten weiterhin auf, dass nicht aufgestaute sexuelle Gefühle, sondern unterschwellige Wut und Machtbedürfnis die entscheidenden Faktoren waren, die das Verhalten der Männer beeinflusst hatten. Dabei handelt es sich, wie die Psychologen vermuten,

»wahrscheinlich um Männer, die sehr heftig reagieren, wenn sie von Frauen eine Abfuhr erhalten, und die häufig in Situationen mit Frauen geraten, in der sie sich betrogen, hintergangen und manipuliert fühlen und demzufolge in Wut ausbrechen oder andere Formen der Überreaktion zeigen«.[60]

Dies trifft jedenfalls auf Ryan zu, der sich offenbar von Frauen drangsaliert fühlt und sich wiederholt in Situationen befindet, in denen er sich »vergewaltigt« vorkommt. Auch wenn er nach dem Sex mit einer Frau von Aggressivität übermannt wird, ist nicht gesagt, dass Ryan jemals eine Frau vergewaltigen wird; die meisten Menschen, die als Kind sexuell missbraucht worden sind, gehen deshalb noch lange nicht so weit, andere zu verletzen. Aber infolge der mangelnden Einsicht in sein verborgenes sexuelles Ich besteht immer das Risiko, dass Ryan eine Situation falsch einschätzt und davon ausgeht, sie wäre von einer Frau absichtlich herbeigeführt worden, so dass ihm – in seiner Wahrnehmung – keine andere Wahl bleibt, als Sex mit dieser Frau zu haben. Durch die Unkenntnis seiner eigenen Sexualität und seiner vergangenen Erfahrungen, die sein sexuelles Verhalten geprägt haben, beraubt sich Ryan aber vor allem der Möglichkeit, sein sehr unbefriedigendes Sexualleben zu verändern.

Nick und die Sexsucht

Wir haben im Fall von Krystal und Ryan gesehen, wie die schmerzliche Erfahrung sexuellen Missbrauchs in der Kindheit, die sie aus einem inneren Druck heraus in irgendeiner Form zu meistern versuchen, sexuelle Hyperaktivität auslösen kann. Bei manchen Menschen führt sie sogar zu einer so genannten Sexsucht, die sie zwanghaft in sexuelle Abenteuer treibt – ein Verhalten, dass ihnen wenig Befriedigung bringt und sie seelisch häufig aus der Bahn wirft.

Nick ist ein 25-jähriger Student der Geisteswissenschaften, groß, dunkelhaarig, mit einem fein geschnittenen Gesicht und grünen Augen. Überhaupt ist seine Erscheinung von große Auffälligkeit. Nick erzählte uns, wie er als Kind vergewaltigt wurde:

Ich bin von einem Freund der Familie mehrmals sexuell missbraucht worden, da war ich etwa sieben oder acht Jahre alt. Er wohnte bei uns zu Hause. Ich weiß nicht mehr, was für Gefühle ich damals dabei hatte, ich war vollkommen durcheinander. Kein Mensch hat es jemals entdeckt, und ich habe es einfach weggesteckt und nie mehr wieder daran gedacht.

Als Nick Anfang zwanzig war, verfiel er in ein Verhaltensmuster, das weit über Promiskuität hinausging und zu einem suchtartigen Verlangen nach Sex führte. Bis zu seinem dreiundzwanzigsten Lebensjahr ist er seiner Schätzung nach mit vierzig bis fünfzig Sexualpartnern zusammen gewesen. Eine Zeit lang hat er sich mit Prostitution seinen Lebensunterhalt verdient. In dieser Zeit wurde Nick drogen- und alkoholabhängig. Bei der Darstellung seiner damaligen sexuellen Bedürfnisse, verfällt Nick in die Sprache der Junkies:

Ich hatte ein unbegreifliches Verlangen nach Sex, ich war regelrecht davon getrieben. Es war wie bei einem Drogensüchtigen, der auf Entzug ist. Es war wie das Verlangen nach einem »Schuss«, den du unbedingt brauchst, um dich wieder auf die Welt und die Dinge einstellen zu können.

Für manche Menschen ist die sexuelle Sucht ein möglicher Weg, seelische Konflikte zu unterdrücken oder ganz allgemein zu vermeiden, Emotionen an sich heranzulassen. Es bedeutet die totale Abspaltung von ihrem verborgenen sexuellen Ich. Empfindungslos und abgeschnitten von ihren authentischen Gefühlen, ist es ihnen nicht möglich, sich anderen gegenüber zu öffnen oder aufrichtige Zuneigung zu pflegen, sei es zu Freunden, Mitarbeitern oder einem Partner. Und weil sich sexuelles Suchtverhalten häufig in jugendlichen Jahren manifestiert, werden hier die Weichen für spätere Beziehungen im Erwachsenenalter gestellt, die sich häufig als komplexe und problembeladene Partnerschaften herausstellen.[61]

Von den Teilnehmern unserer Umfrage wies eine erhebliche Anzahl einige typische Merkmale auf, die mit einer Sexsucht in Verbindung gebracht werden können. Beispielsweise sagten

19 Prozent, sie würden es sich regelmäßig vornehmen, ein bestimmtes Sexualverhalten aufzugeben, aber dann doch wieder nach dem gleichen Muster handeln, während 14 Prozent zugaben, sie würden dies zwar anvisieren, aber sich nie an ihre Vorsätze halten. 18 Prozent sagten aus, sie fühlten sich durch ihr Sexualverhalten beschämt. Ein Viertel der Befragten machte sich Sorgen darüber, dass andere von ihren speziellen sexuellen Aktivitäten erfahren könnten und hatten das Gefühl, sie müssten diese verheimlichen. 15 Prozent bekannten, Sex einzusetzen, um ihren Problemen aus dem Weg zu gehen.

Darüber hinaus erwies sich sexueller Missbrauch in der Kindheit als ein wichtiger Vorhersagefaktor für eine spätere Sexabhängigkeit. Entscheidend für suchtartiges sexuelles Verlangen war jedoch der Mangel an sexueller Intelligenz, und zwar ganz besonders im Bereich der Wahrnehmung des verborgenen sexuellen Ichs.

Obwohl der Begriff Sexsucht für die Öffentlichkeit eher einen lächerlichen Klang hat, besteht in medizinischen Kreisen ein wachsendes Bewusstsein dahingehend, dass Menschen von Sex »abhängig« werden können – vergleichbar mit der Abhängigkeit von Alkohol oder Drogen. Bei einem sexuellen Suchtverhalten handelt es sich um ein eigenständiges Problem, das Männer wie Frauen betreffen kann und nicht auf eine Bevölkerungsgruppe beschränkt ist. In der Wissenschaft wird immer noch darüber gestritten, aus welchen Gründen jemand sexsüchtig wird. Einige Forscher behaupten, es gäbe eine genetische Prädisposition für sexuelles Suchtverhalten, andere wiederum haben neurochemische Veränderungen feststellen können, die mit der Entstehung von Suchtverhalten zusammenhängen. Ebenso gibt es vielfältige Beweise dafür, dass sexuelles Suchtverhalten durch ein Kindheitstrauma verursacht wird. In der Lebensgeschichte von Sexsüchtigen sind auch andere Formen des Missbrauchs, körperliche wie seelische, häufig anzutreffen. Dies wurde in einer landesweiten Umfrage von Patrick Carnes, Direktor der Beratungsstelle für Sexualstörungen in Wickenburg, Arizona, bestätigt, der bei Sexsüchtigen einen Hintergrund von massivem sexuellem, körperlichem und seelischem Missbrauch antraf.[62]

Es mag biologische Gründe dafür geben, warum Menschen die Droge Sex in zunehmend höheren »Dosen« benötigen, wobei sie gleichzeitig immer weniger Lust und Vergnügen daraus gewinnen. Wie bereits gesagt, findet beim Geschlechtsverkehr eine Ausschüttung von Endorphinen statt. Endorphine sind endogene Stoffe, die in ihrer Struktur Opiaten wie Heroin und Morphium ähneln. Weitere Forschungsergebnisse zeigen, dass die Abnahme endogener Opiate die gleichen schmerzhaften Entzugserscheinungen wie beim Absetzen von Heroin oder Morphium hervorrufen. Mit dem plötzlichen Anstieg von Endorphinen im Körper während des Geschlechtsverkehrs stellt sich ein intensives Gefühl des Wohlbefindens ein, das sich bis zu einem rauschhaften Zustand steigern kann. Wenn der Endorphinspiegel sinkt, kann es zu Reizbarkeit, Angstgefühlen und weiteren Störungen im emotionalen Bereich kommen. Mit der Zeit entwickelt der Sexabhängige einen immer höheren Bedarf nach Befriedigung seiner Sucht, nicht so sehr, um in den rauschhaften Zustand durch die Ausschüttung von Endorphinen zu gelangen, sondern um möglichst die Entzugserscheinungen nach Reduzierung der Endorphine im Blut zu vermeiden.

Nick begann sein sexuelles Suchtverhalten langsam in den Griff zu bekommen, nachdem er eine sechs Monate dauernde stationäre Entzugstherapie wegen seiner Drogen- und Alkoholabhängigkeit hinter sich gebracht hatte. In der Suchtklinik hatte es strenge Verbote gegen jegliche Art von sexuellen Begegnungen gegeben, durch die sich Nick gezwungen sah, seine obsessive Jagd nach schnellem Sex aufzugeben und sich seinem verborgenen sexuellen Ich endlich zu stellen. Nachdem er sich mit seinen schmerzlichen Erfahrungen aus seiner Vergangenheit abgefunden und seine Entzugstherapie beendet hatte, gelang es ihm, sein verborgenes sexuelles Ich bewusster wahrzunehmen und zwischen Sex als instinktiver Handlung und seinem Bedürfnis nach emotionaler Verbundenheit in einer Partnerschaft zu unterscheiden:

In der Klinik hatte es sehr strenge Regeln gegeben, was sexuelle Aktivitäten oder überhaupt Beziehungen betraf. Dieses Verbot bestand auch noch weiter, nachdem ich entlassen wurde. Ich musste erst zwei Jahre lang »clean« bleiben, bis ich wieder eine sexuelle Beziehung haben durfte. Ich war damals sehr jung und hatte meine Bedürfnisse nach Sex; ich fragte daher meinen Betreuer, ob ich zu einer Prostituierten gehen könnte. Das tat ich dann auch etwa sechsmal. Aber im Grunde genommen gefiel es mir überhaupt nicht, ich habe es sogar gehasst. Es war eine rein körperliche Angelegenheit, sonst nichts. Ich wollte mit den Frauen ein wenig plaudern oder einfach ein bisschen freundlich zu ihnen sein, aber das gefiel ihnen überhaupt nicht; es hat sie nur irritiert. Es lief alles sehr mechanisch ab und die Frauen mussten gleich zum nächsten Kunden, es war eben ein Job für sie. Bei mir ging es nur darum, ein körperliches Verlangen zu befriedigen. Ich fühlte mich schmutzig dabei. Beim ersten Mal stand sogar die ganze Zeit ein Zuhälter vor der Tür und als ich fertig war, habe ich ihm das Geld in die Hand gedrückt. Das kam mir alles ziemlich unheimlich vor, jedenfalls war es überhaupt nicht entspannend, es war nur verrückt.

Nick lebt gegenwärtig in einer festen Partnerschaft mit einer einfühlsamen Frau, die ihm dabei hilft, seine Empfindungen und echten sexuellen Neigungen zu erkennen und mit sich selbst in Einklang zu bringen:

Ich glaube, ich bin jetzt wirklich verliebt, obwohl mir das anfangs ein wenig Angst gemacht hat. Meine Freundin geht sehr behutsam vor und versucht mir beizubringen, dass Sex und Gefühle zwei Dinge sind, die zusammengehören, die ineinander übergehen. Sie sagt mir, ich hätte keinen richtigen Zugang zu meinen eigenen Empfindungen, jedenfalls nicht im gleichen Maße wie sie. Wenn sie mich zum Beispiel in die Arme nimmt, einfach so, und nichts weiter will, denke ich gleich, sie will mit mir schlafen. Manchmal bringt mich das ganz durcheinander. In letzter Zeit bemühe ich mich, ganz offen zu ihr zu sein.

Nick hat jede mögliche Anstrengung unternommen, sich von seinem Zwang nach ständig wechselnden Sexualpartnern zu befreien, der ihm letztlich nie die Befriedigung brachte, nach der er suchte. Er hat sich bemüht, sein verborgenes sexuelles Ich wieder für sich zu entdecken, und hat sogar den Mut aufgebracht, einen anderen Menschen daran teilhaben zu lassen –

und es hat sich für ihn gelohnt. Wahrscheinlich ist es das erste Mal in seinem Leben, dass er echte sexuelle Erfüllung erlebt:

> **Die Beziehung** zu meiner Freundin ist in sexueller Hinsicht sehr befriedigend, und sie gibt mir sehr viel mehr als alles andere, was ich früher gemacht habe. Zum Beispiel wirkt Pornographie überhaupt nicht mehr erregend auf mich und ich habe mir schon seit ewigen Zeiten keinen Porno mehr angeguckt. Wenn ich jetzt zufällig einen anschaue, hinterlässt er ein leeres Gefühl. Ich verbringe die Zeit viel lieber mit meiner Freundin, gar nicht mal, um dauernd Sex mit ihr zu haben, sondern einfach, um schöne Dinge mit ihr zu unternehmen. Und wenn wir uns lieben, ist es wunderschön, es fühlt sich so echt an und ist sehr befriedigend für uns beide. Ich fühle eine sehr tiefe Verbundenheit zu ihr.

Wann ist es berechtigt, ein Sexualverhalten als zwanghaft zu bezeichnen, und worin besteht der Unterschied zwischen Sexsucht und einem absolut gesunden Verlangen nach Sex? Nach unserer Meinung ist ein Sexualverhalten dann zur Sucht übergegangen, wenn es viel Zeit in Anspruch nimmt, viel Energie verzehrt, eine Menge Geld aufbraucht und ein Gesundheitsrisiko darstellt, ohne andererseits großen Lustgewinn zu bringen. Eine Sucht ist es auch dann, wenn das leidenschaftliche Verlangen nach Sex weder die Persönlichkeit bereichert noch die Lebensqualität verbessert und in ein obsessives Verhalten umkippt. Es gibt noch andere Anzeichen für Sexsucht, wenn beispielsweise das zwanghafte Verlangen nach Sex heimlich befriedigt werden muss und nicht in Einklang mit dem alltäglichen Leben gebracht werden kann, oder wenn der unstillbare sexuelle Drang eine ernsthafte Partnerschaft gefährdet, die uns sehr viel bedeutet und die wir erhalten wollen. Untrügliches Merkmal für ein suchtartiges sexuelles Verlangen ist schließlich, wenn ein Sexentzug einem Menschen emotionale und seelische Schmerzen bereitet, die er nicht bewältigen kann und die normalerweise durch sein zwanghaftes Sexualverhalten unter Verschluss gehalten worden sind. Ein suchtartiges Sexualgebaren stellt in vielerlei Hinsicht das genaue Gegenteil von dem Verhalten dar, das wir als sexuell intelligent bezeichnen würden.

Sex ganz meiden?

Nicht alle Opfer sexueller Gewalt werden später sexuell hyperaktiv oder sexsüchtig. Einige reagieren auf ihr Kindheitstrauma
mit sexueller Enthaltsamkeit, die sich oft zu einem extremen
Widerwillen gegen jegliche sexuelle Aktivität steigert, der so genannten sexuellen Anorexie oder sexuellen Aversionshaltung.
In der bereits erwähnten Studie von Patrick Carnes wurde bei
etlichen Patienten mit Missbrauchserfahrung in der Kindheit
eine sexuelle Aversionshaltung festgestellt. Bei Patienten mit ex-
tremer Aversionshaltung waren Scham und Selbsthass stark
ausgeprägt; sie gingen jeder partnerschaftlichen Beziehung aus
dem Weg, um intime sexuelle Begegnungen zu vermeiden. Bei
vielen zeigte sich eine Tendenz zu Selbstverstümmelungen. Darüber hinaus hatten sie die Neigung, mit dem Sexualleben anderer Leute hart ins Gericht zu gehen, um von den eigenen
Praktiken abzulenken. Zudem müssen Menschen, die auf Sex
und somit auf die Wärme und Zuneigung einer Beziehung verzichten, auch mit negativen psychischen Folgen rechnen.

In einigen Fällen von Missbrauchserfahrung schwankt das
Verhalten der Opfer zwischen den Extremen von Promiskuität
und Enthaltsamkeit, oder aber die Betroffenen entwickeln nach
einer Periode promiskuitiven Sexualverhaltens in der Jugend einen Widerwillen gegen sexuelle Betätigung.[63]

Es überrascht nicht, wenn Menschen mit Missbrauchserfahrung wenig zum verborgenen sexuellen Ich vorzudringen vermögen, denn vielfach sind leidvolle Erfahrungen und ein unent-
wirrbares Netz quälender Bilder und Gedanken von sexueller
Erregung, Gewalt, Angst und Erniedrigung unter der Oberfläche vergraben, die es durchaus verständlich machen, warum
die Vergangenheit und die damit verbundenen Assoziationen
verdrängt werden. Und dennoch ist es von entscheidender Bedeutung, die Fähigkeit zu entwickeln, das verborgene sexuelle
Ich zu fassen, um die Folgen sexueller Gewalt zu heilen. Ohne
der Vergangenheit mit ihren Assoziationen von sexueller Erregung, Wut und Angst oder dem Gefühl der eigenen Minder-
wertigkeit nachzugehen, ist die Gefahr gegeben, wiederholt
Opfer sexueller Gewalt zu werden oder selber sexuelle Gewalt

auszuüben. Allerdings ist die Bewältigung dieser Probleme für viele Menschen oft nicht aus eigenem Antrieb zu leisten. Es ist dann zu überlegen, ob es nicht ratsam wäre, die psychischen Nachwirkungen sexuellen Missbrauchs mit Hilfe eines Therapeuten zu verarbeiten. Es besteht durchaus Hoffnung, die seelischen Wunden sexueller Gewalt zu heilen und eine vollkommen neue Welt sexueller Erfüllung zu entdecken.

TEIL IV

Sexuelle Intelligenz in Aktion

KAPITEL 11

Die sexuelle Anziehung und ihr Geheimnis

Warum fühlen wir uns von dem einem Menschen sexuell angezogen und ein anderer lässt uns völlig kalt? Auf diese Frage hätten wir alle gerne eine Antwort. Die Anziehung zwischen zwei
Menschen hat etwas Geheimnisvolles an sich. Denken wir nur
an das Phänomen der Liebe auf den ersten Blick. Bei unserer
Befragung erzählte uns Connie:

Es war wirklich seltsam, wie das ablief, als ich Bruce zum ersten Mal
traf. Er gefiel mir auf Anhieb. Ich fuhr auf einen Parkplatz und sah
ihn neben seinem Wagen stehen. Ich dachte mir, der hat etwas Besonderes an sich. Kaum hatte ich ein paar Sekunden mit ihm gesprochen, war alles so ganz anders. Noch nie zuvor hatte ich so etwas erlebt. Noch bevor wir unser erstes Date vereinbarten, wusste
ich schon, dass wir ein Paar werden. Das schien irgendwie das
Selbstverständlichste auf der Welt. Wir haben dann auch geheiratet. Jetzt sind wir seit sechs Jahren zusammen.
Wir verliebten uns und vergaßen die Welt um uns herum. Damals, als wir uns das erste Mal begegneten, lebte er weit weg von
mir. Wir kannten uns noch gar nicht, aber auf Anhieb beschlossen
wir, uns jedes Wochenende zu sehen. Also fuhr entweder er zu
mir oder ich zu ihm. Es war eine wunderbare und aufregende
Zeit, die ich sehr genoss. Und alles ging rasend schnell; ich hatte
das Gefühl, ihn schon mein ganzes Leben lang zu kennen. Wir
haben uns im April getroffen und im Dezember waren wir verheiratet. Bereits im Juni war uns klar, dass wir heiraten würden. Wir
beschlossen, es für uns zu behalten – wir kannten uns ja erst seit
zwei Monaten und bestimmt würden alle mit Kommentaren
kommen wie: »In einem Jahr seid ihr wieder geschieden«. Also

sagten wir niemandem etwas. Im Oktober war die offizielle Verlobung und im Dezember die Hochzeit. Zwischen uns lief immer alles gut – bis auf ein paar kleine Missverständnisse.

Natürlich wurde uns auch von Beziehungen berichtet, bei denen ein Partner in einen Widerstreit seiner Gefühle gerät, weil der entscheidende Funke nicht übergesprungen ist. Ein typisches Beispiel dafür ist Claudia. Sie ist siebenunddreißig und hat vieles versucht, um dem Märchenprinzen zu begegnen: von Kontaktanzeigen und Tanzveranstaltungen angefangen bis zu arrangierten Treffs für Singles oder Chatrooms im Internet. Zurzeit geht sie mit Jack aus, einem Mann, der viele tolle Eigenschaften hat. Aber Claudia kann sich einfach nicht damit abfinden, dass er nicht ihr Typ ist.

Ich bin im Augenblick mit einem Mann befreundet, aber ich empfinde keine wirkliche Leidenschaft für ihn. Das hat etwas mit seinem Äußeren zu tun, obwohl ich dies nicht gerne anspreche. Normalerweise monieren das ja Männer an Frauen. Er ist überhaupt nicht mein Typ. Ich mag Männer mit markanten Gesichtszügen, groß und schlank, die im Anzug eine fantastische Figur abgeben – ein perfekt gebügeltes, weißes Oberhemd beispielsweise finde ich einfach Spitze. Jack ist ein wenig übergewichtig. Er ist nicht gerade fettleibig, aber rundlich, und seine Kleidung sieht immer zerknittert aus. Außerdem hat er einen fürchterlichen Geschmack. So kann es durchaus vorkommen, dass er in einem rot- und lilafarbigen Trikot mit völlig ausgebeulten und an den Knien fast durchgescheuerten, olivfarbenen Cordhosen daherkommt.

Das klingt wirklich nicht sehr nett von mir. Ich möchte nicht als oberflächlicher Mensch gelten, der jemanden nach seinem Äußerem oder nach seiner Kleidung beurteilt. Denn abgesehen davon ist Jack nämlich ein klasse Kerl. Und da gibt es auch noch andere schöne Dinge, etwa die Intimität zwischen uns. Wir können über alles miteinander reden und sind wirklich gerne zusammen. Jack ist für mich ein guter Freund. Ich könnte mir durchaus vorstellen, ihn zu heiraten und Kinder mit ihm zu bekommen, wenn nur die Tatsache nicht wäre, dass ich mich von ihm erotisch leider nicht angezogen fühle.

Sicherlich ist es jedes Mal ein aufregender Moment, wenn jemand, der unserem Typ entspricht, plötzlich den Raum betritt und unseren Puls schlagartig in die Höhe treiben lässt. Unsere emotional gesteuerte Reaktion auf bestimmte äußere Merkmale einer Person – etwa eine blonde oder braune Haarfarbe oder manchmal sogar ein perfekt gebügeltes, weißes Hemd – darf uns jedoch nicht dazu verleiten, darin den idealen Sexualpartner zu sehen. Im Gegenteil. Wir sollten unsere Reaktion eher als ein Warnsignal auffassen. Die Menschen nämlich, die sich bei der Wahl ihres Partners nur auf einen bestimmten Typ konzentrieren, geraten häufig in Beziehungen, die mit Schwierigkeiten belastet sind. Sexuelle Intelligenz hingegen zeichnet sich dadurch aus, die Anziehungskraft bestimmter äußerlicher Merkmale als Resultat individueller Erfahrungen zu verstehen; deshalb erscheinen uns bestimmte Menschen attraktiver als andere.

Sexuelle Anziehung wirkt auf verschiedenen Ebenen und jeder Mensch spricht auf andere Dinge an. Warum wir uns von einem bestimmten Typ angezogen fühlen, hängt mit unseren individuellen Erlebnissen zusammen. Diese orientieren sich an bestimmten Merkmalen – etwa an einem athletischen Körperbau, einer besonderen Haarfarbe oder an charakteristischen Wesenszügen wie etwa Intelligenz oder Herzlichkeit. Mit anderen Worten: Die spontane Anziehung, die ein bestimmtes Äußeres auf uns ausübt, verrät gleichzeitig eine Menge über unser verborgenes sexuelles Ich.

Wie die Ergebnisse unserer Untersuchung zeigen, sind sich sexuell intelligente Menschen ihrer spontanen Vorliebe für eine bestimmte Erscheinungsform bewusst. Doch beschränken sie sich bei der Wahl ihrer Partner nicht auf ihren »Typ« und können gerade deshalb Menschen mit ganz unterschiedlichem Äußeren schätzen lernen und attraktiv finden. Sexuell intelligente Menschen sind nicht abhängig von sichtbaren Merkmalen. Die Einsicht in ihr verborgenes sexuelles Ich zeigt ihnen, wie lebensgeschichtliche Umstände und die damit verbundenen angelernten Assoziationen ihre Vorlieben für bestimmte körperliche Merkmale (mit-)geprägt haben. Ebenso sind sie sich bewusst, dass sie mit ihrem »Typ« möglicherweise vergangene Erfahrungen assoziieren, auch wenn diese jetzt nicht mehr für sie relevant sind. Sexuell intelligente Menschen nehmen bei ihrem Gegenüber in erster Linie die geistigen und charakterlichen Eigenschaften wahr – etwa Großzügigkeit, Neugierde und Humor –, die äußere Erscheinung des anderen spielt dabei nur eine untergeordnete Rolle. Damit verbessern sie ihre Chance, einen passenden Partner zu finden und mit ihm ein erfülltes Sexualleben zu führen.

Derek ist in dieser Hinsicht sexuell intelligent. Als wir ihn fragten, was ihn an einer Frau fasziniert, erklärte er uns:

> **Das ist** für mich mehr eine Frage der inneren Werte als der äußeren Erscheinung. Wenn Sie meine frühere mit meiner jetzigen Freundin vergleichen, könnten beide nicht unterschiedlicher sein. Meine jetzige Freundin ist eins dreiundachtzig groß, hat hellblonde Haare und blaue Augen; meine Verflossene war eins dreiundfünfzig groß, hatte dunkle Haare und braune Augen. Ich stehe auf keinen bestimmten Typ, für mich sind die unterschiedlichsten Frauen reizvoll.

Liebe auf den ersten Blick

Natürlich lässt sich nicht abstreiten, dass wir alle auf einem Typus stehen, auf den wir sofort abfahren, weil wir uns von ihm angezogen fühlen und der als Projektionsfläche für unsere Hoffnungen und Fantasien fungiert. Viele, die einen Partner suchen, schließen automatisch alle aus, die nicht diesem Typus entsprechen. Wer sich derart einschränkt, kann enttäuscht, ja sogar immer wieder verletzt werden. Es muss aber nicht zwangsläufig in eine verhängnisvolle Affäre ausarten, wenn jemand auf seinen speziellen Typ trifft.

Menschen mit hoher sexueller Intelligenz fühlen sich stärker von der Persönlichkeit als von den körperlichen Merkmalen ihres Gegenübers angezogen. Auf unsere Frage, was einen Menschen sexuell attraktiv macht, bezogen sich ihre Antworten auf innere Merkmale: ein freundliches Lächeln, ein abgründiger Humor, geistige Vitalität und emotionaler Halt als besonders wichtige Eigenschaft.

Als entscheidender Gradmesser für sexuelle Intelligenz erwies sich, welche Eigenschaften bei der Beantwortung der Frage, was einen sexuell attraktiven Menschen ausmache, zuerst genannt wurden. Männer wie Frauen, die an erster Stelle ein äußerliches Merkmal nannten, hatten einen bedeutend niedrigeren Sex-IQ als jene, für die Persönlichkeit und emotionale Kompetenz vorrangig waren, oder die erklärten: »Ich fühle mich von Menschen aller Art angezogen«, oder die Aussage machten: »Das hängt ganz von der jeweiligen Person ab.« Je mehr Persönlichkeitsmerkmale als Anziehungsfaktor genannt wurden, umso höher war der Sex-IQ der Befragten.

Erscheint eine Person als physisch anziehend, im Sinne der kulturellen Wunschbilder, wird diese aus vielen Gründen als Partner bevorzugt. Beispielsweise glauben viele, ein körperlich vorzeigbarer Partner verleihe der eigenen Person einen besonderen sozialen Status. Einer unserer Befragten sagte uns, seine Freundin, eine Aerobic-Trainerin, würde sein Selbstwertgefühl und seinen sozialen Status stärken:

> **Viele finden** meine Freundin körperlich attraktiv – ich natürlich auch. Das gibt mir ein gutes Gefühl, dass ich mit jemandem zusammen bin, der so gut aussieht und der von anderen ebenfalls begehrt wird.

Wer von einer bestimmten körperlichen Erscheinung auf einen erhöhten gesellschaftlichen Status oder gar größere sexuelle Befriedigung schließt, dem kann es unter Umständen zur Gewohnheit werden, diesen speziellen Typ – ob blond oder braun – vorzuziehen. Wenn wir sexuelle Lust mit einem bestimmten äußeren Aussehen in Verbindung bringen, nennen wir dies eine anerzogene – konditionierte – sexuelle Erregung. Auf gleiche Weise können Menschen durch häufigen Konsum von Pornos dazu »trainiert« werden, auf die stereotypen Personen und Handlungen in pornographischen Darstellungen mit sexueller Erregung zu reagieren.

Es gibt noch einen weiteren Grund, weshalb körperliche Wohlgefälligkeit in unserer Kultur so hoch geschätzt wird. Forscher haben herausgefunden, dass schönen Menschen bestimmte Eigenschaften zugeschrieben werden: Wir nehmen an, sie sind kontaktfreudiger, mächtiger, leidenschaftlicher, psychisch stabiler, intelligenter und gesellschaftlich gewandter als physisch weniger attraktive Menschen.[64] Wie sich allerdings herausstellt, greifen diese Klischees in der Realität nicht. Attraktive Menschen sind weder klüger, geistig überlegen, noch haben sie mehr Sexappeal als jene, deren Äußeres weniger den allgemeinen Vorstellungen entspricht.

Wie wir bereits erwähnt haben, ist das Sexualleben der Personen, die an den traditionellen Frauen- oder Männerrollen festhalten, nicht immer befriedigend. Alle, die sich an diesen einengenden Geschlechterrollen orientieren, sind auch eher für die irrtümliche Annahme anfällig, dass – im Gegensatz zu einem weniger vorteilhaften Äußeren – eine attraktive Erscheinung auf eine anziehendere Persönlichkeit schließen lässt. In einem Experiment der New Yorker Psychologinnen Susan Anderson und Sandra Bem, wurden Männer wie Frauen gebeten, per Telefon mit einer Person, die sich in einem anderen Raum befand, ein Gespräch zu führen. Jeder der Teilnehmer erhielt ein Foto, das angeblich den unbekannten Gesprächspartner zeigte. Wie Anderson und Bem vorher schon vermuteten, tauten Personen mit einem engen Geschlechterhorizont erst dann richtig auf, als ihnen mitgeteilt wurde, ihr Gesprächspartner sei eine reizvolle Person. So genannte androgyne Menschen, also Individuen mit sowohl männlichen als auch weiblichen Eigenschaften, zeigten hingegen eine große Bereitschaft, sich mit ihnen unbekannten Gesprächspartnern zu unterhalten, unabhängig davon, ob es sich dabei um eine attraktive oder unattraktive Person handelte.[65]

Das Geheimnis der Attraktivität

Für viele hat die sexuelle Anziehungskraft etwas Geheimnisvolles an sich. Sie gilt als die einzige Frage zum Thema Sex, auf die es noch keine Antwort gibt – und auch keine geben kann. Sexuelle Anziehung scheint etwas an sich haben, dem man nicht umfassend auf den Grund gehen kann. Immerhin kennen wir einige Fakten, die Auskunft darüber geben, wie sexuelle Anziehung funktioniert. Sie können uns dabei helfen, eine intelligente Partnerwahl zu treffen.

Biologen haben eine Gruppe chemischer Wirkstoffe, die so genannten Pheromone, entdeckt, die von vielen Tierarten abgesondert werden, um die Paarungsbereitschaft herbeizuführen. Denn im Reich der Insekten und der Säugetiere wird die sexuelle Anziehungskraft stark über den Geruchssinn gesteuert. Was die Menschen betrifft, lässt sich zumindest bei Frauen die – oft sehr kostspielige – Neigung feststellen, mit dem richtigen Duft das andere Geschlecht anlocken und betören zu wollen. Allerdings konnten Forscher erst in jüngster Zeit nachweisen, dass der Geruchssinn für die sexuelle Anziehung auch beim Menschen eine erhebliche Rolle spielt.

Winnifred Cutler hat 1999 bei einer Untersuchung männliche Studenten in zwei Versuchsgruppen eingeteilt. Die eine Gruppe musste einen von Cutler entdeckten Pheromon-Duftstoff auftragen, die andere lediglich eine wirkungslose Substanz. Die Wissenschaftlerin verlangte von beiden Fraktionen, zwei Monate lang Tagebuch über ihr Sexualverhalten zu führen. Dabei stellte sich heraus, dass die Versuchsgruppe mit dem Pheromonduft im Vergleich zur Placebogruppe sexuell aktiver gewesen war. Allerdings müssen Cutlers Ergebnisse erst noch durch weitere Versuche erhärtet werden. Doch schon jetzt liefern sie für die These, dass Pheromone nicht nur auf Tiere, sondern auch auf Menschen als sexuelle Lockstoffe wirken, eine wichtige Grundlage.[66]

Der englische Schriftsteller Somerset Maugham schrieb einmal: »Liebe ist ein ganz gemeiner Trick, mit dem wir hereingelegt werden, um die Erhaltung der Spezies zu garantieren.«[67] Sachlicher formuliert bedeutet dies: Die Evolution hat dafür gesorgt, dass bestimmte Menschen, deren Äußeres Gesundheit und Fruchtbarkeit signalisiert, Paarungslust in uns auslösen. Es gibt bereits Forschungsergebnisse, die diese Theorie untermauern. Beispielsweise hat die Psychologin Leslie Zebrowitz festgestellt, dass in den Industrienationen Gesichter dann als attraktiv gelten, wenn sie sehr jugendliche Züge aufweisen. Die Psychologin Judith Langlois ist der Frage nachgegangen, nach welchen Merkmalen ein Gesicht als attraktiv beurteilt wird. Dabei kamen die Forscher zu dem Ergebnis, dass Gesichter mit »durchschnittlichen« Zügen tendenziell als die anziehenderen eingeschätzt wurden, weil sie ein genetisch hervorragendes Potenzial und damit auch eine robustere Gesundheit signalisieren. Typische weibliche Körpermerkmale, so hat der Psychologe David Buss anhand seiner in 37 Ländern gesammelten Daten herausgefunden, werden von Männern als Zeichen von Gebärfreudigkeit bevorzugt.[68] Allerdings gibt es auch Gegenargumente, die diese Hypothese in Zweifel ziehen. S. M. Kalick von der University of Massachusetts hat 1998 folgende Untersuchung unternommen: Der Wissenschaftler verglich Hunderte von Fotos von Menschen, die zwischen 1920 und 1929 geboren waren und die nach den damaligen Vorstellungen als attraktiv eingestuft werden konnten, mit den Eintragungen aus ihrer jeweiligen Patientendatei. Dabei konnte nicht bestätigt werden, dass schöne Menschen weniger krank sind als äußerlich nicht so reizvoll ausgestattete Personen. Bei dieser Untersuchung war kein Zusammenhang zwischen der äußeren Erscheinung und der körperlichen Gesundheit abzulesen.[69]

Der Versuch, sexuelle Anziehung mit biologischen sowie evolutionären Faktoren, zu denen auch die Pheromone gehören, erklären zu wollen, stellt wohl nur einen kleinen Teil der Geschichte dar. Die Kriterien für körperliche Attraktivität sind zudem von Kultur zu Kultur unterschiedlich und dem Zeitgeschmack unterworfen. Beispielsweise würde das im 19. Jahrhundert in Europa und Amerika propagierte Ideal weiblicher Schönheit heute als zu üppig und »viel zu drall« gelten.

Einen Aspekt dieser kulturellen Einflüsse stellen die Massenmedien dar; sie prägen unseren Schönheitsbegriff entscheidend mit. Fernseh- und Filmschauspieler, Models und Nachrichtensprecher sehen zwar alle mehr oder weniger gleich aus, sie verkörpern aber bestimmte Schönheitsideale; die Frauen sind meist übermäßig schlank und haben einen großen Busen, die Männer sind groß, wirken durchtrainiert und haben kantige Gesichtszüge. Mit diesen stereotypen Vorstellungen körperlicher und erotischer Attraktivität bombardieren uns die Medien tagtäglich.

Die Macht dieser Medienbilder übt einen negativen Einfluss auf die Einschätzung des Selbstwertgefühls der Menschen aus und damit auch auf ihr Sexualleben. Doch das ist nicht alles: Die Schönheitsnormen, die uns die Medienbilder vermitteln, können auch Unzufriedenheit mit dem Aussehen des Partners hervorrufen.

Wie stark die Medien unsere Vorstellungen von Attraktivität und Schönheit beeinflussen, haben die amerikanischen Psychologen Douglas Kenrick und Sara Gutierres vor einigen Jahren demonstriert. Sie platzierten männliche Studenten vor einen Fernseher, in dem gerade die Sendung *Drei Engel für Charly* lief. Die Forscher zeigten diesen und anderen männlichen Studenten, die zur selben Zeit lernten oder Baseball spielten, das Foto einer weiblichen Person von durchschnittlichem Aussehen und baten um die Meinung, inwieweit sie die Frau reizvoll fänden. Die Studenten, die sich gerade eine Folge von *Drei Engel für Charly* angesehen hatten, schätzten die Frau als deutlich weniger attraktiv ein – im Gegensatz zu den übrigen Studenten. Medienbilder schreiben nicht nur vor, was als wohlgestaltet zu gelten hat; unter ihrem Einfluss neigen wir sogar dazu, Menschen, die diesen Normvorstellungen nicht entsprechen, eher negativ zu beurteilen.[70]

Aber nicht nur Fernsehen und Werbung liefern uns Idealbilder körperlicher Perfektion, dem nur wenige in der Wirklichkeit entsprechen dürften. In der Pornoindustrie tritt der Widerspruch zwischen Wunsch und Wirklichkeit besonders krass hervor: Die Pornodarsteller sollen uns ein bestimmtes Bild von Attraktivität vermitteln, das sich durch überbetonte primäre und sekundäre Geschlechtsmerkmale auszeichnet. Sollten wir unseren Partner im wirklichen Leben damit vergleichen, könnte er wohl kaum eine so »gute Figur« abgeben. Wie Dolf Zillmann und Jennings Bryant von der University of Alabama herausfanden, prägt häufiges Betrachten von Pornos das intimste, nämlich das sexuelle Verhältnis der Geschlechter, weil es nicht nur zu Enttäuschungen über die sexuelle Leistung des Partners führt, sondern auch zu einer Unzufriedenheit über seine oder ihre äußere Erscheinung im Bereich der körperlichen Ausstattung.[71]

Wann finden uns andere anziehend?

Große Bedeutung messen wir nicht nur dem Aussehen anderer Personen bei; die meisten von uns machen sich auch sehr viele Gedanken darüber, ob wir selber als attraktiv genug gelten. In einer in den Vereinigten Staaten und in Europa durchgeführten Umfrage erklärten 75 Prozent aller Befragten, für sie würde es eine erhebliche Rolle spielen, auf das andere Geschlecht anziehend zu wirken. Dieses Ergebnis überrascht an sich nicht. Was allerdings eher einen Schock auslösen dürfte, ist das Resultat eine weiteren Umfrage, die im März 1996 von der *Washington Post* durchgeführt wurde. Den Umfrageteilnehmern wurde die Frage gestellt: »Wenn es eine Pille gäbe, die sie um zehn Prozent glücklicher und gleichzeitig um zehn Prozent weniger attraktiv machen würde, würden sie die Pille nehmen?« Von den 1512 befragten Erwachsenen antworteten 67 Prozent entschieden mit Nein: Sie würden lieber darauf verzichten, mehr Glück zu empfinden, als an Attraktivität zu verlieren.

Wir sollten uns bei dem Urteil über das Aussehen anderer Personen aber auch nicht von unserer eigenen Vorstellungen über gesellschaftlich vorgegebene Auffassungen von Schönheit beeinflussen lassen. Es ist wichtig, sich von diesen Stereotypen zu befreien, denn ob sich Menschen in ihrer »Haut wohl fühlen« oder nicht, hat entsprechende Auswirkungen auf ihr Sexualleben. Wir wollten von den Teilnehmern unserer Untersuchung erfahren, welchen Einfluss ihrer Meinung nach ihr Äußeres auf ihr Sexualleben hatte. Alle, die Antworten in der Form abgaben, sie würden sich »nicht attraktiv genug für ein gutes Sexualleben« fühlen oder ihr Aussehen würde ihre Chancen auf ein glückliches Sexualleben »erheblich« mindern, erzielten einen relativ niedrigen Sex-IQ, ganz im Gegensatz zu jenen, die uns sagten: »Es hat überhaupt keinen Einfluss, ich bin mit meinem Aussehen zufrieden.«

Eine andere Frage lautete: »Wenn Sie tatsächlich Probleme mit Ihrer äußeren Erscheinung haben, wohin würden Sie sich wenden?« Die Antworten, die wir erhielten, waren sehr aufschlussreich. Alle, die erklärten, sie würden mit niemandem darüber reden oder höchstens im Rahmen einer professionellen

Hilfe, lagen mit ihrem Sex-IQ weitaus niedriger als jene, die uns sagten, sie würden sich mit einem Freund, einer Freundin oder mit ihrem Partner darüber aussprechen. Es kommt sehr häufig vor, dass Menschen wegen eines scheinbaren körperlichen Defekts Minderwertigkeitsgefühle entwickeln, während ihr Partner diesen entweder noch gar nicht registriert hat oder einfach darüber hinwegsieht.

Bei vielen Teilnehmern unserer Untersuchung stellte sich heraus, dass für sie attraktives Aussehen in einem Zusammenhang mit der optischen Erscheinung der Eltern steht. Diese Tatsache würden wir nicht zwingend als Beweis für das frühkindliche Begehren nach dem gegengeschlechtlichen Elternteil betrachten. Warum Kinder später den Typ vorziehen, der sie vom Aussehen her an ihre Eltern erinnert, mag auch an den damit verbundenen positiven Gefühlen liegen, oder einfach nur an der Vertrautheit.

Einer unserer Interviewpartner ist ein junger Mann aus dem Iran. Er hat eine olivfarbene Haut und schwarze Augen. Auf unsere Frage, welchen Frauentyp er reizvoll fände, antwortete er uns: »Für mich ist das immer nur das blonde, blauäugige California-Girl.« Anfangs dachten wir, er hätte diese Vorliebe unter dem Einfluss der amerikanischen Frauenbilder in den Medien entwickelt. Doch stellte sich im weiteren Verlauf unseres Interviews zu unserer Überraschung heraus, dass er damit seine Mutter beschrieb, die türkischer Abstammung ist und dunkelblonde Haare und eine sehr helle Haut hat.

Sexuelle Anziehungskraft funktioniert auf zwei Ebenen: Man fühlt sich entweder spontan von jemand angezogen – was auch schnell wieder verfliegen kann –, oder aber die Faszination ist derart groß, dass man den Wunsch hat, den Rest seines Lebens mit diesem Menschen zu verbringen. Schauen wir uns die dauerhaften Beziehungen genauer an. Aus welchen Gründen suchen sich die Menschen einen ganz bestimmten Lebenspartner aus? Bei unserer Studie haben wir ja herausgefunden, dass sexuell intelligente Menschen vor allem auf die Persönlichkeit statt auf das äußere Ansehen eines potenziellen Partners besonderen Wert legen. Weiterhin stellten wir fest, dass sich sexuell intelligente Menschen nicht nur von einer bestimmten Erscheinung angezogen fühlen, sondern die unterschiedlichsten Charaktere attraktiv finden können. Vor allem wurden jene Eigenschaften geschätzt, die das Einmalige eines Menschen ausmachen, beispielsweise seinen Sinn für Humor. Entsprechend vermeiden sexuell intelligente Personen Beziehungen, die beispielsweise auf dem Bedürfnis nach Mitgefühl aufgebaut werden. Sie sind eher motiviert, eine Partnerschaft zu gestalten, die auf gegenseitiger Unterstützung beruht.

Wir haben viele Geschichten von Menschen gehört, die Beziehungen oder Ehen mit einem Partner eingegangen sind, der ihrem Elternteil des anderen Geschlechts weniger vom Aussehen her als von seiner ganzen Persönlichkeit ähnlich war. Grundsätzlich kann sich dies als durchaus positiv herausstellen, vor allem wenn es sich um Eltern handelte, die ihren Kindern Liebe und Zuwendung gaben und ihr Selbstwertgefühl förderten und stärkten. Auf unsere Frage, was jemanden sexuell attraktiv erscheinen lässt, gab uns eine Frau folgende Antwort:

Der Mann muss intelligent, klug und witzig sein. Wenn er mich wirklich liebt, muss er zu mir stehen und mich nicht gleich ins Bett ziehen wollen. Es sollte eine Beziehung sein, die auf Freundschaft und Persönlichkeit aufbaut. Eigentlich sollte er meinem Vater ähnlich sein.

Die Wahl eines Partners, der sich in gleicher Weise verhält wie einst die eigenen Eltern, kann Enttäuschungen auslösen. Wir können uns von manchen Menschen sexuell stark angezogen fühlen, weil sie unerfüllte emotionale Bedürfnisse bei uns wecken, die aber oft auch durch Sex nicht zu befriedigen sind. In vielen von diesen Fällen wirkt Sex wie ein kurzer Rausch, der ganz und gar an unseren emotionalen Bedürfnissen vorbeizieht. Nicht selten werden in solchen sexuellen Beziehungen die negativen Erfahrungen der Vergangenheit wiederholt und verstärken nur unsere psychischen Probleme. Die zunehmende seelische Belastung stellte sich auch bei Glen ein:

Zwischen meinem zwanzigsten und dreißigsten Lebensjahr machte ich eine Phase durch, in der ich mich vor allem für einen bestimmten Frauentyp interessiert habe – einen Typ, den ich für raffiniert, ehrgeizig und unabhängig hielt. Ich suchte mir immer karrieresüchtige Frauen aus, Rechtsanwältinnen, Ärztinnen, die ganz hoch hinauswollten. Ich wollte unbedingt eine Frau haben, die intelligent war. Sogar die Bekanntschaftsannoncen habe ich danach durchsucht und mich sofort auf die gestürzt, die mit der Beschreibung »außerordentlich intelligent« aufwarteten. Aber da war noch mehr mit im Spiel – alle Frauen, mit denen ich ausging, hatten so einen gehässigen Zug an sich; sie konnten so richtig fies werden, sie waren überhaupt keine netten Frauen. Aber genau aus diesem Grund war ich hinter ihnen her. Ich wollte nie Frauen, die beides waren, intelligent und nett. Eine liebevolle Frau bedeutete für mich eine langweilige Frau.

Wenn ich einer Frau begegnete, die meinem Typ entsprach, konnte ich mich auf der Stelle in sie verlieben. Ich war dann völlig hingerissen und tat alles für sie, schickte ihr Blumen und führte sie nobel aus – was ich mir eigentlich gar nicht leisten konnte. Anfangs lief mit diesen Frauen immer alles bestens, wir hatten wundervollen Sex und es knisterte zwischen uns. Doch irgendwann kam immer der Punkt, an dem die Frauen grausamer und fordernder wurden – gerade so, als hätten sie es darauf angelegt, auszuprobieren, wie viel ich mir von ihnen gefallen lassen würde und wie weit sie gehen könnten.

Eigentlich ist es mir heute sehr peinlich, das zugeben zu müssen. Aber ich habe mich mehr als einmal von Frauen, die mich wie den letzten Dreck behandelt haben, zum Narren machen lassen. Wenn eine Frau die Coole rauskehrte, drehte ich durch; ich hatte das Gefühl, ich muss sie haben, koste es, was es wolle. Ich war bereit, alles zu tun, um mit ihr zusammen zu sein. Das hatte sehr negative Auswirkungen für mich, nicht nur, weil ich die Hälfte der Zeit wie von Sinnen war und mich nur auf diese Frau konzentrierte statt auf meinen Job. Aber viele dieser Frauen haben mich einfach nur ausgebeutet. Sie genossen es wohl, einen völlig Dummen vor sich zu haben, über den sie nach Lust und Laune verfügen konnten.

Irgendwann erkannte ich, dass alle meine Beziehungen nach diesem Schema abliefen. Mir wurde allmählich klar, dass ich immer bei einem Typ von Frauen landete, bei dem das zwangsläufig so passieren musste. Ich wollte damit aufhören und mein Leben verändern – also entschloss ich mich zu einer Therapie.

Im Verlauf meiner Therapie begann ich deutlich ein Verhaltensmuster zu erkennen: Wenn ich ein paar Monate mit einer Frau ausgegangen war, befand ich mich in einem Stadium, in dem ich entweder nur darauf wartete, dass sie mich verließ oder sie mir schreckliche Szenen machen würde. In dieser Hinsicht waren diese Frauen wie meine Mutter. Meine Mutter war zwar kein Karrieretyp, aber sie war »überreizt«, wie mein Vater es nannte. Meine Mutter blieb zu Hause und kümmerte sich um die Kinder; das war so üblich in den Fünfzigerjahren. Eigentlich war sie auch eine sehr liebevolle und zärtliche Frau, sie war lustig und fast zu aufmerksam uns Kindern gegenüber. Ich meine, sie räumte hinter mir und meinem Bruder dauernd auf, sie machte morgens unsere Betten, hob unsere Socken vom Boden auf – sie tat einfach alles. Doch hin und wieder rastete sie total aus, scheinbar ohne jeglichen Anlass. Wenn ich von der Schule nach Hause kam, wurde ich häufig ohne erkennbaren Grund mit einer Schimpftirade überschüttet, so in der Art: »Ich bin nicht dein Dienstmädchen.« Ich glaube, als Kind habe ich mir immer vorgestellt, sie wäre drauf und dran, uns für eine andere Familie zu verlassen, eine Familie, in der die Kinder rücksichtsvoller waren.

Durch meine Therapie konnte ich nach einiger Zeit fast auf den Tag genau festlegen, wann ich mit den Frauen, mit denen ich ausging, zum ersten Mal dieses seltsame Gefühl der Angst in der Magengrube zu spüren bekam. Diese eigenartigen Empfindungen, das erkannte ich, waren vergleichbar mit denen, die ich als Kind hatte, wenn meine Mutte zu schimpfen anfing.

Ich war bereits etwa ein Jahr lang in Therapie, als ich meine Frau kennen lernte. Ohne diese Therapie hätte sie mir wahrscheinlich gar nicht gefallen, weil sie ein viel zu großer Herz hat. Nicht, dass sie sich jetzt jede Schlamperei von mir gefallen ließe. Ich habe zum Beispiel die schlechte Angewohnheit, überall meine Socken herumliegen zu lassen. Sie sagt dann nur: »Schatz, bitte tu' deine Socken in den Wäschekorb. Sie riechen.« Das ist nie persönlich verletzend gemeint und es entsteht auch kein Drama daraus. Ich weiß genau, dass sie mich wegen meiner schmutzigen Socken nie verlassen wird.

Glen hat lange Zeit darunter gelitten, immer wieder in unbefriedigende Beziehungen zu geraten. Schließlich dämmerte es ihm: Stets fühlte er sich von Frauen angezogen, die Verlassenheitsängste in ihm hervorriefen. Erst als er den Zusammenhang zwischen seinem Verlangen nach unerreichbaren Frauen und seinen eigenen emotionalen Frustrationen aus der Kindheit klar vor Augen sah, konnte er einen Sexualpartner finden, der ihm emotionale und sexuelle Erfüllung gibt. Der eigene Mut hat Glen dazu verholfen, die Auseinandersetzung mit dem verborgenen sexuellen Ich nicht zu scheuen.

Besonders die Beziehungen zu Eltern und Geschwistern beeinflussen in starkem Maß unsere Erwartungen an uns selbst und unsere Vorstellungen über Verhalten von späteren Liebespartnern. In jüngster Zeit hat sich ein neuer Forschungsansatz herausgebildet, die eine so genannte Bindungstheorie formulierten, um den Verlauf einer Liebe zu erklären. Zu ihren Hauptvertretern zählen die Psychologen John Bowlby und Mary Ainsworth. Die Bindungstheorie postuliert, dass die Art des emotionales Bandes zwischen Mutter (oder der wichtigsten Bezugsperson) und Kind sich im »Bindungsstil« des Kindes widerspiegelt. In der frühen Kindheit baut sich die Bindung durch die Erfahrungen mit den Eltern auf und bleibt – mit möglichen Veränderungen – im weiteren Leben bestehen. Die Bindungen des Kindes werden in drei Kategorien klassifiziert: Typ A bezeichnet die sichere Bindung, Typ B umfasst die ambivalent/unsichere Bindung und Typ C kennzeichnet die unsicher/vermeidende Bindung, je nachdem, wie die Bezugsperson in den ersten sieben Lebensjahren des Kindes auf dessen Bedürfnisse eingegangen ist.[72]

Im Rahmen unserer Diskussion über sexuelle Intelligenz dürften die Forschungsergebnisse der Psychologen Cindy Hazan und Phillip Shaver interessant sein: Der Bindungsstil, wie er sich in der Kindheit herausbildet, so die beiden Forscher, steht in starker Übereinstimmung mit der Art von Liebesbeziehungen, die wir später als Erwachsene eingehen. Demnach wählen sich die Menschen Partner aus, die in gleicher Weise auf sie reagieren, wie ihre Eltern es getan haben; es sind Beziehungen, die ihnen vertraut und »normal« vorkommen, entsprechend ihren Erfahrungen in der frühen Kindheit.

231

In einer Studie haben die beiden Psychologen ihre Teilnehmer aufgefordert, die Liebesbeziehungen, die in ihrem Leben eine besondere Rolle spielten, zu beschreiben. Anschließend sollten sie den Erziehungsstil ihrer Mutter charakterisieren. Von 620 Befragten wurden 65 Prozent hinsichtlich ihrer Bindungsfähigkeit innerhalb einer Liebesbeziehung als »sicher« bewertet: Sie konnten Vertrauen und Freundschaft mit ihrem Partner aufbauen und darüber hinaus ihre Beziehungen einen langen Zeitraum, im Durchschnitt zehn Jahre oder länger, aufrechterhalten. Interessanterweise beschrieben die Befragten, die sich in einer festen Partnerschaft befanden, ihre Mütter als verantwortungsbewusst und fürsorglich. Wir können mit gutem Grund annehmen, dass Menschen, die zu einer beständigen Bindung fähig sind, auch die Begabung besitzen, innerhalb einer Partnerschaft Intimität herzustellen, Gefühle und Gedanken auszutauschen sowie dem Partner positive Emotionen entgegenzubringen. In einer Partnerschaft, die auf diesen Grundlagen beruht, wird Sex zum Ausdruck einer emotionalen Nähe, er ist dann aber auch eine Quelle großer körperlicher Lust.

Zugleich stellte sich heraus, dass 25 Prozent der Befragten von Hazan und Shaver hinsichtlich ihrer Liebesbeziehungen als »unsicher/vermeidend« klassifiziert werden mussten. Mit anderen Worten: Sie waren misstrauisch ihren Partnern gegenüber und hatten Angst vor einer allzu großen Verbundenheit. Ihre Partnerschaften hielten durchschnittlich nur sechs Jahre. Diese Personen hatten in der Kindheit ihre Mütter als kalt und abweisend erlebt. Verständlicherweise haben Menschen in unsicheren Beziehungen aufgrund ihres Misstrauens und ihrer Angst Schwierigkeiten, ein befriedigendes Sexualleben aufzubauen; möglicherweise vermeiden sie sogar Partnerschaften oder sie lassen sich nur flüchtig darauf ein, ohne die seelische Zugehörigkeit zu entwickeln, die eine beständige Beziehung erst kennzeichnet.

Schließlich befanden sich 19 Prozent der Befragten in einer Liebesbeziehung, die von sexueller Abhängigkeit und Fixierung auf den Partner bestimmt war. Entsprechend diesen »ambivalent/unsicheren« Paarstrukturen waren auch die Erinnerungen an den Erziehungsstil ihrer Mütter, der zwischen fürsorglicher

Liebe und scheinbarem Liebesentzug schwankte. Die Partnerschaften in dieser Gruppe dauerten nicht länger als durchschnittlich vier Jahre. Die starke sexuelle Anziehung sowie die Fokussierung auf den Partner, die gerade bei instabilen Beziehungen anzutreffen sind, erklären sich durch den emotionalen Lernprozess eines Kindes, das stets ohne jede Vorwarnung mit einem plötzlichen Liebesentzug der Mutter rechnen musste. Durch diese frühe Erfahrung kann sich eine Verhaltensweise entwickeln, bei der man sich mit aller Gewalt an den Partner klammert, den man aber niemals halten kann. Dieser Mechanismus traf in jedem Fall auf Glen zu.

Die Scheidungsrate der Befragten, die in einer festen Beziehung lebten, belief sich auf sechs Prozent. Sie lag damit um die Hälfte unter der Scheidungsrate derjenigen, die sich in einer unsicher/vermeidenden oder einer ambivalent/unsicheren Lebensgemeinschaft befanden; hier lagen die Scheidungsraten bei jeweils zwölf beziehungsweise zehn Prozent.

Eine wichtige Voraussetzung für sexuelle Intelligenz ist die Erkenntnis, wie nachhaltig Kindheitserfahrungen unsere sexuellen und affektiven Neigungen beeinflussen. Diejenigen von uns, die in einer Familie aufgewachsen sind, in der die Eltern nicht auf die Bedürfnisse des Kindes eingegangen sind und es an Fürsorge haben fehlen lassen, können in späteren Jahren für Beziehungen empfänglich werden, die durch einen obsessiven Charakter und grundsätzlichen Vertrauensmangel gekennzeichnet sind. Wenn wir lernen, unser verborgenes sexuelles Ich bewusst wahrzunehmen, können wir einen Ausweg aus diesem destruktiven Beziehungsmuster finden.

Wie oft klagen Personen, die keinen Partner haben. Es gibt einfach niemanden da draußen, so ist dann zu hören, mit dem ich mich treffen könnte. Das muss aber nicht zutreffen. Oft wird einfach übersehen, wie viele potenzielle Partner es tatsächlich gibt. Das geschieht aus dem einfachen Grund, weil diese Menschen Scheuklappen tragen und sich nur auf einen bestimmten Typus konzentrieren. Dabei lassen wir uns etwas entgehen, wenn wir von vornherein annehmen, jemand, der Computerspiele mag, sei ein Waschlappen, oder ein Ballettfan neige zu Allüren. Wenn wir diesen selbst gesetzten engen Horizont erweitern und uns Menschen öffnen, die nicht unbedingt unserem inneren Bild entsprechen, sei es auf das Aussehen oder die Persönlichkeit bezogen, wachsen automatisch unsere Chancen, einen geeigneten Sexualpartner und damit auch sexuelle Erfüllung zu finden.

Der Anfang ist gemacht, wenn wir unser verborgenes sexuelles Ich analysieren und verstehen, wie wir durch die in unserer Vergangenheit gemachten Erfahrungen trainiert wurden, auf ein bestimmtes Äußeres oder spezielle Persönlichkeitsmerkmale eines Menschen positiv zu reagieren. Für alle, die immer wieder in Beziehungen geraten, die sich als »verhängnisvoll« herausstellen, ist es eine innere Befreiung, den Typus auszumachen, der unbefriedigte Bedürfnisse aus der Vergangenheit in uns weckt. Wenn wir uns von unseren alten Wunschvorstellungen lösen, ist dies der erste Schritt zu einem Leben mit voller sinnlicher und emotionaler Erfüllung.

KAPITEL 12

Sex am
Arbeitsplatz

Die 25-jährige Madeline, die zur Zeit aufs College geht, heiratete einen Tag nach dem Abschlussball der Highschool ihre Jugendliebe. Als Heranwachsende erfuhr sie von ihren Eltern wenig über Sex; man hatte ihr nur gesagt, der Beischlaf sei allein der Ehe vorbehalten:

> Mit Sex durfte ich unter gar keinen Umständen vor der Ehe etwas zu tun haben. Sogar wenn das Fernsehen Liebesszenen zeigte, wurde bei uns zuhause sofort umgeschaltet.

In der Hochzeitsnacht hatte Madeline zum ersten Mal Sex mit ihrem Mann. Sie führte eine gute Ehe, in der für sie alles in ungetrübter Harmonie zu verlaufen schien, bis zu dem Tag, als sie sich für einen Arbeitskollegen interessierte. Ihre Sympathie beruhte auf Gegenseitigkeit:

> Wir sind uns näher gekommen, weil er Interesse an mir zeigte – ich meine, an meiner Person – und wir wurden Freunde. Dieser Kollege in der Firma war älter und klüger als ich.

Als Madeline schließlich erkannte, wie sehr der Kollege sie reizte, fasste sie den Entschluss, ihren Job zu kündigen:

> Ich habe andere Gründe für meine Kündigung vorgeschoben, aber eigentlich hatte sie sehr viel mit meinem Arbeitskollegen Tom zu tun. Das habe ich meinem Mann und der Firma natürlich verschwiegen. Ich habe ihnen erklärt, ich wollte wieder aufs Col-

lege gehen, um meinen Abschluss zu machen. Und das war ja auch ein sehr plausibler Grund. Aber es lag wohl eher an meinem schlechten Gewissen und an der ständigen Versuchung. Dauernd ging mir der Gedanke durch den Kopf: »Hier ist dieser Mann, von dem ich mich angezogen fühle, und ich weiß, dass er auch so denkt, und daraus kann leicht mehr werden.«

Meinem Mann habe ich das noch immer nicht erzählt. Und ich bin mir bis heute noch unschlüssig darüber, ob ich es hätte tun sollen. Die Situation damals in diesem Job war nämlich kein Einzelfall. Sie passiert mir immer wieder und das beunruhigt mich. Es ist nämlich so, obwohl ich verheiratet bin, fühle ich mich trotzdem von anderen Männern angezogen, besonders, wenn sie sich bemühen, mich richtig kennen zu lernen und wir öfter zusammen sind. Ich denke mal, es liegt daran, dass ich noch jung bin und sehr früh geheiratet habe. Es ist etwas, an dem ich noch arbeiten muss, um mir über mich selbst Klarheit zu verschaffen.

Es passiert mir nicht nur bei der Arbeit, sondern in allen möglichen Situationen – auf dem College oder im Freundeskreis. Andererseits kann ich nicht alles aufgeben, um solche Situationen zu vermeiden. Ich muss einen neuen Weg finden, mit diesem Problem fertig zu werden, damit ich Freunde treffen und Menschen kennen lernen kann, ohne der Versuchung zu erliegen. Denn das würde der Beziehung zu meinem Mann, die für mich am allerwichtigsten ist, Schaden zufügen. Doch es ist ganz schrecklich, überall sind Versuchungen da.

Madeline ist bereit, anzunehmen, was sich andere, die nicht wie sie über die gleiche sexuelle Intelligenz verfügen, nur ungern eingestehen: Wir können nämlich unsere sexuellen Interessen nicht einfach abstellen, wenn wir das Schlafzimmer verlassen. Unsere Sexualität ist Teil unserer Persönlichkeit – 24 Stunden am Tag. Sexuell intelligente Menschen geraten gar nicht erst in Versuchung, ihre sexuellen Sehnsüchte, die sich täglich bei ihnen bemerkbar machen, zu verdrängen oder zu ignorieren. Denn sie zeichnen sich vor allem auch durch die Fähigkeit aus, ihre Sexualität als wesentlichen Bestandteil ihrer Persönlichkeit zu akzeptieren. Der Ort, an dem es wohl für uns am häufigsten darauf ankommt, unsere sexuellen Gefühle zu kontrollieren, ist unser Arbeitsplatz.

Die Lust am Arbeitsplatz

Wie wir alle wissen, sind Verhältnisse am Arbeitsplatz ein weit verbreitetes Phänomen – Tendenz steigend. 75 bis 80 Prozent aller Arbeitnehmer haben oder hatten laut wissenschaftlichen Studien eine enge Freundschaft oder eine Affäre am Arbeitsplatz.[73] Im Rahmen unserer Untersuchung waren es 31 Prozent der Befragten, die bereits eine sexuelle Beziehung am Arbeitsplatz eingegangen waren.

Die Menschen verbringen einen Großteil Ihrer Zeit in ihrem Büro oder in einer Fabrikhalle. Tatsächlich stellt der Job eine große Möglichkeit dar, einem potenziellen Liebespartner zu begegnen. Auch wenn sich der Arbeitsplatz aus nahe liegenden Gründen als ein Ort anbietet, den richtigen Partner zu finden, ist hier eine sexuelle Beziehung mit einem gewissen Risiko verbunden: Sie kann zu einer Anklage wegen sexueller Belästigung führen, das Arbeitsklima vergiften, wenn die Beziehung schief geht oder sogar zur Kündigung führen. Viele Menschen lassen sich daher erst gar nicht auf eine Liebesbeziehung am Arbeitsplatz ein. Unserer Ansicht nach gibt es keinen zwingenden Grund, jegliche Erotik vom Arbeitsplatz zu verbannen. Sie ist nicht von vornherein als etwas Ablehnendes oder Unangemessenes zu verurteilen. Im Gegenteil, erotische Empfindungen im Job können Ausdruck unserer Lebenslust und Kreativität sein und vielleicht sogar dazu beitragen, die Atmosphäre unter den Kollegen aufzulockern.

Doch bevor wir uns auf Beziehungen im Büro oder sonst wo einlassen, sollten wir mit unserem sexuellen Ich gut vertraut sein. Denn erst dadurch sind wir fähig, Entscheidungen zu treffen, die unseren wahren Bedürfnissen entsprechen, ohne dabei unsere Karriere – oder die der anderen – zu gefährden oder den Beziehungen außerhalb des Arbeitsbereichs Probleme aufzuladen. Wem sein verborgenes sexuelles Ich verschlossen und fremd bleibt, der gerät am Arbeitsplatz leicht in Situationen mit äußerst schwierigen und unangenehmen Folgen.

Sexuell intelligente Menschen haben das richtige Fingerspitzengefühl und können daher je nach Situation ihre sexuellen Gefühle richtig einordnen oder sind selbstkritisch genug, um zu wissen, ob sich hinter ihrem sexuellen Verlangen nicht uneingestandene emotionale Bedürfnisse nach Anerkennung, Lob, Macht oder gar Rache verbergen. Sie haben den Weitblick, um genau einschätzen zu können, unter welchen Umständen das Ausleben ihrer sexuellen Gefühle ihrem Verhältnis zu den Arbeitskollegen, ihrer Karriere und ihrem Familienleben abträglich werden kann. Doch es besteht kein Grund zur Verzweiflung – der Arbeitsplatz ist nicht zwangsläufig ein Ort, an dem sich lauter Falltüren auftun und wir ratlos dastehen, weil wir nicht wissen, welche Entscheidung wir treffen sollen.

Ein Liebesleben am Arbeitsplatz gibt es nicht erst seit gestern, aber weil nicht sein kann, was nicht sein darf, haben wir bisher einfach weggeschaut. Im Allgemeinen bemühen sich Menschen, ihr sexuelles Ich und ihr »Ich am Arbeitsplatz« voneinander zu trennen. Am Arbeitsplatz eine asexuelle Haltung einzunehmen wird sogar als Zeichen beruflicher Integrität geschätzt und gilt darüber hinaus als einzig wirkungsvolle Methode, sich vor Beschuldigungen wegen sexueller Belästigung zu schützen oder deren Opfer zu werden.

Ungeachtet dieser herkömmlichen Meinung haben wir festgestellt, dass es weder erforderlich noch sexuell intelligent ist, sich hinter einer Fassade der Geschlechtslosigkeit zu verschanzen. Ganz im Gegenteil, es birgt sogar gewisse Gefahren in sich. Erinnern Sie sich noch an Natalie, die sich in einen ihrer Studenten verliebte? Einerseits erschien sie bei ihren Lehrveranstaltungen eher bieder gekleidet, andererseits wollte sie sämtliche Jazzclubs aufsuchen, wo sie Mark anzutreffen hoffte – natürlich nur, um ihn spielen zu hören. Natalies Erfahrung ist ein anschauliches Beispiel für die trügerische Vorstellung, dass wir in den vielen Arbeitsstunden, die wir nicht mit unserem Partner zusammen sind, unser sexuelles Ich aus unserem Leben auszuklammern versuchen. Die Ausgrenzung des sexuellen Anteils unserer Persönlichkeit birgt die Problematik in sich, unser Verhalten in eine negative Richtung zu steuern. Wir werden eifersüchtig, reagieren überempfindlich auf Kritik und fühlen uns extrem unsicher – wie dies bei Natalie der Fall war. Auch wenn es paradox klingen mag: Das Verdrängen unseres sexuellen Ichs am Arbeitsplatz erhöht sogar die Wahrscheinlichkeit, in eine unangemessene sexuelle Beziehung zu geraten. Es geht natürlich nicht darum, unsere Sexualität in allen Lebensbereichen zur Schau zu tragen. Aber wir sollten sie als Bestandteil unserer Persönlichkeit akzeptieren und unsere sexuellen Gefühle nicht als einen von unserem »Tages-Ich« losgelösten Bereich verstehen.

Sexuell intelligente Menschen sind sich bewusst, dass weder sie noch die Kollegen ihre Sexualität im Arbeitsalltag auf Befehl abschalten können. Und daher sehen sie auch die Notwendigkeit ein, bestimmte Regeln zu beachten, um unerwünschte Annäherungsversuche bereits im Vorfeld abzublocken. Es gibt eine Reihe von Situationen im Arbeitsleben, bei denen Sexualität zu einem waghalsigen, wenn nicht sogar zu einem zerstörerischen Potenzial wird, gerade weil viele meinen, sie müssten ihre sexuellen Gefühle negieren und sich ihren Kollegen gegenüber wie asexuelle Wesen verhalten. Denn wir wissen: Überall, wo Sex tabu ist, wird er im Verborgenen ausgelebt. Die Heimlichtuerei kann den Alltag im Betrieb zum Albtraum werden lassen und die Betroffenen in prekäre Situationen bringen, beruflich wie privat. In diesem Kapitel wollen wir zeigen, wie sehr es von Vorteil sein kann, wenn wir die künstlichen Barrieren zwischen den Geschlechtern am Arbeitsplatz einreißen, wenn wir sexuelle Spannungen direkt ansprechen und unsere Sexualität weder in aller Heimlichkeit noch in rufschädigender Weise zum Ausdruck bringen, also sie weder im Verborgenen halten noch provozierend einsetzen.

Die Ergebnisse unserer Recherchen bestätigen diesen Standpunkt. Unsere Frage, ob es am Arbeitsplatz erforderlich sei, eine asexuelle Rolle aufrechtzuerhalten, um unerwünschten Annäherungsversuchen vorzubeugen, wurde von einem Fünftel der Befragten befürwortet, deren Sex-IQ allerdings deutlich niedriger lag als bei denjenigen, die diese Notwendigkeit überhaupt nicht einsahen.

Darüber hinaus waren die Befragten mit einem höheren Sex-IQ nicht grundsätzlich gegen eine Romanze am Arbeitsplatz. Sie hatten oder haben Beziehungen mit Kollegen, sogar Vorgesetzten, und bewerten das als positive Erfahrung für sich. Hingegen haben die Befragten mit niedrigerem Sex-IQ erst gar nicht versucht, eine intime Beziehung am Arbeitsplatz einzuge-

hen, oder sie haben dabei Schiffbruch erlitten. Wie sich herausstellte, haben Menschen mit hohem Sex-IQ das richtige Augen-
maß, um genau einzuschätzen, mit welcher Person sie sich
zu welchem Zeitpunkt und auf welche Art und Weise – ohne
negative Folgen – auf eine lustvolle Affäre am Arbeitsplatz einlassen können.

Der Arbeitsplatz ist ein Ort, an dem wir – mitunter über sehr
lange Zeiträume – mit Menschen zusammenarbeiten, deren Interessen und Wertvorstellungen ähnlich wie unsere gelagert sind.
Da ist es nicht weiter verwunderlich, wenn es gelegentlich zwischen Kollegen erotisch »funkt«. Es gibt allerdings auch andere
Emotionen, die stark im Zusammenhang mit der Jobsituation
entstehen. Dabei wird vielfach versucht, diese mit Sex zu kompensieren. Sex wird eingeschaltet, um beispielsweise Zweifel an
der eigenen Kompetenz, mangelnde Anerkennung oder das Gefühl, dass man fehl am Platz ist, zu überdecken. Eine Affäre mit
jemandem aus dem Kollegenkreis ist eine Methode, sich zu beweisen, dass man begehrenswert ist. Doch oft steckt der Wunsch
dahinter, für unsere Fähigkeiten geachtet und anerkannt zu werden und das Gefühl zu bekommen, einer Gemeinschaft anzuge-
hören. Sex kann auch unbewusst eingesetzt werden, um an weitere Macht zu gelangen oder seine Position am Arbeitsplatz zu
behaupten. Fast jeder von uns wird an seinem Arbeitsplatz früher oder später mit erotischen Fragen konfrontiert werden. Aus
ebendiesem Grund ist es besonders wichtig, zu lernen, wie wir
am geschicktesten mit sexuellen Gefühlen, die im Arbeitsleben
auftauchen, umgehen sollten. Es ist ebenso von Bedeutung, bereits im Vorfeld die möglichen Auswirkungen unserer sexuellen
Entscheidungen, die wir im Arbeitsumfeld treffen, auf unser
Verhältnis zu den Kollegen wie auf unseren privaten Bereich zu
überdenken und realistisch einzuschätzen.

Es gibt einige Verhaltensweisen, an denen Sie erkennen können, ob Sie vielleicht einem Kollegen gegenüber in unangemes-
sener Weise auftreten. Besteht bei Ihnen kein Interesse, eine intime Beziehung mit einem Kollegen am Arbeitsplatz einzugehen
– weil Sie sich bereits in einer festen Partnerschaft befinden
oder um Ihre Stellung fürchten –, vermeiden Sie Gespräche mit
sexuellem »Unterton«. Ein kleiner unschuldiger Flirt ist zwar

völlig harmlos, wenn Sie aber ständig herumturteln und mit sexuellen Anspielungen und Anzüglichkeiten aufwarten, spielen Sie mit dem Feuer. Wenn Sie mit dem Kollegen, von dem Sie sich sexuell angezogen fühlen, am Arbeitsplatz viel Zeit verbringen und ständig »berufliche« Ausreden finden, um in ihrer oder seiner Nähe zu sein, und wenn Sie sich an Tagen, an denen Sie hoffen, Ihrem Objekt der Begierde zu begegnen, besonders »in Schale werfen«, dann sollten Sie dies als Warnzeichen erkennen. Besondere Vorsicht ist geboten, wenn Sie plötzlich den Drang nach Mitteilsamkeit verspüren und am Arbeitsplatz mit jemandem, der Ihnen in sexueller Hinsicht gefällt, Intimes über Ihre derzeitige Beziehung verraten oder mit ihm oder ihr über die Fehler Ihres Partners diskutieren. Wenn Sie anfangen zu lügen und Ihrem Partner Dinge vorenthalten, über die Sie mit einem Arbeitskollegen im Betrieb sprechen, dann ist die höchste Alarmstufe erreicht.

Mangelnde Offenheit oder Aufrichtigkeit gegenüber dem Partner deuten auf Schuldgefühle hin, die man wegen einer vielleicht nicht ganz so harmlosen Beziehung zu einem Arbeitskollegen hegt. In diesem Zusammenhang ist es entscheidend, die eigene Handlungs- und Verhaltensweise genau unter die Lupe zu nehmen und sich ehrlich einzugestehen, welche Beweggründe dahinter stecken.

Nehmen wir beispielsweise Cheryls Erfahrungen. Sie ist einundzwanzig Jahre alt und arbeitet als Software-Entwicklerin in einer Start-up-Firma. In vieler Hinsicht gleicht das Umfeld ihres Jobs mehr einem freundschaftlichen Gemeinschaftsunternehmen als einem nüchternen Betrieb. Alle Mitstreiter der Firma arbeiten in einem großen, offenen Raum, in dem sogar ein Basketballkorb an einer Wand angebracht ist. Wenn vor einem wichtigen Präsentationstermin der Stresspegel steigt, fliegen schon mal Bälle durch die Luft, die Spritzpistolen werden gezückt, es wird herumgealbert, kurz, es herrscht eine Arbeitsstimmung, die bei einem konservativeren Betrieb höchste Verwunderung auslösen würde. Wegen der vielen Überstunden bei terminlichen Engpässen wird oft miteinander gegessen – Frühstück, Mittag- und Abendessen werden bei einem Heimservice auf Kosten der Firma bestellt. Als Ausgleich für diese zusätzlichen Stunden bietet die Firma ihren Mitarbeitern Eiscreme-Partys und Ausflüge in Vergnügungsparks oder an den Strand. Man kann ohne Übertreibung sagen, für viele Angestellte in der Firma sind die Kollegen Freunde geworden.

In dieser Arbeitsatmosphäre kamen sich Cheryl und ihr Projektmanager näher:

> **Er war** wie ein guter Freund und nicht wie mein Boss. Wir hatten viel Gemeinsames. Er ist älter als ich, aber nicht sehr viel. Sagen wir mal fünf Jahre. Wir gingen permanent miteinander aus, das ergab sich durch die vielen Ausflüge mit dem gesamten Team. So entwickelte sich allmählich etwas zwischen uns. Wir hörten uns gegenseitig zu, hatten uns viel zu erzählen und kamen uns näher, eins ergab das andere. Ich habe mich schon immer zu ihm hingezogen gefühlt, doch ich wollte nichts mit ihm anfangen, weil er eben mein Boss war. Jetzt habe ich einfach dicht gemacht und werde mir einen anderen Job suchen.

Cheryls Beispiel enthält viele Faktoren, die geradezu programmatisch auf eine Affäre innerhalb eines Arbeitsteams abzielen. Schon die beständige physische Nähe des anderen oder die Zusammenarbeit an einem gemeinsamen Projekt fördert eine gegenseitige Anziehung. Bei 63 Prozent der Liebeleien war laut einer Studie der Ablauf schon allein aufgrund der innigen Arbeitssituation vorhersehbar.[74] Menschen, die eine gewisse Zeit intensiv zusammenarbeiten, werden sich eher näher kommen und eine Beziehung eingehen, als wenn sie nur flüchtige Arbeitskontakte haben.[75] Gemeinsame Ansichten und Meinungen sind ein weiterer Punkt, der die Menschen am Arbeitsplatz verbindet. Ein überzeugter Abtreibungsgegner und politisch Konservativer wird sich beispielsweise kaum zu einem Verfechter des Rechts auf Abtreibung hingezogen fühlen. Lisa Mainiero weist in ihrem Buch *Office Romance: Love, Power, and Sex in the Workplace* darauf hin, dass Firmen und Organisationen bevorzugt Mitarbeiter einstellen, deren Ansichten und Lebensstil mit der Unternehmenskultur konform gehen.[76] In gewisser Weise kann der Arbeitsplatz als eine Art Club »hoch kompatibler Dating-Partner« betrachtet werden.

Auch in anderer Hinsicht wird Liebe im Job von der Unternehmenskultur beeinflusst. Ob unter den Mitarbeitern Partnerschaften entstehen, hängt zum Teil auch von der missbilligenden oder toleranten Haltung des Unternehmens bei einer Affäre am Arbeitsplatz ab. In seriösen, traditionellen Unternehmen, etwa konservativen Anwaltskanzleien, sind Romanzen sehr viel weniger häufig als in einem modernen, dynamischen Betrieb, beispielsweise in Computerfirmen.[77] Dass sich Cheryl und ihr Boss durch ihr permanentes Beisammensein und ihre gemeinsamen Überzeugungen in einer lockeren Arbeitsatmosphäre näher gekommen sind, ist daher keine große Überraschung.

Nichts geschieht ohne Folgen

Mit welchen Konsequenzen müssen Sie rechnen, wenn Sie im Job ein Verhältnis beginnen – vorausgesetzt, es handelt sich um eine Beziehung, die auf Gegenseitigkeit beruht? Das ist keine leichte Frage. Nur die allerwenigsten Unternehmen haben festgelegte oder ungeschriebene Regeln für eine Romanze am Arbeitsplatz. Je nach Firma wird eine völlig unterschiedliche Politik verfolgt: Während IBM beispielsweise eine romantische Beziehung zwischen leitenden Angestellten und Untergebenen untersagt, hat das Unternehmen Ben and Jerry's Ice Cream keinerlei Schwierigkeiten, wenn sich Mitarbeiter auch erotisch näher kommen.[78] Die meisten Betriebe ignorieren jedoch Verhältnisse im beruflichen Umfeld. Es gibt so gut wie keine rechtlichen Möglichkeiten für Unternehmen, gegen eine Affäre zwischen Mitarbeitern vorzugehen – weder innerhalb noch außerhalb des Arbeitsbereichs.[79] Es mag zwar nicht zur allgemeinen Praxis gehören, aber es kann durchaus vorkommen, dass Mitarbeitern wegen eines Flirts am Arbeitsplatz gekündigt wird. Oder sie werden in eine andere Abteilung oder an einem anderen Standort des Unternehmens versetzt und bei einer Gehaltserhöhung oder Beförderung übergangen – besonders betroffen ist hierbei die Person, die sich in einer unterlegeneren Position befindet. In Anbetracht der möglichen Folgen sowie der unklaren Rechtslage innerhalb vieler Unternehmen stellt sich die Frage, wann Sie am Arbeitsplatz guten Gewissens Ihren erotischen Gefühlen nachgeben dürfen beziehungsweise diese unangebracht ist.

Es gibt viele Situationen, bei denen es sich als sexuell intelligent erweist, einem Flirt am Arbeitsplatz aus dem Weg zu gehen. In einigen Berufen etwa sind sexuelle Beziehungen am Arbeitsplatz von jeher tabu gewesen und dieses Verbot wird heutzutage eher noch strenger gehandhabt als früher. Das betrifft vor allem Ärzte, Psychotherapeuten und akademische Lehrer. Innerhalb ihres Tätigkeitsbereichs wäre eine sexuelle Beziehung mit dem Berufsethos unvereinbar. Solche Beziehungen mögen auf den ersten Blick ähnlich gelagert sein wie das Verhältnis zwischen einem Vorgesetzten und einer Angestellten. Doch gibt es einen feinen, wenn auch entscheidenden Unterschied: Ein Verhältnis mit einer Patientin beziehungsweise einem Patienten stellt für den Mediziner nicht nur einen Machtmissbrauch, sondern auch einen eklatanten Vertrauensbruch dar. Ähnlich ist die Situation zwischen Studenten und Professoren.

Auch wenn eine Liebschaft am Arbeitsplatz gemäß Tradition und Politik eines Unternehmens nicht strikt verboten ist, kann sie vom Standpunkt sexueller Intelligenz gesehen, dennoch unangebracht sein. Arbeitgeber fühlen sich für die Effizienz ihres Unternehmens verantwortlich und wollen kontraproduktive Einflüsse, die die Ökonomie stören könnten, fernhalten. Falls Firmen bei einer Beziehung zwischen Arbeitskollegen Nachteile befürchten, werden sie Maßnahmen ergreifen und eine Kündigung oder Versetzung erwägen. Vom Standpunkt des Managements ist die entscheidende Frage, ob ein Flirt zwischen Arbeitskollegen Leistung und Motivation der Mitarbeiter beeinträchtigt und das Arbeitsklima verschlechtert. Nach unseren Ergebnissen hängen Antriebslust und Produktivität der Mitarbeiter, die in einer Romanze am Arbeitsplatz verwickelt sind, größtenteils von ihren Beweggründen ab, weswegen sie die Beziehung eingegangen sind.

Es gibt die unterschiedlichsten Motive, sich auf eine Beziehung am Arbeitsplatz einzulassen: Manchmal kommt es vor, dass sich zwei Kollegen tatsächlich lieben. Andererseits werden solche Liebschaften aber auch angefangen, um das Selbstwertgefühl zu steigern oder mit Sex im Büro die eigene Karriere voranzubringen. Im Allgemeinen aber enden Beziehungen am Arbeitsplatz, die aus eigennützigen Motiven von dem einen oder beiden Partnern eingegangen werden, in einem Desaster – sowohl für die Firma als auch für die Betroffenen.

Nehmen wir Sonja als Beispiel. Sie ist siebenundzwanzig Jahre alt und arbeitet als Anwaltsgehilfin in einer großen Kanzlei. Sie machte den Fehler, ein Verhältnis mit ihrem Chef anzufangen, einem Anwalt, dem der Ruf vorausging, den weiblichen Angestellten nachzustellen – besonders wenn sie jung und hübsch sind. Anfangs brachte das Verhältnis für Sonja etliche Vorteile, die allerdings nur von kurzer Dauer waren:

Damals war einiges los in meinem Leben. Mein Boss und ich waren ständig zusammen und besprachen viel miteinander; er konnte gut zuhören. Damit fing es an. Dann machte er mir Komplimente, er flirtete mit mir; später wollte er, das wir miteinander ausgingen. Er weiß viel über mich; ich kenne ihn seit vier Jahren. Etwa vor eineinhalb Jahren wurde es ernst zwischen uns. Vor etwa acht Monaten hatten wir zum ersten Mal Sex.

Aufgrund seiner leitenden Position bekam ich plötzlich lauter Vergünstigungen. Ich durfte zum Beispiel den Firmenparkplatz benutzen. Das fiel den anderen Arbeitskollegen mit der Zeit auf. Es mag zwar ziemlich belanglos klingen, aber in unserer Firma ist er nicht für jeden verfügbar. Aber mein Chef konnte darüber bestimmen. Ich musste für den Stellplatz nicht einmal etwas bezahlen. Er tat sehr viel für mich. Ich konnte früher nach Hause gehen, ohne dass mir diese Arbeitsstunden abgezogen wurden.

Als es dann mit unserer Beziehung bergab ging, nahm er mir das alles wieder weg. Er schickte mir E-Mails, die sehr unangenehm waren. Ich habe meine Lektion gelernt. Er hat seine Macht missbraucht, deshalb werde ich die Firma verlassen. Ich glaube, er war die ganze Zeit nur auf einem Egotrip. Ich habe meine Kündigung eingereicht. Nie wieder werde ich mich auf so etwas einlassen.

Offenbar fängt Sonjas Chef mit seinen weiblichen Angestellten ein Verhältnis an, um seinem Selbstwertgefühl Auftrieb zu geben. Sonjas Erfahrung ist typisch für Liebschaften dieser Art, bei denen der Vorgesetzte dem Angestellten Privilegien und Vergünstigungen einräumt. Das Problem ist nur, dass sich die Privilegien in dem Moment in nichts auflösen, wenn die Beziehung zu bröckeln beginnt, und der Vorgesetzte seine Macht benutzt, um eine unangenehme und einschüchternde Arbeitsatmosphäre herzustellen, in der es für den Untergebenen beinahe unmöglich wird, in diesem Job weiterzuarbeiten – wie dies bei Sonja der Fall war. Auf lange Sicht gesehen, sind es die Vergünstigungen nicht wert, eine Liebelei dieser Art einzugehen, vor allem, weil sie aus einem ganz bestimmten Grund gefährlich werden können – sie verleihen dem Untergebenen einen Sonderstatus gegenüber den Kollegen.

Oft ist das eigentliche Problem nicht so sehr die Reaktion des Managements auf einen Flirt, sondern die der Arbeitskollegen. Viele gehen eine Beziehung am Arbeitsplatz in dem Glauben ein, sie könnten sie geheim halten und dadurch negative Konsequenzen vermeiden. Eine Beziehung am Arbeitsplatz bleibt jedoch nie ein Geheimnis: Der Versuch, sie zu verbergen, ist meistens zum Scheitern verurteilt. Sollten die Kollegen die Schwärmerei nicht gutheißen, können sie den Verliebten das Leben schwer machen; das kann so weit gehen, dass die Betroffenen geächtet und erpresst werden. Ein durch das Mobbing benachteiligter Kollegen vergiftetes Arbeitsklima ist ein Grund für das Management, einzugreifen und entweder einen oder beide Mitarbeiter, die sich auf eine Beziehung eingelassen haben, zu versetzen oder einem oder beiden zu kündigen.

Eine Liaison am Arbeitsplatz, bei der offensichtlich nicht Liebe im Vordergrund steht, sondern der Wunsch nach einer höheren Position und die man deshalb an die große Glocke hängt, wird von den Mitarbeitern durchaus als ein ausbeuterisches und unkollegiales Verhalten bewertet. Unweigerlich führt ein solches Gebaren zu bösem Tratsch. Ein Verhältnis zwischen Vorgesetzten und Angestellten stößt bei Mitarbeitern immer auf eine stärkere Ablehnung als eine Beziehung zwischen Kollegen. Die Erfahrung zeigt, dass gerade derartige Verhältnisse große Probleme verursachen: Es provoziert Eifersucht, Neid auf offensichtliche Vergünstigungen und Argwohn beispielsweise bei Beförderungen.[80] Dass Sonja den Firmenparkplatz benutzen und früher nach Hause gehen durfte, war, wie sie richtig erkannte, ein deutliches Indiz für ihre Kollegen, dass sie mit ihrem Chef ein Verhältnis hatte – und ein guter Grund, ihr zu kündigen. Sonjas Verhältnis mit ihrem Chef, dessen Affären mit weiblichen Angestellten nur dazu dienten, sein Selbstwertgefühl zu stärken, endete – wie dies meistens bei Büroaffären der Fall ist – negativ für die Frau: Sie steht bezeichnenderweise in der Hierarchie niedriger und muss die Konsequenzen einer gescheiterten Romanze am Arbeitsplatz tragen – sei es in Form einer Kündigung, einer Versetzung oder eines freiwilligen Jobwechsels.

Sonjas Erfahrungen machen eine Grundregel deutlich, die Sie sich stets vor Augen halten sollten, ehe Sie sich auf eine Lovestory am Arbeitsplatz einlassen: Erforschen Sie Ihre Beweggründe für diesen Beziehungswunsch, und versuchen Sie auch denen Ihres möglichen Partners auf den Grund zu kommen. Beispielsweise hätte Sonja der Ruf ihres Chefs als notorischer Frauenheld eine Warnung sein müssen. Tatsächlich dient Sex im Büro häufig als Ersatzhandlung für unbefriedigte Bedürfnisse, die den Betroffenen aber meist unbewusst bleiben: etwa der Wunsch nach Macht, Anerkennung, Status, ja manchmal sogar nach ein bisschen Aufregung als Kompensation für einen Job, der keine Herausforderung darstellt oder Erfüllung bringt. Wir haben bereits gesehen, zu welchen Auswüchsen es kommen kann, wenn Sex als Ersatzhandlung sich zu einem zwanghaften Verlangen steigert und wie eine Droge konsumiert wird, um einen tief im Inneren liegenden Schmerz zu bekämpfen. Doch unerfüllte Wünsche, die aus unserer Vergangenheit stammen, können auch mit Sex nicht erfüllt werden.

Die Frau, mit der sich Bruce einließ, war offenbar von diesen zwanghaften Wünschen getrieben. Sie war Bruce' Chefin in einem Bekleidungsgeschäft:

Sie hatte mehr Macht als ich – sie war Einkäuferin für Damendessous; ich arbeitete in der Abteilung für Freizeitkleidung. Dauernd fand sie einen Vorwand, um an meinem Verkaufstresen vorbeizukommen. Eines Tages machte sie den Vorschlag, wir sollten nach der Arbeit noch auf einen Drink gehen. Es war mein Fehler, dass ich zugesagt habe. Wir schliefen ein paarmal miteinander, dann fing sie an, immer zudringlicher zu werden – schon nach fünf Wochen war sie umgezogen, um in meiner Nähe zu sein. Sie rief mich ständig an, kam häufig unangemeldet bei mir vorbei – es schnürte mir regelrecht die Kehle zu. Sie hatte so eine eigenartige Anhänglichkeit entwickelt. Es war kaum zu ertragen. Ehrlich gesagt, ihr Verhalten jagte mir sogar ein wenig Angst ein. Glücklicherweise erhielt sie ein besseres Jobangebot von unserer Konkurrenz, das sie schließlich angenommen hat.

Es ist eine Frage der sexuellen Intelligenz, rechtzeitig zu erkennen, ob ein sexuelles Verlangen, das für einen Kollegen am Arbeitsplatz entwickelt wurde, nicht an die Stelle für andere unerfüllte Wünsche gesetzt wird. Wer sexuell intelligent ist, weiß zwischen Fantasien und dem Ausleben dieser Fantasien zu unterscheiden und kann die Folgen seiner sexuellen Entscheidungen im beruflichen wie privaten Bereich genau vorhersehen und vernünftig einschätzen. Situationen, in denen sich ein Verhältnis am Arbeitsplatz katastrophal auf die Karriere oder auf eine Partnerschaft außerhalb des Arbeitsplatzes auswirken könnten, wird aber eine sexuell intelligente Person vermeiden und es vorziehen, ihre erotischen Gefühle einzig im Bereich der Fantasie ausagieren.

Bei amourösen Abenteuern am Arbeitsplatz sind besonders Angestellte in niedrigen Positionen gefährdet, deren Arbeit meistens nicht so ein großes Gewicht beigemessen wird – und bei denen es sich bezeichnenderweise wiederum in den häufigsten Fällen um Frauen handelt. Interessant ist auch die Tatsache, dass einige Personen neben ihrer Büroliebe noch zusätzlich in eine außereheliche Affäre verstrickt sind. Übrigens: Bei Frauen, die auf der Karriereleiter unterhalb der Männer stehen, ist die Wahrscheinlichkeit, gekündigt zu werden, doppelt so hoch wie bei Männern.

Damit ist nicht gesagt, dass eine Eskapade am Arbeitsplatz grundsätzlich nur Nachteile bringen muss. Wenn sich zwei Menschen im Betrieb oder Büro ineinander verlieben, kann sich ihr Flirt beflügelnd auf die Beteiligten auswirken. Eine harmonische Partnerbeziehung am Arbeitsplatz erfordert jedoch ein bestimmtes Maß an sexueller Intelligenz.

Wahre Liebe siegt – zumindest hat sie die besten Chancen

Carolines Erfahrungen sind ein gutes Beispiel für eine geglückte Eroberung am Arbeitsplatz. Dank Carolines sexueller Intelligenz hat sie die richtige Partnerwahl getroffen und versteht es, am Arbeitsplatz Liebe und Arbeit in Einklang zu bringen. Caroline ist fünfundzwanzig Jahre alt und arbeitet in der Filiale einer Coffee-Shop-Kette. Sie hat die Nachmittagschicht von 14 bis 22 Uhr. Ned, ihr Freund, leitet die Morgenschicht von 6 Uhr früh bis 14 Uhr:

> **Wir haben** uns letzten Juli bei der Arbeit getroffen. Ned ist Geschäftsführer der Morgenschicht, hierarchisch betrachtet ist er also mein Chef, aber nicht mein direkter Vorgesetzter. Seit drei Monaten haben wir eine Beziehung, aber ich kenne ihn schon seit etwa acht Monaten. Wir waren wirklich gute Freunde, bevor wir miteinander gingen. Er ist ein toller Typ. Ich mag ihn sehr, er ist wirklich ein wunderbarer Mensch.

Caroline hat im Umgang mit ihrer Lovestory am Arbeitsplatz in mehrfacher Hinsicht sexuelle Intelligenz bewiesen. Obwohl sie eine Liebesbeziehung mit einem Mann eingegangen ist, der in dem Unternehmen eine höhere Stellung als sie inne hat, ist er nicht ihr direkter Vorgesetzter. Außerdem arbeiten beide in verschiedenen Schichten, sodass sie sich kaum am Arbeitsplatz sehen. Caroline und Ned empfinden aufrichtige Liebe füreinander. Ihre intime Beziehung entwickelte sich aus ihrer Freundschaft, die schon eine Weile bestand, bevor sie sich auch erotisch näher kamen.

Caroline ist klug und vorsichtig genug, sich im Hintergrund zu halten, wenn Ned und sie zur selben Zeit im Geschäft sind, um nicht den Unwillen ihrer Kollegen zu erregen und Anlass zu Tratschereien zu geben:

> **Während unserer** Arbeitszeiten sind wir eigentlich kaum zusammen. Wenn ich in den Shop komme, macht er gerade Feierabend. Als wir anfingen, uns auch privat zu treffen, habe ich ihm gesagt, wie sehr es mich stört, dass er im gleichen Job arbeitet

wie ich, weil ich immer das Gefühl hätte, den anderen würde etwas auffallen. Ich achte sehr darauf, wie meine Kollegen mich einschätzen und was sie über mich reden. Er reagierte darauf mit einer Frage: »Warum kann ich dich nicht einfach küssen, bevor ich gehe, und mal beiseite ziehen, um mit dir zu reden?« Ich antwortete ihm: »Mir gefällt das nicht.« Je inniger unsere Beziehung wurde, umso mehr suchte er auch die Nähe auf der Arbeit. Aber ich wollte das nicht. Also musste ich ihm sagen, dass das so nicht weiter gehen würde. Er hat es schließlich eingesehen. Ich erklärte ihm: »Was du da machst, ist nicht angemessen.« Das musste ich ihm gleich am Anfang unserer Beziehung klar machen.

Caroline will auf keinen Fall böses Blut bei ihren Kollegen schaffen und Gefühle wie Eifersucht oder den Verdacht auf eine bevorzugte Behandlung erregen. Sie achtet stets darauf, ihren und Neds Job streng voneinander zu trennen und sich nicht in seine beruflichen Angelegenheiten einzumischen – das Gleiche erwartet sie von ihm:

Ned macht seinen Job wirklich gut, aber manchmal trifft er Entscheidungen, die bei den Mitarbeitern nicht immer so gut ankommen. In dieser Hinsicht ist er halt wie jeder Vorgesetzter. Ich bin ja oft mit seinen Entscheidungen einverstanden, manchmal allerdings nicht. Dann habe ich das Gefühl, dass ich eigentlich nicht das Recht habe, seine Entscheidungen vor den anderen infrage zu stellen. Dasselbe passiert mir, wenn jemand was gegen ihn sagt, da muss ich mich richtig beherrschen und den Mund halten, weil ich nicht parteiisch erscheinen möchte – obwohl ich seiner Meinung bin.

Auch wenn Caroline und Ned sich lieben und ihre Beziehung gut läuft, bringt das Liebesverhältnis zweier Arbeitskollegen einige Probleme mit sich: Zum Beispiel wird Caroline in bestimmte Vorgänge eingeweiht, zu denen jemand in ihrer Stellung normalerweise keinen Zugang hätte. Diese Informationen stellen in gewisser Weise eine Belastung für sie dar. Aber Caroline fühlt sich verpflichtet, besondere Diskretion zu wahren, denn sie möchte keinesfalls ihre Kollegen vor den Kopf stoßen:

Ned erzählt mir Dinge, die in der Arbeit passieren. Als Geschäftsführer kriegt er natürlich einiges mit, auch einiges über meine Chefin – persönliche Dinge und Probleme, die sie mir natürlich nicht unbedingt erzählen würde. Das ist mir zwar ein bisschen unangenehm, aber ich will es trotzdem wissen. Ich bin nun mal ein neugieriger Mensch und liebe Klatsch. Manchmal ist es mir peinlich, wenn ich meine Geschäftsführerin sehe und mir denke, was ich alles so über sie weiß, wovon sie nicht im Geringsten ahnt, dass ich es weiß.

Ich bin natürlich auch über alles informiert, was in der Arbeit so abläuft, so weiß ich beispielsweise, wem die Entlassung droht. Wenn ich dem Betroffenen dann begegne und genau weiß, dass ihm demnächst die Kündigung ins Haus steht, bekomme ich ein ungutes Gefühl. Im Grunde genommen dürfte ich all diese internen Dinge ja gar nicht wissen.

Durch ihre Beziehung am Arbeitsplatz sind auch einige Probleme im privaten Bereich für ihre Partnerschaft entstanden. So musste Caroline Ned mit einigem Nachdruck klar machen, dass er zu Hause *nicht* der Boss ist:

Manchmal will Ned zu Hause alles bestimmen. Da muss ich ihn oft bremsen. Zum Beispiel kocht er gerne, also kümmert er sich ums Essen. Er besteht aber immer darauf, Speisen zuzubereiten, auf die er gerade Lust hat; mich fragt er dabei nicht.

Der Hauptgrund, weshalb es Caroline und Ned gelungen ist, eine Liebesbeziehung am Arbeitsplatz aufrechtzuerhalten, ohne ihren Job zu gefährden, liegt wohl an ihrer tiefen Liebe und Zuneigung zueinander – abgesehen von Carolines Geschick, keine Missstimmung bei ihren Kollegen aufkommen zu lassen und jeden möglichen Verdacht, sie könnte bevorzugt behandelt werden, zu vermeiden.

Ungeachtet der Bedenken, die Arbeitgeber gegen ein Verhältnis am Arbeitsplatz haben, weil sie verminderte Arbeitsleistung, lange Mittagspausen, Ablenkung und eine allgemeine Störung des Arbeitsablaufs befürchten, haben Wissenschaftler erkannt, dass Mitarbeiter, die eine Beziehung am Arbeitsplatz eingegangen sind, effektiver arbeiten, sich stärker für ihren Job engagieren und zufriedener sind. Voraussetzung ist, dass echte Verbundenheit und Liebe, nicht aber Karrieregründe, Selbstbestätigung und der Wunsch nach Abwechslung eine Rolle in solchen Beziehungen spielen.

Sexuelle Belästigung am Arbeitsplatz

Eine asexuelle Welt, in der wir zweimal überlegen müssen, ehe wir etwas sagen oder tun, aus Angst, unsichtbare Grenzen zu überschreiten, ist keineswegs erstrebenswert. Andererseits sollten natürlich bestimmte Grenzen eingehalten werden. Eine sexuell intelligente Handlungsweise am Arbeitsplatz zeigt sich auch mit der Fähigkeit, Avancen von Arbeitskollegen richtig einzuschätzen und geschickt zu parieren. Sind diese Annäherungsversuche harmlos und nett gemeint oder überschreiten sie bereits die Grenzen des Erlaubten und stellen eine sexuelle Belästigung dar? Potenziell sind Frauen wie Männer täglich mit dem Problem der sexuellen Belästigung am Arbeitsplatz konfrontiert. Seit Clarence Thomas im Jahr 1991 mit einer Klage am Obersten Gerichtshof wegen sexueller Belästigung Schlagzeilen machte, hat sich die Anzahl der gerichtlichen Verfahren wegen sexueller Übergriffe am Arbeitsplatz weltweit alarmierend erhöht.[81] Nach jüngsten Schätzungen ist der Prozentsatz der berufstätigen Frauen, die laut ihren Aussagen sexuell belästigt worden sind, weiterhin ansteigend.[82]

Sexuelle Übergriffe am Arbeitsplatz stellen in der Tat ein ernstes Problem dar, das erhebliche seelische wie körperliche Schäden verursacht und eine einschüchternde, feindselige Arbeitswelt schafft. Dadurch werden außerdem auch erhebliche Missverständnisse sowie Unsicherheit und Misstrauen zwischen Männern und Frauen im beruflichen Umfeld ausgelöst. Viele Männer scheuen sich, einen Witz, und sei er noch so harmlos, oder ein nett gemeintes Kompliment über das Aussehen einer Frau zu machen, aus Angst, es könnte als sexuelle Belästigung aufgefasst werden. Andererseits empfinden es viele Frauen als frustrierend, wie einige Männer vor sexuellen Belästigungen am Arbeitsplatz die Augen zu verschließen scheinen.

Wo werden die Grenzen zwischen Flirten und sexueller Belästigung gezogen? Die Bandbreite sexuell gesteuerter Kommunikationsformen am Arbeitsplatz ist sehr groß: Sie umfasst alles, vom harmlosen Flirten, einem lapidaren Geplänkel, Scherzen, eindeutigen Komplimenten bis hin zum Geschlechtsverkehr auf dem Schreibtisch.[83]

Bei einer solchen Komplexität wäre eine sexuell intelligente Vorgehensweise unserer Meinung nach, wenn man sich auf die Beweggründe für das zur Erörterung stehende Verhalten und weniger auf das Verhalten selbst konzentriert. Das schafft die Voraussetzungen, um zwischen Nötigung – in allen ihren Facetten – und einem einverständlichen Verhalten unterscheiden zu können. Es gibt nämlich Verhaltensformen, die in manchen Situationen von Mitarbeitern toleriert werden – etwa ein Scherz oder ein kleiner Flirt –, weil sie die Arbeitsatmosphäre lockern. Bei einer anderen Gelegenheit werden sie jedoch als unerwünscht oder sogar als sexuelle Übergriffe aufgefasst, unabhängig davon, ob es sich bei diesem Gebaren um ein Vergehen im strafrechtlichen Sinne handelt.

Lauren hat ihre eigenen Erfahrungen gemacht. Sie ist OP-Schwester in der Notaufnahme eines stark frequentierten städtischen Krankenhauses, in das viele Patienten mit medizinischen Traumata eingeliefert werden – darunter Opfer von Autounfällen, Messerstechereien oder Schießereien:

Ich bin nicht eben hässlich, also bekomme ich von vielen Ärzten meine »Flirteinheiten« und anerkennende Kommentare. Zwischen einem Annäherungsversuch, gegen den man nichts einzuwenden hat, und einem, den man als zudringlich empfindet, besteht ein feiner Unterschied. Ich bin überhaupt nicht gegen einen gelegentlichen Flirt, aber wenn es ein schmieriger Typ ist oder irgendein Armleuchter, dann würde man ihm am liebsten auf den Kopf zusagen, er soll mit dem Süßholzgeraspel aufhören. Oder ihn direkt fragen: »Was steckt eigentlich hinter deinen dummen Kommentaren? Lass mich damit in Ruhe!« Aber wenn mir jemand zusteckt, ich sähe heute besonders nett aus, oder meine neue Frisur bemerkt, kann das durchaus angenehm sein. Es kommt eben immer darauf an, wer das von sich gibt. Bei einem dreisten Typen würde ich ganz anders reagieren und sagen: »Igitt, bitte schau mich bloß nicht an, ich weiß doch genau, was du willst.«

Eine der Schwierigkeiten, zwischen einverständlichem Verhalten und Nötigung am Arbeitsplatz zu unterscheiden, beruht auf der unterschiedlichen Art und Weise, mit der Männer und Frauen verbale und nichtverbale Verhaltensweisen wahrnehmen und deuten.

Da wäre Joanie, eine 24-jährige Studentin, die sich ihr Studium mit einer Reihe unterschiedlicher Jobs finanziert – beispielsweise als Kellnerin und Sekretärin. Sie hat die Unsicherheit und Verwirrung, die bei Frauen und Männern gleichermaßen herrschen, wenn es um angemessenes Verhalten am Arbeitsplatz geht, in folgende Worte gefasst:

Ganz gleich, ob ich als Kellnerin oder Sekretärin arbeite, anscheinend können sich die Männer die Freiheit herausnehmen, mich einfach unaufgefordert zu berühren oder den Arm um mich zu legen. Liegt es vielleicht daran, dass ich nicht gerade groß bin oder mich ihnen gegenüber nett und freundlich verhalte? Ich frag mich manchmal wirklich: »Ermuntere ich sie vielleicht dazu?« Ich meine, wie kämen sie sonst auf die Idee, mich anzufassen? Jedenfalls ist das bei mir unerwünscht; ich kann es absolut nicht leiden. Aber warum tun sie es bloß? Wenn ich größer wäre oder Kostümjacken anhätte, dann sähe ich bestimmt distinguierter und unnahbarer aus, vielleicht würde man mich dann nicht mehr für »süß« halten und dauernd angrabschen. Hinzu kommt, dass ich auch keine berufliche Position habe, bei der ich irgendwelche Macht ausüben könnte. Ich glaube, die Männer würden sich einer Frau gegenüber, von der sie meinen, sie hätte Autorität, nicht so verhalten. Verstehen Sie, sie würden einen nicht wie ein niedliches Spielzeug oder Schoßhündchen behandeln.

Joanies Chef wäre sicherlich schockiert, wenn er erfahren würde, wie sehr es ihr widerstrebt, einen Klaps auf den Po zu bekommen oder in den Arm genommen zu werden. Sozialpsychologen haben wiederholt festgestellt, dass Frauen, im Gegensatz zu Männern, einen Unterschied machen zwischen einer freundschaftlich gemeinten Berührung und einer, hinter der sich eine sexuelle Absicht verbirgt. Sei es, dass es für Männer diesen Unterschied nicht gibt, oder sei es, dass sie nichts gegen eine flüchtige Berührung seitens ihres Vorgesetzten auszusetzen haben, jedenfalls tendieren sie im Vergleich zu Frauen zweimal so oft dazu, das andere Geschlecht beiläufig zu berühren. Weiterhin ist bei Männern die Wahrscheinlichkeit viel größer als bei Frauen, ein freundliches Verhalten des anderen Geschlechts als sexuelles Interesse an ihrer Person zu interpretieren. Aus ebendiesen geschlechtsspezifischen Unterschieden in der Wahrnehmungs- und Reaktionsweise ist es leicht nachzuvollziehen, weshalb es am Arbeitsplatz zu Missverständnissen und einem gestörten Arbeitsklima kommen kann.

Unsere Studie zeigt, dass alle, die über eine entsprechende sexuelle Intelligenz verfügen, sich dieser geschlechtsspezifischen Unterschiede bewusst sind und aus ebendiesem Grund Verhaltensweisen des anderen Geschlechts nicht so häufig falsch auslegen. Bei unserer Befragung beispielsweise interpretierten diejenigen mit einem höheren Sex-IQ das freundliche Verhalten einer Frau *nie* als Annäherungsversuch. Eine relativ große Anzahl der Befragten unserer Studie vertrat allerdings die Meinung, wenn eine Frau sich einem Mann gegenüber zuvorkommend verhält, hat sie die Absicht, ihn zu verführen oder ihn ins Bett zu kriegen. Wenn wir uns bewusst machen, dass Männer und Frauen auf verbaler und nichtverbaler Ebene unterschiedlich agieren, können wir vermeiden, hinter dem Verhalten unserer Kollegen unlautere Absichten zu vermuten, oder uns aus Unkenntnis auf eine Art und Weise benehmen, die am Arbeitsplatz unerwünscht ist. Schon allein zu wissen, wie unterschiedlich Männer und Frauen reagieren, wenn ihr Boss ihnen auf die Schulter klopft – Männer sehen darin nichts Negatives, Frauen hingegen empfinden diese Berührung als »Anmache« –, kann zwischen Arbeitskollegen zu einem klärenden Gespräch über die wahren Motive ihres Verhaltens beitragen.

In den Auseinandersetzungen mit dem Problem der sexuellen Belästigung wird oft unterstellt, es handle sich *ausschließlich* um ein Missverständnis oder einfach um eine Überreaktion der Frau im Sinne der Political Correctness. Wie in Joanies Fall kann eine unerwünschte Berührung tatsächlich nur auf einem Missverständnis beruhen, hervorgerufen durch die unterschiedliche Art und Weise, wie Männer und Frauen verbales und nichtverbales Verhalten deuten. Es gibt allerdings auch Fälle, in denen das Verhalten des Belästigers alles andere als ein harmloses Versehen darstellt. Nehmen Sie beispielsweise Vickys Erfahrung:

Ich habe jahrelang hinter der Bar gearbeitet. Da wusstest du nie, was in den Köpfen der Männer vorging. Sie taxieren dich mit ihren Blicken, sie machen dich ständig an. Und dauernd wirst du von ihnen begrabscht. Ihre Hände sind überall, sie klatschen dir sogar auf den Hintern. Und dann muss ich mir ihre Kommentare anhören: »Kann ich deinen Busen sehen?«, oder: »Komm mit mir, du bist wunderschön. Ich möchte dich heiraten.« Sie geben dir ihre Telefonnummer, du rufst natürlich nicht an. Aber beim nächsten Mal geht es wieder los: »Warum hast du nicht angerufen, warum hast du nicht dieses gemacht, warum hast du nicht jenes gemacht?« Dabei sind die Kerle in den meisten Fällen verheiratet.

Du versuchst, diese Anmache einfach zu ignorieren und von dir wegzuschieben. Aber dann hörst du Geschichten von Frauen, denen nachgestellt worden ist. Das macht dich ganz schön unsicher, du weißt nicht, was hinter ihren Kommentaren steckt und zu was sie wirklich fähig wären. Damals lebte ich allein und ging erst gegen halb vier Uhr am Morgen ohne Begleitung nach Hause. Schließlich bekam ich es mit der Angst zu tun; seit letztem Dezember mache ich diesen Job nicht mehr.

Ob ein Verhalten, wie Vickys Gäste es ihr gegenüber an den Tag legten, eine sexuelle Belästigung im strafrechtlichen Sinn darstellt, muss in jedem einzelnen Fall überprüft werden. Doch es wirkt zweifelsohne bedrohlich und entwürdigend und wird von vielen Frauen abgelehnt. Der feine graduelle Unterschied zwischen einem scherzhaften Flirt und einem aufdringlichen Verhalten ist den meisten Menschen jedoch durchaus bewusst. Das Gefühl der sexuellen Belästigung ist durchaus keine »Überreaktion« von Frauen: Wie Forscher herausgefunden haben, stimmen Männer und Frauen darin überein, was als unangemessenes Verhalten gilt. Ob ein Vorfall eine sexuelle Belästigung darstellt, beurteilen Männer wie Frauen nach dem Ausmaß der Aggressivität, mit der das Opfer sexuell bedrängt wird.[84]

Wie kommt es zu sexueller Belästigung, welche Motive stecken dahinter und wie kann man sie verhindern? Nach neuesten Forschungen motivieren Männer, die Frauen sexuell nachstellen, eine Reihe von sexistischen Ansichten, die aus ihrer Sicht eine positive und beschützende Einstellung dem weiblichen Geschlecht gegenüber ausdrücken sollen.[85] Sozialpsychologen sprechen von einem »wohlwollenden Sexismus« – wohlwollend aus der Sicht des Mannes, versteht sich.[86]

In seiner Studie zur sexuellen Belästigung hat Michael Milburn zahlreiche Fälle zitiert, bei denen eine patriarchalische Haltung Frauen gegenüber allerdings nicht das Motiv für sexuelle Übergriffe ist: Die Wurzeln eines solchen Tuns sind vielmehr auf Wut, Angst, Feindseligkeit und erlittene Zurückweisung zurückzuführen. Männer, die diese negativen Erfahrungen leugnen, sind eher gefährdet, ihren aggressiven Trieben freien Lauf zu lassen, weil sie sich dieser nicht bewusst sind. Milburns Untersuchung schließt sich unserer Erkenntnis an, dass sich autoritäre Menschen – jene, die von überstrengen Eltern erzogen und oft bestraft wurden – als Erwachsene häufig Zielscheiben suchen, an denen sie ersatzweise ihre unterdrückte Wut auslassen können.[87] In rigiden Menschen schlummert ein großer Zorn gegen die Behandlung, der sie als Kind ausgesetzt waren. Sie haben in ihrer frühen Jugend die übermächtige Gewalt ihrer Eltern zu spüren bekommen, was sie noch als Erwachsene hemmt, ihre unterdrückte Wut gegen ihre Eltern loszuwerden – geschweige denn auszuleben. Sie wurden als Kinder abgerichtet, Autoritätspersonen zu verherrlichen und sich ihnen kritiklos unterzuordnen, etwa Eltern, Lehrern später den Vorgesetzten.[88] Aus all diesen Gründen entlädt sich ihre Erbitterung auf Personen, die ihnen unterlegen sind – also vielfach auf Frauen.

Autoritäre Männer klammern sich an die traditionell vorgegebene Geschlechterrolle und geben sich gern den Anstrich männlicher Überlegenheit.[89] Sie haben eine vergleichsweise niedrige Hemmschwelle, Frauen zu schlagen und sich ihnen gegenüber sexuell aggressiv zu verhalten.[34] Es bleibt aber noch die Frage, ob die aus der Kindheit mancher Männer stammende unterdrückte Gekränktheit diese tatsächlich dazu antreibt, Frauen am Arbeitsplatz zu belästigen.

In diesem Zusammenhang haben Milburn und sein Mitarbeiter, Joe Begany, ein Experiment mit 104 männlichen Studenten an der University of Massachusetts in Boston durchgeführt.[90] Den Studenten wurde eine Reihe von Szenen vorgeführt, bei denen es um sexuelle Belästigung am Arbeitsplatz ging. In einer Darbietung wurden die Studenten beispielsweise aufgefordert, sich in die Rolle eines Topmanagers zu versetzen, der ein Bewerbungsgespräch für eine vakante Sekretärinnenstelle in seinem großen Unternehmen führt. Eine der Bewerberinnen ist eine äußerst attraktive junge Frau, die offensichtlich großes Interesse an dem Job hat, wenn auch keine besseren Qualifikationen als die anderen Bewerberinnen. Den Studenten wurde die Frage gestellt, ob sie a) die junge Frau den anderen Bewerberinnen vorziehen und ihr die Stelle geben würden oder ob sie b) ihr die Stelle nur gegen ein sexuelles Entgegenkommen anbieten würden oder ob sie c) die junge Frau zum Abendessen einladen würden, um dabei alles weitere mit ihr über den Job zu besprechen.

Unter Berücksichtigung bestimmter Faktoren wie Beruf, Einkommen und gesellschaftlichen Verhaltensregeln, die entsprechende Antworten erwarten lassen, erklärten Männer mit einer autoritären Persönlichkeitsstruktur, sie könnten sich vorstellen, eine Frau sexuell zu nötigen, während dies für Männer, die kein bestimmendes Wesen auszeichnet, völlig ausgeschlossen war. Die Ursache, weshalb monomanische Männer eher dazu neigen, Frauen am Arbeitsplatz zu belästigen, liegt interessanterweise an den Vergewaltigungsmythen, denen sie im Gegensatz zu den flexibel strukturierten Männern tendenziell anhängen. Milburn und Begany fanden bei ihrem Experiment wiederum keinerlei Anhaltspunkte für die These, dass ein wohlwollender Sexismus – verbunden mit einer väterlich-beschützenden Haltung Frauen gegenüber – sexuelle Belästigung am Arbeitsplatz prädestiniert. Nach ihrem Ergebnis werden durch bestimmte unterdrückte Gefühle – besonders die durch

Misshandlung in der Kindheit hervorgerufene Wut – Verhaltensweisen wie die der sexuellen Belästigung Vorschub geleistet. Bezeichnenderweise suchen sich Männer, die diese repressive Aggression mit sich herumtragen, solche Personen als Opfer aus, die in ihren Augen keine besondere Achtung verdienen. In früheren Studien wurde bereits festgestellt, dass autoritäre Persönlichkeiten dazu neigen, Menschen oder Gruppen, von denen sie sich nicht bedroht fühlen, herabzusetzen, seien es Minderheiten, Frauen oder die Untergebenen am Arbeitsplatz. Sie reden sich ein, dass die von ihnen diffamierten Menschen es auf irgendeine Weise verdienen, bestraft zu werden. Nur so ist es ihnen möglich, ihren ganzen Hass auf andere abzuladen. Männer, die von der Behauptung, Frauen »wollen es nicht anders, als vergewaltigt zu werden«, überzeugt sind, meinen auch ein gewisses Recht darauf zu haben, Frauen am Arbeitsplatz sexuell zu belästigen.

Sehen wir uns Kaylees Erfahrungen an. Sie ist jetzt vierundzwanzig und beginnt mit ihrem Studium, nachdem sie seit der Schule für ihre Studiengebühren gejobbt hat. Bei ihrem ersten Job arbeitete sie in einem Fastfood-Restaurant und nahm die Bestellungen entgegen. Nach geraumer Zeit avancierte sie zur stellvertretenden Geschäftführerin, doch kurz nach ihrer Beförderung bekam sie Schwierigkeiten mit ihrem Vorgesetzten:

Ständig machte er anzügliche Bemerkungen. Er sagte lauter so Dinge zu mir wie: »Du solltest ein Schaumbad bei Kerzenlicht nehmen und dich berühren.« Der Mann war so ein lüsterner Typ. Ich glaube, es gefiel ihm, so viele Frauen wie möglich zu erobern. Eines Tages fing er an, mich zu massieren. Ich habe ihn einfach weggestoßen und gesagt: »Nimm die Finger weg!« Worauf er meinte: »Warum? Du wirst sehen, es wird dir gefallen.« Ich hab dann nichts mehr gesagt und ihn gewähren lassen – ich musste ja mit ihm arbeiten. Aber es wurde immer schlimmer. Schließlich erklärte er mir ganz unmissverständlich, wenn ich nicht mit ihm kooperierte – damit meinte er, Sex mit ihm zu haben –, könnte ich damit rechnen, wieder hinter der Theke zu landen. Es war ganz offensichtlich ein Machtkampf. Als ich ihn abwies, ging er zum obersten Boss und erzählte ihm, ich hätte ihm alle möglichen anzüglichen Sachen gesagt – und ihn körperlich angemacht. Er drohte, gegen die Firma und gegen mich rechtlich vorzugehen – wegen sexueller Belästigung. Ich musste mich bei meinem Chef rechtfertigen. Anschließend gab es eine gewaltige Auseinandersetzung mit der Firmenleitung.

Mein oberster Chef sagte mir auf den Kopf zu:»Ich werde in dieser Angelegenheit keine Partei ergreifen, weil ich damit nichts zu tun haben will. Wenn ich noch einmal irgendwelche Beschwerden zu hören bekomme, sind Sie gefeuert.« Also ging ich der Sache auf eigene Faust nach – ich lebe in einer Kleinstadt – und ich fand heraus, dass dieser Kerl bereits einen einschlägigen Ruf hatte. In seinem vorigen Job war es wegen eines ähnlichen Vorfalls zu einem Eklat gekommen. Mit diesen Informationen ging ich wieder zu meinem Vorgesetzten. Ich sagte ihm:»Wie können Sie seine Partei ergreifen, wo ich doch das Opfer bin? Sie sollten eigentlich meine Interessen vertreten.« Ich musste mich dieser Sache stellen, um mich zu rehabilitieren. Meine Firma kündigte dem Typen und sie versicherten mir, falls der Mann vor Gericht gehen würde, dass ich mit ihrer Unterstützung rechnen könnte.

Kaylees direkter Boss wies das typische Verhaltensmuster einer autoritären Persönlichkeit auf: Er behandelte seine Untergebenen ungerecht und unterdrückte sie, sein Umgang mit Sex hatte einen aggressiven, feindseligen Unterton, er warb nicht um die Frauen und um deren Zuneigung, er wollte sie sich einfach nehmen, weil sie es, seiner Meinung nach, in Wirklichkeit so haben wollen. Es ist sehr wahrscheinlich, dass Kaylees Vorgesetzter seiner unterdrückten Wut, die sich in seiner Vergangenheit aufgestaut hatte, Luft machen musste, indem er die Frauen, die unter ihm arbeiteten, schikanierte – eine Verhaltensweise, die ihm bereits einen Job gekostet hatte. Sollen Folgen dieser Art vermieden werden, muss erkannt werden, wann sexuelles Verlangen als Kompensation für unterdrückte Gefühle dient.

In der einen oder anderen Form werden wir mit Sex am Arbeitsplatz stets konfrontiert sein. Zwar gibt es heute die Vorstellung eines politisch korrekten, sexfreien Arbeitsplatzes, die uns den Zwang auferlegt, ständig aufzupassen, was wir sagen oder tun, und uns dazu bringt, unsere Gefühle verdeckt zu halten. Wir haben eine Alternative zu dieser sterilen Arbeitswelt gefunden, in der wir auf klügere und intelligentere Weise mit sexuellen Gefühlen am Arbeitsplatz umgehen. Alle, die ihr sexuelles Ich kennen und genau zu unterscheiden wissen, ob sie sich tatsächlich von jemandem am Arbeitsplatz angezogen fühlen oder ob sich hinter ihrem sexuellen Verlangen ein Bedürfnis nach Anerkennung, Lob oder Macht verbirgt, können auf intelligente Weise auch ihren Gefühlen nachgeben, ohne dabei ihren Job zu riskieren.

KAPITEL 13

Sind Sie treu?

Unter all den Bereichen, in denen ein gutes Verständnis von sexueller Intelligenz zu wesentlichen Verbesserungen in den Partnerschaften führt, ist der wichtigste vielleicht die Treue. Wie gelingt es uns eigentlich eine monogame Beziehung aufrechtzuerhalten, ohne der Versuchung zu unterliegen, fremdzugehen? Nur wenige andere Situationen können sich in ihren Folgen derart katastrophal auf Menschen in einer festen Lebensgemeinschaft auswirken. Viele kennen das emotionale Trauma – oder können es sich vorstellen –, das die Entdeckung mit sich bringt, wenn ihr Partner mit jemand anderem intim war. Überraschend dabei ist, wie häufig Menschen betrogen werden, auch von Partnern, die Untreue immer für moralisch verwerflich gehalten haben und die sich nie haben vorstellen können, jemals untreu zu sein.

In unserem Projekt zur sexuellen Intelligenz, gab die überwältigende Mehrheit (93 Prozent) an, dass Untreue einen äußerst destruktiven Effekt auf eine Ehe oder Partnerschaft hat, und dennoch gaben 28 Prozent an, dass sie bereits fremdgegangen waren, und weitere 24 Prozent, dass sie es in Zukunft vielleicht tun würden.

Der eigentliche Grund für Untreue ist ein Mangel an sexueller Intelligenz. Menschen, die ihren Partner betrogen haben, schneiden sehr schlecht bei dem Test über das Bewusstsein ihres verborgenen sexuellen Ichs ab, sehr viel schlechter als jene, die niemals ihren Partner betrogen haben. Ob eine Person zur Untreue neigt oder nicht, lässt sich durch seine sexuelle Intelligenz besser vorhersagen als durch jeden anderen Faktor, den wir untersucht haben, darunter Geschlecht, Alter und der Grad der sexuellen Zufriedenheit dieser Person. Um es genauer zu sagen:

Menschen verhalten sich anders, als ihre eigenen Wertvorstellungen es ihnen diktieren, weil sie sich ihrer eigenen Sexualität überhaupt nicht bewusst sind. Weder die eigenen sexuellen Wünsche sind ihnen bekannt noch die Art und Weise, wie Erfahrungen und Botschaften aus dem gesellschaftlichen Umfeld ihr wahres sexuelles Ich verzerren. Darüber hinaus zeigt unsere Forschung, dass Menschen, die untreu sind, keinen Sinn für sexuelle Empathie entwickelt haben, also die Fähigkeit, sich vorstellen zu können, wie der Partner sich fühlt, wenn er betrogen wird, oder wie die Konsequenzen für die bestehende Partnerschaft aussehen werden. Und schließlich erwies es sich, dass die meisten Menschen, die in festen Partnerschaften untreu werden, es spontan tun, ohne es bewusst herbeizusehnen oder es zu beabsichtigen. Es kann durchaus sein, dass sie dabei einen Weg einschlagen, den sie nicht beschreiten wollen, auf den sie jedoch durch situative Faktoren gelockt werden, deren sie sich gar nicht bewusst sind – durch Situationen, die sie erkannt und vermieden hätten, wenn sie sich ein bisschen Zeit für die Entwicklung ihrer sexuellen Intelligenz genommen hätten.

Wann gehen Menschen fremd?

Hailey, eine 32-jährige Architektin, wurde in ihrer römisch-katholischen Familie in dem Glauben erzogen, dass die Ehe heilig und dass ihr Treueversprechen – »bis dass der Tod euch scheidet« – sehr ernst zu nehmen sei. Hailey fühlt sich diesen Grundsätzen noch immer zutiefst verpflichtet. Doch trotz ihrer großen Verbundenheit mit ihren religiösen Werten betrog sie ihren Mann, mit dem sie fünf Jahre verheiratet war. Ein anderer Mann faszinierte sie derart, dass sie mit ihm schlief. Über lange Jahre hinweg schien Haileys Ehe überaus glücklich zu sein. Dann aber erhielt ihr Mann den Job seiner Träume – viele hundert Kilometer entfernt. Und damit nahm das Unheil seinen Lauf:

Mein Mann und ich lebten in Boston. Ich hatte eine interessante Arbeit als Architektin und wir kauften uns ein schönes Haus. Dann bekam Josh ein Arbeitsangebot, und es war der Job, den er schon immer ha-ben wollte – nur war der in Washington. Wir sind nicht gut mit der Entfernung zurechtgekommen. Dann bin ich eines Tages mit einem Mann, mit dem ich arbeitete, zum Mittagessen gegangen, nur als gute Freundin, und ich habe das sehr genossen. Es hat wirklich Spaß gemacht, mit ihm zusammen zu sein. Endlich konnte ich wieder einmal lachen, denn mein Mann und ich hatten wirklich Probleme und wir beide gingen immer unendlich angespannt miteinander um. Heute bin ich der Meinung, dass Arnie einfach in meinem Leben wie ein Gewinn derherkam – das ist der Mann, mit dem ich die Affäre hatte. Ich brauchte einfach ein bisschen Abwechslung. Man will doch mit seinem Partner lachen und fröhlich sein können. Arnie war doch nur ein Ersatz für das, was mir in der Ehe fehlte.

Arnie ist einfach auf mich abgefahren, sehr viel mehr als jemand, der mit dir seit fünf Jahren zusammen ist. Dann sind Männer einfach nicht mehr so von einer Frau begeistert, wie sie das noch am Anfang waren. Wenn man mit einem neuen Typen zusammen ist, dann kennt er dich noch nicht so sehr, ist noch neugierig. Er reagierte auf alles, was man macht – wissen Sie, selbst die kleinste Geste wird wahrgenommen, wie man lacht zum Beispiel. Diese Erlebnisse haben mir viel bedeutet.

Schwer zu sagen, wann eine Affäre beginnt. War es das erste Mittagessen oder war es der erste Kuss, oder gilt es erst, wenn man zum ersten Mal mit jemandem schläft? Ich wollte nie mit jemand anderem zusammen sein, aber es gibt einen Punkt, an dem man es nicht mehr aushält, und den hatte ich erreicht. Ich weiß, dass ich eine Freundin anrief und sagte: »Ich gehe heute Abend mit diesem Mann essen«, und sie erwiderte: »Na und? Du kannst doch mit einem Freund ausgehen.« Und ich sagte: »Nein, ich gehe mit ihm ganz anders aus.« Und dann begann ich zu flennen, weil ich doch wusste, dass etwas passieren wird – so weit war ich nun. Ich habe geweint, weil ich mich so schuldig fühlte. Ich liebe meinen Mann, und ich wusste, dass das, was ich tun würde, falsch war; es war genau das Gegenteil von allem, woran ich glaube – doch dann habe ich es trotzdem gemacht.

Alles wurde danach zu einer großen Lüge. An den Wochenenden fuhr ich nach Washington oder Josh kam hierher. Aber unter der Woche verbrachte ich die meisten Nächte mit Arnie. Dabei sieht mir das gar nicht ähnlich – ich bin einfach nicht der Typ, der so etwas veranstaltet. Es war einfach etwas, von dem ich nie gedacht hätte, dass ich es tun könnte. Das Verhältnis dauerte auch nicht lange – etwa sechs Monate.

Hailey und Josh haben eindeutig den Stress nicht bedacht, den Joshs neuer Job für die Ehe bedeutete. Wären sie sich darüber im Klaren gewesen, hätten sie wohl eine solche Ehe auf Distanz von vornherein abgelehnt. Kurz nachdem die Affäre vorbei war, ließen sie sich scheiden. Im Rückblick sieht Hailey ihre Liasion mit Arnie als Ausweg, um etwas deutlich zu machen, was sie auf einer gewissen Ebene schon lange ahnte: nämlich, dass ihre Ehe mit Josh vorbei war.

> **Die Scheidung** war unvermeidlich. Ich glaube, dass wir das beide schon eine Zeit lang wussten. Wir waren nicht wirklich glücklich miteinander. Man kann all die vielen möglichen Ursachen addieren und kommt doch zu keinem anderen Ergebnis. Ich bin davon überzeugt, dass meine Affäre der ausschlaggebende Grund war. Meiner Ansicht nach wusste ich sehr wohl, dass Josh und ich keine Zukunft hatten, aber dann weiß man ja oft nicht, wie man sich aus einer solchen Situation befreien kann – und dann kommt es zu derartigen krummen Touren.

Hailey war sehr verzweifelt über ihr Verhalten, obwohl sie überzeugt ist, dass ihre Ehe schon vor der Affäre grundsätzlich gescheitert war:

> **Das möchte** ich nun wirklich nicht noch einmal durchmachen. Es ist wirklich nicht schön, sich selbst in diesem Licht zu sehen, zurückzudenken und sich zu sagen, dass man eigentlich keine schreckliche Person ist, aber dass man sich selbst und jemand anderem etwas Furchtbares angetan hat. In gewisser Weise ist daraus sogar etwas Gutes entstanden: Mir wurde bewusst, was ich in meiner Ehe vermisst habe und wonach ich mich wirklich sehnte, aber ich habe einen falschen Weg genommen.

Menschen wie Hailey beenden eine Beziehung, von der sie tief in ihrem Herzen schon vermuten, dass sie vorbei ist, mit einer Romanze. Unter all den Personen, die in unserer Umfrage angaben, ihren festen Partner betrogen zu haben, fielen 15 Prozent in diese Kategorie. Anders als Hailey empfand allerdings die Mehrheit unter ihnen keinerlei Reue über ihre Affäre. Es schien fast so, als fühlten sie sich alle nicht mehr an eine Ehe oder eine andere feste Beziehung gebunden. Sie hatten weder Scheidungsgesuche eingereicht, vielleicht noch nicht einmal die notwendigen Papiere beisammen, doch ihre Gefühle waren bereits vollkommen losgelöst von dem Partner. Allen gemeinsam ist das Problem, dass sie einfach nicht wissen, wie sie dem Partner gegenüber ihre eigenen Gefühle ausdrücken können. Viele Menschen fügen ihren Lebensgefährten ungewollt große seelische Schmerzen zu, weil sie nicht zugeben können, was ihr verborgenes sexuelles Ich ihnen sagt: dass sie nicht länger in dieser Beziehung bleiben wollen.

Viele betrügen ihren Partner, weil sie ihm den Schmerz einer Trennung ersparen wollen. Erst nach einem Verhältnis brechen sie die Partnerschaft ab. Die emotionalen Schmerzen, die dadurch entstehen, sind dann besonders gravierend. Ein sexuell intelligenter Mensch kennt dagegen in solch einer Situation seine Gefühle und spricht offen über sie. Damit vermeidet er bewusst die zusätzlichen Qualen der Untreue und kann mit seinem Verhalten möglicherweise sogar seine Beziehung retten.

In einigen Situationen treffen Menschen die falschen Entscheidungen, und manchmal scheint auch eine Beziehung, die als »die einzig richtige« erschien, sich mit der Zeit zu verändern – oder die Menschen entwickeln sich – und plötzlich funktioniert sie nicht mehr. Eine Beziehung zu beenden, die nicht mehr funktioniert, mag eine Notwendigkeit sein, ist aber zugleich auch immer mit Trauer verbunden. Zu diesem Zweck jedoch eine Affäre anzufangen ist nicht die sexuell intelligenteste Art. Diese Ansicht wurde dann auch von Hailey geteilt.

Im Rückblick erscheint mir alles so offensichtlich. Ich hätte sowohl Josh als auch mir unermesslichen Schmerz ersparen können, wenn ich nur ehrlicher mit mir selbst umgegangen wäre. Wenn man in einer Partnerschaft fremdgehen will, dann sollte man offen sagen, dass man diese Form der Beziehung nicht mehr will.

266

Du hast nicht das, was ich brauche

Gut 29 Prozent der Teilnehmer an unserer Studie, die ihre Partner betrogen hatten, taten dies, weil der Partner ihre Bedürfnisse nicht erfüllte oder weil sie mit ihm nicht mehr kommunizieren konnten. Diese beiden Aspekte sind oft miteinander verkoppelt; wenn Menschen nicht miteinander über ihre Erwartungen, Sehnsüchte und Enttäuschungen sprechen können, dann gibt es kaum noch Hoffnung, dass ihre Bedürfnisse in dieser Beziehung je befriedigt werden. Und dann ist natürlich die Chance groß, dass sie sich an einen anderen wenden, um sie zu erfüllen.

Wie wir bereits erwähnt haben, fühlen sich Menschen manchmal aufgrund unbefriedigter emotionaler Bedürfnisse von anderen Personen sexuell angezogen: Wir denken dann, dass wir endlich den Menschen getroffen haben, der uns all die Zuneigung, die Aufmerksamkeit und die Wertschätzung geben wird, die wir immer vermisst haben. Oder es kann der Fall sein, dass wir jemanden treffen, der zu einer unwiderstehlichen Herausforderung wird, es doch mit diesem Menschen zu packen. Doch es ist eine Tatsache, dass unsere Partner gar nicht in der Lage sind, emotionale Bedürfnisse aus unserer Vergangenheit zu erfüllen. Doch viele Menschen sind unweigerlich enttäuscht und frustriert angesichts ihrer Erwartungshaltung gegenüber dem Lebensgefährten und sie werden beschuldigt, dass sie uns nicht glücklich machen. Wenn wir Schwierigkeiten haben, uns mit unserem Partner darüber zu verständigen, was wir voneinander wollen, und wenn wir es versäumen, uns selbst über die Bedürfnisse innerhalb der Beziehung auf dem Laufenden zu halten, dann setzen wir uns automatisch dem sehr hohen Risiko aus, einander untreu zu werden.

Shelby, eine 47-jährige, geschiedene Marktforscherin, erzählte uns eine traurige, aber leider viel zu häufig vorkommende Geschichte über Untreue. Sie musste ihr Leben lang mit einem unzureichenden Selbstwertgefühl kämpfen. Auf die Frage in unserem Fragebogen: »Was an Ihnen, denken Sie, macht sie für andere attraktiv?«, antwortete Shelby: »Nichts.« Als sie heiratete, ging sie mit einer lang aufgestauten Sehnsucht in die Ehe. Sie wollte geschätzt und geliebt werden. Shelby suchte sich aber einen Mann aus, der vollkommen unfähig war, ihr auch nur die geringsten Anzeichen von Liebe und Anerkennung zu äußern:

> **Mein Mann** war wie ein Roboter. Ich habe mich immer gefühlt, als hätte ich für ihn jede andere Person oder Sache sein können, sogar ein Möbelstück, ein Stuhl beispielsweise. Ich habe mich ungeliebt gefühlt und gleichzeitig ein großes Bedürfnis gehabt, geliebt zu werden. Als dann ein anderer Mann in meinem Arbeitsumfeld sich für mich interessierte, war mein Selbstwertgefühl so schwach, dass ich schließlich auf ihn eingegangen bin. Eine Zeit lang fühlte ich mich aufgewertet durch die Aufmerksamkeit eines anderen Mannes. Letztlich habe ich jedoch herausgefunden, dass dieser sehr viel weniger anständig war, als ich es mir in meinen Fantasien vorgestellt hatte. Er war nämlich verheiratet, was er mir verschwiegen hatte.

Als Shelby entdeckte, dass ihr Liebhaber eine Ehefrau hatte, beendete sie kurzerhand die Affäre und ließ sich von ihrem Mann scheiden. Sie ging aufs College zurück, um ihren Abschluss zu machen und arbeitet seither mit großem Ergeiz. Shelby lebt zurzeit als Single und versucht, mit dem fertig zu werden, was geschehen ist.

> **Ich würde** nie wieder meinen Partner betrügen. Nie wieder mit jemandem schlafen, nur weil ich denke, dass ich dann glücklicher wäre. Nein, ich glaube nicht, dass ich das jemals wieder täte. Es war ein furchtbares Gefühl, jemand anderen, wie auch immer, sexuell auszunutzen. Das entsprach einfach nicht den Werten, nach denen ich zu leben versuche, an denen ich mich orientiere. Genau genommen habe ich einfach Ersatz gesucht für etwas anderes.

Ben, ein 25-jähriger Student der Betriebswirtschaft, hatte ähnliche Schwierigkeiten in seiner Beziehung. Er war mit einer Frau liiert, die er liebte und von der er sich geliebt fühlte. Alles ging gut, bis seine Freundin an ihrem Arbeitsplatz unter besonders großen Stress geriet und häufig sehr schweigsam und verschlossen von der Arbeit nach Hause kam. In dieser Situation betrog Ben sie:

Ich habe meine Freundin durch ein Verhältnis fast verloren. Meine Rechtfertigung bestand darin, dass sie sich zu diesem Zeitpunkt so kalt und fremd verhalten hat. Sie war damals nur mit den Sachen beschäftigt, die mit ihrer Arbeitsstelle zu tun hatten. Ich fühlte mich einsam und sehnte mich so sehr nach Zuwendung, dass ich mich einfach in diesem Gefühl verloren habe. Dann lernte ich eine Frau kennen, in die ich mich fast verliebte. Sie war eine zärtliche Person. Ich war ganz ehrlich und sagte ihr, dass ich eine feste Freundin hätte. Sie erwiderte, dass auch sie mit einem Typen fest liiert sein würde. Die Geschichte machte mich in ihrer Verlogenheit geradezu wahnsinnig. Schließlich habe ich dieser Frau gesagt, dass ich sie nicht lieben, sie nicht einmal wirklich mögen würde. Sie war daraufhin sehr verletzt.
Schließlich nahm ich mein Portemonnaie, fingerte hundert Dollar heraus und warf den Schein auf sie. Das war das Schlimmste, was ich je in meinem Leben getan habe. Ich weiß überhaupt nicht, was da in meinem Kopf passierte.

Ben zeigte ansatzweise ein süchtiges Sexualverhalten, da er bereits um die dreißig Sexualpartner in seinem Leben hatte. Er versuchte immer wieder, Sex als Ersatz für die emotionale Nähe und Zuneigung einzusetzen, die er sein Leben lang ersehnte. Seine jetzige Freundin ist die erste Frau, mit der er eine Form intimer Nähe aufbauen konnte. Kein Wunder, dass er der Frau, mit der er seine Freundin betrog, einen Hundertdollarschein nachwarf – das war seine Art, sich zu vergewissern, dass seine feste Beziehung dauerhaft und von großer Gemeinsamkeit war – nicht nur rein sexuell. Ben hatte angenommen, dass diese Affäre die Leere füllen würde, die die Konzentration seiner Freundin auf ihre Arbeit bei ihm hinterließ. Doch diese unerfüllten emotionalen Bedürfnisse sitzen bei ihm so tief und reichen so weit in seine Vergangenheit zurück, dass keine dauerhafte Beziehung – und vor allem kein One-Night-Stand – sie stillen kann.
Auch MacKenzie, ein bemerkenswert schönes Model Mitte zwanzig, teilt mit Ben und Shelby das Problem unbefriedigter

emotionaler Bedürfnisse. Doch im Gegensatz zu den beiden anderen hat sie ihren Partner nie betrogen. Trotzdem stellt der Mann, mit dem MacKenzie zur Zeit befreundet ist, sie vor eine zutiefst beunruhigende Tatsache: Er hat seine Freundin für MacKenzie verlassen.

> **Ich scheine** mich nur in verheiratete Männer oder in Männer zu verlieben, die eine feste Beziehung haben. Und jetzt hat mein Verhältnis Schluss mit seiner Freundin gemacht. Seit wir zusammen sind, hat er schon ähnliche Versuche unternommen, doch jetzt ist er wirklich bei der anderen ausgezogen, und das macht mir Angst. Wenn die Männer eine feste Beziehung haben, muss man sich keine Sorgen machen, denn man weiß ja, woran man ist. Aber wenn sie keine andere Partnerschaft haben, dann bekomme ich ein beklemmendes Gefühl; denn in einer solchen Situation weiß ich nicht, was auf mich zukommt. Ich will einfach nicht verletzt werden. Wenn man die »andere Frau« ist, dann ist man sicher, dass man nie diejenige sein wird, die am meisten leidet.

MacKenzie fühlt sich in einer sexuellen Beziehung am wohlsten, von der sie weiß, dass sie nie zu einer dauerhaften und festen Partnerschaft führen wird. Der Grund für eine solche Seelenlage liegt nicht darin, dass sie keine enge Beziehung möchte. Ihr fällt es leichter, den Schmerz des Verlassenwerdens im Status einer Geliebten zu akzeptieren, weil sie von Anfang an weiß, dass er ihr zugefügt werden wird, statt den Schmerz auszuhalten, der dann eintritt, wenn sie an die Möglichkeit einer wirklich dauerhaften Beziehung glaubt und dann dennoch enttäuscht wird. Auch wenn sich ihre gedankliche Konstruktion unlogisch anhört, so ergibt sie doch einen Sinn, wenn man diese Haltung im Kontext von MacKenzies früherem Leben sieht:

> **Für meine** Mutter war Sexualität mit einem großen seelischen Leid verbunden, sodass sie einfach nicht wollte, dass ich etwas darüber erfuhr, bevor ich reif dafür war. Als sie mit mir schwanger wurde, hat mein Vater sie verlassen. Seitdem hat er sich nie wieder um uns gekümmert. Sie hat einmal versucht, ihm Fotos von mir zu zeigen, aber er hat nur abgewinkt; er wollte partout nichts von mir wissen.

Mit achtzehn begab sich MacKenzie auf die Suche nach dem Vater, den sie nie hatte, und sie fand ihn auch. Er hatte in der Zwischenzeit geheiratet und drei Kinder großgezogen. MacKenzie hoffte insgeheim immer, dass ihr Vater sie liebte und er ihr eines Tages ein richtiger Daddy sein würde. Das einzige Treffen mit ihm erwies sich als Katastrophe, es begrub nicht nur alle ihre Wünsche, sondern verstärkte zudem ihr Gefühl der Verlassenheit, mit dem sie seit ihrer Kindheit lebte:

> **Als ich** meinen Vater aufgespürt hatte, sagte er mir, dass ich ein Fehltritt von ihm sei und dass er seiner anderen Familie nie von meiner Existenz erzählen würde. Er wollte rein gar nichts mit mir zu tun haben.

Es ist nicht schwer zu verstehen, warum all diese Menschen ihre Partner betrogen haben, wenn man sich ihre Lebenssituationen genauer ansieht. Hätten sie ihrem Partner mitgeteilt, warum sie in der Beziehung unglücklich waren, dann hätten sie nicht in Untreue Zuflucht gesucht und wären wahrscheinlich sogar in der Lage gewesen, eine Beziehung zu retten, die sich in einer schwierigen Situation befand.

Wenn Paare nicht kommunizieren können

Neben all den überzogenen Vorstellungen, die viele Menschen an eine feste Beziehung knüpfen, gibt es auch vernünftige Erwartungen, wenigstens was Gemeinsamkeit, Respekt, liebevolle Zuwendung, Ehrlichkeit und ein befriedigendes Sexualleben betrifft. Doch auch diese Vorstellungen werden oft und aus den unterschiedlichsten Gründen enttäuscht. Häufig lassen die Anforderungen des Alltags nur wenig Zeit, um gemeinsam etwas zu unternehmen oder ein erfülltes Sexualleben zu genießen. Für die meisten Menschen füllen die diversen Pflichten – der Full-Time-Job, die Wäsche, der Hund, die Hausaufgaben der Kinder – den Tag komplett aus. Es ist bei all den vielfältigen und dringenden Anforderungen schwer für zwei Menschen, eine innige emotionale, intellektuelle und sexuelle Verbindung aufrechtzuerhalten. Deshalb denkt man nur allzu leicht, dass die Lösung darin besteht, diese ersehnte Verbindung anderswo zu suchen.

Nicht anders verhielt sich James. Jetzt, als 49-Jähriger, lebt er wieder allein. Seine Frau ließ sich scheiden, seine Kinder wollen nichts mehr mit ihm zu tun haben. James hat einen sehr hohen Preis für einen Fehler gezahlt, der vermeidbar gewesen wäre, wenn er und seine Frau es besser verstanden hätten, miteinander zu kommunizieren. Dabei hat James seine Frau nicht einmal betrogen – wenigsten nicht in dem Sinne, dass er mit einer anderen Frau schlief. Doch beinahe wäre es passiert.

James ist Geigenbauer, der sein Einkommen mit Privatstunden und als Musiker im Orchester der Gemeinde aufbessert. Seine Ex-Frau ist ebenfalls Musikerin. Sie spielte Querflöte, bis die Anforderungen der drei Kinder und des Haushalts ihre ganze Zeit beanspruchten. Um mit der Familie finanziell über die Runden zu kommen, musste sie eine Teilzeitstelle als Presseagentin des örtlichen Orchesters annehmen. Zwischen den beruflichen Anforderungen, den Bedürfnissen der Kinder und purer Erschöpfung blieb James und seiner Frau nur noch selten Zeit füreinander – etwa, um miteinander zu schlafen oder auch nur um zu reden.

Besonders schmerzlich vermisste James die einst innige Verbindung – die Konzerte, die sie gemeinsam besucht hatten, die Gespräche über Musik, Kunst und Politik. Als diese Intensität nicht mehr gelebt wurde, gab er allein seiner Frau die Schuld. James dachte, dass er das, was in seinem Leben fehlte, er bei einer seiner Schülerinnen finden würde. Gabrielle – schön, intelligent, jung und enthusiastisch – hatte in mehreren europäischen Staaten gelebt und war in einer hochmusikalischen Familie aufgewachsen. Mit ihren neunzehn Jahren war sie ausgesprochen kultiviert, geistvoll und als Geigerin bereits sehr vielversprechend.

Eins führte zum anderen. Sie machte den Anfang, wobei alles sehr unschuldig war, als es begann. Später haben wir uns geküsst. Wir sahen uns zweimal wöchentlich für anderthalb Stunden – bei ihrem Unterricht, den sie bei mir nahm Und da gab es dann all diese Augenblicke, in denen ich hätte Nein sagen müssen, doch ich habe es einfach nicht getan.

Das war in jeder Hinsicht falsch. Das Mädchen war neunzehn, ich war vierundvierzig. Und sie war meine Schülerin. Und doch bin ich mit ihr in ein Motel gegangen. Als ich dann mit ihr schlafen wollte, habe ich sie nur angesehen und gesagt, dass es mir Leid täte, aber dass ich das nicht tun könne. Ich ging nach Hause, erzählte meiner Frau alles, woraufhin sie sofort die Scheidung einreichte.

Heute ist mir diese einstige Verliebtheit peinlich und ich bin traurig über mein Verhalten. Ich habe mich ziemlich schuldig gefühlt. Es war der größte Fehler meines Lebens – vielleicht das Dümmste, was ich jemals tun konnte.

Es wird James kaum ein Trost sein: Denn das, was er getan hat, ist zwar sexuell unintelligent, jedoch kein Einzelfall. Viele Paare sprechen weder über ihre legitimen sexuellen Bedürfnisse noch über ihre emotional-intellektuellen Sehnsüchte. Frustrationen sind die Folge und womöglich schauen sich sogar beide Partner woanders um, weil sie glauben, dass Sex mit einem neuen Geliebten oder einer Geliebten die Lösung all ihrer Probleme sein könnte. Aus diesem Grund ist es so ungeheuer wichtig, offen und ehrlich mit dem Partner über sexuelle Gefühle und Wunschvorstellungen zu sprechen.

Eine einfühlsame Kommunikation lässt viele Schwierigkeiten gar nicht erst aufkommen. Doch darüber hinaus trägt sie grundlegend zu einem befriedigenden Sexualleben bei. Paare, die miteinander darüber reden können, wie der Alltag sie auffrisst und wie er das Sexualleben einschränkt, haben eine sehr viel bessere Chance, einander für längere Zeit treu zu bleiben. Debbie erzählte uns, wie sie es schafft, mit ihrem Mann Phil glücklich zu bleiben:

Wir sind seit fast zehn Jahren verheiratet. Es ist heute nicht mehr ganz so wie früher, als er mich nur zu berühren brauchte, und ich war erregt. Ich weiß nicht, was es ist, aber mit der Zeit hat sich unsere Beziehung verändert, sie ist einfach nicht mehr so erotisch aufgeladen. Stattdessen haben wir eine engere, sehr viel intimere

Partnerschaft. Sie ist immer noch fesselnd, aber neben dem Liebesverhältnis ist sie auch ein wenig wie eine Freundschaft geworden. Die heiße Leidenschaft ist leider verflogen, die man empfindet, wenn alles neu und aufregend ist. Manchmal, wenn man mit dem Partner schläft, denkt man schon daran, dass man noch die Wäsche aus dem Trockner holen muss. Es gibt so viele Dinge, die erledigt werden müssen, an die ich nie gedacht habe, als wir uns vor der Hochzeit amüsierten oder Sex miteinander hatten.

Realistisch gesehen kann man nicht einfach das Leben ausschalten und das Schlafzimmer zu einer Insel der aufregenden Exzesse umfunktionieren – der Alltag funkt hier immer hinein. Doch gleichzeitig will ich nicht alles aufgeben; ich bemühe mich wirklich darum, dass alles lustvoller ist, dass Sex etwas Besonderes ist, denn der Alltag soll nicht alles auffressen.

Wir sind uns beide einig: Wir werden es nie zulassen, dass unser Sexleben völlig untergeht. Wir erzählen uns gegenseitig, was wir brauchen, was wir uns wünschen. Ich sage ihm ohne Umschweife, dass ich mehr Zeit brauche, oder dass ich möchte, dass er mich noch länger berührt. Ich sage ihm auch, dass wir die Stellung wechseln sollten und sogar, dass wir beide warten sollten, und ebenso versuche ich, ihn auf ganz verschiedene Arten zu befriedigen, damit auch er auf seine Kosten kommt. Wir beide müssen unsere Bedürfnisse stillen können.

Zufällig untreu

Die meisten Teilnehmer unserer Studie, die sich zur Untreue bekannten (45 Prozent), haben den Partner nicht betrogen, weil er oder sie über mangelnde Kommunikation klagten oder über Frustrationen, sondern weil sie ohne großes Nachdenken fremdgegangen sind. Ihre Untreue war etwas, das sich situativ »einfach ergab«.

Wie aber wird man plötzlich untreu? Diese spontanen Fremdgänger haben mit einem wenig günstigen Ergebnis im SQ-Test – speziell hinsichtlich des Bewusstseins ihres verborgenen sexuellen Ichs – aufgewartet, wie auch all die anderen, die in einer festen Beziehung ihren Partner betrogen hatten. Doch im Gegensatz zu der Gruppe, die dem Partner untreu wurde, weil sie der Meinung war, dass die Beziehung sowieso vorbei war, oder der Gruppe, die die Ansicht vertrat, betrügen und fremdgehen zu müssen, weil ihre eigenen Bedürfnisse unter den Tisch fielen, schnitt die Gruppe der spontanen Fremdgeher im Bereich der kognitiven Komponente der sexuellen Intelligenz besonders schlecht ab.

Wie Sie sich erinnern werden, umfasst die kognitive Komponente sowohl das Grundwissen über menschliche Sexualität als auch die Fähigkeit, entsprechend zu handeln. Was also begreifen die Menschen nicht, die eher zufällig ihren Partner betrügen? Sidneys Geschichte gibt uns einen ersten Hinweis.

Sydney, eine sehr erfolgreiche Börsenmaklerin und eine beeindruckend schöne Frau – schlank, anmutig, mit wunderbaren dunklen Augen und klassischen Gesichtszügen, die an Audrey Hepburn erinnern –, kam deprimiert und ganz durcheinander zu uns. Obwohl sie verheiratet ist – und ihren Mann liebt –, gabelt Sydney, sobald sie geschäftlich unterwegs ist, unweigerlich einen Mann in irgendeiner Bar auf und schläft mit ihm. Sie fühlte sich bei unserer Befragung furchtbar schuldig, weil sie sich so verhielt, doch uns schien, als ob sie die Versuchung nie wirklich wahrnahm – erst wenn es zu spät war. Wäre Sydney sexuell intelligenter gewesen, hätte sie Situationen meiden können, in denen spontane Untreue in der Luft lag.

Einer der Gründe, weshalb jene Menschen, die Untreue eigentlich ablehnen, dennoch fremdgehen, hat etwas mit situativen Versuchungen zu tun, die diese Menschen nie vorherzusehen scheinen. Wir fragten die Testpersonen in unserer Studie: »Wenn Sie sich in einer festen Beziehung befinden, wie wahrscheinlich ist es, dass Sie untreu werden?« Die große Mehrheit (83 Prozent) versicherte uns, dass sie nie ihren Partner betrügen würden, diese Möglichkeit sei höchst unwahrscheinlich. Nur 15 Prozent sagten aus, dass es auf die Situation ankommen würde. Bestimmte Gelegenheiten, so stellte sich heraus, sind sehr viel wichtiger für einen Seitensprung als die meisten annehmen.

In den frühen achtziger Jahren leitete der Psychologe James Hassett von der University of Boston eine Umfrage, in der Menschen nach ihren ethischen Maßstäben im Gegensatz zu ihrem tatsächlichen Verhalten befragt wurden. Der Fragebogen wurde in *Psychology Today* veröffentlicht und über 24 000 Leser sandten ihn ausgefüllt zurück. Faszinierend an dieser Umfrage war, dass Hassett um Auskunft nach dem Verhalten in ganz gewöhnlichen Situationen bat. So fragte er beispielsweise, ob man Namen und Adresse hinterlassen würde, wenn man beim Ausparken versehentlich ein anderes Auto gestreift hätte, oder ob man einfach davonfahren würde. Bei jeder dieser alltäglichen Begebenheiten fragte Hassett nach, ob sie jeweils die moralisch vertretbare Verhaltensvariante gewählt haben oder ob sie unter gewissen Umständen – etwa, wenn klar ist, dass man nicht erwischt wird – anders reagieren würden.

Was eheliche Untreue betraf, stellte Hassett fest, dass mehr Menschen den Partner betrogen haben als das Finanzamt. Hier sind die Resultate:

So gaben 45 Prozent der Fragebogeneinsender an, ihren Ehepartner einmal betrogen zu haben.
Die Mehrheit der Befragten (68 Prozent) war der Meinung, dass Untreue moralisch falsch sei. Und dennoch waren nicht wenige von den einstigen Fremdgehern davon überzeugt (37 Prozent), dass sie es wieder tun würden, wenn die Umstände entsprechend wären – beispielsweise, wenn man weit von zu Hause entfernt ist und die jeweilige Person wahrscheinlich nie wiedersehen würde. Wichtig ist, einigermaßen sicher sein zu können, dass niemand von dem Seitensprung erfährt.
Über 50 Prozent waren davon überzeugt, dass sie untreu werden würden, wenn die Person, die ins Auge gefasst wurde, ganz besonders attraktiv ist.[91]

Es ist zu einfach, daraus zu schließen, dass diese Menschen Heuchler sind oder keine Moral haben – auch wenn sie das tun, was sie selbst verurteilen, und sie es sogar wiederholen würden, wenn sich Gelegenheit dazu böte. Wir jedenfalls sehen es nicht so. Wenn man jedoch weiß, unter welchen Umständen man am ehesten in Versuchung gerät, den Partner zu betrügen, verfügt man bereits über wichtige Hinweise, und die Wahrscheinlichkeit, spontan fremdzugehen, sinkt damit. Deshalb ist es äußerst wichtig, dass man sich die Zeit nimmt, darüber nachzudenken, unter welchen Verhältnissen und in welchen Zusammenhängen man am ehesten in Versuchung geraten würde. Vielleicht findet man heraus, dass man ähnlich wie Sydney dazu neigt, sich anders als sonst zu verhalten, wenn man einsam an einem fremden Ort ist. In diesem Fall wäre es klüger, mit dem Partner eine enge telefonische Verbindung aufrechtzuerhalten, sich nach den Tagesgeschäften mit Freunden und Verwandten in der Gegend zu verabreden oder sich einfach nur einen guten Videofilm zu besorgen. Wenn man so viel wie nur möglich über die eigenen Anfälligkeiten weiß, kann man seinen Lebensstil dementsprechend ändern und so die Möglichkeiten gezielt eingrenzen, untreu zu werden.

Doch es gibt noch einen sehr viel effizienteren Weg, der plötzlichen Lust zu widerstehen: Entwickeln Sie sexuelles Einfühlungsvermögen.

Sexuelle Empathie

Ein wichtiges Forschungsergebnis unserer Studie zur sexuellen Intelligenz, soweit es die Untreue betrifft, ist, dass Menschen dazu tendieren, sexuelle Gefühle auszuagieren, ohne wirklich zu verstehen, was die Folgen für sie selbst und ihre Partnerschaft sind. Wenn sie sich bewusst machen würden, welch furchtbares Gefühl ihre Untreue auslöst und welchen Schaden sie ihrer Beziehung zufügt, würden sie ihren sexuellen Gefühlen wahrscheinlich nicht mehr so schnell nachgeben. Dieser Mangel an sexueller Intelligenz und auch der Mangel an Voraussicht, wie das eigene sexuelle Verhalten andere trifft, kann zu entsetzlichen seelischen Schmerzen führen: bei uns selbst und bei denen, die wir am meisten lieben.

Auch wenn es wichtig ist, dass man sich der jeweiligen Konstellationen bewusst ist, in denen wir der Verführung erliegen können, ist es von noch größerer Bedeutung, sexuelles Einfühlungsvermögen zu entwickeln, um nicht unbeabsichtigt den Partner und sich selbst zu verletzen oder die Beziehung zu zerstören. Sexuelles Einfühlungsvermögen ist die Fähigkeit, sich

– deutlich – vorzustellen, wie der Partner sich fühlen würde, wenn er von der Untreue erfährt. Diese Vorstellungskraft basiert auf dem Wissen über das verborgene sexuelle Ich des Partners, und sie ist nicht nur wichtig, wenn es ums Fremdgehen geht. So bedeutet sexuelles Einfühlungsvermögen beispielsweise auch, dass man sich die Empfindungen des Partners vorstellen kann – den Schrecken, seine Wut, die Verwirrung –, besonders wenn man weiß, dass er oder sie in der Kindheit sexuell missbraucht wurde. Wer möchte schon durch die Seitensprünge des Partners an vergangene Momente erinnert werden?

In vielen Fällen wissen die Menschen, die ihren Partner betrügen – wenigstens auf der Verstandesebene –, dass dieser nicht sonderlich erfreut darüber sein wird. Doch was wir immer und immer wieder von den Teilnehmern an unserer Studie hörten, war, dass sie sich das volle Ausmaß der Wirkung, die ihre Untreue auf den Partner hatte, vorher nie hätten vorstellen können: diesen fruchtbaren Schmerz, dieses Gefühl, verraten worden zu sein, diesen Verlust an Vertrauen. Und viele Menschen sind sogar überrascht, wenn ihr Partner die Beziehung wegen einer einmaligen Untreue beendet.

Wie wir gesehen haben, ist das Ausmaß der sexuellen Intelligenz, über das jemand verfügt, noch der beste Vorhersagefaktor dafür, ob jemand, der in einer festen Beziehung lebt, den Partner betrügen wird. Die Teilnehmer unserer Studie, die sexuell am intelligentesten waren, konnten sich äußerst lebhaft die Reaktionen vorstellen, die Untreue auf ihren Partner hätte. Jedoch gaben auch 20 Prozent an, dass sie sich eigentlich noch nie Gedanken darüber gemacht hatten, wie der Partner sich dann fühlen würde, oder sie nahmen an, dass der Partner die Untreue hinnehmen würde, wenn er sie bemerken würde. Es ist nicht weiter verwunderlich, dass diese Menschen beim SQ-Test schlecht abschnitten.

Maria ist ein gutes Beispiel für eine sexuell intelligente Person. Sie, die sehr zierlich ist, schwarze Locken und ein ansteckendes Lächeln hat, erschien zum Interview bei uns in ihrem OP-Kittel; Maria kam direkt von ihrer Arbeit als Krankenschwester in der Notaufnahme eines großen Krankenhauses in Boston. Sie ist achtundzwanzig Jahre alt und seit anderthalb Jahren verheiratet. Mit Tränen in ihren grünen Augen erzählte sie uns, wie sie beinahe am Anfang der Ehe ihrem Mann untreu geworden wäre:

Ich war erst seit sechs Monaten verheiratet. Sie müssen wissen, dass mein Mann, Dany, der erste Mann ist, der mich gut behandelt hat, der mich wirklich liebt – und bei ihm heißt das etwas. Seine Zuneigung ist echt. Ich arbeitete damals in der Notaufnahme, und dort gab es einen jungen Arzt, der gerade erst angefangen hatte – ein fantastisch aussehender Kerl, sehr attraktiv. Er war von der Sorte Mann, in die alle Frauen, die dort mit ihm zu tun hatten, schon nach zwei Tagen verliebt waren. Jeff hieß er. Ich habe manchmal über die Frauen lachen müssen, die plötzlich mit Push-up-BHs zur Arbeit kamen; doch wie sich herausstellte, war ich selbst auch nicht dagegen gefeit.

Zuerst habe ich mich emotional hinreißen lassen. Unser Umgang war definitiv nur ein Spiel, bei dem er die Kontrolle hatte. Sie kennen ja diese Beziehungen, in denen man immer nur knapp das bekommt, was man haben möchte oder braucht, sodass man geradezu süchtig danach wird, aber nie genug bekommt, um damit einen engeren Kontakt herstellen zu können. Was ihn betrifft, so basierte das Ganze auf einer Illusion. Hier und da gab es immer wieder Augenblicke, etwa nach besonders schweren Autounfällen oder nach Schießereien, da kam er dann hinterher zu mir in den Aufenthaltsraum und fragte, ob es mir gut gehe. Oder wenn ich eine Erkältung ausbrütete oder einfach nur erschöpft war, dann kam er und rieb mir die Schultern. Und es gab seelenvolle Blicke und Andeutungen, dass ich die Einzige sei, die ihn verstünde – seine Frau tat das nicht. Ich war ganz besessen von ihm. Ich dachte die ganze Zeit nur an ihn, nachts träumte ich von ihm. Ein- oder zweimal bin ich nach der Arbeit mit ihm noch etwas trinken gegangen. Er hat mich ungeheuer angezogen – beinahe hätte ich mit ihm geschlafen und damit wahrscheinlich meine Ehe zerstört. Doch am Ende war der Gedanke stärker, was ich Dany damit antun würde. Ich hatte das Glück, in meinem Mann auch einen guten Freund zu haben. Und als es darauf ankam, wollte und konnte ich diesen Freund nicht verletzen.

Wie wichtig Empathie in sexuellen Beziehungen ist, machte eine Studie aus dem Jahr 1997 deutlich, in der 107 Ehepaare im

Alter von siebzehn bis neunundvierzig Jahren von den Psychologen David Buss und Todd Shackelford von der University of Texas in Austin befragt wurden.[92] Die beiden Forscher nahmen sich Unterlagen von Standesämtern vor und schrieben alle Paare an, die innerhalb der letzten sechs Monate geheiratet hatten, und luden sie ein, an der Studie teilzunehmen. Die Teilnehmer füllten zu Hause eine Reihe von Fragebögen zu ihrer Person aus und kamen anschließend zu einem Gespräch in die Universität. Um die Vertraulichkeit ihrer Antworten zu gewährleisten, wurden die Ehepaare getrennt befragt. Hauptsächlich sollten sie darüber Auskunft geben, ob sie außerhalb ihrer Ehe flirten, leidenschaftlich küssen oder sich mit jemandem heimlich für den Abend verabreden würden, ein One-Night-Stand, eine kurze Liebelei oder eine ernsthafte Affäre hätten. Sie baten die Befragten auch um eine Einschätzung der möglichen Anfälligkeit ihrer Ehepartner für diese Verhaltensweisen.

Das Ergebnis der Studie war, dass Menschen mit einem narzisstischen Persönlichkeitsprofil, besonders anfällig für Untreue sind. Diese ichbezogenen Menschen zeichnen sich dadurch aus, dass sie durchgängig jegliches Einfühlungsvermögen für andere vermissen lassen.

Sexuelle Empathie ist überdies ein wichtiger Schutzfaktor bei situativen Versuchungen, wie die Geschichte von einem unserer Teilnehmer deutlich machte. Jerry, ein 56-jähriger Lastwagenfahrer, ist sehr viel unterwegs, gewissermaßen nicht zugegen, so dass er jederzeit seine Frau betrügen könnte, ohne entdeckt zu werden. Seine Frau Lorrie, mit der er seit fünfunddreißig Jahren verheiratet ist, hat er jedoch niemals hintergangen:

> **Ich weiß,** welchen Schmerz ich Lorrie zufügen würde, die so gut zu mir ist, und das wiegt mehr als die sexuelle Erfüllung bei einem kurzen Ausrutschers. Ich bin über all die Jahre hinweg stark geblieben, und wenn ich doch schwach wurde, dann hatte ich immer Glück, dass es doch nie zum Äußersten kam.

Wir haben Menschen danach befragt, was sie tun würden, wenn sie wüssten, dass sie ihren Partner betrügen könnten, ohne dass er es jemals herausbekäme. Diejenigen, die aussagten, dass sie unter diesen Umständen natürlich ihren Partner betrügen würden, schnitten im SQ-Test nicht sonderlich gut ab. Die Personen, die davon überzeugt waren, dass sie trotzdem über die Folgen für ihre Beziehung nachdenken würden, wenn sie fremdgingen, wiesen das beste Ergebnis auf. Ihr großer Vorteil ist, dass sie über eine soziale Kompetenz verfügen. Sie können mit dem Partner und vermeiden damit Frustrationen, die zur Untreue führen können.

Die Konsequenzen einer Affäre

Was passiert, wenn man den Partner betrügt? Ist eine Affäre notwendigerweise das Ende einer Ehe? Wir haben gesehen, dass manche Ehen tatsächlich an einer Affäre scheiterten. Doch muss eine solche nicht unbedingt eine Ehe ruinieren; die letztendlichen Resultate eines Seitensprunges können sich auch positiv auf eine Partnerschaft auswirken. Das heißt natürlich nicht, dass eine Ehe nur gut funktioniert, wenn es zwischenzeitliche Verhältnisse gibt. Sollte ein Partner in einer Beziehung eine Affäre haben, kann das ein Warnsignal für eventuelle Beziehungsprobleme sein. Was wiederum nicht heiß, dass nur derjenige ein Problem hat, der untreu wird. Wenn ein Mensch außerhalb seiner festen Bindung Sex hat, kann das als Botschaft gedeutet werden, dass seine oder ihre Bedürfnisse nicht zählen beziehungsweise nicht wahrgenommen werden. In einigen Fällen kann es sein, dass derjenige, der betrügt – völlig unrealistisch – von seinem Partner erwartet, dass dieser sämtliche Bedürfnisse befriedigt. Aber es kann auch heißen, dass dieser Partner nicht auf Bedürfnisse eingeht, die höchst realistisch sind: nach menschlicher Nähe, nach Ehrlichkeit, Respekt und Fürsorge. Das Problem liegt bei den meisten Beziehungen in einer Mischung aus beiden Aspekten. Wie dem auch sei, eine Affäre bietet den Partnern auch die Gelegenheit, über Schwierigkeiten in der Beziehung zu sprechen und sie anzugehen. Wenn Menschen dazu in der Lage sind, dann kann das die Wende zum Besseren für eine Beziehung sein – so schmerzhaft Untreue auch ist. Wie Hailey, die Architektin es formulierte, die eine außereheliche Liebesaffäre begann, als ihr Ehemann Josh eine Arbeitsstelle in einer anderen, weit entfernten Stadt antrat. Sie berichtete Folgendes:

> **Ich glaube,** dass außereheliche Affären das Symptom für ein Problem sind, nicht das Problem selbst. Manchmal stehen die seelischen Unsicherheiten und auch das Ego im Weg, wenn man Schwierigkeiten lösen will, und die Menschen können in einer Affäre nichts weiter sehen als einen »betrügerischen Akt«. Ich befürworte außereheliche Affären nicht, aber ich versuche doch zu begreifen, dass es noch mehr Gründe für sie gibt als die offensichtlichen. Ich glaube, dass Untreue zwar der Ehe sehr schadet, weil sie so großen Schmerz bereitet, doch dass es manchmal nötig ist, einer Beziehung eine neue Richtung zu geben, die Menschen dazu zu zwingen, sich dem zu stellen, was wirklich in der Ehe vor sich geht. »Nötig« ist hier nicht das richtige Wort – ich halte Ehebruch nicht für nötig –, aber wir Menschen sind manchmal sehr schwach, und statt einer Aussprache wählen wir dann lieber die Untreue. Im besten Fall führt sie zu einer Kettenreaktion, an deren Ende ein besseres Verständnis der Partner untereinander steht. Im schlimmsten Fall bringt sie viel Schmerz und ein gebrochenes Herz.

Den Spieß umkehren: Rache

Eine der destruktivsten Reaktionen, die man haben kann, wenn man entdeckt, dass der Partner untreu war, ist, selbst eine Affäre anzufangen, um »es ihm oder ihr zu zeigen«. Wenn in einer Beziehung der eine Partner »gewinnt« – also Rache übt –, während der andere »verliert« – bestraft wird –, dann gibt es auf Dauer gesehen für beide keine Chance mehr. Eher führt eine derartige Konstellation zum Ende der Beziehung. Außerdem verschafft dieser »Sieg«, wenn er als Rache daherkommt, selten ein angenehmes Gefühl.

Courtney, eine 20-jährige Studentin, machte diese Erfahrung, als sie sich entschloss, es ihrem Freund so richtig »zu zeigen«, weil er sie betrogen hatte:

Unsere Beziehung war damals etwa zwei Jahre alt. Mein Freund hatte mich betrogen, und ich hatte es erfahren. Natürlich war ich am Boden zerstört; ich hatte auch keine engen Freundinnen. Die meiste Zeit war ich eigentlich mit ihm zusammen. Damals stand mir auch meine Familie nicht sehr nahe, ich war ja noch ein Teenager. Mein Freund war wirklich die einzige emotionale Stütze, die ich hatte, und mir ging es damals überhaupt nicht gut. Schließlich haben wir uns aber wieder versöhnt, doch dann entschloss ich mich, es ihm gleichzutun. Mein Freund musste für zwei Wochen bei der Nationalgarde einrücken, und ich behielt seinen Wagen. Eines Abends ging ich in einen Tanzschuppen und dort lernte ich einen Jungen kennen, den ich nach Hause fuhr, wobei wir einen Stopp einlegten. Wir haben uns geküsst, und dann hat er versucht, seine Hand unter meine Bluse zu schieben, aber ich konnte nicht – ich hatte plötzlich diese riesigen Schuldgefühle. Dabei hatte ich gedacht, dass Rache süß wäre.

Rache ist nicht nur selten süß, sie erzeugt häufig auch große Schuldgefühle bei denen, die sie ausüben – auch wenn der andere mit der Untreue angefangen hat. Und sie kann die Beziehung weiter zerstören.

Eds Geschichte ist so ein Fall. Ed ist ein 48-jähriger Chirurg. Er und seine Frau, Carrie, sind seit fünfundzwanzig Jahren verheiratet und haben vier Kinder. Ed beschreibt sich selbst als einen Mann, der in seinen jungen Jahren »süchtig nach Erfolg war – um jeden Preis«. Er hielt sich länger im Krankenhaus oder im Labor als zu Hause auf. Seine Frau betrog ihn bereits, als sie erst kurze Zeit verheiratet waren, und er sann in der Folge auf Rache:

In der ganz frühen Phase unserer Ehe war ich nicht in der Lage, zwischen Sex und seelischer Nähe zu unterscheiden. Meine Frau fühlte sich von mir emotional im Stich gelassen. Etwa drei Monate lang suchte sie Trost bei jemand anderem, hauptsächlich aus emotionalen Gründen. Zuerst dachte ich, dass es nur um Sex ginge, und ich wollte den Kerl einfach umbringen. Ich fühlte mich vernachlässigt, betrogen, war aber auch voller Rachegefühle und habe dann aktiv nach einer anderen Beziehung Ausschau gehalten.

Ed hatte etwa ein Jahr lang eine Affäre, von der seine Frau bis heute nichts weiß. Er beendete sie schließlich, als ihm klar wurde, dass Sex mit einer anderen Frau nicht zur Lösung der Probleme beitrug, die er und Carrie hatten.

Es ist interessant, dass Ed Carrie ihre Affäre verziehen hat, auch wenn er lange dazu gebraucht hat, und dass er begriffen hat, warum sie sich die emotionale Nähe, die er ihr damals nicht geben konnte, woanders geholt hat. Es ist seine eigene Untreue, die Ed immer noch zu schaffen macht:

> **Ich habe** meiner Frau nie von dem Verhältnis erzählt. Das hat mich immer gequält, aber ich wollte meine Seele nicht auf ihre Kosten entlasten. Was ich getan habe, war ein Fehler, den ich nicht wiederholen werde.
>
> Heute, siebzehn Jahre danach, bin ich nicht stolz auf das, was geschehen ist. Es hat einen Riss in unserer Beziehung bewirkt, der sich, glaube ich, nie wieder vollkommen geschlossen hat.

Ed hat immer noch Schuldgefühle wegen seiner Affäre und das Gefühl, dass sie seine Ehe bis heute überschattet.

Eds Geschichte wirft die schwierige Frage auf, ob man dem Partner die eigene Untreue gestehen soll oder nicht. Sie dem Partner zu gestehen kann auch bedeuten – wie Ed es formulierte –, dass man sein Gewissen auf Kosten eines anderen erleichtert. Andererseits kann die Geheimhaltung eines Ehebruchs auch bedeuten, dass man sich sein Leben lang mit Schuldgefühlen herumschlägt. Und die Verheimlichung kann auch heißen, dass die Partner keine Chance haben, sich Problemen zu stellen – und sie zu lösen –, die möglicherweise zur Untreue geführt haben. Und es gibt noch einen dritten Grund, warum die Untreue, die man einem Partner nicht gesteht, eine äußerst zerstörerische Wirkung entfalten kann, nämlich durch sexuell übertragene Krankheiten. Kondome können reißen, und mit Aids kann man sich bei einem einzigen Kontakt anstecken. Letztendlich müssen Sie selbst abwägen, wie Sie sich diesen möglichen Konsequenzen stellen. Ein sexuell intelligentes Verhalten zeichnet sich jedenfalls dadurch aus, dass Sie vor diesen Möglichkeiten nicht die Augen verschließen.

Cybersex

In diesem Kapitel haben wir Menschen kennen gelernt, die der Versuchung nicht widerstehen konnten, den Partner zu betrügen, und andere, die ihre sexuelle Intelligenz eingesetzt haben, um der Verführbarkeit aus dem Weg zu gehen. Der sicherste Weg, nicht mit jemandem im Bett zu landen, der nur scheinbar verspricht, emotionale Bedürfnisse zu befriedigen, besteht darin, mit dem Partner über eigene Sehnsüchte zu sprechen. Doch selbst wenn Sie nicht mit jemand anderem ins Bett gehen, um sexuelle und emotionale Nähe zu finden – was ist, wenn Sie sich im Computer einloggen und eine »Cybersex«-Beziehung anfangen, die keinerlei Körperkontakt voraussetzt? Computer und das Internet bieten uns eine ganz neue Welt der virtuellen Begegnungen. Weil Beziehungen, die im Internet geknüpft werden, die ganze Bandbreite abdecken – von leichten Flirts bis zu einem tiefen, sexuell gefärbten Austausch, der über lange Zeiträume aufrechterhalten werden kann, werfen eine Reihe neuer Fragen auf. So müssen wir erneut darüber nachdenken, wie man Sex jetzt definiert. Da ist beispielsweise Chris; er ist in den Dreißigern und seit geraumer Zeit verheiratet. Seit fast einem Jahr unterhält er eine Computer-Beziehung zu einer anderen Frau:

> **Seit Monaten** korrespondiere ich mit dieser Frau über E-Mail. Ich finde, dass es eine wunderbare Beziehung ist, weil wir über alles sprechen können. Ich habe keinerlei Absicht, sie jemals zu treffen, und unsere Gespräche drehen sich überhaupt nicht um Sex. Trotzdem habe ich meiner Frau nichts darüber gesagt. Ich weiß nicht, wie sie das aufnehmen würde.

Chris' Zögern, seiner Frau davon zu berichten, zeigt die verborgene und potenziell süchtig machende Seite einer solchen Internet-Beziehung. Er mag sie zwar körperlich nicht betrügen, doch er wird ihr emotional untreu – er teilt Aspekte seines Lebens, die er nicht mit seiner Frau besprechen kann, mit einer anderen Person, und er fühlt sich deshalb schuldig. Hätte er nicht den Verdacht, dass diese Beziehung eine mögliche Bedrohung für die Intimität seiner Partnerschaft mit seiner Frau wäre, würde er ihr davon berichten. Chris scheint seine Internet-Freundschaft zu nutzen, um die menschliche Nähe zu finden, die seiner Ehe womöglich fehlt. Oder vielleicht nutzt er auch das Internet als einen »sicheren« Weg, um emotionale Nähe auszuprobieren – einen Weg, der in dieser virtuellen Welt kaum Konsequenzen hat. Wie dem auch sei: Er verhält sich sexuell wenig intelligent, da er seiner Frau gegenüber nicht ehrlich ist. Es geht gar nicht so sehr um die Tatsache, dass er ihr nicht von der E-Mail-Korrespondenz erzählt, sondern vielmehr darum, dass er bestimmte Seiten seiner Person und seines Lebens nicht mit ihr teilt, die er jedoch seiner Internet-Beziehung offenbart. Diese Beziehung hat das Potenzial, so explosiv zu werden, dass sie am Ende die Grundmauern seiner Ehe erschüttern könnte.

Das Internet ist nicht mehr aus unserem Dasein wegzudenken – auch wenn wir herausgefunden haben, dass nicht viele unserer Projekteilnehmer es für »sexuelle« Beziehungen nutzen. Nur 5 Prozent gaben an, Internet-Sex zu haben. Sie fanden diese Form gut, weil kein körperlicher Kontakt erfolgt und er somit eine ideale Ergänzung zu einer festen, realen sexuellen Beziehung ist. Diejenigen, die fanden, dass Internet-Sex keine Untreue darstelle, weil es keinen körperlichen Kontakt gäbe, wiesen eine signifikant niedrigere sexuelle Intelligenz auf als jene, die es als Ablenkung sahen, die einer festen Beziehung schaden könnte.

Marleens Geschichte illustriert viele Schwierigkeiten eines Internet-Verhältnisses. Sie ist eine attraktive Brünette Ende vierzig, verheiratet und hat zwei erwachsene Kinder:

Ich habe ausprobiert, auf einige dieser persönlichen Anzeigen zu antworten, weil ich eine solche E-Mail-Korrespondenz lustig finde, sagte mir aber dann, das es Ärger geben könnte, wenn der Betreffende ganz in der Nähe wohnt. Also habe ich die Anzeigen durchgesehen und mir jemanden herausgesucht, der tausend Meilen weit weg lebt. Und wir haben fast ein Jahr lang eine sehr intime Beziehung gehabt, bei der es nicht nur um Sex ging, auch wenn wir heiße Gespräche darüber geführt haben, sondern wir wurden wirklich zu engen Vertrauten. Diese Freundschaft war mein Geheimnis. Ich dachte mir immer, dass wir sozusagen virtuell gemeinsam alt werden würden. Ich war sehr zufrieden mit der Beziehung, richtig glücklich geradezu. Dann kam die Geschäftsreise, die mich ganz in seine Nähe führte – einer dieser Zufälle, auf die man nie vorbereitet ist. Ich wusste vorher, wohin mich meine Reise führte, also schrieben wir uns, was wir wohl tun würden. Wir beschlossen, uns an einem Ort zu treffen, der uns eine gewisse Privatsphäre garantierte, obwohl uns beiden nicht klar war, ob wir miteinander schlafen würden. Nun, es kam, wie es kommen musste. Wir trafen uns und gingen in ein Motelzimmer. Es war unglaublich. Ich hatte ja vorher keine Ahnung, wie er aussieht. Wir hatten keine Fotos ausgetauscht, das war auch gar nicht wichtig gewesen. Unsere Beziehung war ja keine körperliche, also was sollte das alles? Aber wir haben uns von der ersten Sekunde an unendlich vertraut gefühlt. Wie schon virtuell, so waren wir uns jetzt auch real sehr nahe. Mir war es eigentlich egal, wie er aussah, dabei gefiel er mir außerordentlich gut. Wir hatten etwa vier gemeinsame Stunden in dem Motelzimmer. Wir zogen uns aus, standen uns nackt gegenüber, küssten und umarmten uns. Wir haben uns gegenseitig noch näher kennen gelernt. Aber wir haben nicht miteinander geschlafen.

Marleen sprach auch über die Gründe für ihre Entscheidung:

Irgendwo gibt es für jeden Menschen eine Grenze, und wir haben uns entschieden, sie da zu ziehen. Wir waren uns schon im Vorfeld darüber einig gewesen, dass wir dieses oder jenes tun könnten, auch miteinander schlafen. Aber wir haben uns auch gesagt, dass wir beide nackt sein könnten und trotzdem nicht miteinander schlafen würden. Wir wollten abwarten, was geschieht. Vielleicht wird es was, vielleicht nicht. Und es wurde nichts.
Er ist, genau wie ich, verheiratet. Ich schätze, dass das eine wichtige Rolle bei unserer Entscheidung gespielt hat. Es ist immer schwierig, genau zu sagen, was schließlich den Ausschlag gegeben hat. Es ist ja nicht so, dass wir beide diese unglaubliche, leidenschaftliche Lust aufeinander gehabt hätten. Aber wir wollten Nähe zwischen uns herstellen können, und das haben wir getan.

Marleens Beziehung zu ihrem Internet-Geliebten nahm eine unvorhergesehene Wendung, als ihr Mann die außereheliche Beziehung entdeckte:

Nun, er fuhr wieder nach Hause und ich auch, und nichts Schlimmes war passiert. Kein göttlicher Blitz hatte uns erschlagen, und wir setzten unsere E-Mail-Korrespondenz fort. Nichts war wirklich anders geworden. Es war einfach eine schöne Erfahrung, die wir speichern konnten. Aber dann wurden wir entdeckt. Wer kann schon sagen, ob es ein Zufall oder Absicht war, aber ich hatte einen Ausdruck einer Website auf meinem Schreibtisch liegen gelassen, der über Beziehungen im Internet ging. Ich hatte eigentlich gedacht, dass es ganz harmlos sei, wenn das herumliegt, aber mein Mann sah es und sagte: »Oh, Internet-Beziehungen? Hast du eine?« Und ich hätte jederzeit verneinen können, stattdessen gab ich ihm zur Antwort: »Ja, die habe ich.« Und dann erzählte ich meinem Mann alles.

Was hat mich dazu bewegt? Das ist eine schwierige Frage. Ich bin eine selbstbewusste Frau, die sich ausdrücken kann, aber auf diese Frage fällt mir nichts ein. Ich fühlte mich nicht schuldig, weil ich meine eigenen moralischen Ansprüche ja nicht verletzt hatte. Aber ich wusste, dass mein Mann, wenn er davon erfahren würde, das nicht gut fände. Ich habe eine sehr enge und verständnisvolle Beziehung zu meinem Mann, und ich bin gar nicht daran gewöhnt, dass ich etwas Wichtiges tue, ohne dass wir vorher darüber gesprochen hätten. Ich glaube eigentlich, dass ich deshalb mit ihm darüber reden wollte. Und ich ging auch davon aus, dass er mich nicht gleich in die Wüste schicken oder sich von mir scheiden lassen würde.

Aber als er davon hörte, war er wirklich außer sich; er war persönlich tief verletzt. Und ich habe – das war ganz dumm von mir – darauf bestanden, dass es in meinem Kopf nichts mit ihm zu tun hätte. Für mich war immer klar: Wir haben unsere Beziehung, und die ist, wie sie ist, und ich bin sehr glücklich mit ihr und ich war davon überzeugt, für immer und ewig mit meinem Mann verheiratet zu bleiben. Man muss bei seinem Partner stets Abstriche machen, aber so ist das Leben. Also war ich davon ausgegangen, dass es sich bei dieser Geschichte um mich handelte, um meine Sehnsucht nach einer anderen Erfahrung, und dass das ein ganz natürliches Bedürfnis sei. Kein Partner kann alle Bedürfnisse erfüllen, mit ihm wollte ich es einfach ausprobieren. Ganz offensichtlich hatte mein Mann einen anderen Standpunkt. Er fühlte sich durch mein Verhalten als Versager, meine Aussagen verletzten und demütigten ihn.

Ich bin immer noch davon überzeugt, dass ich nichts getan habe, was meinen ethischen Vorstellungen widersprochen hätte. Aber jetzt begreife ich, dass ich die Situation nicht aus seinem Blickwinkel gesehen habe, nur aus dem meinigen. Und ich verstehe, dass man es so nicht hätte tun sollen. Ich nehme das heute alles anders wahr, weil ich weiß, wie er über Untreue denkt, selbst wenn es dabei nicht zum Geschlechtsverkehr kommt.

Marleen hat dann weiter darüber gesprochen, inwiefern ihr Internet-Verhältnis ihre Ehe beeinträchtigt hat:

Der Sex mit meinem Mann ist sehr schön und wir fühlen uns beide hinterher immer großartig. Aber wenn man sechsundzwanzig Jahre lang neben dem eigenen Mann aufwacht, dann ist das schon so eine Sache. Es war ungeheuer erregend, wenn wir, meine Internet-Beziehung und ich, uns über Sex und Erotik geschrieben haben. Das habe ich mit meinem Mann nie erlebt, und diese Erfahrung gefiel mir gut. Mein Mann und ich, wir haben manchmal über solche Sachen geredet. Vor Jahren habe ich ihm sogar einmal Rollenspiele vorgeschlagen, so in der Art, dass ich so tue, als würde ich per Anhalter unterwegs sein und er nimmt mich dann in seinem Wagen mit. Aber er wollte diese Spiele nicht.

Was meine Internet-Beziehung betrifft – sie ist vorbei. Unser Verhältnis dauerte etwa ein Jahr und ist drei Jahre her, und in diesen drei Jahren haben wir vielleicht noch vier E-Mails ausgetauscht, die eher freundschaftlich formuliert waren.

Heute ist meine Beziehung zu meinem Mann – das mag ironisch klingen – besser denn je. Ich glaube, dass mein Geständnis über meinen Internet-Flirt uns einander näher gebracht hat, trotz der Schmerzen, die ich ihm damit zugefügt habe. Aber bei mir ist die Verführbarkeit noch sehr groß, neue Internet-Verhältnisse einzugehen. Das ist etwas, mit dem ich mich schwer tue.

Marleens Erfahrungen ähneln sehr den Berichten der Paare am Anfang des Kapitels, die mit der Untreue eines Partners umgehen mussten. Das Internet ist zwar neu und bietet uns eine nie da gewesene Art, emotionale und sexuelle Erfahrungen außerhalb der eigenen Beziehung zu suchen (und es macht es uns leichter, sie zu rechtfertigen, da es zu keinem körperlichen Kontakt kommt), doch im Wesentlichen setzt das Internet den alten sexuellen Streitfragen nur ein Cyber-Gesicht auf. Auch bei diesem virtuellen Medium müssen sich Menschen in einer Partnerschaft damit auseinander setzen wie stark der eigene Wille ist, sich an einen Partner fest zu binden. Oder inwieweit das eigene Interesse an anderen Verhältnissen das Resultat einer Unzufriedenheit mit der jetzigen Beziehung ist? Was sind die Konsequenzen für den Partner – was wird er fühlen –, wenn ich eine Internet-Beziehung eingehe? Marleen verhielt sich nicht sexuell intelligent, als sie ihre Internet-Romanze einging. Sie war sich ihrer unerfüllten sexuellen Wünsche nicht bewusst und sie hätte sich stärker um eine bessere Kommunikation mit ihrem Partner bemühen müssen, um diese Bedürfnisse zu befriedigen, statt sich an jemanden außerhalb der Ehe zu wenden. Auch hat sie den Schmerz nicht vorhergesehen, den sie ihrem Mann zufügte. Marleen rechtfertigte ihre Internet-Beziehung damit, dass sie ja keinen realen Sex gehabt habe, und bedachte dabei nicht, wie sehr es ihren Mann verletzen musste, dass sie so viel Zeit und Energie damit aufbrachte, die intimsten Seiten ihres Lebens mit einem Fremden zu teilen (von dem Aufenthalt im Motel ganz zu schweigen!).

Marleen hatte Glück, dass sie und ihr Mann diese Erfahrung nutzen konnten, um die Kommunikationsprobleme zwischen ihnen zu erkennen und um in der Folge eine noch größere Nähe herstellen zu können. Doch die beste Art, die Schuldgefühle und Verletzungen zu vermeiden, die Affären – ganz gleich ob real oder virtuell – mit sich bringen, ist immer noch, sich von vornherein sexuell intelligent zu verhalten. Bevor Sie sich auf eine Internet-Beziehung einlassen, sollten Sie sich fragen, warum sie das tun, vor allem dann, wenn sie sich bereits in einer festen Partnerschaft befinden. Was fehlt mir in meinem gegenwärtigen Liebesleben? Bin ich sexuell frustriert oder emotional frustriert oder vielleicht beides? Gibt es Möglichkeiten, meine Bedürfnisse in meiner jetzigen Beziehung anzusprechen und einzubringen? Fragen wie diese werden Sie davon abhalten, an den falschen Orten nach Liebe und Sex zu suchen, sei es online oder offline.

Viele Menschen würden Sex außerhalb ihrer Ehe oder festen Partnerschaft nicht so schnell suchen, wenn sie begreifen würden, wie furchtbar die Konsequenzen für sie selbst, ihren Partner und die Beziehung sind. Das Problem besteht darin, dass Menschen nicht immer an die Folgen denken, bevor sie handeln. Sexuell intelligente Menschen sind sich ihres verborgenen sexuellen Ichs bewusst, und dazu gehören auch all jene seit langem unbefriedigten Bedürfnisse, die kein Partner realistischerweise erfüllen kann. Sie kennen auch die Macht der Verführbarkeit und wissen, welche Situationen sie vermeiden müssen, um ihr zu widerstehen. Und schließlich: Ein Schlüsselelement der sexuellen Intelligenz ist die Fähigkeit, sich vorstellen zu können, wie unsere Partner sich fühlen, wenn wir sie betrügen. Sexuell intelligente Menschen sprechen mit ihren Partnern über alles, über Beziehungsprobleme, Beschwerden, Ressentiments gegenüber speziellen sexuellen Praktiken und unbefriedigte Bedürfnisse – bevor sie mit jemand anderem ins Bett gehen.

Eine sexuell intelligente Generation

Erinnern Sie sich? Lorraine – sie war an unserem Forschungs-projekt beteiligt – hatte einen stets wiederkehrenden Traum: Sie wohnt in einem kleinen, düsteren Apartment und fühlt sich hoffnungslos einsam – bis sie schließlich hinter einer Tür licht-durchflutete und wunderschöne Räume entdeckt, die ihr Frei-heit und Erfüllung verheißen. In diesem Traum erkannten wir Lorraines bedrückende Situation wieder. Sie war mit einem Mann verheiratet, den sie zwar liebte, aber ihr Sex war ohne Lust und Leidenschaft. Darüber wäre sie fast verzweifelt. Lor-raine wusste zwar, dass eigentlich ein erfülltes Leben auf sie wartete, dennoch hatte sie aber absolut keine Vorstellung, wie sie dahin kommen sollte.

Lorraines Erfahrungen und die der vielen anderen Teilneh-mer unserer Studie haben uns sehr berührt. Zwar berichteten uns einige über ihr aufregendes und erfülltes Sexualleben, doch stellten wir immer wieder erstaunt fest, wie die überwiegende Mehrheit der von uns befragten Männer und Frauen sich se-xuell frustriert fühlte. Einige lebten in einer Beziehung, in der sie ihren Partner liebten, aber – wie Lorraine – ziemlich hilflos versuchten, die Leidenschaft wieder zu entfachen. Oder sie ver-hielten sich ähnlich wie Sydney, die – um sich mit ihren Ehe-problemen nicht auseinander setzen zu müssen – ständig mit Männern fremdging, die sie in Clubs aufriss. Und anderen er-ging es wie Frank, den seine erste sexuelle Erfahrung mit einer Frau seelisch so ausgebrannt hatte, dass er sich nach diesem Er-lebnis für alle Zukunft geschworen hatte, auf Frauen, Sex und damit letztlich auch auf sein Glück zu verzichten.

Wir haben Ihnen hoffentlich mit diesem Buch zeigen können, warum ein sexuell erfülltes Leben besonders wichtig ist. Sex sollte nicht »einfach so« praktiziert werden – vielmehr ist unser sexuelles Erleben eng mit all unseren Lebensbereichen verbunden. Sex stärkt unser Selbstwertgefühl, wirkt sich positiv auf unser körperliches Wohlbefinden aus und gibt unseren Beziehungen Stabilität. Ob wir uns glücklich fühlen und seelisch ausgeglichen sind, hängt direkt mit unserer Sexualität zusammen. Mit diesem Buch wollen wir Ihnen nicht nur vermitteln, was wir unter sexueller Intelligenz verstehen und warum es so wichtig ist, sie auch zu zeigen. Wir wollen Ihnen auch den Weg zeigen, wie Sie die Fähigkeit zu sexuell intelligentem Handeln entwickeln können. Die vorgestellten Beispiele machen auf praktischer Ebene die Handlungsweisen sexuell intelligenter und weniger intelligenter Menschen deutlich, damit wir die drei Grundelemente sexueller Intelligenz besser verstehen lernen: kulturelle Mythen zu durchschauen und sie durch exakte Kenntnisse auf dem Gebiet der menschlichen Sexualität zu ersetzen; das verborgene sexuelle Ich bewusst wahrzunehmen und Kompetenz aufzubauen, um sexuelle Beziehungen zu schaffen und beizubehalten.

Doch geht es nicht allein darum, die Grundelemente sexueller Intelligenz zu verstehen und sie für unser eigenes Leben in die Praxis umzusetzen. Jeder von uns ist dazu aufgefordert, eine neue Welt zu schaffen, in der Menschen das notwendige Wissen haben und die Fähigkeit, ihre Sexualität frei zu bestimmen – eine Welt, in der es unseren Kindern erspart bleibt, entweder allein gelassen im Stillen zu leiden oder erst durch umständliches und schmerzliches Probieren ihre Erfahrungen zu sammeln. Jedes Kind sollte die Erfahrung machen dürfen, sexuelles Verhalten zu lernen. Menschen können sich das Wissen und die Fähigkeit für ein sexuell intelligentes Leben durchaus aneignen – sonst hätten wir dieses Buch erst gar nicht geschrieben! Wir aber träumen von einer jungen Generation, die bereits mit den Grundsätzen sexueller Intelligenz aufgewachsen ist. Wenn schon Kindern beigebracht wird, ihre Sexualität als einen wesentlichen Bestandteil ihrer Persönlichkeit zu erkennen, wenn sie behutsam und ohne Angst einflößende Vorurteile an Sexualität herangeführt werden, dann haben sie eine weitaus größere Chance, sexuell intelligente Erwachsene zu werden.

Als soziale Wesen können wir uns nicht aus der Verantwortung stehlen, unsere Kinder zu erziehen. Für uns ist es selbstverständlich, ihnen den Nutzen und die Vorteile einer Demokratie zu erklären, auf die gesundheitlichen Risiken des Konsums von Zigaretten und Drogen aufmerksam zu machen oder ihnen zu raten, auf gesunde Ernährung und Bewegung zu achten. Natürlich bringen wir unseren Kindern auch bei, nicht zu lügen oder zu stehlen. Ebenso selbstverständlich sollte für uns sein, über Sexualität aufzuklären, auch wenn uns dies anfangs schwierig und peinlich erscheinen mag.

Für uns stellt sich daher die Frage, auf welcher Grundlage wir eine neue Generation sexuell intelligenter Erwachsener entstehen lassen können? Wie können wir unsere Kinder dazu ermutigen, erst dann sexuell aktiv zu werden, wenn sie sich innerlich dazu bereit fühlen, unabhängig von ihrem Lebensalter? Und wie können wir ihnen die Probleme und Frustrationen ersparen, die wir bei unseren Teilnehmern vorgefunden haben? Bei der Antwort auf all diese Fragen spielt das familiäre Umfeld eine zentrale Rolle.

Wir fragten unsere Teilnehmer, was ihrer Meinung nach ihre Eltern hätten anders machen sollen, damit sie für ein besseres Sexualleben im Erwachsenenalter vorbereitet gewesen wären. Viele der Antworten, die wir erhielten, waren von erschreckender Deutlichkeit:

»Sie hätten mit mir offener über Sex sprechen sollen, damit ich nicht so viel Angst davor gehabt hätte. Ich fühlte mich so unsicher, was meine Sexualität betrifft.«

»Meine Eltern hätten mir sagen können, dass Sex das Natürlichste auf der Welt ist und ich kein schlechter Mensch bin, wenn ich es tue.«

»Sie hätten sich beim Thema Sex einfach ganz normal verhalten sollen.«

»Sie hätten mir mehr Selbstsicherheit geben sollen, dann hätte ich auch bewusster meine Partnerwahl treffen können.«

»Sie hätten selber Sex haben sollen.«

Eltern spielen naturgemäß eine entscheidende Rolle bei der Entwicklung der sexuellen Intelligenz ihrer Kinder, die aber weder durch strenge Kontrollen der sexuellen Aktivität noch mit einer Laisser-faire-Haltung einhergehen sollte. Vielmehr brauchen Jugendliche Eltern, die fürsorglichen Anteil an ihrem Leben nehmen, Eltern, die bereit sind, ihre Ansichten und Wertvorstellungen in Sachen Sex weiterzugeben und ihren Kindern zur Selbstständigkeit und zu einer bewusst gelebten Sexualität zu verhelfen.

Unser Test enthielt unter anderem folgende Frage: »Eltern sollten die Fehler, die sie in ihrem eigenen Sexualleben begangen haben, für sich behalten – Jugendliche orientieren sich an unserem Tun, nicht an unseren Worten. Richtig oder falsch?« Der Sex-IQ der Befragten, die der Aussage zustimmten, man solle über seine Fehler im Sexualleben schweigen, lag im Vergleich zu jenen, die meinten, man solle seine Versehen mit seinen heranwachsenden Kindern teilen, deutlich niedriger.

Über sexuelle Fragen sollten wir mit Heranwachsenden offen diskutieren und nicht versuchen, sie zu belehren oder gar ihr Sexualverhalten dadurch steuern zu wollen, dass wir ihnen Schuldgefühle einimpfen. Eine Studie von 1999 ist der Frage nachgegangen, welche Auswirkungen es hat, wenn Eltern Jugendliche bei sexuellen Themen anleiten.

Bei dieser Untersuchung wurde festgestellt, dass vor allem junge Mädchen, deren Eltern überwiegend Schuldgefühle als »Erziehungsmittel« einsetzten, um das Verhalten ihrer Töchter zu kontrollieren, für riskantes Sexualverhalten besonders anfällig waren, vor allem dann, wenn diese »Kontroll-Methode« von ihren Müttern ausging.[93] Dieses Ergebnis stimmt mit unserer Untersuchung überein und bestätigt unsere Ansicht, dass sexuelle Intelligenz allein durch intensive und ehrliche Kommunikation und nicht durch rigide Kontrollen des Sexualverhaltens gefördert wird.

Es ist sinnlos, Teenagern vorschreiben zu wollen, sie sollten mit dem Geschlechtsverkehr bis zur Ehe warten. Bei unserer Umfrage hatten 64 Prozent der Befragten das elterliche Gebot übertreten, bis zur Hochzeit sexuell enthaltsam zu sein. So auch Susan, die mit vierzehn zum ersten Mal Sex hatte:

Meiner Mutter ging es einzig darum, dass ich keinen Sex haben sollte. Als sie heiratete, war sie sehr jung gewesen. Und sie hat auch schon sehr früh viele Kinder bekommen. Später ist meiner Schwester das Gleiche passiert, die auch sehr jung war, als sie ein Kind zur Welt brachte. Ich will mit meiner Mutter nicht über meine sexuellen Erfahrungen sprechen, das wäre mir sehr unangenehm. Wir haben zwar ein gutes Verhältnis zueinander, aber über meinen Sex möchte ich ihr doch lieber nichts erzählen.

Nichts spricht dagegen, unsere Kinder mit den Regeln sexueller Intelligenz bereits früh vertraut zu machen. Viele Fähigkeiten, auf die sexuelle Intelligenz aufbaut, können schon in sehr jungen Jahren erworben werden, lange bevor das Thema Sexualität wirklich aktuell ist. Sexuell intelligente Menschen wissen nicht nur im erotischen Bereich, sondern auch grundsätzlich über ihre Gefühle besser Bescheid und können klarstellen, was sie mögen oder nicht mögen. Unseren Kindern sollten wir beibringen, auf ihre Empfindungen zu achten und sich ihrer Vorlieben, Überzeugungen und Werte bewusst zu werden – und zu diesen Werten dann auch zu stehen, selbst wenn Gleichaltrige diese verlachen. Sexuell intelligente Menschen zeigen Empathie für ihre Partner; wir können schon sehr früh damit anfangen, unseren Kindern die Fähigkeit zu vermitteln, sich emotional auf andere Personen einzustellen und wahrzunehmen, wie sich ihr eigenes Verhalten auf die Gefühle der Menschen in ihrer Umgebung auswirkt.

Wenn unsere Kinder einmal älter geworden sind, ist der richtige Zeitpunkt gekommen, ihnen nicht nur exakte Kenntnisse über Sexualität zu vermitteln und unsere eigenen Erfahrungen mit ihnen zu teilen; wir sollten ihnen auch aufmerksam zuhören und sie behutsam an die emotionale Tragweite sexueller Erfahrungen heranführen. Das wäre wohl das größte Geschenk, das wir ihnen machen könnten. Nathan, ein 20-jähriger Student, hat uns beispielsweise erzählt:

Wenn meine Eltern bloß auf vernünftige Weise mit mir über Sex geredet hätten. Stattdessen musste ich alles allein für mich herausfinden. Na ja, meine erste Erfahrung ist dann auch entsprechend furchtbar veraufen, was eigentlich überhaupt nicht nötig gewesen wäre.

Ich wusste rein gar nichts, nicht einmal die einfachsten Dinge. Ich wusste nur, wenn du Sex hast, benutze dabei ein Kondom. Aber über die Gefühle und Emotionen, die damit verbunden sind, hat kein Mensch mit mir geredet. Bist du einigermaßen ausgeglichen, dann kannst du ruhig Sex haben. Wenn du aber irgendwelche Probleme hast oder dich irgendwie unsicher fühlst, dann solltest du es einfach lassen. Oder wenn du es trotzdem tust, dann solltest du zumindest darüber sprechen, warum du ängstlich und unsicher bist. Ich hatte niemanden, mit dem ich über solche wichtigen Dinge hätte reden können.

Nathans Vater hätte, wie wohl alle fürsorglichen Eltern, alles getan, um seinem Sohn zu ersparen, dass er diesen entscheidenden Schritt ins Erwachsenenleben so allein und unvorbereitet tun musste – wenn der Vater nur gewusst hätte, wie.

Unsere Kinder sollen sexuelle Erfahrungen nicht nach dem Prinzip »Versuch und Irrtum« sammeln. Nehmen wir Liv als Beispiel. Sie ist eine junge Frau Anfang zwanzig und lässt sich gerade als Sozialarbeiterin ausbilden:

Meine Familie ist katholisch und ich bin in diesem Glauben erzogen worden. Sie kennen ja die unnachgiebige Haltung der katholischen Kirche gegenüber Sex vor der Ehe. Dieses Thema schien auch das Steckenpferd unseres Pfarrers zu sein, jedenfalls ließ er sich praktisch jeden Sonntag in der Kirche darüber aus. Von meinen Eltern weiß ich, dass sie mit dem Sex bis zur Hochzeitsnacht gewartet haben. Vielleicht haben sie auch richtig gehandelt, denn ich kenne viele Leute, die vor der Ehe Sex hatten, und jetzt unglücklich verheiratet sind; das finde ich genauso schlimm.

Trotz der Ansicht ihrer Eltern über Sexualität und ungeachtet der Schwierigkeiten, die Liv als überzeugte Katholikin hat, ihr eigenes sexuelles Verhalten mit ihren religiösen Überzeugungen in Einklang zu bringen, hat sie zurzeit eine Beziehung zu einem Mann, der ihr viel bedeutet. Eltern haben oftmals sehr große Schwierigkeiten damit, vorehelichen Geschlechtsverkehr zu akzeptieren, was das Verhältnis zu ihren Kindern häufig belastet. Aber Liv hat es diesbezüglich mit ihren Eltern gut getroffen. Obwohl die Mutter ihre Einstellung zur Sexualität deutlich zum Ausdruck brachte, war sie dennoch offen genug, um sich mit ihrer Tochter über vorehelichen Beischlaf auseinander zu setzen, ohne sie zu beschuldigen oder sie zu verurteilen:

Anfangs sprach ich mit meiner Mutter nicht über meine Beziehung. Das ging etwa zwei oder drei Monate lang, bis ich mir endlich sagte, okay, es müsste doch möglich sein, ein erwachsenes Gespräch mit meiner Mutter zu führen. Ich habe mich einfach hingesetzt und mit ihr geredet. Und ich bin so froh darüber, dass ich mich zu diesem Schritt entschlossen habe. Das war eine große innere Erleichterung und mir ist direkt ein Stein vom Herzen gefallen. Aber die ganze Zeit davor war ich dazu einfach nicht in der Lage gewesen; nicht weil ich Angst vor meiner Mutter gehabt hätte, ich war eher furchtbar wütend auf mich selbst, weil ich den Mut dazu nicht fand.

Wir setzten uns also zusammen, und ich sagte ihr, dass ich Sex hätte. Ich platzte ihr gegenüber geradezu mit der Neuigkeit heraus: »Mutter, ich habe mit einem Mann geschlafen und es hat mir sehr gut gefallen. Dieses Erlebnis war überhaupt nichts Schlimmes oder Unheimliches. Im Übrigen nehme ich seit einiger Zeit die Pille.« Und ich sagte ihr auch, dass ich das nicht länger vor ihr verbergen könnte, und sie darüber Bescheid wissen sollte, weil ich das für richtig hielte. Ja und dann, mein Gott, dann haben wir mindestens vier bis fünf Stunden lang miteinander gequatscht, ganz locker. Dabei sind wir uns sehr viel näher gekommen, und ich habe eine Menge Dinge über meine Mutter erfahren, die ich vorher nicht gewusst habe. Unser gemeinsames Gespräch stellte sich als eine wirklich gute Erfahrung heraus, über die ich sehr froh und glücklich bin.

Sie hat mir Dinge von sich erzählt, die ich nicht kannte, zum Beispiel, dass sie schon mal verheiratet gewesen war, bevor sie meinen Vater kennen lernte. Sie war nur etwa ein Jahr mit diesem früheren Mann zusammen gewesen, dann haben sie sich scheiden lassen. Es gab keine Kinder aus dieser Beziehung. Und plötzlich rückte sie damit raus, dass sie mit diesem Mann schon Sex vor der Ehe hatte und damals der Meinung gewesen war, sie könnte alles durch eine Heirat wieder gutmachen. Das war wirklich eine sehr große Überraschung für mich, verstehen Sie, sie hatte ja vorher noch nie ein einziges Wort darüber verloren. Und ich dachte mir, Mann, das ist ja toll, meine Mutter entpuppt sich als ein richtiges menschliches Wesen. Sie hatte also eine »bewegte« Vergangenheit gehabt und Fehler gemacht; das zu erfahren und damit festzustellen, dass ich nicht die Einzige bin, die mal etwas falsch macht, hat mir sehr gut getan. Sie war zwar nicht einverstanden damit, dass ich mit jemandem schlief, bevor ich verheiratet war. Aber irgendwie war sie trotzdem sehr glücklich darüber, dass ich bei diesem Mann keine Angst hatte und ich mich nicht in einer Situation befand, die mich belastete. Das war schon mal sehr positiv. Ich weiß, ich hab Glück gehabt.

An uns liegt es, unsere Kinder glücklich zu machen. Dazu sollten wir die Fähigkeit zur sexuellen Intelligenz bei uns selbst entwickeln und erkennen, welche Freuden ein befriedigendes Sexualleben bereitet – Freuden, die von vielen bisher nicht erkannt worden sind, obwohl sie immer in greifbarer Nähe waren. Diese Erkenntnisse sollten wir an unsere Kinder weitergeben – als Hilfe für ein erfülltes Leben.

Der
SQ-Test

Die folgenden Fragen sollen Ihre sexuelle Intelligenz messen. Wir haben sie aufgrund unserer Forschungsergebnisse für dieses Buch entwickelt.

Also: Testen Sie Ihre sexuelle Intelligenz.

Wählen Sie zu jeder Frage die Antwort aus, die am ehesten Ihre Meinung, Ihre Gefühle oder Ihr Verhalten reflektiert.

1. Wie häufig sprechen (sprachen) Sie in Ihrer gegenwärtigen (letzten festen) Beziehung mit Ihrem Partner über Ihr Sexualleben?
a) Einmal pro Woche
b) Einmal pro Monat
c) Einmal in sechs Monaten
d) Nie

2. Wie würden Sie Ihr gegenwärtiges Sexualleben im Vergleich zu dem der meisten anderen Menschen bewerten?
a) Nicht annähernd so aufregend
b) So durchschnittlich wie bei all den anderen Paaren auch
c) Wesentlich besser und interessanter als bei anderen Menschen
d) Ich habe zurzeit keine sexuelle Beziehung

3. Was würden Sie am ehesten tun, wenn in sexueller Hinsicht Probleme mit Ihrem Partner auftreten?
a) Sie direkt ansprechen

b) Das Thema indirekt angehen

c) Zeit vergehen lassen, in der Hoffnung, dass sie sich von selbst lösen

d) Nach einem geeigneteren Partner suchen

4. Was halten Sie davon, mit einem engen Freund (einer engen Freundin) oder einer Vertrauensperson (z. B. einem Therapeut) zu sprechen, wenn in sexueller Hinsicht Probleme mit Ihrem Partner auftreten?

a) Ich hätte sehr große Schwierigkeiten, mit Dritten über mein Sexualleben zu sprechen

b) Ich kann es mir vorstellen, aber nur als letzte Möglichkeit

c) Damit hätte ich gar keine Schwierigkeiten

5. Hatten Sie schon über einen längeren Zeitraum hinweg ein sexuelles Geheimnis vor einem Partner?

a) Nein, nie

b) Ein- oder zweimal

c) Öfter

d) Ständig

6. Was würden Sie tun, falls Ihr Partner sexuelle Praktiken wünscht, die Sie ablehnen?

a) Ich würde mich wahrscheinlich trotzdem dazu überreden lassen

b) Ich würde versuchen herauszufinden, warum diese Praktiken meinen Partner interessieren, mich aber abstoßen

c) Ich würde einfach sagen, das geht ein für alle Mal nicht

d) Ich würde in jedem Fall darüber nachdenken, die Beziehung zu beenden

7. Wie sehr beschäftigen Sie sich damit, ein regelmäßiges und befriedigendes Sexualleben zu führen, verglichen mit der Energie, die Sie für Ihre täglichen Aufgaben (z. B. Einkaufen, Putzen, Hobbys) aufwenden?

a) Ich denke häufig daran, dass ich mehr Sex haben will

b) Für mich ist ein erfülltes Sexualleben mindestens genauso wichtig wie meine Interessen und alltäglichen Pflichten

c) Wenn ich mit meinem Tagesprogramm fertig bin, habe ich weder die Zeit noch die Energie, über eine Verbesserung meines Sexuallebens nachzudenken

d) Es ist schon schmerzhaft genug, dass mein Sexualleben so unerfüllt ist, und deshalb versuche ich gar nicht erst, daran zu denken

8. Die einzige Möglichkeit, sich vor sexuellem Fehlverhalten am Arbeitsplatz zu schützen, ist, sich völlig asexuell zu geben.
a) Richtig
b) Falsch

9. In welchem Ausmaß halten Sie sich für besonders weiblich (oder männlich)?
a) Ich bin ausgesprochen weiblich (oder männlich) im Vergleich zu anderen Menschen
b) Ich bin weniger weiblich (oder männlich) im Vergleich zu anderen Menschen
c) Ich schätze, dass ich sowohl weibliche als auch männliche Wesenszüge in mir habe
d) Beide Anteile sind in mir, aber ich versuche weiblicher (oder männlicher) zu wirken

10. Wenn es in einer Beziehung zwischen einem Mann und einer Frau zu sexuellen Problemen kommt, dann liegt das wahrscheinlich daran, dass
a) Männer und Frauen einfach verschiedene Dinge im Bett wollen
b) sie nicht genug über ihre Wünsche und Bedürfnisse gesprochen haben
c) sie nicht wirklich zusammenpassen
d) Männer und Frauen eigentlich sowieso von ihrer psychologischen Ausrichtung her ganz verschieden sind

11. Glauben Sie, dass guter Sex ein Zeichen von wahrer Liebe ist?
a) Ich glaube, guter Sex muss nichts mit Liebe zu tun haben
b) Ich bin davon überzeugt, dass guter Sex wahrscheinlich ein Zeichen dafür ist, dass man zueinander passt

c) Ich denke, guter Sex ist garantiert ein Zeichen für Verliebtsein

12. Wie oft haben Sie in der Vergangenheit versucht, einen Konflikt mit Sex anstatt mit Worten aus der Welt zu schaffen?
a) Ich habe noch nie Sex eingesetzt, um zu vermeiden, über ein Problem zu sprechen
b) Ich habe ein paarmal Sex benutzt, um einem Problem auszuweichen
c) Sex ist ein guter Weg, um die Probleme in einer Partnerschaft zu verringern
d) Ich löse immer zuerst das Problem und habe erst dann Sex

13. Haben Sie normalerweise sehr schnell Sex mit jemandem, wenn Sie ihn (oder sie) kennen lernen und sich eine ernste Beziehung mit diesem Menschen vorstellen können?
a) Wenn mir jemand sehr gut gefällt, warte ich mit dem Sex, bis wir uns noch besser kennen gelernt haben
b) Ich hatte ein paarmal Sex mit jemandem, bevor ich ihn (oder sie) wirklich gut kannte
c) Wenn mir jemand sehr gut gefällt, will ich mit ihm (oder ihr) Sex haben, auch wenn wir uns noch nicht gut kennen

14. Haben Sie manchmal das Gefühl, Ihr Sexualleben sei nicht annähernd so aufregend wie das der Menschen im Fernsehen und im Kino?
a) Im Vergleich dazu ist der Sex, den ich habe, enttäuschend
b) Ich hatte ein- oder zweimal Sex, der genauso leidenschaftlich war
c) Es ist schwierig, leidenschaftliche Filmbeziehungen mit denen des realen Lebens zu vergleichen

15. Wie oft hatten Sie als Jugendlicher ein offenes Gespräch mit einem oder beiden Elternteilen über Sex?
a) Wir haben nie über Sex gesprochen
b) Sex wurde bei uns eher pädagogisch abgehandelt
c) Ich konnte mit meinen Eltern offen und positiv über Sex reden

16. Wie ist Ihre Einstellung zu Ihrer sexuellen Fantasie, die Sie am häufigsten haben bzw. die Sie am aufregendsten finden?

a) Ich hätte Angst, wenn irgendjemand über sie Bescheid wüsste

b) Es wäre mir peinlich, wenn mein Partner meine Fantasien herausbekäme

c) Einerseits würde ich zögern, meinen Partner in diese Geheimnisse einzuweihen, andererseits fände ich es auch sehr aufregend

d) Ich rede mit meinen engsten Freunden offen über diese Fantasien

17. Wie würden Sie Ihre sexuellen Fantasien im Vergleich zu denen anderer Leute einschätzen?

a) Ich bin sicher, dass viele Menschen ähnliche Fantasien haben wie ich

b) Ich weiß eigentlich nicht, woran andere denken

c) Ich denke, dass meine Fantasien anormal sind, wenigstens im Vergleich mit denen anderer Menschen

18. Wie sehr ist Ihnen bewusst, ob Sie vor allem ein körperliches Verlangen haben oder aber eher Gefühle der Zuneigung bzw. ein Bedürfnis nach Nähe verspüren, wenn Sie sexuell erregt sind?

a) Ich unterscheide nicht zwischen körperlichen und emotionalen Bedürfnissen

b) Manchmal spüre ich deutlich, wie ich ein rein körperliches Bedürfnis nach Sex habe

c) Manchmal habe ich das Gefühl, dass ich eigentlich mehr emotionale als physische Nähe suche

d) Wenn ich erregt bin, handelt es sich immer um eine Kombination aus physischen und emotionalen Ursachen

19. Wie oft haben Sie Sex eingesetzt, weil Sie unzufrieden mit sich selbst waren oder mit gewissen Umständen, wie zum Beispiel in Ihrem Job?

a) Ich zeige sehr selten ein sexuelles Verlangen, wenn ich mich mies fühle

b) Es kam vor, dass ich Sex hatte, um mit mir bzw. meinem Leben zufriedener zu sein

c) Ich will häufig Sex, wenn es mir schlecht geht oder ich unzufrieden mit meinem Leben bin

20. Was dachten Sie, als Sie einmal das Verlangen verspürten, Ihren Partner in einer ernsthaften Beziehung zu betrügen?

a) Ich war darüber entsetzt, weil ich wusste, dass er (oder sie) sich verletzt und hintergangen gefühlt hätte

b) Ich verschwendete eigentlich keinen Gedanken daran, was er (oder sie) fühlen könnte

c) Ich würde meinen Partner niemals betrügen, weil es eine Sünde wäre

d) Ich dachte an meinen Partner, aber war der Meinung, dass er (oder sie) es akzeptieren würde, falls es herauskäme

21. Was würden Sie denken, wenn Ihr Partner Ihnen seine Fantasien über Sex mit jemandem eines anderen Geschlechts als dem Ihren offenbaren würde?

a) Mein Partner ist latent homosexuell (oder wenn Sie homosexuell sind: mein Partner ist eigentlich heterosexuell)

b) Er (oder sie) hat psychische Probleme

c) Er (oder sie) findet mich nicht mehr attraktiv

d) Er (oder sie) unterscheidet sich eigentlich kaum von anderen Menschen

22. Haben Sie in äußerlicher Hinsicht Vorlieben für einen gewissen Typus von Mensch?

a) Ich fühle mich von bestimmten äußerlichen Merkmalen sofort sehr angezogen

b) Ich fühle mich von Individuen mit einer bestimmten Erscheinung sehr angezogen, aber versuche nicht unbedingt mit einem solchen Menschen eine Beziehung einzugehen

c) Ich finde viele verschiedene Typen von Menschen attraktiv

d) Ich mache mir keine Gedanken darüber, ob ich einem bestimmten Typus von Mann (oder Frau) verfallen bin

23. Was würden Sie tun, wenn Sie die Möglichkeit hätten, Ihren Partner zu betrügen, ohne dass jemand davon erfahren würde?
a) Ich würde ihn betrügen
b) Bevor ich eine Entscheidung treffe, würde ich an die Konsequenzen denken, die ein Fremdgehen für unsere Beziehung hätte
c) Fremdgehen ist amoralisch; ich würde es nie tun

24. Was denken Sie: Würden Sie noch Sex haben wollen, wenn Sie längst über 70 Jahre alt sind?
a) Ich kann mir nicht vorstellen, dann noch Sex zu haben
b) Es ist eher unwahrscheinlich, dass ich noch sexuell aktiv sein werde
c) Ich hoffe, auch mit 70 noch sexuell aktiv zu sein
d) Ich werde alles tun, um mit 70 sexuell aktiv zu bleiben

25. Hat das Internet eine Bedeutung in Ihrem Sexualleben?
a) Ich würde niemals Cybersex in Erwägung ziehen
b) Cybersex ist eine mögliche Form, in der ich mir sexuelle Befriedigung verschaffen könnte
c) Cybersex ist ein wichtiger Bestandteil meines Sexuallebens
d) Ich kann es mir gar nicht mehr vorstellen, keinen Zugang zu Sex aus dem Internet zu haben

26. Unter welcher der folgenden Bedingungen würden Sie für eine sexuelle Beziehung am ehesten online gehen?
a) Wenn ich zurzeit keine Beziehung hätte
b) Wenn ich eine Auseinandersetzung mit meinem Partner hätte
c) Um Dinge zu erfahren, die ich noch nie erlebt habe

27. Wie oft haben Sie sich machtlos gefühlt, als Sie Ihr Sexualverhalten kontrollieren wollten?
a) Ich habe eine totale Kontrolle über meine sexuellen Empfindungen und mein Sexualverhalten

b) Ich habe manchmal sexuelle Bedürfnisse, die mich überwältigen, aber ich handle nicht unbedingt danach
c) Ich habe regelmäßig das Gefühl, dass mein sexuelles Verhalten außer Kontrolle gerät

28. Wie zufrieden sind Sie mit Ihrem Sexualverhalten?
a) Obwohl sich manche Leute um mein sexuelles Verhalten
sorgen, sehe ich keine Veranlassung, es zu ändern
b) Ich nehme mir regelmäßig vor, ein bestimmtes Verhalten
aufzugeben, handle aber dann doch wieder nach dem
gleichen Muster
c) Ich muss mir keine Sorgen um mein sexuelles Verhalten
machen

**29. Wie häufig versuchen Sie Ihren Problemen zu entkommen,
indem Sie Sex haben?**
a) Ohne Sex würden mich meine Probleme erdrücken
b) Manchmal benutze ich Sex bewusst, um meinen Problemen zu entkommen
c) Ich benutze Sex niemals zu diesem Zweck

30. Wie fühlen Sie sich normalerweise nach dem Sex?
a) Ich fühle mich häufig deprimiert
b) Ich fühle mich manchmal deprimiert
c) Ich fühle mich wohl und befriedigt
d) Ich fühle nichts Besonderes

**31. Haben sie jemals einen Menschen dazu gezwungen, mit Ihnen
Sex zu haben, indem Sie seine (oder ihre) Arme fesselten, ihn
(oder sie) bedrohten oder ignorierten, als er (oder sie) »Nein«
oder »Stopp« sagte?**
a) Nie
b) Einmal
c) Manchmal
d) Regelmäßig

32. Würden Sie sagen, dass jemand, der schon einmal zu sexuellen Handlungen gezwungen wurde oder traumatische sexuelle Erlebnisse hatte, später weniger die Fähigkeit besitzt, Sex zu genießen?

   a) Nicht, wenn seither mehrere Jahre vergangen sind und diejenige Person keine weiteren negativen Erfahrungen gemacht hat

   b) Wenn der derzeitige Partner einfühlsam ist, dann ist es eher unwahrscheinlich

   c) Nur, wenn die Person sich selber zu sehr damit belastet

   d) In vielen Fällen trifft das zu

33. Wie würden Sie mit Jugendlichen über Sex sprechen?

   a) Sie würden vom Sex abraten, da die Gefahren durch HIV zu groß sind

   b) Sie klären sachlich über Verhütungsmethoden auf und vermeiden es, die Jugendlichen über ihr Privatleben auszufragen

   c) Sie raten ihnen, im Sexualkundeunterricht in der Schule gut aufzupassen

   d) Sie befragen sie zu ihren sexuellen Erfahrungen und erzählen, was Sie selbst über Sex wissen

34. Eine Möglichkeit, Ihre(n) pubertierende(n) Tochter (oder Sohn) vor einer Situation zu bewahren, in der es zu einer Vergewaltigung kommen könnte, ist

   a) ihr (oder ihm) keine Verabredung mit einem Jungen (oder einem Mädchen) zu gestatten, bis sie (oder er) sechzehn Jahre alt ist

   b) ihr (oder ihm) nur erlauben, in einer Gruppe auszugehen

   c) ihr (oder ihm) zu raten, vorsichtig zu sein, wenn sie (oder er) sich mit jemandem unwohl fühlt oder Angst empfindet

   d) sicherzugehen, dass sie (oder er) sich nicht mit den falschen Leuten verabredet

35. Eltern sollten die Fehler, die sie in ihrem eigenen Sexualleben begangen haben, für sich behalten – Jugendliche orientieren sich an unserem Tun, nicht an unseren Worten.
   a) Richtig
   b) Falsch

36. Würden Sie der Aussage zustimmen: »Ein gutes Sexualleben ist nichts, woran man arbeiten kann – entweder es existiert oder es existiert nicht«.
   a) Absolut
   b) Vielleicht
   c) Keineswegs

37. Bis zu welchem Grad erklären Sie sich einverstanden mit der Aussage: »Für sexuelle Leidenschaft muss immer ein Preis entrichtet werden, manchmal sogar ein sehr hoher«.
   a) Absolut
   b) Im Großen und Ganzen, ja
   c) Eher nicht
   d) Absolut nicht

38. Schämen Sie sich, dass Sie bestimmte sexuelle Wünsche haben?
   a) Häufig
   b) Manchmal
   c) Nie

39. Wie oft haben Sie durchschnittlich Sex?
   a) Ein paarmal im Jahr oder weniger
   b) Ein- bis zweimal im Monat
   c) Ein- bis zweimal pro Woche
   d) Dreimal pro Woche
   e) Viermal pro Woche oder öfter

40. Wenn sich eine Frau einem Mann gegenüber zuvorkommend verhält,
   a) will sie wahrscheinlich Sex mit ihm
   b) ist sie wahrscheinlich der Typ Frau, der gerne flirtet
   c) ist sie wahrscheinlich einfach nur freundlich

41. Bei einer Verabredung sollten Männer
   a) sich wie Gentlemen verhalten, die Tür öffnen und ähn-
      liche Dinge tun
   b) sich nicht an Konventionen gebunden fühlen
   c) bewusst typisch männliche Verhaltensweisen vermeiden,
      wie beispielsweise das Öffnen der Tür

42. Wie oft haben Sie Sex, wenn Sie eigentlich nicht wollen, nur
um Ihren Partner zu befriedigen?
   a) Nie
   b) Selten
   c) Manchmal
   d) Ziemlich häufig

43. Wie sehr beeinträchtigt Ihre Figur Ihre Lust am Sex?
   a) Überhaupt nicht
   b) Ich wäre gern zufriedener mit meinem Körper
   c) Ich bin zu dick für ein erfülltes Sexualleben
   d) Ich bin nicht genügend durchtrainiert für ein erfülltes
      Sexualleben

44. Wie sehr beeinträchtigt Ihr Äußeres ganz allgemein ihr Denken über Sex?
   a) Ich bin nicht attraktiv genug für ein erfülltes Sexualleben
   b) Es reduziert meine Chancen auf ein tolles Sexualleben
   c) Überhaupt nicht – ich mag mich so, wie ich bin

45. Was halten Sie von Menschen, die sich als homosexuell
bezeichnen?
   a) Homosexualität ist moralisch gesehen ein Irrweg
   b) Homosexualität ist akzeptabel, aber man sollte damit
      nicht protzen
   c) Es wäre falsch, seine Sexualität zu verleugnen

46. Selbst wenn sie es abstreiten, viele Frauen wollen zum Sex
gezwungen werden
   a) Richtig
   b) Falsch

47. Was halten Sie davon, wenn jemand, der in einer festen Beziehung lebt, heimlich über das Internet Sex mit einer anderen Person hat?

a) Das kann ich akzeptieren, weil es ja nicht zum körperlichen Kontakt kommt

b) Es ist okay, weil es einen zusätzlichen Reiz gibt, der geradezu unschuldig ist, weil es ohne Körperkontakt abgeht

c) Es ist von größerer Bedeutung und kann auf Probleme in einer Partnerschaft hinweisen

d) Ich sehe darin eine Variante des Fremdgehens, entsprechend halte ich Cybersex für problematisch, weil es hinter dem Rücken des Partners geschieht

48. Mit wem würden Sie am ehesten sprechen, wenn Sie mit Ihrem Äußeren nicht zufrieden wären?

a) Mit einem Freund (oder einer Freundin)

b) Mit einem Partner

c) Mit einem professionellen Berater

d) Mit niemandem

49. Denken Sie, dass Sex – so wie Bewegung und gute Ernährung – Ihr Leben verlängern kann?

a) Nein, Sex hat keine Auswirkungen auf die Gesundheit

b) Vielleicht, aber es ist wissenschaftlich noch nicht erwiesen, dass Sex gesund ist

c) Ja, es ist bewiesen, dass Sex gesund ist

50. Achten Sie auf Safer Sex?

a) Nein, das muss ich nicht, weil mein Partner und ich uns auf Aids haben testen lassen und uns so gut kennen, dass wir einander vertrauen können; keiner von uns geht fremd

b) Nein, das muss ich nicht, weil ich heterosexuell bin und Heterosexuelle sehr selten Aids bekommen

c) Nein, weil niemand, mit dem ich schlafe, krank aussieht

d) Ja, auch beim kleinsten Risiko

**51. Wie oft haben Sie sich geschämt, nicht genügend »männlich«
oder »weiblich« auszusehen?**
a) Ich schäme mich dessen häufig
b) Ich schäme mich dessen manchmal
c) Ich schäme mich dessen nie

52. Sind Sie davon überzeugt, das andere Geschlecht zu kennen?
a) Es kommt vor, dass ich das Verhalten des anderen Geschlechts nicht vollkommen verstehe
b) Ich verstehe das andere Geschlecht so gut wie gar nicht
c) Ich glaube nicht, dass sich Männer und Frauen unterschiedlich verhalten

Sind Sie sexuell intelligent?
Die Auswertung des Tests

Weiter unten finden Sie die Punktzahl für jede Antwort. Wir
weisen dabei auf einige Fragen hin, die besonders aussagekräf-
tig bezüglich Ihrer sexuellen Intelligenz auf drei Gebieten sind:
der genauen Kenntnis über das Wesen der menschlichen Sexualität (in der Auswertung als »exaktes Wissen« gekennzeichnet), der Wahrnehmung des verborgenen sexuellen Ichs und
der kommunikativen Kompetenz – diese drei Hervorhebungen
wurden von uns in Klammern gesetzt. Zugleich haben wir die
einzelnen Fragen mit einem Kommentar versehen, der nach
unseren Forschungsergebnissen die »richtige« Antwort wiedergibt. Zählen Sie die Punkte, die Sie für jede Frage erhalten haben, zusammen und addieren Sie dazu 118. Das Ergebnis teilen Sie dann durch 264. Damit erhalten Sie Ihren SQ-Wert hinsichtlich Ihrer sexuellen Intelligenz. Falls Ihr SQ-Wert über
0,90 liegt, ist das ein »Sehr gut« und damit ein sehr gutes Ergebnis. Ein SQ-Wert zwischen 0,80 und 0,89 entspricht einem
»Gut« und ist immer noch ein ausgezeichnetes Resultat. Ein
Wert von 0,70 bis 0,79 entspricht einem »Befriedigend« und
kann als durchschnittlich bezeichnet werden. Zwischen 0,60
und 0,69 erhalten Sie ein »Genügend« und ein SQ-Wert von
unter 0,60 ergibt ein »Ungenügend«.

1. (*Kommunikative Kompetenz*) Mit dem Partner über Sex zu sprechen ist sehr wichtig, obwohl es viele Leute nicht tun.
a) 3 Punkte
b) 2 Punkte
c) 1 Punkt
d) –3 Punkte

2. Viele Menschen denken, dass ihr Sexualleben miserabel sei, wenigstens im Vergleich zu dem der meisten anderen, obwohl in Wirklichkeit sexuelle Schwierigkeiten in unserer Gesellschaft sehr weit verbreitet sind.
a) –2 Punkte
b) 3 Punkte
c) 0 Punkte
d) 0 Punkte

3. Die Bereitschaft, mit Ihrem Partner über Ihr Sexualleben zu sprechen, ist ein wichtiger Bestandteil sexueller Intelligenz.
a) 3 Punkte
b) 2 Punkte
c) 0 Punkte
d) –3 Punkte

4. Bei einem Problem um Hilfe zu fragen, ist die intelligenteste Lösung.
a) –3 Punkte
b) 1 Punkt
c) 3 Punkte

5. (*Wahrnehmung des verborgenen sexuellen Ichs*) Zwar würde niemand alles mit seinem Partner teilen, doch ist Geheimniskrämerei häufig das Gegenteil von sexueller Intelligenz.
a) 3 Punkte
b) 1 Punkt
c) –1 Punkt
d) –3 Punkte

6. Sich mit sexuellen Praktiken auseinander zu setzen, die Sie ablehnen, besonders mit Techniken, die Ihren Partner interessieren, hilft Ihnen, Ihr verborgenes sexuelles Ich zu verstehen.
a) 1 Punkt
b) 3 Punkte
c) –1 Punkt
d) – 3 Punkte

7. (*Kommunikative Kompetenz*) Beschäftigung mit dem Thema Sex ist nötig, um ein befriedigendes, regelmäßiges Sexualleben zu führen.
a) 1 Punkt
b) 3 Punkte
c) 1 Punkt
d) 2 Punkte

8. (*Exaktes Wissen*) Sexualität ist ein Teil von uns, daher widerspricht der Versuch, »asexuell« sein zu wollen, diesem Aspekt unseres verborgenen sexuellen Ichs.
a) 0 Punkte
b) 3 Punkte

9. Ein starres Festhalten an den stereotypen Geschlechterrollen verringert die eigene sexuelle Intelligenz und erhöht die Wahrscheinlichkeit eines Konflikts in einer intimen Beziehung.
a) 3 Punkte
b) 0 Punkte
c) 3 Punkte
d) 1 Punkt

10. Geschlechtsspezifische Unterschiede in den sexuellen Vorlieben können zu Problemen führen, wenn die Partner nicht offen über ihre eigenen Wünsche beziehungsweise die ihrer Partner sprechen.
a) 0 Punkte
b) 3 Punkte
c) 0 Punkte
d) 2 Punkte

11. (*Exaktes Wissen*) Sexuell intelligent zu sein heißt, zu erkennen, dass Sex nur ein Aspekt einer Beziehung ist, der manchmal die Illusion emotionaler Intimität erweckt.

a) 3 Punkte
b) 0 Punkte
c) −3 Punkte

12. Sex einzusetzen, um emotionalen Konflikten aus dem Weg zu gehen, zeugt nicht von sexueller Intelligenz.

a) 3 Punkte
b) 1 Punkt
c) −3 Punkte
d) 3 Punkte

13. Sehr frühzeitiger Sex in einer neuen Beziehung kann die Vorstellung emotionaler Vertrautheit erwecken, wenngleich das Fundament für eine wirklich innige Verbundenheit – gemeinsame Erfahrungen und Gefühle – noch gar nicht vorhanden ist.

a) 3 Punkte
b) 1 Punkt
c) −3 Punkte

14. Eine sexuell intelligente Person erkennt, dass das Sexualleben von Schauspielern aus Film und Fernsehen ein verzerrtes Bild eines zufriedenen und erstrebenswerten Sexuallebens wiedergibt.

a) 0 Punkte
b) 1 Punkt
c) 3 Punkte

15. Die Fähigkeit, mit den eigenen Eltern auf sinnvolle Weise über Sexualität sprechen zu können, ist eine wichtige Hilfe für die Entwicklung sexueller Intelligenz.

a) −1 Punkt
b) −2 Punkte
c) 3 Punkte

16. Sexuell intelligent zu sein heißt, unsere sexuellen Fantasien als wichtigen Teil unseres verborgenen sexuellen Ichs anzunehmen.

a) –2 Punkte
b) –1 Punkt
c) 3 Punkte
d) 2 Punkte

17. Die meisten Menschen haben sehr ähnliche Fantasien; diese als »anormal« oder »gesund« einzuordnen, ist wenig produktiv.

a) 3 Punkte
b) 0 Punkte
c) –2 Punkte

18. Sexuell intelligent zu sein bedeutet, die Ursachen der sexuellen Erregung zu erkennen.

a) –1 Punkt
b) 1 Punkt
c) 1 Punkt
d) 1 Punkt

19. Sex als Ausweg aus einem Stimmungstief kann kurzfristig helfen. Damit wird jedoch die emotionale Bedeutung einer sexuellen Beziehung verdrängt und es kann zu einer zwanghaften Abhängigkeit führen.

a) 3 Punkte
b) 0 Punkte
c) –3 Punkte

20. (*Wahrnehmung des verborgenen sexuellen Ichs*) Eine sexuell intelligente Person berücksichtigt die Auswirkungen, die ihr Sexualverhalten auf einen Partner haben könnte. Und sie unterstellt nicht einfach, dass sie aufgrund moralischer Überzeugungen niemals in die Versuchung eines Seitensprungs geraten könnte.

a) 3 Punkte
b) –3 Punkte
c) –1 Punkt
d) –2 Punkte

21. Homosexuelle Fantasien kommen unter Heterosexuellen sehr häufig vor, genau so wie heterosexuelle Fantasien unter homosexuellen Menschen.
a) –2 Punkte
b) –1 Punkt
c) –1 Punkt
d) 3 Punkte

22. Dass wir uns zu einem gewissen Typ Mensch hingezogen fühlen, hängt mit einer Vielzahl von Lebenserfahrungen zusammen, etwa mit den Beziehungen, die wir zu Eltern und Verwandten hatten. Sexuell intelligent ist es, zu erkennen, aus welchen Gründen wir unsere Idealbilder konstruieren
a) 0 Punkte
b) 1 Punkt
c) 3 Punkte
d) 0 Punkte

23. Die meisten Menschen würden in dieser Situation einer Versuchung nicht widerstehen, aber eine sexuell intelligente Person ist sich dieses wichtigen situativen Einflusses bewusst.
a) –2 Punkte
b) 3 Punkte
c) 1 Punkt

24. (*Kommunikative Kompetenz*) Ein hoher Prozentsatz von älteren Menschen hat weiterhin ein befriedigendes Sexualleben.
a) –1 Punkt
b) –1 Punkt
c) 1 Punkt
d) 3 Punkte

25. Die Benutzung des Internets als wichtige Quelle sexueller Befriedigung kann jemanden der Fähigkeit berauben, eine reale emotionale und sexuelle Beziehung mit einem Partner zu führen, die letztlich mehr Befriedigung gibt.
a) 0 Punkte
b) 1 Punkt

c) –1 Punkt
d) –3 Punkte

26. Das Internet als Ersatz für eine reale Partnerschaft zu benutzen kann sehr destruktiv wirken.
   a) 1 Punkt
   b) –3 Punkte
   c) 1 Punkt

27. Die Unfähigkeit, das eigene Sexualverhalten zu steuern, ist ein Zeichen von sexuellen Zwängen.
   a) –1 Punkt
   b) 3 Punkte
   c) –3 Punkte

28. Besorgnis über das eigene Sexualverhalten sowie Versuche, dieses zu ändern, sind Zeichen von sexuellen Zwängen.
   a) –3 Punkte
   b) –3 Punkte
   c) 0 Punkte

29. (*Wahrnehmung des verborgenen sexuellen Ichs*) Sexuell intelligent zu sein bedeutet, zu erkennen, dass Sex keine Lösung für psychische Probleme darstellt.
   a) –3 Punkte
   b) 0 Punkte
   c) 2 Punkte

30. Depressive Verstimmtheit nach dem Sex ist ein Zeichen für Probleme, wie beispielsweise die Erfahrung sexuell traumatischer Erlebnisse oder aktuelle Schwierigkeiten in der Beziehung.
   a) –3 Punkte
   b) –1 Punkt
   c) 3 Punkte
   d) –1 Punkt

31. Eine Person gegen ihren Willen zum Sex zu zwingen ist ein Verbrechen und für eine Partnerschaft extrem destruktiv.
a) 3 Punkte
b) –1 Punkt
c) –2 Punkte
d) –3 Punkte

32. (*Exaktes Wissen*) Die Erfahrung sexuell traumatischer Erlebnisse beeinträchtigt mit an Sicherheit grenzender Wahrscheinlichkeit die Fähigkeit einer Person, ihr späteres Sexualleben zu genießen.
a) –2 Punkte
b) 0 Punkte
c) –2 Punkte
d) 3 Punkte

33. (*Exaktes Wissen*) Jugendliche zu belehren ist eine ziemlich ineffektive Methode, um ihr Verhalten zu beeinflussen; sie hingegen in eine ehrliche Diskussion über das Thema Sex zu verwickeln kann dazu beitragen, deren sexuelle Intelligenz zu erhöhen.
a) –2 Punkte
b) 0 Punkte
c) –2 Punkte
d) 3 Punkte

34. Jugendliche müssen lernen, dass ihre Gefühle wichtige Signale für sie selbst darstellen, die sie nicht ignorieren sollten.
a) 0 Punkte
b) 0 Punkte
c) 3 Punkte
d) 0 Punkte

35. Wenn Sie Ihre einmal begangenen Fehler und deren schmerzhafte Konsequenzen einem Jugendlichen mitteilen, kann das dazu führen, dass er Ihren Worten Gehör schenkt und sich in Zukunft auf sexuell intelligente Weise verhalten wird.
a) –3 Punkte
b) 3 Punkte

36. (*Exaktes Wissen*) Man muss an einem erfüllten Sexualleben arbeiten.
a) –2 Punkte
b) 0 Punkte
c) 3 Punkte

37. (*Exaktes Wissen*) Sex an sich ist nicht gefährlich oder bedrohlich; er gehört sogar zu einem natürlichen Leben.
a) –1 Punkt
b) 0 Punkte
c) 1 Punkt
d) 3 Punkte

38. (*Wahrnehmung des verborgenen sexuellen Ichs*) Es ist nicht sexuell intelligent, sich so zu verhalten, dass man sich anschließend dafür schämt – etwa, wenn man jemand anderen zum Sex zwingt; es ist außerdem unnötig, sich des eigenen Sexualverhaltens zu schämen, wenn es einem selbst oder anderen nicht schadet, es also vertretbar ist.
a) –3 Punkte
b) 0 Punkte
c) 3 Punkte

39. (*Kommunikative Kompetenz*) Wissenschaftler haben herausgefunden, dass wöchentlicher Sex einer der Hauptfaktoren für ein gesundes Leben darstellt; Sex mehr als dreimal pro Woche kann ein Zeichen für ein zwanghaft sexuelles Verhalten sein.
a) 0 Punkte
b) 1 Punkt
c) 2 Punkte
d) 3 Punkte
e) 2 Punkte

40. Während Männer Zuvorkommenheit oft als Zeichen von sexuellem Interesse einer Frau werten, bedeutet es aus der Perspektive der Frauen häufig einfach nur das eine: Freundlichkeit.

a) −3 Punkte
b) −1 Punkt
c) 3 Punkte

41. Studien über das Verhalten von Männern und Frauen deuten darauf hin, dass die Orientierung an Stereotypen einer Beziehung schaden kann.

a) 0 Punkte
b) 3 Punkte
c) 0 Punkte

42. (*Wahrnehmung des verborgenen sexuellen Ichs*) Beim Sex mitzumachen, nur um den Partner zufrieden zu stellen und ohne es wirklich zu wollen, ist nicht sexuell intelligent.

a) 3 Punkte
b) 0 Punkte
c) −1 Punkt
d) −3 Punkte

43. Die Einstellung zum eigenen Körper hat einen großen Einfluss auf das Sexualleben der meisten Menschen. Gleichwohl tragen viele Leute ein Bild von einem Idealkörper in sich – Frauen wie Männer –, das negative Auswirkungen hat, weil sie angesichts des Idealbildes davon überzeugt sind, dass sie zu dick oder nicht muskulös genug seien. Entsprechend fühlen sie sich unattraktiver.

a) 3 Punkte
b) 0 Punkte
c) −3 Punkte
d) −3 Punkte

44. Viele Menschen haben eine negative Einstellung zu ihrer eigenen Attraktivität, was sie daran hindert, ein erfülltes Sexualleben zu führen.

   a) −3 Punkte
   b) −1 Punkt
   c) 3 Punkte

45. Homosexualität ist kein Verbrechen – wir müssen lernen, die sexuellen Vorlieben anderer Menschen zu akzeptieren, solange sie diesen nicht schaden.

   a) −3 Punkte
   b) −1 Punkt
   c) 3 Punkte

46. Es ist ein Mythos, dass Frauen an einer Vergewaltigung Gefallen finden könnten.

   a) −3 Punkte
   b) 3 Punkte

47. Im Internet nach Sex zu surfen kann auf Beziehungsprobleme hindeuten.

   a) −3 Punkte
   b) 0 Punkte
   c) 3 Punkte
   d) 2 Punkte

48. Es ist wichtig, über Probleme zu sprechen, die Ihre sexuellen Gefühle betreffen, insbesondere mit Ihrem Partner.

   a) 1 Punkt
   b) 3 Punkte
   c) 2 Punkte
   d) −3 Punkte

49. Untersuchungen haben gezeigt, dass sich Sex in vielerlei Hinsicht positiv auf Ihr körperliches Wohlbefinden auswirkt.

   a) −3 Punkte
   b) 0 Punkte
   c) 3 Punkte

50. Verhütung ist sehr wichtig.
a) 1 Punkt
b) –3 Punkte
c) –3 Punkte
d) 3 Punkte

51. Sexuelle Vorgaben, die Menschen verunsichern, weil sie diese nicht erfüllen können, sind sehr destruktiv.
a) –3 Punkte
b) –1 Punkt
c) 3 Punkte

52. Das Verhalten von Männern und Frauen ist verschieden. Größtenteils liegt es an einer unterschiedlichen Sozialisation. Es ist wichtig, diese Differenzen zu erkennen. Auf der anderen Seite sind Männer und Frauen sich ähnlicher, als die meisten Menschen denken.
a) 3 Punkte
b) 0 Punkte
c) 0 Punkte

Danksagung

Dieses Buch wäre ohne die Hilfe und die Unterstützung einer ganzen Reihe von Menschen nie geschrieben worden. Als Erstes möchten wir unseren Agenten Lane Zachary, Todd Shuster und Esmond Harmsworth für den großartigen Beitrag danken, den sie für das Zustandekommen dieses Buches geleistet haben. Todd hat von Anfang an an das Projekt geglaubt, dessen Potenzial erkannt und uns unzählige Stunden dabei geholfen, unsere Ideen zu Papier zu bringen. Lane war nicht nur Agentin, sondern auch Lektorin, Kritikerin, Krisenmanagerin, stets hilfsbereit, voll der guten Ratschläge und der Ermutigungen sowie – bei mehr als einer Gelegenheit – die Vernunft in Person. Esmond arbeitete ebenfalls unermüdlich an diesem Buch. Nie wird es uns möglich sein, dem Ausdruck zu verleihen, was wir diesen Menschen tatsächlich zu verdanken haben.

Ein Projekt wie dieses stützt sich auf die Arbeit von vielen Menschen. Wir haben enorm vom Einsatz unserer Forschungsassistenten profitiert: Eric Sundquist, Harry Nir, Lorrie Dellinger, Christina Jackson und Elizabeth Wuehrmann. Danken möchten wir auch unseren klinischen Interviewern Pat Song, Ethan Seidman und Matthew Jakupchek.

John Yannis hat einen wertvollen Beitrag zu Kapitel 12 beigesteuert, indem er uns half, die juristischen Aspekte bei einer sexueller Belästigung zu verstehen. Scott Gold von der literarischen Agentur »Zachary Shuster Harmsworth« hat wesentlich zur Ausformung von Kapitel 13 beigetragen.

Ich, Dr. Sheree Conrad, möchte einer Reihe von Menschen ganz besonders für ihre Unterstützung und Ermutigung danken: zuallererst meiner Mutter, Thelma Dukes, deren Liebe, Unterstützung und Vorbild ich es verdanke, dass ich das tun konnte, was ich im Leben favorisiere – forschen und schreiben. Sie arbeitete zwölf bis fünfzehn Stunden am Tag, um mir die beste Ausbildung zukommen zu lassen, und sie hat mir beispielhaft den Eigensinn und die tiefe Entschlossenheit vorgelebt, die es mir selbst mehr als einmal möglich gemacht haben, scheinbar unlösbare Aufgaben zu bewältigen. Sie ist die couragierteste Person, die ich kenne. Meine Schwester, Diane Bourque, hat mich unermüdlich inspiriert und mir über viele Klippen geholfen; nicht zuletzt war sie eine Gefährtin in den langen Tagen, an denen das Schreiben mir besonders schwer fiel. Mein Schwager, Steven Bourque, hat mich unterstützt und beraten, seit wir Teenager waren. Meine Nichten, Alissa, Aimee und Abby Bourque, sind der Sonnenschein in meinem Leben; stets überraschen sie mich aufs Neue mit ihrer Intelligenz – sie sind so viel schlauer, als ich es in ihrem Alter war –, ganz zu schweigen von ihrem Sinn für Humor und ihrer äußerst liebevollen Zuwendung.

Ganz besonders möchte ich Mary Kohák, Elizabeth O'Neill, Sheila Purdy sowie Susan und Richard deCampo für ihre Liebe, ihre Unterstützung, ihre Ermunterungen, die vielen Ratschläge und für ihre wichtige Präsenz in meinem Leben seit so vielen Jahren danken. Sie alle waren stets auf geheimnisvolle Weise zur Stelle, wenn ich ein Wunder brauchte.

Schließlich möchte ich mehreren meiner Kollegen danken. Don Kalick hat mir stets Unterstützung in vielen schweren Zeiten zukommen lassen, darüber hinaus ist er ein wahrer Freund und mein Vorbild als Gelehrter und Lehrer. Mein Koautor, Michael Milburn, ist seit vielen Jahren mein Mentor, Kollege und Freund. Er hat mich angeleitet und unterstützt, um aus mir eine Wissenschaftlerin zu machen, die sein Niveau, seine Integrität, seine Freundlichkeit und Geduld zumindest anstrebt. Ebenso möchte ich Deborah Kelley-Milburn und Allison Kelley, Johanna und Abby Milburn für ihre Freundschaft und langjährige Unterstützung danken.

Beide Autoren danken Deborah Kelley-Milburn. Als Bibliothekarin der Harvard-Universität war sie uns eine große Hilfe bei unseren Recherchen, zudem schlug sie uns nach mehrfacher Lektüre des Manuskripts mit ihrem feinen Gespür eine Reihe von wichtigen Verbesserungen vor. Dank sagen wir auch Denee Hammond von der University of Massachusetts in Boston, die für uns eine große fachliche Hilfe war.

Ich, Michael Milburn, möchte meiner Frau Deborah Kelley-Milburn für ihre Liebe, Unterstützung, Ermutigung und ihre wohlüberlegte Kritik, die nicht nur mein Leben, sondern auch dieses Buch in vielfältiger Weise bereichert haben, danken. Ebenso umarme ich meine Kinder Allison, Johanna und Abby. Danken möchte ich auch denen, die mich unermüdlich ermuntert haben, ebenso dem Freund der Familie, Andrew Reed.

Es gibt so viele Menschen, die über Jahre hinweg zum Gelingen dieses Buches beigetragen haben – ich erwähne hier nur einige von ihnen. Die alten Freunde Ed Durham und Alan Teger eröffneten mir neue Perspektiven zum Thema der sexuellen Intelligenz, und Mel Schnall, ein Psychologe, half mir ganz wesentlich dabei, meine Gedanken zu entwickeln. Darüber hinaus wären die ersten Schritte zu diesem Buch nicht möglich gewesen ohne die kollegiale Freundschaft der ehemaligen Studentinnen Jan Fay-Dumaine und Deb Kennedy. Nicht zuletzt danke ich meinen Eltern, Tomas und Jo Anne Milburn, deren Ermutigungen ungeheuer wichtig für mich waren. Sie sind meine Vorbilder – als Sozialwissenschaftler wie als Menschen. Für all das und noch viel mehr werde ich immer dankbar sein.

Anmerkungen

1 Alle Erfahrungsberichte entstammen den Interviews, die wir im Rahmen unseres Forschungsprojekts durchgeführt haben. Die Namen der Teilnehmer und andere Identifikationsmerkmale wie Beruf, ethnische Zugehörigkeit und Alter sind zum Schutz der Persönlichkeit verändert worden. In einigen Fällen bestehen die Fallbeispiele aus Erlebnissen mehrerer Einzelpersonen.

2 Wypijewski, J., »The secret sharer: Sex, race, and denial in an American small town«, in: *Harper's Magazine*, Juli 1998, S. 35–54.

3 Laumann, E. O., Paik, A., Rosen, R. C., »Sexual dysfunction in the United States: Prevalence and predictors«, in: *Journal of the American Medical Association, (6)*, 1999, S. 537–544. Vollständige Textausgabe im Internet: http://jama.ama-ssn.org/issues/v281n6/full/joc80785.html

4 Conrad, S. D., Milburn, M. A., »Sexual intelligence: A predictor of sexual satisfaction and sexual dysfunction«, Bericht für die Eastern Region-Jahreskonferenz der Gesellschaft für Sexualitätsforschung, Portsmouth, Virginia, 1. April 2001.

5 Wir wollen hiermit keineswegs den Nutzen einer Therapie im Allgemeinen oder bei sexuellen Dysfunktionen infrage stellen. Es gibt einige Therapieformen, die durchaus geeignet sind, die Fähigkeiten sexueller Intelligenz zu vermitteln.

6 Michael Cirigliano, Assistent an der medizinischen Fakultät der University of Pennsylvania, und Karen Donahey, Leiterin der Studie über Sexualität- und Ehetherapie an der medizinischen Fakultät der University Northwestern, zitiert in: *Men's Health*, November 1997, S. 104.

7 Karen Donahey, a. a. O.

8 Progesteron und DHEA sind Vorstufen oder Zwischenprodukte der höher spezialisierten Steroidhormone, einschließlich Cortisol, Aldosterone, Östrogene und Testosterone. Tamoxifen, Toremifene, DHEA und Vorozole hemmen im Modellversuch das Tumorwachstum in einem invasiv wachsenden Mammakarzinom und scheinen einen chemotherapeutischen Wirkstoff gegen die Entwicklung von Brustkrebs darzustellen. Siehe dazu: Nephew, K. P., Osborne, E., Lubet, R. A., Grubbs, C. J. und Khan, S. A., »Effects of oral administration of taximofen, toremifene, dehydroepiandrosterone and vorozole on uterine histomorphology in the rat«, in: *Proceedings of the Society for*

Experimental Biology and Medicine, 23, 2000, S. 288–294. Siehe auch: Bastianetto, S., Ramassamy, C., Poirier, J., Quirion, »Dehydroepiandrosterone (DHEA) protects hippocampal cells from oxidative stress-induced damage«, in: *Molecular Brain Research,* 66 (1–2), S. 35–41. Siehe: Cheng, G. F., Tseng, J., »Regulation of murine interleukin-10 production by dehydroepiandrosterone«, in: *Interferon Cytokine Research,* 20 (5), S. 471–478. Siehe: Chiu, K. M., Keller, E. T., Crenshaw, T. D., Gravenstein, S., »Carnitine and dehydroepiandrosterone sulfate induce protein synthesis in porcine primary osteoblast-like cells«, in: *Calcified Tissue International,* 64 (6), 1999, S. 527–533. Siehe: Cyr, M., Calon, F., Morisette M., Grandbois, M., DiPaolo, T., »Drugs with estrogen-like potency and brain activity: potential therapeutical application for the CNS«, in: *Current Pharmaceutical Design,* 6 (12), 2000, S. 1287–1312.

9 Dr. Theresa Crenshaw, Sexualforscherin und ehemalige Direktorin der Crenshaw-Klinik, zitiert in: *Men's Health,* a. a. O.

10 Jansson, J. H., Nilsson, T. K., Johnson, O., »Von Willebrand factor, tissue plasminogen activator, and dehydroepiandrosterone sulphate predict cardiovascular death in a 10-year follow up of survivors of acute myocardial infarction«, in: *Heart,* 80(4), 1998, S. 334–337.

11 Davey Smith, G., Frankel, S., Yarnell, J, »Sex and death: Are they related? Findings from the Caerphilly cohort study«, in: *British Medical Study,* 315 (7123), 1997, S. 1641–1644.

12 Khalkhali-Ellis, Z., Moore, T. H., Hendrix, M. J., »Reduced levels of testosterone and dehydroepiandrosterone sulphate in the synovial fluid of juvenile rheumatoid arthritis patients correlates with disease severity«, in: *Clinical And Experimental Rheumatology,* 16 (6), 1998, S. 753–776. Siehe auch: Sowers, M. F., Hochberg, M., Crabbe, J. P., Muhich, A., Crutchfield, M., Updike, S., »Association of bone mineral density and sex hormones levels with osteoarthritis of the hand and knee in the premenopausal women«, in: *American Journal of the Epidemiology,* 143 (1), 1996,. S. 38–47.

13 Hawkes, C. H., »Endorphins: The basis of pleasure?« in: *Journal of Neurology. Neurosurgery & Psychiatry,* 55, 1992, S. 247–251. Siehe auch: Nicoli, R. M., Nicoli, J. M., »Biochemistry of Eros. Contraception, Fertilité, Sexualité«, 1995, 23 (2), S. 137–144. Über die Bedeutung des Oxytocin siehe: Young, L. J., Wang, Z., Insel, T. R., »Neuroendocrine bases of monogamy«, in: *Trends in Neurosciences,* 21, 1998, S. 71–75. Über die Vorteile der Ehe siehe: Steinhauer, J., »Studies Find Big Benefits in Marriage«, in: *The New York Times,* April 1995, S. 10.

14 Ventegodt, S., »Sex and the quality of life in Denmark«, in: *Archives of Sexual Behavior,* 27, 1998, S. 295–307.

15 Matthias, R. E., Lubben, J. E., Atchinson, K. A., Schweitzer, S. O., »Sexual activity and satisfaction among very old adults: Results from a community-dwelling medicare population survey«, in: *Gerontologist,* 37, 1997, S. 6–14.

16 Miller, B. C., McCoy, J. J., Olson, T. D., Wallace, C. M., »Parental discipline and control attempts in relation to adolescent sexual attitudes and behavior«, in:. *Journal of Marriage and the Family*, 48, 1986, S. 503–512.

17 Pluhar, E., Frongillo, E. A., Stycos, J. M., Dempster-McClain, D., »Understanding the relationship between religion and the sexual attitudes and behaviors of college students«, in: *Journal of Sex Education and Therapy*, 23, 1992, S. 288–296.

18 Tschann, J. M., Adler, N. E., »Sexual self-acceptance, communication with partner, and contraceptive use among adolescent females: A longitudinal study«, in:. *Journal of Research on Adolescence*, 7(4), 1997, S. 413–430.

19 Telljohann, S. K., Price, J. H. , »A qualitative examination of adolescent homosexuals' life experiences: Ramifications for secondary school personnel«, in: *Journal of Homosexuality*, 26(1), 1993, S. 41–56.

20 Hershberger, S. L., Pilkington, N. W., D'Angeli, A. R., »Predictors of suicide attempts among gay, lesbians, and bisexual youth«, in: *Journal of Adolescent Research*, 12 (4), 1997, S. 477–497.

21 Henry K. Kaiser Family-Foundation: Sex on TV: Content and Context: A Biennial Report to the Kaiser Family Foundation. http://www.kff.org/content/archive/1458/

22 Zillmann, D., Bryant, J., »Pornography's impact on sexual satisfaction«, in: *Journal of Applied Social Psychology*, 18(5), 1999, S. 438–453.

23 *Glamour,* April 2000.

24 Ogden, J., Mundray, K., »The effect of the media on body satisfaction: The role of gender and size«, in: *European Eating Disorders Review*, 4 (3), 1996, S. 171–182.

25 Harrison, K., Cantor, J., »The relationship between media consumption and eating disorders«, in: *Journal of Communication*, 1997, 47 (1), S. 40–67.

26 Pope, H. G. jr., Phillips, K. A., Olivardia, R., *Der Adonis-Komplex. Schönheitswahn und Körperkult bei Männern*, München 2001.

27 Zillmann, D., Weaver, J. B., »Pornography and men's sexual callousness toward women«, in: Zillman, D. Bryant, J. (Hrsg.): *Pornography: Research advances and policy considerations*, Hillsdale 1989, S. 95–125.

28 Zillmann, D., Bryant, J., »Shifting preferences in pornography comsumption«, in:. *Communication Research*, 134 (4), 1998, S. 560–578.

29 Milburn, M. A., Mather, R., Conrad, S. D., »The effects of viewing R-rated movie scenes that obejctify women on perceptions of date rape«, in:. *Sex Roles*, 43, 2000, S. 379–398. Eine Umfrage der Zeitschrift *Psychologie Heute* (August 2000) zum Thema »Welche sexuellen Anregungen/Stimulanzien verwenden Sie« kam zu folgendem Ergebnis: Von 688 befragten bundesrepublikanischen Frauen und Männern standen „immerhin zehn Frauen und fünf Männer auf Fesseln und an-

dere Sadomasopraktiken. Zeitschriften und Videos waren als Appetitanreger bei allen Gruppen wesentlich gefragter als die Sexseiten im Internet. Fotos waren besonders bei Jugendlichen beliebt, während die mittlere, aber auch die ältere Generation bewegte Bilder bevorzugte«.

30 Rosenthal, D. A., Smith, A. M. A., de Visser, R., »Personal and social factors influencing age at first sexual intercourse«, in: *Archives of Sexual Behavior*, 28, 1999, S. 319–333.

31 Basson, R., »Androgen replacement for women«, in: *Canadian Family Physician*, 45, 1990, S. 2100–2107.

32 Liebowitz, M. R., *The Chemistry of Love*, Boston 1993.

33 Carmichael, M. S., Humbert, R. , Dixen, J., Palmisano, G., Greenleaf, W., Davidson, J. M., »Plasma oxytocin increases in the human sexual response«, in: *Journal of Clinical Endocrinology and Metabolism*, 64, 1987, S. 27–31.

34 Young, L. J., Wang, Z., Insel, T. R., »Neuroendocrine bases of monogamy«, in: *Trends in Neuroscience*, 21, 1998, S. 71–75.

35 Fisher, H., »The nature and evolution of romantic love«, in: W. Jankowiak (Hrsg.), *Romantic Passion* New York 1995, S. 23–41.

36 Bermant, G., »To speak in chords about sexuality«, in: *Neuroscience and Biobehavioral Reviews*, 19, 1995, S. 343–348.

37 Sternberg, R. J., *The Psychology of Love*, New Haven 1988.

38 Nelson, E. S., Hill-Barlow, D., Benedict, J. O., »Addiction versus intimacy as related to sexual involvement in a relationship«, in: »*Journal of Sex and Marital Therapy*, 20, 1994, S. 35–45.

39 Pert, C. B., *Moleküle der Gefühle. Körper, Geist und Emotionen*, Reinbek 2001.

40 Es gibt jedoch eine Reihe von Sexualverhaltensformen, »Paraphilie« genannt, die wir und viele andere Psychologen für pathologisch halten. Eine Verhaltensform gilt als paraphil, wenn sie Folgendes einschließt: 1) sexuelle Gelüste und Fantasien, die häufig vorkommen und sehr intensiv sind; 2) wenn sie sich auf unbeseelte Objekte richtet oder auf Wesen, die nicht in der Lage sind, ihr Einverständnis zu signalisieren (wie Kinder und Tiere); oder 3) wenn sie Quälereien und Demütigungen der eigenen Person oder des Partners einschließt.

41 Das Resultat unseres Vergleichs von Männern und Frauen berücksichtigt die »Ausreißer« nicht, die zwischen fünfzig und hundertfünfzig Partner angaben. Es ist wissenschaftlich nachgewiesen, dass derartige Extremfälle, den Durchschnittswert einer Studie verfälschen. Die durchschnittliche Anzahl von Sexualpartnern über die Spanne des gesamten Lebens, die von heterosexuellen Männern und Frauen angegeben wird, unterscheidet sich stark. Im Durchschnitt gaben Männer 9,36 Partner an und Frauen 3,02. Verschiedene Studien sind bislang jedoch zu äußerst unterschiedlichen Ergebnissen hinsichtlich der angegebenen Gesamtzahl der Partner gekommen. Eine Umfrage der Zeitschrift *Psychologie Heute* (August 2000) zum Thema »Wie oft hatten Sie Sex in den letzten drei Monaten« kam zu dem Ergebnis: »Täglich

Sex zu haben, gab jeder vierzigste befragte bundesrepublikanische Mann, aber nur jede hundertste Frau vor. Gar keinen Sex hatten 16 Prozent der Frauen und neun Prozent der Männer. Die meisten anderen pendelten um einen wöchentlichen Rhythmus. Als vergleichsweise aktiv erwiesen sich die Jahrgänge der 21- bis 45-Jährigen, von denen die Hälfte mehrmals wöchentlich Sex hatte. Aber auch bei den ganz Jungen zwischen 14 und 20 Jahren hatten nur 22 Prozent gar keinen Sex; bei den Frauen und Männern über 60 waren es 23 Prozent. Auch 24 Prozent der Befragten ohne Berufsausbildung hatten keinen Sex – möglicherweise, weil es Angehörige dieser Gruppe auf dem ›Partnermarkt‹ sehr schwer haben. Angehörige mit mittlerem Schulabschluss zeigten sich sexuell ein wenig unternehmungslustiger als Abiturienten oder Hauptschüler.«

42 Kaplan, H. S., *The new sex therapy*, New York 1979.

43 Byrne, D., Osland, J. A., »Sexual fantasy and erotica/pornography: Internal and external imagery«, in: L. T. Szuchman, F. Muscarella (Hrsg.), *Psychological Perspectives on Human Sexuality*, New York 2000.

44 Strassberg, D. S., Lockerd, L. K., »Force in women's fantasies«, in: *Archives of Sexual Behaviour*, 27 (4), 1998, S. 403–414.

45 Bond, S. B., Mosher, D. L., »Guided imagery of rape: Fantasy, reality, and the willing victim myth«, in: *Journal of Sex Research*, 22 (2), 1986, S. 162–183.

46 Moore, Nelwyn B., Davidson, J. Kenneth, »Guilt about first intercourse: An antecedent of sexual dissatisfaction among college women«, in: *Journal of Sex and Marital Therapy*, 23, 1997, S. 29–46.

47 Hendrick, S. S, Hendrick, C., »Gender differences and similarities in sex and love«, in: *Personal Relationships*, 2 (1), 1995, S. 55–65.

48 Über Unterschiede in der Offenheit wird berichtet in: Hatfield, E., Papson, R. L., *Love, sex, and intimacy: Their psychology, biology, and history*, New York 1993.

49 Kelly, J. A., O'Brien, G. G., Hosford, R., »Sex-roles and social skills considerations for interpersonal adjustment«, in: *Psychology of Women Quarterly*, 5, 1981, S. 758–766.

50 Quackenbusch, R. L., »Sex roles and social-sexual effectiveness«, in: *Social Behaviour and Personality*, 18 (1), 1990, S. 35–39.

51 Johnson, M. E., »Sex-role orientation and attitudes toward sexual expression«, in: *Psychological Reports*, 64, 1989, S. 1064.

52 Ray, A. L., Gold, S. G., »Gender roles, aggression, and alcohol use in dating relationships«, in: *Journal of Sex Research*, 33, 1996, S. 47–55.

53 Coleman, M., Ganong, L. H., »Love and sex role stereotypes: Do macho men and feminine women make better lovers?«, in: *Journal of Personality and Social Psychology*, 49 (1), 1985, S. 170–176.

54 Walser, R. D., Kern, J. M., »Relationships among childhood sexual abuse, sex guilt, and sexual behavior in adult clinical samples«, in: *Journal of Sex Research*, 33 (4), 1996, S. 321–326.

55 Courtois, C., *Healing the incest wound: Adult survivors in therapy*, New York 1988.

56 Blume, E. S., *Secret survivors: Uncovering incest and its aftereffects in women*, New York 1990.

57 Perlman, D., Fehr. B., »The development of intimate relationships«, in: D. Perlman, S. Duck (Hrsg.), *Intimate relationships: Development, dynamics, and deterioration*, Newbury Park 1987.

58 Ebda.

59 Sexueller Missbrauch wird aus der Sicht der Psychologen häufig definiert als eine sexuelle Beziehung zwischen einer Person unter sechzehn Jahren mit einer Person, die mindestens vier oder fünf Jahre älter ist und die aufgrund dieses Altersunterschieds sehr viel mehr Macht über die jüngere Person hat und es daher unwahrscheinlich ist, dass der Verkehr auf einer vollkommen einverständlichen Basis stattfindet.

60 Lisak, D., Roth, S., »Motives and psychodynamics of self-reported, unincarcerated rapists«, in: *America Journal of Orthopsychiatry*, 60 (2), 1990, S. 268–280.

61 Griffin, S. E., »Adolescent sex and relationship addicts«, in: *Sexual Addiction and Compulsivity*, 2, 1995, S. 112–127.

62 Carnes, P. J, *Don't call it love: Recovery from sexual addiction*, New York 1991.

63 Carnes, P. J., »The case for sexual anorexia: An interim report on 144 patients with sexual disorders«, in: *Sexual Addiction and Compulsion*, 5, 1998, S. 293–309.

64 Feingold, Alan, »Good-looking people are not what we think«, in: *Psychological Bulletin*, 111, 1992, S. 304–341.

65 Anderson, Susan M., Bem, S. L., »Sex typing and androgyny in dyadic interaction: Individual differnces in responsiveness to physical attractiveness«, in: *Journal of Personality and Social Psychology*, 41, 1981, S. 74–86.

66 Cutler, W. B., »Human sex-attractant pheromones: Discovery, research, development, and application in sex therapy«, in: *Psychiatric Annals*, 29 (1), 1999, S. 54–59.

67 Maugham, W. Somerset, *Ansichten eines Dichters*, München 1994.

68 Thornhill, R., Gengestead , S.W., »Human facial beauty: Averageness, symmetry, and parasite resistance«, in: *Human Nature*, 4, 1993, S. 237–269. Siehe auch: Buss, D., »International preferences in selecting mates. A study in 37 cultures«, in: *Journal of Cross-Cultural Psychology*, 21 (1), 1990, S. 5–47.

69 Kalick, S. M., Zebrowitz, L. A., Lanlois, J. H., Johnson, R. M., »Does human facial attractiveness honestly advertise health? Longitudinal data on an evolutionary question«, in: *Psychological Science*, 9, 1998, S. 8–13.

70 Kenrick, D. T., Gutierres, S. E., »Contrast effects and judgments on physical attractiveness: When beauty becomes a social problem«, in: *Journal of Personality and Social Psychology Bulletin*, 38 (1), 1980, S. 131–140.

71 Zillmann D., Bryant J., »Pornography Impact on Sexual satisfaction«, in: *Journal of Applied Social Psychology*, 18(5), 1988, S. 438–453.
72 Ainsworth, M. D., Bowlby, J., »An ethological approach to personality development«, in: *American Psychologist*, 4, 1991, S. 333–341.
73 Gutek, B. A., *Sex and the workplace*, San Francisco 1985.
74 Quinn, R. E., »Coping with Cupid: The formation, impact, and management of romantic relationships in organizations«, in: *Administrative Science Quarterley*, 22 (1), 1977, S. 30–45.
75 Anderson, C. I., Hunsaker, P. L., »Why theres's romancing at the office and why it's everybody's problem«, in: *Personnel*, 1985, 57–63.
76 Mainiero, L. A., *Office Romance: Love, power, and sex in the workplace*, New York 1989.
77 Ebda.
78 Williams, C. L., Giuffre, P. A., Dellinger, K., »Sexuality in the workplace: Organizational control, sexual harassemnt, and the pursuit of pleasure«, in: *Annual Review of Sociology*, 25, 1999, S. 73–93.
79 Ebda.
80 Mainiero, *Office Romance*, a. a. O.
81 »9-zip! I love it!«, in: *Time* vom 22. November 1993, S. 44–46.
82 Ragins, B. R., Scandura, T. A., »Antecedents and work-related correlates of reported sexual harassment: An empirical investigation of competing hypotheses«, in: *Sex Roles*, 32 (7–8), 1995, S. 429–455.
83 Williams, C. L., Giuffre, P. A., Dellinger, K., »Sexuality in the workplace«, a. a. O.
84 Wissenschaftliche Studien haben gezeigt, dass Männer wie Frauen darin übereinstimmen, was sexuelle Belästigung ausmacht, etwa unerwünschtes Verhalten, Situationen, in denen eine Gegenleistung in Form von sexuellem Entgegenkommen erwartet wird, sexuelle Übergriffe, Bestechung oder Nötigung.
85 Glick, P., Fiske, S., »The ambivalent sexism inventory: Differentiating hostile and benevolent sexism«, in: *Journal of Personality and Social Psychology*, 70 (3), 1996, S. 491–512.
86 Ebda.
87 Begany, J. J., Milburn, M. A., »Psychological predictors of sexual harassment: Authoritarianism, hostile sexism, and rape myths«, in: *Psychology of Man and Masculinity*, 2001. Siehe auch: Milburn, M. A., Conrad, S. D., »The politics of denial«, in: *Journal of Psychohistory*, 23 (3), 1996, S. 238–251; siehe auch: Milburn, M. A., Conrad, S. D., Carberry, S., »Childhood punishment, denial, and political attitudes«, in: *Political Psychology*, 16(3), 1995, S. 447–478.
88 Adorno, T. W., Ohne Leitbild. Parva Aesthetica, Frankfurt a. M. 1967.
89 Altemeyer, R., *Enemies of freedom: Understanding right-wing authoritarianism*, San Francisco/London 1998.
90 Die Umass-Boston ist eine vom Staat unterstützte Public School und nimmt eine große Anzahl von Studenten auf, die nicht dem konventionellen Bild eines Studierenden entsprechen; es handelte sich bei den

Männern daher um eine sehr gemischte Gruppe, was das Alter wie auch die ethnische Zugehörigkeit betraf. Das Altersspektrum reichte von achtzehn bis vierundsiebzig, wobei 19 Prozent über 40 und 29 Prozent über dreißig Jahre alt waren. In der Gruppe befanden sich Weiße, Lateinamerikaner, Afroamerikaner, Amerikaner mit asiatischer Herkunft, vor kurzem eingewanderte Immigranten aus Haiti, Südostasien, Russland und Europa sowie ein Indianer.

91 Hassett, J., »Is it right? An inquiry into everyday ethics«, in: *Psychology Today*, Juni 198, S. 49–56, siehe auch: Hassett, J., »But what would be wrong«, in: *Psychology Today*, November 1981, S. 34–53. In einer Umfrage der Zeitschrift *Psychologie Heute* (August 2000) standen »sexuelle Abenteuer jenseits der trauten Zweisamkeit bei den befragten Deutschen – allen ›aufklärerischen‹ Fernsehmagazinen zum Trotz – nicht sonderlich hoch im Kurs. Nur gut 10 Prozent der Frauen und Männer gaben an (und zu), sich selbst zu befriedigen – bei den Befragten unter zwanzig Jahren waren es 24 Prozent. Etwa jeder Fünfzigste hatte Sex mit mehr als einem Partner. Drei Prozent der Frauen und vier Prozent der Männer erinnerten sich an ein Urlaubsabenteuer oder einen One-Night-Stand. Von 1314 Befragten experimentierten ganze 3 mit Telefon- und mit Cybersex«.

92 Buss, D. M., Shackelford, T. K., »Susceptibility to infidelity in the first year of marriage«, in: *Journal of Research in Personality*, 31 (2), 1997, S. 193–221.

93 Rodgers, K. B., »Parenting processes related to sexual risk-taking behaviors of adolescent males and females«, in: *Journal of Marriage and the Family*, 61 (1), 2000, S. 99–109.